잘태어나고, 잘살고, 잘늙고, 잘죽는 4 well 만들기 비법

4 well의 조건

4 well Life for Well born, Well being, Well aging and Well dying

4 well Conditions

Ph,D DongMyong Jeong

The Road Books

잘태어나고, 잘살고, 잘늙고, 잘죽는 4 well 만들기 비법

4 well의 조건

정동명 지음

도서
출판 더로드
The Road Books

목 차

추천사 1

전 한국정신과학학회, 한국대체의학회 회장/의학박사
차의과학대학교 통합의학대학원 원장 전세일 석좌교수

정동명교수와는 한국정신과학학회에서 일할 때 인연을 맺었습니다. 공학자이면서 오히려 인문학과 정신과학에 관심을 갖고 있었으며 본성과 영성에 대한 자기 주관을 분명하게 갖고 있어서 특별하게 느껴졌습니다. '4 well의 조건'을 읽으면서 정동명교수답다는 생각을 하게 되었습니다. 단순히 잘 태어나 잘 살고 잘 늙고 잘 죽는 삶의 여정을 보이는 실체에 대한 식이요법과 행위에 국한된 것이 아니라 자신이 행한 업과 습관, 나아가 조상이 행한 죄업까지 회계와 정화를 통해 우리 인류가 추구하고 가야할 비전과 희망을 제시하고 있어서 감복하였습니다.

우리 대한민국이 아직은 그동안의 시련과 고난을 이겨내고 물질사회의 모순을 해결할 전체의식을 지닌 생명사회를 향한 미래의 빛을 발할 준비과정의 새벽을 지나고 있지만, 곧 이루어질 지구촌이 존경할 수 있는 가치와 공감으로 미래사회로 이끌 수 있는 중심국가로 자리매김하는 기전을 밝히고 있어서, 그 노고와 남이 가지 않은 힘든 길을 개척하는 모습에 박수를 보내지 않을 수 없습니다.

학자로서 생활 속에서 실천인으로서 평생을 우리라는 전체의식을 지닌 상생을 실천하면서 우리들 삶에 대한 방향을 제시하고 있어서, 지구촌을 이끌 미래를 꿈꾸는 이라면 누구나 꼭 읽어 보아야할 필독서가 아닌가 합니다. 특히 잘 태어나기 위해서는 부모가 될 남녀가 내 몸으로 습득한 음식과 습관, 고정관념으로 인한 영향이 후손의 3대까지 영향을 미친다는 최근에 체계화된 후생유전학에서 밝힌 이론에서, 더 나아가 나와 내 조상이 지은 죄업을 미리 정화함으로서 자발적 창의성을 지닌 자손이 태어나게 할 수 있다는 내용은 많은 독자들에게 새로운 시각을 열게 하는 큰 빛으로 다가가지 않을까합니다.

저 또한 살만큼 산사람으로서 정동명교수의 글이 삶을 다시 돌아보게 하고 죽어서 가는 길이 아니라 살아서 가야 하는 길을 실천하는, 그래서 4 well의 4가지 진정한 삶의 조건들을 새롭게 음미할 수 있게 하였습니다. 또한 전일의학을 주장하고 통합의학으로 지구촌이 나아가야 할 올바른 의료의 방향을 고민하는 사람으로서, 물질을 넘어 에너지와 의식에 대한 중요성을 재확인할 수 있었으며, 본성회복과 영성치유에 대한 새로운 정리를 할 수 있는 계기를 만들어주어서 감사하게 생각합니다.

어려운 환경에서도 숭고한 삶을 실천하여온 의지와 학자로서 세상에 대한 소명을 다하려는 태도를 존중하며, 앞으로도 행동으로 실천에 옮길 큰 발걸음이 또 어떻게 우리들에게 다가올지 기대가 큽니다. 한국인으로서의 지구촌에 주어진 물질화된 지상의 문제를 극복하고 상생을 실천하는 전체의식으로 미래사회를 열어 갈 빛을 가져올 소명을 다하는 발걸음을 지켜볼 것이고, 특히 자연의학과 전일의학을 추구하는 전문가로서 대한민국이 고령사회를 맞아 의료인만이 국민건강을 책임지는 것이 아니라 국민 각자가 스스로 생활 속에서 자신에 맞는 식이요법과 생활습관, 유기농산물 그리고 우수한 국산 약용식물과 전통의학을 현대의학과 조화시켜서 잘 태어나고 잘 살고 잘 늙고 잘 죽는 4 well의 삶을 기반으로 하는 건강한 사회, 건강한 생태계 회복을 실현하는 방편으로서 본성회복과 영성을 진화시키는 큰 획을 그어 주시길 기대합니다.

2018년 9월
전 세 일 드림

사단법인 자연치유관광포럼 이사장
의학박사/중의학박사/자연의학박사 김근하 원장

2016년 사단법인 자연치유관광 포럼 이사장으로 취임하면서 알게 된 저자정동명교수는 내가 알기로 학부에서 전자공학을 전공하고, 대학원에서는 당시 신 학문분야였던 생체공학과 의공학을 전공하여 이론보다는 물리법칙에 근거한 공학기술에 정통한 전문가였다. 그러나 대체의학이나 보완의학 통합의학이 나오기 이전에 교환교수로 중국 과학원 인체과학연구소로 가서 인체 경락시스템의 작용기전을 밝히는 연구를 하였으며, 다시 초빙교수로 하버드대학 대체의학연구소에서 공동연구를 한 특이한 경력을 가지고 있다.

이러한 연구 편력의 논문 실적을 보면, 의공학 기술을 한의학에 적용하여 경혈을 가시화하거나, 경락과 침구의 작용기전을 과학화 한 다수의 SCI급 논문을 발표하고 있으며, 특히 세계적인 의학 전문저널인 메디라인에 게재된 20여 편의 논문은 인용빈도수 Best 10에 동시에 3편이 수년간 선정되는 업적으로 세계 인명사전(Marquis who's who in the world) 의학 및 헬스케어 분야와 과학기술 분야에 동시 등재되는 실적을 가지고 있다.

연구 후반기에는 다시 식품공학 박사과정을 공부하면서 씀바귀와 귀리 연구, 한국의 전통수련법을 과학화 한 새로운 명상법을 개발하는 등 그 방향성이 자연의학과 자연치유로 선회하는 경향을 보이고 있다. 이러한 일련의 과정에는 가까운 지인들만 아는 사연이 있다. 결혼해서 가정을 가진 상태에서 31살에 대학과 대학원, 집에도 잘 가지 않는 연구실에서 사는 생활을 뒷바라지 해온 부인이 생활고와 스트레스가 원인이 되어, 담석증과 염증으로 담낭 절제 수술을 받았으나 건강을 회복하지 못하고 일상생활을 못하게 되었다. 정교수는 그 원인을 본인의 잘못으로 알고 자책하면서, 양.한방과 기공치료까지 국내외 의사쇼핑을 10여년 하였으나 회복되지 못하자, 자신의 전공이나 현대의학 대체보완의학의 한계를 느끼고 스스로 인체와 자연의 물리현상을 초월한 보이지 않는 세계와 영적인 영역까지 그 연구영역을 통합 확장하고 있다.

이러한 통합과 통섭, 고뇌의 결과물이 바로 이 책 4 well의 조건이다. 물론 지난 2003년 출간한 저자의 최초의 단행본인 『삶과 질병으로부터의 자유(부제:개 풀 뜯어 먹는 소리)』가 있지만 이는 주로 웰빙에 속한 내용이었다.

　그러나 웰빙만으로 우리 삶의 조건을 충족시킬 수 없다. 따라서 저자는 다시 잘 태어나고, 잘 살고, 잘 늙고, 잘 죽는 영역까지 4 well의 개념으로 확장하고 있는 것이다. 더구나 공학을 기반으로 실용학문을 하는 전문가답게, 4 Well의 조건을 분석 하는 대 그치지 않고, 이를 충족하기 위한 구체적이고 현실적인 방편과 원리에 대한 검증된 연구결과를 논리적으로 기술하고 있으며, 나아가 인류의 미래까지 예측하면서 그 해결책으로서 힘과 경쟁이 아니라, 상생과 사랑을 역설하고 있다.

　우리 집 고양이 두 마리는 먹이를 한 그릇에 주어도 싸우지 않고 사이좋게 나누어 먹는다. 그러나 어느 날 항상 애교를 부리며 순하던 노란 고양이가 다른 검은 고양이를 상처가 날 정도로 물어버리는 사건이 있었다. 원인은 검은 고양이가 나에게 호감을 사려고, 애교와 애정의 표시를 한 것이 발단이었다. 먹이는 나눌 수 있지만, 주인의 사랑은 나눌 수 없다는 것이었다. 이 것이 생명체의 본능이며, 이성을 가진 동물로서 사랑에 대한 인간의 속성이다. 하지만 이 사랑마저도 그동안 선천.상극의 세상에서는 이기적 자기중심으로 사랑은 뺏거나 받는 것이었다. 그러나 저자는 이제 이 후천.상생의 시대에는 모두가 주는 사랑이 된다고 주장하고 있다. 어머니의 사랑으로 패러다임이 변해야 한다는 것이다. 어머니의 사랑이 숭고한 것은 받기를 기대하지 않고, 그저 주기만 하는 무조건적인 사랑이기 때문일 것이다.

이제 세상도 투명하게 바뀌기 시작했고, 한 민족을 시작으로 갈등과 죄악, 모든 부패와 부정적인 요소가 정화되고 나면, 이미 바뀌고 있는 계절처럼 세상은 보다 따뜻하고 살맛나고, 경찰과 군대가 필요 없는 세상, 저자의 말대로 그야말로 상생이 생활이 되는 세상을 기대해 본다.

2018년 9월   김 근 하 드림

책을 펴내면서

　지구상에 존재하는 모든 생명체는 태어나서 성장을 하고, 성장하는 모든 생명체는 수명이 있어서 죽음의 과정을 거쳐야 한다. 인간을 포함하여 동물과 식물, 곤충과 미생물까지 생태계 일체가 그 기간만 다를 뿐 일정한 변화의 주기인 수명이 있게 된다. 지구나 다른 별 태양계와 은하계까지도 주기적 수명을 가지고 있는 것이다. 이 과정에서 단순한 순환과 반복이 아니라 춘하추동 사계절의 변화와 같이 우리 생태계는 생의 한 주기를 반복하면서 종의 진화를 계속하고 있는 것이다.

　따라서 죽음은 순환과 진화의 한 과정일 뿐이지만, 우리의 관심은 한 주기인 일생과 한 사람의 삶으로서 생애에 국한된 삶을 살 수밖에 없다. 지구별에 사는 우리 인간은 물질문명 중심의 자본주의와 산업사회, 정보

사회 안에서 어떻게 하면 건강하고 보다 행복하며, 편안하고 안전하게 살다 갈 것인가? 하는 목표 지향적 방향성을 추구하게 된다. 이건 아닌데, 아닌 것 같은데 하면서도 그저 사회적인 조류에 생각 없이 끌려가면서 산다. 기술문명도 인류의 진정한 삶을 위한 목적보다는 개인이나 기업의 수익을 위해서 기술을 개발하고, 제품의 광고를 소비자가 시간을 들여서 보아주고, 비용을 들여서 사주는 역할을 충실히 하면서 살거나, 국가나 특정집단에 의해서 통제되고 사육되어 살아가고 있는 것이 대부분 우리들 삶의 실상이다.

이에 따라 21세기에 들어서서 세계의 지성들은 우리의 삶을 관조하고 진정으로 우리가 지향해야 하는 삶의 올바른 방향성을 추구하는 자성의 운동이 일어나게 되었으며, 이에 따라 대두된 대표적인 패러다임에 웰빙(well being)이 있다. 우리의 삶이 인간다운 삶의 질을 유지하면서 사회와 생태계가 지속 가능한 체계를 유지하기 위해서는 혼자서만 잘 살 수 있는 것이 아니어서, 이기적인 개인주의가 아니라 우리가 사는 사회와 자연계까지 모두가 어울려서 함께 잘(well) 살 수 있는 생태계를 조성해야 한다는 목표 지향적 가치기준인 것이다.

한 인간을 결정하는 구성 요소에는 유전요소와 환경요소 그리고 경험요소를 꼽는다. 이 3가지 요소를 자세히 살펴보면, 유전자는 혈통과 관련되어 있고, 성별과 체형, 외모와 개성, 소질과 성격 등 모두 태어나면서 이미 결정되어 있는 요소들이다. 환경요소 또한 어느 부모와 가문, 가족과 지역, 국가 등 생활환경의 변수이며, 이 환경 변수에 의해서 동일한 유전자를 가진 경우라 해도 유전자 발현이 달라지고 경험이 다르게 된다.

따라서 마지막 경험 요소만이 한 개인의 노력과 의지로 변화시킬 수 있는 대상이라는 것을 알 수 있다. 이 경험요소는 교육과 독서 등의 간접 경험을 포함하여 다양한 요소들이 포함되어 진다. 따라서 한 인간이 가정과 사회 안에서 결정되는 조건에는 주어진 유전과 환경여건 안에서 경험 요소의 확장밖에 없다는 것을 알 수 있다. 그러나 문제는 이 경험요소까지도 유전요소로서 어떤 부모와 형제, 어떤 가정환경과 국가에서 태어났는가에 의해서 대부분 경험의 양과 질이 결정되어 진다는 사실이다.

여기까지의 논리를 종합하면 우리는 운명론자가 되고, 우리의 의지와 노력으로 할 수 있는 일이 거의 없거나, 아주 적은 영역의 가능성밖에 없다는 사실을 발견하게 된다. 따라서 Well Being 만으로 우리 삶의 충분조건을 충족시킬 수 없어서, 시작부터 잘 태어나고, 잘 살고, 잘 늙고, 잘 죽는 개념인 생로병사 전체를 대상으로 하는 4 well(well born, well being, well aging, well dying)의 개념으로 확대할 필요가 있다. 그저 잘 먹고 잘 사는 것이 아니라 진정으로 잘 사는 삶을 추구하는 웰빙으로 시작되었으나, 잘 살기 위해서는 먼저 잘 태어나야 하고, 잘 살아야, 잘 늙을 수 있는 것이며, 인간이란 옷을 벗고 잘 떠날 수 있어야만 진정으로 잘 사는 삶이 될 수 있기 때문이다.

그러나 한편으로는 이 4 well의 목표와 방향성을 실현시키고 일상생활 안에서 실천하기 위한 방법론을 살펴보면, 이 또한 우리 인간의 능력이나 개인의 노력과 의지에 의해서 변화되거나 선택하고 결정될 수 있는 요건이 많지 않다는 것을 발견하게 된다. 내가 좋은 환경과 부모를 선택해서 태어 날 수는 없는 일이고, 잘 사는 것 또한 좋은 부모와 좋은 집안에 좋은 유전자를 가지고 태어나야 장애나 질병이 없이 건강 할 수 있고, 좋은 환경에서 좋은 교육, 좋은 경험과 좋은 성격, 좋은 인간관계를 형성하고, 좋은 직업과 좋은 배우자를 만나서 좋은 자녀와 가족을 만들어야 잘 살 수 있게 된다.

이러한 잘 사는 삶을 기반으로 결국 잘 늙을 수 있는 것이고, 종국에는 이 세상을 잘 정리하고 고통 없이 편안하게 가는 것도 가능해 지는 것이며, 무기수나 사형수처럼 어느 날 갑자기 사고나 질병으로 끌려가는 죽음이 아니라, 본인이 가고 싶을 때 자의에 의해서 갈 수 있고, 가는 곳이 어디인지 알아서 불안하거나 헤매지 않고 편안하게 가는 길이 열릴 수 있는 것이다. 그러나 이러한 삶의 모든 과정에서 자신이 선택 할 수 있는 결정권이나 자신의 노력으로 만들어 가는 일이 그리 쉽지 않다는 현실이 우리의 마음을 더 무겁게 한다. 결국 우리는 4 well의 조건을 만들어 갈 수 있는 방법론에 대한 해답이 준비되어 있지 않다는 사실을 발견하게 된다.

이것이 본 저서를 집필하게 된 동기이며, 본래 '심신영 통합정화 수련법'이라는 주제로 탈고된 원고가 주위의 권고와 출판사의 수정 제안에 따라서 제목과 내용이 재구성된 배경이기도 하다. 푸른 별 작은 지구 위에서 살고 있는 이러한 우리들의 삶을 달리는 열차에 비유하면, 우리는 모두 야간열차에 무임승차하고 목적지도 없이 가고 있는 중이다. 아직은 밤이어서 차창 밖의 풍경이 보이지도 않지만, 보인다 해도 볼 틈도 없이 그렇게 분주와 소란, 경쟁과 다툼 속에서 물질의 풍요와 행복, 권력과 명예를 추구하지만, 열차의 종착지가 어디 인지도 모른 채 그 열차 안이 세상의 전부인 것처럼 살아가고 있는 것이다.

자의에 의해서 승차권을 구입하고 탄 것도 아니어서, 그냥 눈 떠보니 달리는 열차 안이고, 목적지도 없고 다음 정차역이 어딘지도 모른다. 잠시 빈 좌석이 있어서 앉았지만 영원히 갈 것처럼 비싼 임대료를 일시불로 주면서 내 것이라고 만족 해 한다. 내릴 때는 또 달리는 열차에서 갑자기 열린 문으로 떨어지거나, 병들었다고 아니면 늙었다고, 자리가 비좁다고, 누군가가 뒤에서 발로 차서 억지로 떨어져 내리게 되는 것이 우리가 사는 이 세상의 실상이다. 그러나 이제 새벽이 오고 있다. 달리는 열차의 차창 밖 풍경이 조금씩 보이기 시작하고, 열차 안이 이 세상의 전부가 아니라는 것도, 내려야 할 역도 알게 되어서, 싸우지 않고도 사는 지혜와 평화, 사랑이 있는 세상에서, 아름다운 자연과 아름다운 사람들이 더불어 사는 그런 상생의 세상을 만들어 가는 그런 때가 오고 있다.

그래서 우리 선조들은 때를 알지 못하는 사람을 철부지(不知)라고 했다. 우주에는 이루어지는 때가 있어서, 봄이 되어야 꽃이 피고 때가 되어야 열매를 맺는 것이지만, 그렇다고 봄이 되었다고 해서 꽃이 저절로 피는 것이 아니라, 나무가 뿌리에서 물을 끌어 올리는 노력을 하고, 꽃봉오리를 맺히게 하는 준비를 해야만 봄이라는 때를 기다려서 비로소 꽃을 피울 수 있는 것이다. 이른 봄에 제일 먼저 소박하고 탐스러운 꽃을 피우는 목련은 봄기운이 오자마자 재빠르게 꽃망울을 맺는 것이 아니다. 이미 지난봄에 꽃이 떨어지고 난 다음 여름부터 가을까지 꽃망울을 애써 만들어서 겨울을 견디면서 기다리고 준비했기 때문에 봄기운이 오면서 바로 꽃망울을 터트릴 수 있는 것이기 때문이다.

지난 2003년에 출간한 「개 풀 뜯어 먹는 소리(원제:삶과 질병으로부터의 자유)」에서 첫 장의 주제로 삼았던, 〈살아가는가? 살아지는가? 사라지는가?〉"와 〈살림살이〉라는 우리말이, 우리 선조들이 후손들의 깨달음을 위하여 일상어에 새겨 넣은 살아간다는, 살아서 가야 한다는 말의 진정한 의미라는 깨달음 후에 출간한 책이었다. 그 것도 잠시 이 달리는 열차의 상황은 고난과 시련, 채워지지 않는 끝없는 갈증으로 계속되었다. 그러나 2015년 가진 것 일체를 잃고, 생의 밑바닥에서 어떻게 이 달리는 열차를 정지시키지 않고 자의로 내리는 방법을 생각하는 새벽 명상에서, 문득 열차의 차창에 코를 대고 희미한 창밖을 보게 되는 깨달음이 있었다.

2003년 당시 저서에서 우리가 죽어서 천국과 극락에 가고 열반하는 것이 아니라, 살아서 살아 있는 동안에 하나님 나라와 부처님 나라에 나야 한다고 서술하였으나, 진정으로 살아서 가야 할 차원이 어디인지를 알게 되고 확인하는 기회가 있었다. 이를 계기로 한민족의 독창성이 담긴 과학적 수련법으로서 체계화된 심신통합 면역증강법(MBIIE)과 심신통합 스트레스감소법(MBISR), 심신영정화(MBSP) 명상법과 신심영 통합정화(BMSIP) 프로그램을 완성하는 계기가 되었다.

이와 같은 길 없는 길을 찾는 길 위에서 긴 시간 동안 국내외에 많은 능력자들과 만남의 인연이 있었으며, 길 안내 역할을 해준 그 분들에게 감사의 마음을 전한다. 그동안 이 책의 충실한 내용을 위하여 많은 대화와 조언, 지원을 아끼지 않은 원광대학교 김도종 총장님과 저자를 믿고 원고를 6년간이나 기다려준 더로드 조현수 대표님께 감사를 드린다. 또한 가장 어려운 시련의 시기에 모금까지 하면서 물질과 마음으로 도움을 주신 경희대학교 심인섭 교수님과 응용미약에너지학회 이사님들, 한국정신과학학회에 감사를 드린다.

내 삶에서 빼놓을 수 없는 분으로 살아서 가야 할 자기무화의 길을 인도하고 보여주신 진인애 오재형선생님, 전인창조과학회 이사님들과 실체 기형제분들, 기형제분들께 감사를 드린다. 나에게는 내 여섯 살 나이에 병환으로 돌아가셔서 따뜻한 모정을 한 번도 받아보지 못한 어머님과 그 빈자리를 오직 손자에 대한 사랑만으로 고달픈 노년을 사셨으나, 군복무 중에 임종도 못하고 제대로 한번 모시지도 못한 할머님이 계신다. 그 메울 수 없는 빈자리를 가슴에 안고 사는 나에게, 언제나 옆자리를 지키며 40년을 고난과 기쁨을 함께 해온 친구이자 여동생 같고, 때로는 어머니와 할머니 같은 한결같은 사랑과, 하나 된 부부로 상생의 세상을 만들어 가는 실천의 길을 함께 가는 도반으로서 아내 김칠순 여사와 안 해도 되는 고생을 시킨 삼 남매에게 미안함과 감사, 사랑의 마음을 가득 담아 이 책을 바친다.

2018年 戊辰 十月

금강변 웅포에서 정 동 명 合掌

Part 1
Well Being의 조건과
몸의 정화

1. 웰빙과 4 well의 조건

Part 1 Well Being의 조건과 몸의 정화

일반적으로 잘 산다는 개념은 주관적 요소가 다분히 있지만, 웰빙의 조건이라는 측면에서 일반사회의 통념을 종합해 보면 많은 사람들이 건강과 행복, 사회적 성공을 위해서 노력하며 살고 있다고 말한다. 웰빙의 제일 조건인 건강이란 무엇인가? 4 well을 충족하기 위한 전제조건에는 건강이 제일 우선되어야 하지만, 건강에 대한 포괄적 개념에 대하여 이 분야를 연구한 많은 사람들이 동의하는 정의로서 세계보건기구(WHO)의 건강 헌장을 참고할 필요가 있다. 세계보건기구(WHO)에서는 건강(Health)이란 단순히 질병이 없고 허약하지 않은 상태만을 의미하는 것이 아니라 육체적, 정신적 및 사회적으로 완전한 상태를 말한다(Health is a complete state of physical, mental and social wellbeing and not merely the absence of disease or infirmity).

위의 정의는 1948년 4월 7일에 발표한 보건헌장(Amagna carta for world health)에 나타난 개념이므로 건강의 개념이 19세기 중엽 이전 까지는 신체적 건강 개념을 중심으로 이루어져 있으나, 이후 건강한 육 체에 건강한 정신이 깃든다는 심신개념이 형성되었고, 20세기 중반부터 는 일상적인 생활을 영위하는 데 아무런 지장이나 고통이 없는 상태를 말 하는 생활개념으로 전환 되었다. 그 후 1998년 1월 101차 세계보건기구 집행 이사회에서 결의하고 5월에 열린 세계보건기구 본회의에서 승인하 여 건강의 정의에 영적인 개념을 추가하게 되어 "건강이란 질병이 없거 나 허약하지 않을 뿐만 아니라 육체적·정신적·사회적 및 영적 안녕이 역 동적이며 완전한 상태이다."라고 정의하고 있다.

이와 같이 건강이란 생명의 존재와 생의 가장 근원적인 조건이 되는 것이지만 세계보건기구의 정의에서와 같이 건강의 전제조건으로서 몸과 마음 영적인 요소가 통합되어 있으며, 심신영의 세 가지 요소가 건강하 기 위해서는 없는 것을 충족시키거나, 부조화가 나타난 이 후에 치료하 고 회복시키는 개념보다, 먼저 우리가 본래 갖추어진 완전한 건강상태 를 해치는 부정적 요소를 정화 시키거나 제거하는 개념의 치유 방법론 이 필요해 보인다.

또한 우리는 건강하면 그 대상이 대부분 자신의 건강만을 생각한다. 주변의 다른 사람들, 타인과 사회, 국가, 생태계까지를 포함한 조화와 순리, 상생의 건강을 생각하기는 쉽지 않다. 개체는 우주와 전체 안에서 자기를 버리고 하나가 될 때, 저절로 그 조화 속에서 그 자체인 완전함으로 가는 것이기 때문이다. 그러나 행복과 성공한 삶은 극히 주관적인 요소로 구성되어 있어서, 저자는 여기서 성공한 많은 사람들에게 이런 질문을 하고 싶다.

지금 얻은 성공으로 얼마만큼 자유를 얻었는지, 오늘 저녁 사랑하는 가족과 친구들이 함께 하자는 요구에 시간을 낼 수 있는지? 바쁘다든지 그럴 수 없다면 그 분은 시간으로부터 자유스럽지 못한 셈이다. 돈이 더 필요한가? 그렇다면 물질로부터 자유스럽지 못한 것이며, 건강에 자신이 있는지? 죽음에 대한 두려움이 없는지? 그렇지 않다면 몸으로부터 자유가 없는 것이다. 지금 건강에 이상이 있으나 어쩌지 못하고 산다면, 그렇다면 지금의 성공은 건강과 바꾼 셈인 것이다. 그리고 삶과 죽음으로부터 자유로운가? 아니라면 아직은 사회라는 상식의 틀과 명예나 권력, 부 아니면 신념과 자기가 누구라는 동일시에 갇혀 있는 것은 아닌가 생각해 볼 필요가 있다.

이렇게 우리들은 나름대로 자신의 삶의 의미를 설정하고 이를 추구하면서 살게 되는 것이 일반적인 우리들의 삶이다. 이 부분에 대한 연구로서는 미국의 심리학자이며 철학자인 매슬로우(Abraham Maslow)가 주창한 인간의 욕구 수준에 반드시 순차적인 단계가 있다는 인간욕구 단계설이 있다. 인간의 욕구가 그 우선순위에 따라 일련의 단계를 형성한다는 이론이다.

 가장 우선순위가 높은 욕구는 다음 단계의 욕구보다 강하며, 그 욕구가 충분히 충족되었을 때 다음 단계의 욕구가 나타난다는 것이다. 그의 주장에 따르면 인간은 그 1단계에서 의식주에 해당하는 생명유지와 성적욕구를 포함하는 생리적 욕구의 만족을 추구하는 수준 즉 동물의 본능적 생명유지 요구가 제일 먼저 우선된다고 보았다. 따라서 하위 단계를 충족하고 개체의 의식에너지가 높아짐에 따라, 2단계에서 위험이나 불확실성으로부터 자신을 보호하고, 불안을 회피하고자 하는 안전의 욕구를 추구하게 된다.

 3단계에서는 가족과 친구, 직장과 단체, 원하는 집단에서 인간관계를 유지하는 소속감을 갖고자 하는 소속과 사랑의 욕구가 나타나게 되며, 4단계 자기 정체성과 존재감을 유지하고자 하는 존경의 욕구를 충족하고 나면 5단계에서 자신의 잠재능력과 성취감을 실현하고자 하는 자아실현의 욕구와 이에 따른 의식작용이 나타날 수 있다는 이론이다. 특히 마지막 자아실현의 욕구는 다른 욕구와는 달리 욕구가 충족될수록 더욱 증대되는 특성이 있어서, '성장의 욕구'라고 하기도 한다. 이 이론은 이 후 많은 논의와 보완단계를 거쳐서 현재는 지식과 기술, 주변 환경에 대한 호기심과 이해의 욕구인 심미적 욕구와 알고 이해하려는 인지적 욕구가 추가되어 7단계로 분류되기도 한다.

 그러나 문제는 인간욕구가 단계적 발현되는 특성보다는 이러한 1단계의 생리적 욕구로 시작되는 단계적 욕구에서부터 어떤 환경의 어떤 부모의 자녀로 태어나는가에 의해서 대부분이 결정되고 있다는 사실이다. 절대적인 것은 아니지만 가장 큰 변수가 되는 현대사회의 현실인 것이다. 여기까지의 논리를 종합하면 우리는 운명론자가 되고, 우리의 의지와 노력으로 할 수 있는 일이 거의 없거나, 아주 적은 영역의 가능성밖에 없다는 현실을 발견하게 된다.

실제로 한 인간의 탄생과 성장, 교육과 결혼, 가정생활과 사회생활 전 과정에서 사망을 제외하면, 개인의 의지와 노력에 의해서 자신의 삶을 영위해 가고 있고 그 과정에서 발생하는 모든 일들이 다 교육이고 경험이다. 그러나 이 경험에 의한 우리 삶을 돌아보면 자신의 의지와 노력과는 무관하게 일어나는 생로병사의 애환과 삶의 질곡들 질병과 사건 사고들을 보면서 우리는 회한을 갖지 않을 수 없는 것 또한 사실이다.

누군가는 승승장구 하는가 하면 누군가는 하는 일 마다 실패하고 노숙자가 되기도 한다. 물론 우리 사회는 혼자 사는 것이 아니라 수많은 개인과 조직 간의 상호작용에 의해서 이루어지고 역사가 되는 것이다. 그 시대와 환경, 개인의 유전자, 대응방식에 의해서 영향을 받는 것이지만, 3가지 요인 외에도 그동안 우리가 인간의 조건으로 인정하고 연구하는 대상으로서 유전자와 환경요소 그리고 경험요소 외에도 영향을 미치고 중요한 작용을 하는 다른 변수가 고려되어야 하지 않을까 하는 회의가 일어나게 된다.

이에 따라 21세기에 들어서서 세계의 지성들은 우리의 삶을 관조하고 진정으로 우리가 지향해야 하는 삶의 올바른 방향성을 추구하는 자성의 운동이 일어나게 되었으며, 그 결론으로 대두된 대표적인 패러다임에 웰빙(well being)이 있다. 우리의 삶이 인간다운 삶의 질을 유지하면서 사회와 생태계가 지속 가능한 체계를 유지하기 위해서는 혼자서만 잘 살 수 있는 것이 아니어서, 이기적인 개인주의가 아니고 인간과 인간, 인간과 동물, 식물과 동물, 우리가 사는 사회와 자연계까지 모두가 어울려서 함께 잘(well) 살아갈 수 있는 즉 상생의 생태계를 조성해야 한다는 목표 지향적 가치기준인 것이다.

사회학자 지그문트 바우만은 그의 저서 「인간의 조건」에서 파편화되고 개인화된 소비 사회의 인간들이 직면하고 있는 삶의 과제들 그리고 그러한 사회에서 인간의 조건으로서 근본적 측면들, 예컨대 선과 악 사이의 선택에 대한 책임, 자아 형성, 자기주장과 자기표현, 인정, 욕구, 그 밖에 공감·상호존중·인간 존엄성·관용의 필요성 등을 Well Being과 유사하게 성찰하고 있다. 그러나 이 웰빙을 다시 살펴보면 요람에서 무덤까지 우리의 삶 전체를 다루지 못하고 있어서, 웰빙만으로 매슬로우가 우리 삶이 지향하는 최고의 단계로 설정한 자기실현을 충족시키기에는 부족함이 있다.

결국 웰빙을 위해서는 시작부터 잘 태어나고, 잘 살고, 잘 늙고, 잘 죽는 개념인 생로병사 전체를 대상으로 하는 4 well(well born, well being, well aging, well dying)의 개념으로 확대해야 하는 것이다. 그저 잘 먹고 잘 사는 것이 아니라 진정으로 잘 사는 삶을 추구하는 웰빙으로 시작되었으나 잘 살기 위해서는 먼저 잘 태어나야 하고, 잘 살아야, 잘 늙을 수 있는 것이며 마지막까지 잘 죽을 수 있어야만 진정으로 잘 사는 삶이 될 수 있기 때문이다.

그러나 한편으로는 이 4 well의 목표와 방향성을 실현시키고 일상생활 안에서 실천하기 위한 방법론을 살펴보면, 이 또한 우리 인간의 능력이나 개인의 노력과 의지에 의해서 변화되거나 결정될 수 있는 요건이 많지 않다는 것을 발견하게 된다. 내가 좋은 환경과 부모를 선택해서 태어 날 수는 없는 일이고, 잘 사는 것 또한 좋은 부모와 좋은 집안에 좋은 유전자를 가지고 태어나야 장애나 질병이 없이 건강 할 수 있다, 또한 좋은 환경에서 좋은 교육, 좋은 경험과 좋은 성격, 좋은 인간관계를 형성하고, 좋은 직업과 좋은 배우자를 만나서 좋은 자녀와 가족이 구성되어야 잘 살 수 있는 것이기 때문이다.

이러한 잘 사는 삶을 기반으로 결국 잘 늙을 수 있는 것이고, 종국에는 이 세상을 잘 정리하고 가는 아름다운 죽음의 축복도 가능해 지는 것이다. 무기수나 사형수처럼 어느 날 갑자기 사고나 질병으로 끌려가는 죽음이 아니라, 본인이 가고 싶을 때 자의에 의해서 갈 수 있고, 가는 곳이 어디인지 알아서 불안하거나 헤매지 않고 편안하게 가는 길이 열릴 수 있는 것이다.

웰빙은 결국 잘 나고, 잘 늙는 것을 전제조건으로 하고 있으며, 잘 죽는 것을 포함하여 4 well을 구성하고 있어서, 웰빙의 범위를 확대하면 4 well이 될 수 있고, 4 well의 의미를 축소시키면 웰빙이 되는 상관관계를 확인할 수가 있다. 따라서 웰빙의 결과로서 노후까지를 잘 살지 못하면 그 삶은 잘 살았다고 할 수 없으며, 또한 잘 태어나지 못하고서 잘 살기는 그 확률이 그리 높지 않다. 이러한 상관성 때문에 Well Born은 과거이며 웰빙은 현재이고 Well Aging과 Well Dying은 미래인 것이다. 그러나 또 한편 이러한 삶의 모든 과정에서 웰빙을 위한 필요충분 조건을 살펴보면, 이 또한 자신이 선택 할 수 있는 결정권이나 자신의 노력과 위지로 변화시켜 만들어 갈 수 있는 여지가 그리 많지도 않고 쉽지 않다는 현실이 우리의 마음을 더 무겁게 한다.

물론 우리 삶의 여정은 무슨 일이 일어났느냐가 중요한 것이 아니고, 그 일에 어떻게 대처하느냐에 따라서 결과가 달라지고 삶의 방향이 달라지는 것이어서, 자신의 노력과 의지에 의해서 달라지는 선택과 결정의 요소들을 무수히 만나게 된다. 그러나 그러한 선택과 결정도 주어진 여건 안에서의 선택이고 결정인 것이어서, 그러한 환경과 여건 자체를 만든다는 것은 운명적 요소나 행운과 같은 변수들을 자신의 노력으로 만들고 변경한다는 의미와 같은 것이어서 인간인 우리의 힘으로는 한계가 있고 극히 어려운 일이 된다.

그렇다면 우리가 설정하고 추구하고 있는 웰빙의 방향성과 목표라는 것을 다시 관조해 보면, 그 동안 깨달음에 대하여 달은 이렇게 생겼고 이렇게 하면 달에 갈 수 있다는 방법을 가르쳐 주거나, 나는 이렇게 달을 갔다 왔고 가보니 이렇더라가 아니라, 달이 저기 있다고 가리키는 손가락이었던 것처럼, 우리 삶에 대한 방향성과 지향점을 웰빙이라는 달로 정의하고 가리키는 또 하나의 손가락일 수 있다는 문제점에 봉착하게 된다.

결국 우리는 웰빙의 조건을 만들고 충족시켜 갈 수 있는 방법론에 대한 해답이 준비되어 있지 않다는 사실을 발견하게 된다. 물론 일부 대체보완의학이나 통합의학, 양자의학, 자연의학이나 자연치유 그리고 성공학과 부자아빠에 대한 수많은 책들이 이에 대한 대안으로 연구되고 실천되고 있으나, 이는 우리의 몸과 마음, 영적인 영역까지 전일적인 해결책은 되지 못하고 있다. 주로 질병의 원인이 되는 스트레스 감소나, 질병으로부터의 치유와 회복, 마음의 편안함을 추구하는 수준이거나, 성공을 위한 지침, 부를 축적하는 논리적 방법론과 경험을 이야기하고 있어서, 이 무한 경쟁과 물질만능의 현대인들에게는 근원적 문제해결의 방법론이 되지 못하고 있다고 볼 수 있다.

그러나 한 가지 다행한 것은 태양계와 은하계는 마야 달력이 끝나는 2012년을 기점으로 선천의 상극시대에서 후천의 상생시대로 접어들면서 새로운 우주의 에너지 변화가 나타나고 있다. 실재로 저자의 연구결과에서는 선천과 후천이 디지털 논리처럼 어느 시점을 기준으로 갑자기 없어지고(0) 생겨나는(1) 방식으로 전환되는 것이 아니다. 2000년부터 선천의 에너지가 2030년까지 서서히 감소되고 있고, 2000년부터 후천의 에너지가 발생되어 증가되기 시작하여 2030년에 후천 상생의 시대로 완전한 전환을 마치게 되어 있다. 지난 2015년이 상극과 상생 에너지의 크기가 같아지는 정점을 넘어서고 있어서, 2016년부터 한반도의 정국과 시국의 변화와 함께 미국과 중국, 러시아와 일본, 영국, 프랑스, 브라질, 시리아 등에서 세계적인 변화가 시작되고 있는 것이다.

그 중심에는 남한과 북한, 미국과 중국, 러시아와 일본이 있고, 이 변화는 갈등의 확장과 혼란으로 보일 수도 있지만, 새로운 집을 짓기 위해서는 초가집이나 기와집을 고쳐서 빌딩을 지을 수 없는 것이다. 이처럼 그동안에 권력과 무력, 금력의 힘으로 싸워서 뺏는 일로 이루어진 선천 상극의 세상을 다 헐어버리고 부정과 부패, 싸움과 생존경쟁의 결과인 죄와 한을 모두 정화시켜서 후천 상생의 세상으로 천이(遷移)되는 과도기적 변화의 일면일 뿐이다.

그래서 우리 선조들은 때를 알지 못하는 사람을 철부지(不知)라고 했던 것이다. 이와 같이 우주에는 이루어지는 때가 있어서, 봄이 되어야 꽃이 피고 때가 되어야 열매를 맺는 것이지만, 그렇다고 봄이 되었다고 해서 꽃이 저절로 피는 것은 아니고, 나무가 뿌리에서 물을 끌어 올리는 노력을 하고 꽃봉오리를 맺히게 하는 준비를 해야만 봄이라는 때를 기다려서 비로소 꽃을 피울 수 있다는 원리가 있다는 것 또한 간과에서는 안 된다. 이른 봄에 제일 먼저 소박하고 탐스런 꽃을 피우는 목련은 봄기운이 오자마자 재빠르게 꽃망울을 맺는 것이 아니라, 이미 지난봄에 꽃이 지고 난 다음 여름부터 가을까지 꽃망울을 애써 만들고 겨울을 견디면서 기다리고 준비했기 때문에 봄기운이 오면서 바로 꽃망울을 터트릴 수 있는 것이다. 때를 알아서 기다릴 줄 아는 사람이 인자(仁者)이고, 그 때를 당하여 머리가 아니고 가슴으로, 나없는 행동으로 상생을 실천하는 사람이 현자(賢者)이고 메시아인 것이다.

2. 우리가 추구하고 있는 것들의 실체

Part 1 Well Being의 조건과 몸의 정화

웰빙의 전제조건에는 Well Born이 있지만 이는 우리 부모와 다시 그 부모로 이어지는 혈통의 영역이며 이미 과거이기 때문에, 현재에 있는 우리의 의지와 노력이 미치는 영역이 아니다. 우리는 이미 태어났기 때문에 우리가 할 수 있는 일은 없다. 따라서 Well Born을 다루기 위해서는 우리 자신이 그 대상이 아니고, 부모의 입장에서 다루어야 한다. 이에 따라 1장에서 Well Born을 다루지 않고 웰빙을 먼저 다루고 나서 Well Born은 마지막 장에서 다루고 있다. 이는 Well Born의 가치를 과소평가하고 있어서가 아니라, 사실 가장 중요한 대상이고 인류 미래의 향방을 좌우 할 만큼 매우 중대한 대상이며, 웰빙과 4 well의 전제조건으로서 중요한 핵심을 이루고 있기 때문이다.

1) 웰빙과 건강

현실적으로 웰빙을 결정하는 제일의 조건은 건강이고 그 다음이 가족과 경제적 여건, 사회적 여건, 생태계를 포함한 환경적 여건이다. 건강은 우리 존재의 가장 근원적인 요건이기 때문이다. 웰빙의 전제조건인 Well Born이 중요한 것은 바로 이 건강과 신체적 조건, 가족과 사회적, 재정적, 환경적 요소의 대부분이 결정되기 때문이다. 그렇다면 웰빙의 제일 조건으로서 '건강은 무엇으로 결정되는가?' 하는 명제에 대하여 보다 구체적으로 고찰할 필요가 있다.

우리 몸의 최소 생명단위는 세포이고, 대략 70~74조의 세포로 구성되어 있다. 서양과 동양의 인식 차이는 부모의 생식세포가 유기적 결합을 한 후에 증식하여 피부로 둘러싸인 형태를 갖추고 태중에서 성장하던 기간을 나이에 포함하거나, 태중에서 나와 폐호흡을 시작하는 시점을 기준으로 나이를 계산하는 방법만 다를 뿐이며, 어머니 태중에서 나온 시점을 우리는 탄생으로 보고 있고 생일날로 기념하는 것이 일반적이다. 이와 같은 부모세포의 부활과정을 거친 후에도, 최초의 세포는 생성과 성장, 퇴화작용을 계속한다. 골수에서 줄기세포가 만들어지고, 각 장기와 기관으로 보내진 세포는 비로소 해당 기관의 조직과 장기로 분화된다. 간세포, 조혈세포, 피부세포, 모발과 손톱세포 등으로 분화되어 성장을 하고, 일정기간 역할을 하다가 기능이 저하되면 퇴화되어, 간에서 분해처리 되는 과정을 거치게 된다. 문제는 줄기세포에서 모두 동일한 세포가 해당 위치에 도착하여 어떻게 해당 조직으로 분화하는지에 대한 메커니즘에 대해서는 아직도 연구 중에 있다.

줄기세포가 생성될 때 각 장기세포로 정해지는 것은 아니다. 골수에서 생성될 때 분화될 장기의 위치가 이미 프로그램으로 정해져 있다면 줄기세포 치료도 불가능하고, 간 줄기세포, 위 줄기세포 식으로 분류되어야 하기 때문이다. 그렇다면 해당 장기에 도착한 다음 줄기세포가 해당 세포의 분화형태를 인식하여 같은 조직으로 분화하거나, 해당세포가 자신의 분화정보를 줄기세포에 주어서, 같은 형태로 분화하는 기전인지는 아직도 규명되어 있지 않다. 파충류나 동물들은 꼬리나 발가락, 심지어 척추를 고의적으로 절단해도 새로 생겨나거나 재생이 된다. 그러나 우리 이기심과 자기의식을 가진 인간만은 손가락이나 다리가 절단되면 다시 재생되지 않는다. 이것이 피부의 역할과 줄기세포의 새로운 연구 대상이어서 차기 노벨상의 유력한 연구과제이다.

2) 건강과 질병의 실체

옛말에 몸이 병든 신선이 없고, 마음이 병든 부처가 없다고 하였다. 건강하지 않은 상태와 질병은 동의어가 아니며 주관적인 요소가 있지만, 질병이 있는 상태에서 웰빙의 삶은 그리 쉽지 않기 때문이다. 이러한 질병과 관련하여 오늘날 한국과 세계의 인류에게 가장 건강을 위협하는 요소이며, 자신의 건강관리 노력이나 의지와는 거의 무관하게 나타나면서, 현대의학에서도 감기와 같이 아직 그 원인과 치료법에 대한 해답을 찾지 못하고 있는 질병에 암이 있다.

우리 몸에서 생성되는 원시세포의 구체적인 분화 명령이나 분화 프로그램은 정확하게 규명되어 있지 않다 하더라도, 피부에 상처를 입거나 장기에 손상이 있게 되면 줄기세포가 해당 조직에 도착해서 자기를 버리고 전체를 위해서 희생하는 것과 같은 이러한 메커니즘이 있어서 우리 몸은 수없는 재생과 치유가 가능해지는 것이다. 그런데 어떤 특별한 줄기세포가 해당 장기에 도착해서, 해당 세포로 분화하는 과정을 거부하는 경우가 있다. 마치 인간사에서 내가 살고 봐야지 왜 남을 위해서 희생해야 하느냐고 이기심을 내는 것처럼, 개체로써 자기의식을 가지고 나부터 아니면 나만 살겠다고 세포가 혼자서 증식하는 경우가 있다. 이것이 바로 암의 실체인 것이다.

따라서 암세포는 외부로부터 침입자가 아니고 자기 세포이기 때문에 우리 몸을 지키는 면역계는 혈관과 영양을 공급하면서 공격하지 않기 때문에, 암은 스스로 증식해서 결국은 모체와 함께 자신도 함께 사망하는 종말을 초래한다. 이러한 현상은 마치 우리 경쟁사회와 이기적 사회 현상을 보는 듯하다. 공학자는 여기서 당연한 질문 하나를 해야만 한다. '왜 암세포가 분화정보를 거부하고 이기적 자기의식을 갖게 되는가?'이다 이것이 암의 발생기전이라면 이제 우리는 세포수준에서의 이러한 암의 발생 원인에 대해서는 생각해보지도 않으면서, 그 원인의 결과로써 나타난 종양만 제거하는 현대 의학적 암 치료 방법을 다시 생각해 보아야 한다.

지금의 인간사처럼, 종양의 제거와 항암제나 수술적 방법으로 서로 싸우고 죽이고 이기고 제거하는 방법에서, 서로를 이해하고 배려하고 살리는 상생의 방법으로서, 심심통합의학적인 암 발생의 원인을 분석하여 해소하는 접근방식의 근거를 확보하여, 전혀 다른 치료법을 시도해야할 필요성이 있다. 과학자들의 의식부터 싸워서 이기는 것이 아니라 상생의 패러다임으로 전환되어야 하는 것이다.

2016년부터 우주 에너지는 변화의 주기를 넘어서, 이제 힘과 다툼의 상극의 시대에서 지혜와 사랑의 세상인 상생의 시대로 천이되고 있다. 국내나 국제사회도 더 많은 혼란과 갈등, 사건과 사고가 증가하고 있고, 천재지변과 이상기후가 증가되고 있는 것도, 그 변화의 과정에서 잘못된 의식과 잘못된 가치관, 부패와 부정, 거짓과 이기심 등 내재된 모든 갈등과 상극의 요소들을 정화시키고 소멸시켜서 상생의 세상으로 전환되기 위한 과도기적 수렴과 재편성의 필연적 회복 과정인 것이다.

3) 더러운 그릇에 음식담기

우리 인류의 역사도 혹독한 시련기인 겨울을 보내고 나서 새봄이 오겠지만, 신선한 식품이 부족한 긴 겨울을 보내고 만물이 소생하는 봄이 되거나, 나무들이 잎사귀를 떨어뜨리고 다시 수렴하는 가을의 계절이 되면, 사람의 생리상태도 이에 따라 적응하게 되어 있어서, 환절기와 봄이 되면 사람들은 건강을 생각하며 보양식이나 자양강장제를 찾게 된다. 지금은 보약이 건강보조식품으로 개념이 바뀌기는 했지만 건강하기 위해서는 영양가 있는 식품을 많이 먹어두어야 한다는 생각에는 변함이 없는 것 같다.

한방이론에 의하면 이 자양강장제는 기운을 상승시키는 익기(益氣)의 역할을 하게 된다. 그러나 익기가 지나쳐서 몸의 기운이 상하로 균형 잡히지 못하면 오히려 기운이 머리로 치우친 상기(上氣)가 되고, 상기는 고혈압과 중풍의 원인이 된다. 그런데 오늘날의 현대인들은 상기된 사람들이 너무 많은 것 같다. 모두 참을성이 없고 감정유발이 급하며 고혈압과 높은 콜레스테롤, 당뇨와 편두통, 면역력 저하 등이 상기와 밀접한 연관을 가지고 있기 때문이다. 특히 지나친 이기심과 경쟁, 분주와 스트레스 속에 사는 사람들이 상기된 상태에서 일시적인 감정의 폭발이나 심한 스트레스, 과로가 겹치게 되면 머리의 모세혈관이 터져서 갑작스런 뇌출혈로 뇌졸중이나 사망의 원인이 된다.

따라서 자양강장은 영양이 부족하고 못 먹던 시대에는 도움이 되었으나, 오늘날 고기로 한 끼의 배를 채우고, 별도의 보양식과 영양제까지 너무 먹어서 편중과 과잉이 염려되는 이 시대에는 오히려 불난 집에 기름을 붓는 것과 같은 해를 끼칠 수가 있다. 따라서 체내에 축적되어 세포 스트레스의 원인이 되고 있는, 중금속과 잔류농약, 미세먼지 심지어 방사능까지 다양한 부작용을 일으키고 있는 유해물질을 해독하여 배출하지 않고서 먹는 음식과 자양강장제는, '더러운 그릇에 음식담기'와 같아서 기대하는 효과보다는 오히려 해독과 여과를 담당하는 장기에 무리를 주게 된다. 배출 과정도 그냥 몸 밖으로 쉽게 나가는 것이 아니라 간과 신장에서 분해와 해독, 여과과정을 거쳐야 비로소 체외로 배출될 수 있기 때문이다.

예로서 알코올이 한번 체내에 들어오면 호흡에 의해서 소량 배출되는 경우를 제외하면 살아 있는 상태에서는 알코올 자체로는 체외로 배출 될 수가 없고, 반드시 간에서 아세트알데히드와 물로 분해시킨 다음 신장에서 여과한 후에 체외로 배출되는 과정을 거치게 되어 있다. 그래서 과음은 해독과 저장 기능을 담당하는 간을 손상시키게 되는 것이고, 근래 간암 환자가 증가하는 원인과 무관하지 않다.

4) 식약동원과 섭생치류

히포크라테스는 '음식으로 못 고치는 병은 약으로도 못 고친다.'고 하였으며, 우리말에는 신토불이(身土不二)와 식약동원(食藥同原)이 있다. 질병을 예방하고 건강을 지키는 건강비법은 멀리 있는 것이 아니라 우리가 매일 먹는 음식이 가장 중요한 작용을 하기 때문이고, 자연치유와 식이요법, 섭생치유가 필요한 이유가 여기에 있다.

그런데 현대인들 특히 젊은이들이 즐기는 음식의 우선은 달고 좋은 식감 중심의 맛이고 영양이나 식이요법과는 거의 무관하여 쓴맛식품은 아예 식품으로 여기지 않는다. 그러나 쓴 것이 약이라고 하신 선조들의 말씀처럼 몸은 미량원소와 항산화 작용, 해독 작용을 하는 쓴맛식품을 원한다. 그래서 젊은 사람부터 노인까지 열심히 먹어주는 유일한 쓴맛식품이 있다. 값도 비교적 높지 않은데다 진한 향기, 각성효과까지 있어서 2016년 기준 수입량이 16만톤에 육박하며, 금액으로 무려 7,000억원이 넘어서 국민 1인당 연간 500잔을 마실 정도로 남녀노소 아무나 생각 없이 마시고 있어서 중독까지 일으키고 있는 쓴맛식품, 바로 그 이름 커피다.

2017년 4월 기준 전국의 커피숍 숫자는 무려 9만개이며, 커피를 파는 빵집이나 디저트 가게 등을 감안하면 우리나라 카페는 10만 곳이 넘을 것으로 보인다. 서울에만 1만 8천 곳의 카페가 있는데, 이는 편의점과 치킨집을 더한 것보다 많은 숫자다. 실제로 강남 등 주요 번화가에는 20m가 멀다하고 카페를 발견할 수 있다. 통계청 통계자료에 따르면 2010년 이후 카페는 매년 두 자리 수 성장률을 기록할 정도로 크게 증가하고 있다.

그 정도가 우려할 수준으로, 우리나라 사람들의 커피 섭취 빈도가 1주일에 12.2회로 대표 주식인 배추김치 11.9회와 쌀밥까지 제친 것으로 나타났다. 농림축산식품부와 한국농수산식품 유통공사의 보고서를 보면 1인당 하루에 2회 가까이 커피를 마시는 것으로 나타나 단일 음식 기준으로 주당 섭취빈도가 가장 많았다. 건강에 도움이 되는 것도 아닌 줄 알면서도 왜 커피공화국이라는 용어가 나올 정도로 그렇게 마시는 이유는 무엇 때문일까? 바로 중독 때문이다. 카페인은 약물에 비해 그 중독에 의한 심각성이 작게 인식되어 있고, 쉽게 접할 수 있으며, 알코올 중독, 니코틴 중독, 마약 중독, 탄산음료, 밀가루의 글루텐처럼 커피의 카페인 중독 때문인 것이다.

그런데 알코올 중독이 아닌 사람들이 술을 즐기는 것처럼 카페인 중독이 아닌 사람들도 생각 없이 커피를 무의식적으로 마시는 이유는 무엇인지 그 원인을 밝혀볼 필요가 있다. 그래야 카페인 중독에서 헤어 나오고 아무 생각 없이 마시는 행동을 의식적으로 자제할 수 있기 때문이다. 구수하면서 달콤 씁쌀한 커피 특유의 향이 중독을 유도하고 있지만, 그러나 우리 몸을 유지하는 신경계와 제어시스템이 몸에 좋지 않은 식품을 단순한 향 때문에 섭취하게 할 정도로 그렇게 낮은 수준은 아니다. 수십억 년의 진화를 거쳐 온 우리 체세포가 그런 수준이라면 현재와 같은 모든 생명체 진화의 끝에 자리하고 있지는 못할 것이기 때문이다.

온갖 유해물질과 오염물질, 먹을거리와 음료, 호흡과 피부로 이제는 방사능과 미세먼지까지 몸 안으로 들어온 물질은 우리 몸이 스스로 분리·정화·해독하여 몸 밖으로 배출하지만, 그 정도가 알코올에 의한 숙취처럼 처리 분해 능력을 초과하게 되거나, 분해되지 않는 경우에는 체내에 중금속을 중심으로 축적되게 된다. 이렇게 축적된 유해물질을 체외로 배출을 돕는 것이 항산화물질 중심의 자연식품이며 주로 쓴맛을 가진 천연식품이다.

그래서 우리 세포는 살기 위해서 쓴맛을 찾는다. 그런데 젊은 입맛들은 이미 서구화 되어 있어서 우리 된장과 고추장, 김치 등 절임식품, 발효식품들과 쓴맛식품을 기피하면서 유일하게 먹는 쓴맛이 바로 커피인 것이다. 그런데 먹고 보니 해독이 아니고 중독성이 강한 각성제 카페인이 들어온 것이다. 이것이 커피의 속임수요, 인류가 속고 있는 공인된 마약으로서 커피인 것이다.

5) 쓴맛식품과 중독의 허와 실

카페인은 인체에 중독으로 작용하여 질병과 건강지수 하락으로 사회적 손실비용과 국민건강보험 재정 적자의 원인으로 작용하고 있다. 특히 카페인은 흡연과 음주와는 다르게 그동안 중독현상을 간과하다가 근래 다양한 중독현상으로 주목하기 시작하였으며, 국가 미래가 달린 청소년의 건강에 치명적인 피해를 주고 있다. 카페인은 커피, 차, 청량음료, 감기약, 두통약, 잠 안 오게 하는 약 그리고 살 빼는 약들에 포함된 자극제로서, 커피 한 잔에 카페인이 100-150mg이 들어 있고 차에는 그 1/2, 콜라에는 1/3이 함유되어 있으며, 카페인은 양성 재 강화효과, 쾌감유발

효과, 추구행동, 내성, 금단증상 등 남용의 조건을 다 갖추고 있어서 니코틴과 알코올과 같이 제한해야 할 물질임에도 불구하고 학계와 국가가 방임하고 있는 것이다.

카페인 중독은 DSM-IV[01] 분석으로 이루어지며, DSM-IV에는 카페인 관련 장애로 나타나는 중독, 불안장애, 수면장애 등이 기술되어 있다. 공식적으로 금단은 인정하지 않고 있지만 치료는 카페인 복용 중단과 진통제, 항불안제 등 대증요법이 사용되며, 1~2주에 걸쳐 점감하는 방법이 최선이고, 카페인 없는 음료로 대체하여 마시도록 하면서, 환자 및 가족에 대한 교육이 중요시 되는 내용으로 구성되어 있다.

카페인 중독은 그 특성이 자체에 대한 요구의 증가로 사회적 비용이 증대되고 산업사회와 경쟁사회로 인한 카페인 중독이 심화되어 전 세계적으로 비만과의 전쟁과 함께 사회적 문제로 대두되고 있다. 특히 어린이와 청소년들은 카페인의 해독능력이 성인에 비해 떨어지며, 에너지 음

---

01 DSM-IV

정신질환 진단 및 통계 편람(Diagnostic and Statistical Manual of Ment al Disorder) 미국 정신의학회(APA: American Psychiatric Association)에서 출판하는 서적으로, 정신질환의 기준으로 사용되는 서적. 정신질환과 관련된 모든 정보를 지속적으로 수집하고 정리하여, 각종 정신질환의 정의 및 증상을 판단할 수 있는 기준들을 제시한다.

유사한 목적으로 많이 사용되는 책으로는 WHO에서 발행하는 질병 및 관련 건강 문제의 국제적 통계분류(International Statistical Classification of Diseases and Related Health Problems, ICD)가 있다. DSM은 정신질환에 집중하는 반면 ICD는 모든 종류의 질병을 다룬다. 1952년의 최초의 DSM(I)부터 시작하여 II, III, IV, IV-TR 을 거쳐 2013년 5월에 최신인 DSM-5[3]까지 나왔다.

료와 같이 주변에서 알지 못하고 쉽게 카페인이 포함된 식품들을 섭취하게 되어 있어서, 최악의 경우 급성 카페인 중독에 의해 사망에 이르기도 한다.

해외에서는 한류와 한류식품이 확산되고 있는 상황에서 국내에서는 커피 마니아와 중독현상을 넘어서 커피문화로 성장하고 있으며, 고령자층에서도 무분별한 커피의 습관성 섭취로 발생하는 중독현상에 대하여, 전문가와 관계기관 정부차원의 대안이 절실하게 요구 되고 있는 상황인 것이다. 특히 카페인은 우리 몸 밖으로 배출되면서 반드시 물과 함께 나가는 특성이 있다.

그래서 체내 수분 함유량 70%를 부족하게 만들어서 피부가 건조하고 거칠어지며 고지혈증을 유발하지만, 많은 젊은 층에서 물은 맛이 없어서 먹지 못하고 다시 커피나 카페인이든 음료를 마시게 됨으로서 악화가 악화를 낳는 중독의 순환 고리를 만들고 있다, 중세시대 전투식품으로 사용된 커피의 기원처럼 담배와 같이 중지했어야 할 건강의 적임에 틀림없다. 따라서 식품 전문가들은 수익에 편승하지 말고 커피문화와 커피 기호식품을 대체할 수 있는 건강 기호식품의 개발과 커피 대체식품 생산 및 웰빙문화 확산에 정부와 매스컴, 교육기관의 지도가 절실한 상황이다.

더구나 우리 몸은 좋은 것을 많이 섭취한다고 해서 반드시 건강과 정력이 증진되는 것은 아니다. 생리대사에 꼭 필요한 성분과 양이 충족되면 그 이상은 불필요하게 되어 배출되거나 체내에 쌓이게 된다. 따라서 자양강장제의 무분별한 섭취는 과음이나 마약과 같이 건강증진보다는 위와 장, 간과 신장에 무리를 주어서 오히려 해가 될 수 있다. 또한 이런 식품들은 스트레스에 대한 내성도 감소시킨다는 연구결과가 있다. 이것이 오늘날 한국인 사망자 5명 중 1명이 암이라는 상황의 숨은 원인 중의 하나일지도 모른다는 생각이 든다.

지금처럼 스트레스가 심한 시대에는 오히려 해독과 상기되는 기운을 내리고 정화시키는 식이요법과 섭생치유가 필요하다. 이제는 자양강장 시대가 아니라 조화균형의 시대인 것이다. 그래서 쓴 것이 약이라고 한 우리 선조들의 가르침은 쓴맛식품이 알코올, 니코틴, 카페인, 마약과 같은 중독식품의 금단현상을 완화하고, 해독시켜서 배출하는 효능이 탁월하다는 측면에서 보면, 선조들의 지혜에 감탄과 감사가 저절로 나오게 된다.

6) 가족 주치의 주부의 지혜

스트레스와 영양 사이에도 밀접한 상관관계를 가지고 있다. 미량원소의 과부족이 인체의 항상성과 면역력에 결정적인 역할을 하기 때문이다. 건강을 위한 잘못된 식이요법에는 식품과 약품의 남용에도 있지만 잘못된 요리법에도 있다. 가능하면 음식은 굽거나 튀기지 말고 짧은 시간에 삶거나 쪄서 먹어야 체내의 질병 유발물질 형성을 막는 데 도움이 된다. 우리 선조들의 전통 조리법이 주로 삶거나 쪄서 더운밥과 국, 찌개를 먹고 고기도 삶아서 먹었다. 장독대는 냉장고가 필요 없는 최고의 발효음식 저장소이다.

물은 아무리 열을 가해도 증기 발생을 막지 않으면 절대로 100℃ 이상 상승하지 않는 다는 사실을 고려해 볼 때, 근래 서양문화가 유입되면서 고기를 불에 구워먹고 음식을 기름에 튀겨 먹고 있으며, 이에 비례하여 각종 암과 당뇨, 심장질환과 비만이 증가되고 있는 추세를 보면 분명한 상관성이 있다. 진정한 건강과 웰빙은 일상 속에서 자연과 하나 되는 순리에 대한 통찰과 작은 것들의 실천에서부터 시작되는 것 같다. 좋은 것을 찾아 먹기보다 먼저 몸과 마음을 정화시켜서, 음식을 담는 그릇부터 깨끗하게 하는 해독의 식이요법이 우선되어야 하는 시대가 되었고, 주부는 그 요리전담이 아니라 가족의 자연치유 주치의이며 전 가족의 건강 지킴이로서 지혜를 발휘해야 하는 시대가 된 것이다.

그 다음에 건강의 적으로 지목되고 있는 대상은 스트레스다. 비만과 면역력 감소, 운동부족과 환경오염 등이 거론되고 있지만 개인적 스트레스뿐만 아니라 사회적 스트레스에 지속적으로 노출되면 모두 당뇨, 비만, 고혈압과 면역 결핍, 중풍, 치매, 우울증의 원인이 되기 때문이다. 여기에 수맥과 세포의 돌연변이를 일으키는 각종 전자파와 방사능, 미세먼지와 발암물질, 독성물질에 노출되면 상황은 더 악화될 수밖에 없다.

지금까지 연구된 스트레스에 의한 질병을 요약하면 소화성 궤양과 궤양성 대장염, 긴장성 두통, 관상동맥질환, 비만, 당뇨, 각종 암, 우울증, 감염성 질환, 불임과 성기능 장애의 주범이다. 이외에도 스트레스와 상관성이 있는 질환에는 전신적인 반응으로서 소화불량, 뇌졸중, 탈모, 치매, 류마티즘성 관절염, 변비, 피부 트러블, 불임증, 임신부의 조산, 골다공증, 흡연과 음주량의 증가, 불면증, 춘곤증, 만성피로, 불규칙한 생리, 기억력과 집중력의 감소 등 다양한 성인병의 원인이 되고 있는 것으로 연구결과 밝혀지고 있다.

따라서 스트레스는 학문적으로 연구되어야 하고 가치관과 의식의 전환, 식이요법과 부작용이 없는 약물요법 등을 임상에 적용하여, 개인과 사회의 건강을 위협하는 중요한 대상으로 관리되어야 함에도 불구하고, 가정과 사회, 학계와 정부에서도 심각성을 인식하지 못하고 소홀하게 다루는 경향이 있다. 그나마 미국과 영국의 경우에는 정신과 의사들이 심신의학을 주도하고 있으며, 이들은 각 진료과에 들어가 환자의 상태에 대해 중요한 조언을 해주고 있다. 반면에 독일의 심신의학은 내과의사가 중심적인 역할을 한다. 특히 독일에서는 1976년 이래 하이네만 대통령의 명에 의해서 심신의학이 의과대학의 교과목으로 채택되었으며 국가시험에도 필수과목으로 출제되고 있다. 러시아와 인도, 일본도 심신의학의 역사가 짧지는 않다.

시대의 변천과 현대의학의 발전에 따라 전염병이나 감염병과 같은 외인성 질환에 따른 환자 수나 사망률은 급격히 감소하고 있지만, 이와는 반대로 성인병과 만성질환과 같은 내인성 질환의 비율은 증가하는 방향으로 질병구조가 변화하고 있다. 이는 뇌졸중, 고혈압, 동맥경화, 심장병, 당뇨병, 암과 같은 성인병이 식생활, 술 담배 등의 기호품과 노동, 수면, 운동 등 오랜 시간에 걸친 잘못된 생활습관의 누적에 의해서 발생하기 때문이다.

　또한 질병이 만성화되면 2차적으로 여러 가지 심리적 불안감이나 사회적 활동의 저하가 나타난다. 더구나 오늘날과 같은 고도의 기술정보 사회와 관리되는 사회체계에서는 인간의 본성과 삶의 의미를 잃기 쉽고, 미래에 대한 예측도 어렵다. 아울러 극심한 경쟁과 가치관이 다양화된 사회에서는 마음의 안정성을 잃고 정신적으로 불안정해지기 쉬워진다. 이 외에도 직장, 학교, 가정에서의 복잡한 대인관계에 의한 스트레스와 혼자서 사는 고독감까지 더해져서 분노조절장애, ADHD, 조현병과 우울증, 자살 등 다양한 심신장애를 일으키고 있다. 오늘날의 산업사회에서는 정신적 스트레스의 비중이 증가하고, 이와 더불어 질병도 증가하고 있는 추세이다. 이제 이 시대에 가족의 건강을 지키기 위한 주부의 진정한 지혜는 의료보험을 여러개 들어놓고, 은행계좌에 충분한 잔고를 유지하는 것에나 관심을 갖다가, 병에 걸리고 나면 좋은병원에 찾아가는것으로 해결할 수 없는, 장바구니에서부터 시작되는 건강관리에 대한 의식의 전환이 필요한　시대이다. 이는 개인의 웰빙을 추구하는 삶뿐만 아니라 가정과 사회, 국가와 지구 생태계의 건강과 행복을 위하여 가장 중요한 테마 중의 하나임이 분명하다.

3. 세포 스트레스로 인한 질병들

스트레스가 우리 삶과 건강에 미치는 영향은 지대한 것이어서 학문적으로 연구하고 생활에 이용하는 체계가 구축되어야 마땅한 것으로 여겨지지만, 아직도 개인적 대처에 의존하고 있는 상황에 의문이 생긴다. 스트레스 특성으로서 건강과의 상관성과 개인차에 의한 주관적 요소, 그리고 이러한 스트레스의 특성을 고려한 스트레스 면역력 증강과 축구경기에서 최선의 방어는 공격이라는 말과 같이 스트레스를 피하지만 말고, 긍정적이고 적극적으로 대응하는 문제해결기법에 대한 연구와 학문적 체계 구축의 필요성이 있다.

1) 스트레스와 중추신경계

그러나 중요한 현실적인 문제는 스트레스에 주관성 요소가 있다는 이론적 접근이나 문제해결기법의 학습 이전에 스트레스에 시달리고 분노조절장애를 겪는 사람들에게 정책적이고 사회적인 배려를 해야 한다는, 이런 주장이 그동안 우울증으로 자살한 사람들과 같이 준비 안 된 당사자들에는 그들의 문제해결에 전혀 도움이 안 된다는 사실이다. 또한 우리 몸의 항상성을 유지하는 체계인 중추신경계는 외부로부터 심신의 침해가 실제로 생명유지가 어려운 비상사태인지 아니면 일상적인 스트레스가 누적되어서 견디기 어려운 상태인지를 분간하지 못하는 신경생리학적 특성을 가지고 있다.

따라서 일상적인 스트레스가 일정 수준을 넘어서는 세포 스트레스 상태에서도 우리 중추신경계는 생명유지가 어려운 상황으로 판단하고, 이에 대비하기 위하여 인체 각 장기와 조직에 계엄과 같은 비상사태를 선포하여 먼저 위험에 대비한 군비축적을 명령한다. 다음에는 외부의 상황에 따라 동물적 본능인 싸우거나 도망을 대비해서 몸의 혈액이 머리나 장기보다는 근육을 바로 사용할 수 있도록 대비하고 준비하는 대응체계로 인체 운영체계를 비상모드로 전환하게 된다.

이러한 군비축적의 작용이 오늘날 전 세계 의학계가 잘못 파악하고 있는 비만의 원인에 대한 오해이고, 공급된 열량보다 소모한 열량이 적어서 그 남는 량이 지방으로 축적된다고 하는 잘못된 다이어트 방법의 근거가 되고 있다. 암과 같이 발생 원인을 해결하지 못하고 요요현상으로 점철되고 있는 비만의 잘못된 대처인 것이다. 또한 싸우거나 도망을 대비하여 혈액과 근육을 즉각 대응태세로 전환하는 변화는 외부 자극에 불만이 있을 때, 반작용의 언행이 이성보다 먼저 동물적인 공격성향을 나타내는 특성이 분노조절장애의 실질적인 원인으로 작용하고 있는 세포 스트레스가 숨은 원인인 것이다.

이러한 세포 스트레스는 일상적 스트레스를 포함하여 정신적 스트레스뿐만 아니라 인체가 외부로부터 받는 병원균의 침해나 유해물질, 방사능과 전자파와 같은 환경 유해요소는 물론, 식품으로 섭취되는 다양한 유해물질과 온도와 습도, 자연재해나 사회적 스트레스 등 실로 다양하다. 이러한 외부적 침해와 스트레스에 대하여 세포수준에서 생명유지에 어려움이 있다고 판단하는 기준치를 넘어서는 모든 스트레스와 자극을 통합한 개념이며, 실제로 그렇게 작동한다는 연구보고는 충분하게 확보되어 있다.

이 세포 스트레스가 개인적으로 모두 동일하지는 않지만 일정 임계치를 넘어서면, 교감신경과 부교감신경의 균형을 잃은 중추신경계는 생명유지를 위하여 동물적 본능이 우선 작용하는 교감신경 우세 활성화가 된다. 이와 같이 도전과 싸움을 위한 전투태세가 준비된 상태에서는 외부의 작은 자극에 의해서도 바로 감정의 폭발과 함께 폭력적인 언행으로 이어지는 것이다. 이것이 분노조절장애의 작용 메커니즘이며, 비만의 실질적인 요인이고. 수많은 만성질환과 학교폭력, 가정폭력, 성폭력의 원인이며, 전투를 위한 군비축적이 지방의 축적을 넘어서 돈과 물욕, 안전을 위한 권력욕과 이기심으로 확장되어 나타나는 것이 언론과 뉴스에 보도되는 대부분의 부패와 비리 사건의 숨은 원인인 것이다.

이러한 문제의 원인이 되고 있는 세포 스트레스에 가장 영향을 미치는 요소는 임계치를 넘는 세포 스트레스와 세포에 저장되어 있는 잔류농약과 중금속, 방사능과 같은 유해물질이 가장 비중이 크다.

따라서 이제 우리는 세포에 축적되어 있는 이러한 유해물질을 부작용이 없고 효율적이며 비용 부담이 적은 해독과 분해 방법을 찾는 것이다. 한편으로는 더 이상 유해물질에 노출되지 않으면서 체내 유입을 막는 방법을 실천해야만 하고, 정책적이고 사회적인 대응체계가 구축되기 이전에 각 가정과 개인이 실천 가능한 대안을 학계와 전문가가 찾아야 하는 명제인 것이다.

21세기에 들어서 첨단과학과 의료기술 개발은 세계가 언제 어디서나 편리하게 연결되어 컴퓨터 자원을 활용할 수 있도록 현실 세계와 가상 세계를 결합시키는 유비쿼터스(ubiquitoes) 시대가 열리고 있고, 분자생물학은 생명의 복제와 줄기세포 치료 등 눈부신 발전을 거듭하고 있다. 그러나 발전된 의료기술 만큼 인류의 복지와 삶의 질은 향상되지 못하고 있고, 현대의학과 병원 중심의 약물과 수술요법으로 암과 당뇨, 고혈압과 비만, 백신이 없는 전염병과 만성질환이 해결되지 않고 있어서, 국제

사회와 한국도 경쟁과 갈등, 불확실성의 증가와 함께 삶의 질은 더욱 하락하는 경향을 보이고 있다.

이러한 문제해결을 위한 대안으로서 심신의학과 보완통합의학이 연구되고 있지만, 국내 상황은 아직도 변화되고 있는 세계 의료 패러다임을 수용하지 못하고 있다. 특히 가축의 구제역과 AI를 포함하여 인류에게 증가되고 있는 각종 전염병과 난치성 질환, 심인성질환에 대하여 아직도 현대의학 중심의 약물과 수술요법, 기존의 영양학이나 백신으로 대처하고 있어서, 차후 예측되고 있는 기후 재난과 에너지 파동, 식량파동과 백신이 없는 전염병의 발생으로 더욱 어려움에 처할 가능성이 높아지고 있다.

더구나 장래 국가의 미래를 이끌어 갈 청소년들이 소아비만과 소아당뇨, 아토피, 면역력 감소로 인한 유병율의 증가와 건강지수가 급격하게 하락되고 있다. 이는 성인들의 암과 당뇨, 고혈압과 뇌졸중, 고령화 사회 진입과 의료비용 증가에 따른, 국민의료보험 적자, 국가 손실비용 증가로 인한 국민총생산량 감소보다 더 우려되는 상황이다. 특히 근래 증가하고 있는 청소년과 성인들의 대인관계와 언행반응이 즉흥적이고 깊이가 없으며, 감정에 대한 자기제어 능력이 감소되어 많은 사건과 범죄 등 심각한 사회문제로 대두되고 있다.

이러한 상황에 대하여, 문제해결의 주체인 정부와 학계, 의료계는 문제의 원인으로서 경쟁사회와 퇴폐문화, IT문화를 시대적 부작용으로 보고 인성교육의 강화를 그 대안으로 제시하고 있으며, 아직도 인류의 건강이 인간이 만든 약품과 백신으로 외부환경과 싸워서 이겨야한다는 개념에서 벗어나지 못하고 있다. 기존의 영양학도 필수 비타민과 미네랄 공급이 전부이어서 보다 근본적인 원인분석과 대책이 요구되고 있는 실정이다.

2) 중추신경계 교란과 심신작용

이에 따라 식이와 영양, 진료와 치유, 명상과 심신수련 등의 많은 방법들이 건강의 유지와 생체에너지 크기를 증가시키거나 변화, 회복 등의 조화된 발현을 목적으로 하고 있으나, 그 에너지 발현의 원천과 에너지 질을 향상시키는 생체에너지 정화에 관해서는 도외시 되고 있다. 따라서 인체의 건강과 항상성을 유지하거나 심신수련을 통한 각성과 영적인 진화 등 자기실현의 궁극적 목적 달성에 어려움과 한계가 나타나고 있는 것이다.

또한 신체의 생리학적 정화와 마음과 의식의 정화가 생체에너지 발현과 건강에 어떤 영향을 미치고 있고, 정화되지 못한 생체에너지가 병원 진료로 회복이 어려운 각종 질환에 어떻게 작용하는지, 정화과정이 모든 육체적이고 정신적인 치유와 심신수련의 선행조건으로서 갖는 의미와, 문제를 해결하기 위한 방법론으로서 효율적이고 객관성이 있는 심신정화를 위한 실제적인 정화방법에 대한 연구의 필요성이 대두되고 있다.

심신일여(心身一如)나 일체유심조(一切唯心造)를 거론하지 않아도 마음과 신체는 상호 가역작용을 한다는 사실에 대하여 현대과학도 인정하고 있다. 이에 따라 새로운 학문체계로 구축된 것이 심신의학이며 보다 객관적인 물리학적 접근을 시도한 것이 에너지의학이다. 따라서 잘못된 의식은 육체에 부정적 영향을 미치며, 오염 되고 약한 육체는 정신까지 나약하게 만들고, 특별한 독성이나 중금속에 오염된 경우, 심신불안과 우울증, 암과 같은 질환은 물론 범죄와 살인, 테러와 자살로 이어지는 경우가 많다.

따라서 이제 우리는 세포 스트레스를 감소시키기 위해서 다양한 세포 스트레스 발생 원인을 분석하고 이를 해소시킬 수 있는 방법을 찾아내서 문제해결의 근원적 해결책을 강구해야만 한다. 마음과 신체는 상호 가역작용을 한다는 원리에 대하여 이제 현대과학도 인정하고 있는 것이다.

3) 리이드식 보호감찰법

체내에 축적된 중금속과 중추신경계 교란에 관한 예로서 미 상원 영양문제특별위원회에서 실제 사례로 다룬 사건이 있다. 미국의 소년원에서 실제로 있었던 일로서 아이가 부모를 살해하고 수감되었다. 종교계와 학계의 저명한 전문가들이 모두 동원되었으나 순화에 실패하였고 악마가 내재 되었다고 결론짓고 포기하는 단계에서, 마지막으로 대체의학 전문가가 투입되었다. 대체의학 전문가는 그 아이의 머리카락을 분석한 결과 구리(Cu) 성분이 특이하게 많이 검출되고 마그네슘(Mg)이 부족한 점에 착안하여 구리와 결합하여 체외로 배출시키고 마그네슘을 공급 할 수 있는 식단을 만들어 제공한 이후부터 성격이 달라졌으며, 이를 실제 현장에서 수년간 검증한 자료를 제출한 감찰원 리이드 부인의 이름을 따서 미상원에서 채택되어 "리이드식 보호 감찰법"이 제정되어 시행되고 있는 중이다.

이와 같은 신체의 오염이 건강뿐만 아니라 인간의 정신상태에 어떤 영향을 미치는 가를 짐작하게 하는 단편적인 예이다. 이를 계기로 현재 미국의 법정에서는 소년원이나 실형을 선고하는 판결문에 판사들은 징역 몇 년에 처한다는 판결문 아래에 '리이드식 식이요법을 몇 개월 실시할 것'이라고 추가되는 형식으로 리이드식 보호감찰법이 시행되고 있다. 인스턴트나 식품첨가물 등에 의한 식습관의 잘못 등으로 인해 인성의 변화가 원인이 되어 범죄를 저질렀다고 보고, 소년원의 아이들과 범죄자들에게 해독과 정화를 위한 식이요법을 기본적으로 시행하고 있는 것이다.

실제로 중금속 수치 특히 납수치가 올라가 있을 경우 아이들은 뇌의 감정 조절 중추에 영향을 주어 얌전하던 아이가 갑작스런 감정의 폭발을 보이거나, 감정제어가 불가능하여 폭행과 살인사건으로 변하는 경우가 국내외 뉴스에서 자주 볼 수가 있다. 정도의 차이가 있을 수는 있으나 최근 들어 청소년과 성인 모두에게서 어렵지 않게 볼 수 있고, 현대인 스스로도 내가 왜 이럴까 싶을 정도의 통제 불가능한 감정의 증폭을 경험하는 경우가 많다.

4) 잔류농약과 정크 푸드

다른 실험에서는 독일에서 실시한 것으로 농약을 사용하는 지역의 50~90개월, 10만 명 이상의 청소년들이 대조군과 비교하여, 엄마의 얼굴을 그리는 미술심리 검사에서 정상적인 엄마의 얼굴과 사람형태를 그리지 못한다는 사실이 밝혀졌다. 2차 연구 자료에 의하면 농약, 제초제, 항생제, 호르몬제, 비타민 등을 계속 사용한 지역 어린이들의 세포조직에서 DNA의 연결고리가 느슨한 상태인 탈락현상이 발견되었으나 엄청난 파국을 예상하여 공식적인 발표를 하지 못하고 비공개로 전해지고 있다. 국내에서도 인스턴트식품과 커피, 탄산음료를 많이 섭취한 실험군이 대조군과 비교하여 성적이 낮고 성격이 불안하며 분노표출을 쉽게 하는 반면 분노억제는 어렵다는 연구결과가 있다.

이러한 결과를 근거로 미국의 LA주가 2003년에, CA주는 2005년에, 영국은 2006년, 뉴질랜드 정부는 2008년부터 학교 내에서 정크 푸드와 탄산음료 자판기를 철거하고 판매금지를 조례로 재정하여 실시하고 있다. 청소년에게 탄산음료는 성인에게 음주의 피해와 같고, 흡연도 마찬가지이다. 마약은 이 보다 더하고 수술을 위한 마취도 시간이 지나서 깨어나면 그만이 아니라, 큰 수술과 CT 촬영을 여러 번 한 사람들을 조사해 보면, 척수와 신경계, 정신력과 기억력 등에 장해를 가지고 있는 경우가 많다는 보고가 있다.

국내 연구결과에서는 병원을 찾은 아이들의 분포도를 보면 저체중이나 왜소증, 소아비만과 소아당뇨, 간경화를 나타내거나 불특정한 원인에 의한 아토피를 호소하는 아이들이 많았다. 이 아이들을 대상으로 모발검사를 시행한 결과 특별한 공통점을 찾을 수가 있었는데, 어느 정도의 차이는 있어도 대부분의 아이들에게서 비소, 수은, 카드뮴, 납과 알루미늄과 같은 중금속 수치가 올라가 있고, 마그네슘과 아연과 같은 미네랄 부족을 확인할 수 있었다.

이 아이들에게 영양의 균형을 위주로 한 영양처방만으로도 그 증상의 호전을 보이거나 만성 염증을 보이던 아이들에게 항생제 처방률을 낮출 수 있게 되는 결과를 확인할 수 있었다. 청소년뿐만 아니라 성인에게서도 흔히 보이는 중금속에 의한 증상으로는 자고 일어나도 피곤하고 숙면을 하지 못하여, 만성 피로와 무력감을 보이는 등 그 자체만으로도 증상과 질병을 일으킬 수 있으며, 스트레스 인내력의 저하, 이유 없는 우울증, 고혈압, 고지혈증, 당뇨와 비만, 암 등 각종 만성질환의 발병률을 높일 수 있다.

중금속의 체내 축적이 문제가 되는 것은 특별한 증상을 보이지 않기 때문에 제대로 진단이 어렵고, 내 몸은 정상이 아닌 것 같은데, 병원 진단에서는 이상을 찾을 수 없어서 필요 없는 약을 복용하거나 증상이 더 진행되기만 하는 것이다. 따라서 현대인들에게 있어서 체내 독소와 중금속 검사와 이에 따른 해독과 배독 처치가 필수적으로 요구되고 있다.

우리 몸의 항상성을 유지하는 중추신경계와 운영체제는 고정되어 있지 않고 비상모드와 정상모드로 전환되는 작용기전을 가지고 있다. 스트레스가 임계치를 넘으면 우리 몸의 운영체제는 동작모드를 본능적 생존 모드인 비상모드로 전환하게 된다. 한 국가가 위급한 상황에 대처하기 위한 계엄령 사태와도 같은 이런 상태가 되는 원인으로는, 주변 환경의 급격한 변화나 생명유지가 보장될 수 없다고 판단되는 외부의 신체적 위해, 그리고 정신적 스트레스가 일정수준을 넘어서면 발생하게 된다.

또한 세포 스트레스는 각 개인의 스트레스 면역력에 따른 주관적 요소에 좌우되는 경향이 있어서, 정신적 스트레스보다 중금속이나 유해물질의 체내 축적에 의한 세포 스트레스가 더 큰 영향을 미치게 된다. 일단 생존에 관련된 세포 스트레스나 일상적 스트레스의 정도가 디지털 논리소자와 같이 1 아니면 0을 출력하는 것과 같은, 그 경계선의 임계치를 넘으면 세포 스트레스는 우리가 짐작하고 있는 것보다 더 심각한 부정적 부작용을 초래하게 된다.

5) 중금속과 미네랄의 차이

세포 스트레스를 일으키는 요인 중에 분해나 배출되지 못하고 체내에 축적된 중금속과 유해물질은 현대의학과 영양학에서 모두 부정적으로 해석하지만, 중금속인가 아니면 우리 몸의 필수요소인 미량원소와 미네랄인가를 결정되는 것은, 물질의 원소와 원자번호에만 연관되어 있는 것은 아니다. 체내 분자생물학적 화학반응과 미생물 반응이 아직 완벽하게 규명되지 않은 생화학적 반응의 중요성을 인정하는 입장에서 볼 때, 그 함량도 절대적인 변수가 되고 있다. 자동차가 약 25,000개 부품들로 구성되어 있어서, 엔진이나 바퀴 같은 부피가 큰 부품이 아니라 아주 작은 전압조정장치 부품, ECU 제어장치의 S/W 프로그램에 아주 작은 에러 하나가 주행 중 정지나 급발진과 같은 상황을 유발할 수 있기 때문이다.

우리 몸도 필수 비타민 미네랄과 같은 영양요소로만 구성되어 있는 것이 아니고 약 250종의 다양한 원소로 구성되어 있으며, 자동차와 같이 각 원소가 필요한 양이 있어서 남거나 부족해도 문제가 되는 것이다. 예로써 게르마늄, 셀레늄은 함량이 초과되면 중금속이 되지만, 식물성 유기 게르마늄(Ge)이 절대적으로 부족하면 암이 유발되는 미량원소로 알려져 있다. 실제로 두릅과 씀바귀, 귀리순에 수용성 게르마늄을 살포하여 얻은 소재는 항암 치료 중인 환자의 통증을 없애고, 식사 후 구토증을 없애는 효능을 직접 확인한 바 있다.

또한 비소는 사약으로 사용되는 독약의 주성분으로 섭취하게 되면 생명을 잃는 치명적인 결과를 초래하게 된다. 그러나 이 무기물인 비소가 비파 차의 주성분인 유기비소로 소량 섭취하면 여성의 피부를 곱게 하고 미백효과를 일으키는 먹는 화장품이 되는 것과 같다. 그래서 우리는 초등학교 시절부터 단맛과 좋아하는 것만 찾는 편식을 하지 말고 골고루 먹으라는 교육을 하고 있는 것이다. 가끔 우리는 해외여행을 하는 경우에는 그 나라 현지 음식을 먹어주는 것이 평소에 접하지 못하는 미량원소 섭취를 위해서 당연한 논리적 식이요법임에도 불구하고 기어코 국내에서 먹던 음식만을 고집하는 것은 글로벌 시대의 편식으로 볼 수 있는 것이다.

이와 같이 우리 몸은 이 지구상의 생태계에서 진화의 맨 앞줄에 있는 존재로서 조화와 균형을 유지하는 고등동물인 것이다. 따라서 체내의 영양균형이 부족하거나 남는 중금속과 미량원소 그리고 스트레스가 개인의 면역 한계치에 육박하게 되면, 세포는 자율신경계가 스스로 알아서 대처하지 못하는 부작용이 나타나기 시작한다. 이러한 부작용 중 가장 심각하고 알려지지 않은 내용이 가장 민감한 우리 몸의 중앙제어장치인 중추신경계의 교란현상이다.

중추신경계는 교감신경과 부교감신경으로 구성되어 있으며 상호억제와 균형을 유지하는 역할을 하고 있다. 교감신경은 주로 생존과 관련된 동물적 본능에 가까운 행동으로 싸우거나, 도전해보자 등의 긍정적 동기 유발을 담당한다. 따라서 다음에 올 수 있는 상황을 대비하는 저장과 축적을 지휘하고, 마음대로 안 되면 화를 내고 감정적인 행위를 관장한다, 부교감신경은 동물의 기본 행동인 싸울 것인가 도망갈 것인가에서 포기나 도망치기를 먼저 결정하거나, 논리적이고 이성적이며 부정적이거나 회피와 방어 행위를 담당하는 역할을 한다.

따라서 교감신경은 주로 주간에 활성화되어 긴장성 호르몬을 발생시키고, 부교감신경은 야간에 작용하여 생체의 긴장을 회복시키고 균형을 유지하게 한다. 그러나 세포 스트레스가 임계치를 넘게 되면 주로 교감신경이 활성화되어, 자신도 모르게 감정적이고 감정표현의 기복이 심하며, 폭력적이고 동물적 행동 성향을 띠게 된다. 이것이 오늘날 카메라와 신고전화, 경찰 교내상주 등의 표면적이고 가시적인 처방으로 해결되지 않고 있는 학교폭력과 가정폭력, 성폭력과 불특정 다수를 대상으로 하는 테러의 숨은 주범인 것이다.

더러는 교감신경보다 부교감신경의 활성화가 우세한 경우도 있는데, 이는 싸우자와 해보자의 반대 성향인 회피와 포기가 우울증으로 심화되어서, 자기내면의 바닥까지 도망치고 나중에는 생명까지도 포기하고 끝나는 경우이다. 이런 상황의 특징은 자신의 의지나 생각이 생리적 본능을 이길 수 없는 것이어서, 한 번 그 우울증의 늪에 빠지게 되면, 상황을 인지한 타인의 도움 없이는 좀처럼 자신의 힘으로는 빠져나오지 못하고 극한까지 가는 특성이 있다.

한 사람의 행위를 결정하는 요소는 그 사람의 환경과 경험, 유전적 요소, 습관, 가치기준, 트라 우마, 카르마, 사회적 패러다임 등 실로 다양하지만, 중금속과 미네랄의 과부족으로 인한 세포 스트레스와 교감신경계와 부교감신경계 불균형과 교란으로 자신도 모르는 감정유발과 그 부작용이 간과되면서 심각한 개인과 사회문제를 일으키는 숨은 원인이 되고 있는 것이다. 따라서 학계와 산업계에서는 몸에 좋다는 기능성 식품의 개발과 연구에 배정하는 연구비 일부를 체내 중금속 축적과 세포 스트레스 피해와 그 대책으로서 해독 소재와 식이요법 개발 분야에도 배정할 필요성이 있다. 좋은 음식을 담기 위해서는 먼저 그 그릇부터 깨끗하게 닦아야 하는 것이기 때문이다.

4. 웰빙과 심신통합 면역증강법

Part 1 Well Being의 조건과 몸의 정화

　첨단기술과 의료기술이 모두 동원되고 있는 현대의학도 의료기술의
발달과 함께 질병과 환자의 수도 증가하고 있으며, 수많은 난치성 질환
이나 만성질환에 대해서도 확실한 대책이 없는 것이 의학계의 현실이다.
1990년대에 들어서 해부학을 근간으로 분자생물학까지 동원하여 세포
이하 분자의 세계와 유전자까지도 구조적으로 분석해 들어간 현대의학
이 그 미시 영역 안에서 인체를 다루는 기술에 있어서는, 부분과 함께 전
체의 조화를 다루지 못하는 한계를 절감하게 된 것이다. 인체가 생명현
상을 이루는 기능적 요소의 유기적 집합체이며 의식과 에너지의 복합시
스템이라는 인식을 새롭게 하고서, 다시 거시적인 접근방법으로 되돌아
나오고 있는 과정에서 그 해결의 돌파구를 동양적 사고와 동양의학에서

찾고 있는 경향이 두드러지고 있는 것이다.

이에 따라 1997년 11월부터 미국 국립보건원(NIH)이 침구요법을 정식으로 허용하였으며, 근래에는 많은 대체·보완의학적 방법들이 사용되고 있다. 또한 천연물이나 물리적 방법을 사용하는 대체의학(alternative medicine)과는 달리 보스턴 의대 교수를 지낸 내분비 전문의인 디팍 초프라(Deepak Chopra)가 고대 인도의 전통 치유의학인 아유르베다와 현대의학을 접목시켜서 새롭게 창안한 심신의학(mind-body or psychosomatic medicine)이 주목되고 있다. 아유르베다 의학은 육체를 에너지의 순환체계로 보고, 이 에너지의 순환체계가 깨질 때 질병이 생긴다고 보는 동양의학의 한 갈래이며 '마음과 몸은 하나(心身一如)'라는 동양사상을 기반으로 하고 있다. 심신의학에서 인체의 질병은 단순한 장기의 고장에서 오는 것이 아니라 인체를 이루는 가장 작은 단위인 세포수준에서 양자 에너지의 왜곡으로부터 기인되며, 이를 회복시키기 위해서는 심신의학적인 치료가 중요하다고 주장한다.

그러나 모든 자연과학이 그 작용기전의 해석과 재현성이 확립되고 나서 기술과 공학적인 체계를 갖춘 다음에 생활과 산업에 응용하듯이, 질병치유의 방법론에서도 현대의학은 그 임상효과에 대한 작용의 원리와 객관적인 근거 자료를 요구하게 된다. 이것이 실험실적 방법이 동원되는 이유이며 이와 같은 체계로 최근에 연구가 시도되고 있는 첨단 의학 분야가 정신신경면역학(psychoneuroimmunology)이다. 이는 기존에 현대의학이 이루어 놓은 신경생리학과 면역학, 세포와 유전자 수준을 다루는 분자생물학의 기초 위에서 치료의 원인으로 사용하는 항암제와 같은 약물과 물리적인 요법을 대신하여 심신수련과 명상, 의식을 변화시키는 방법을 사용한다. 정신요법 전후에는 인체 면역력의 기준이 되는 살해세포(killerTcell:TC)와 자연살해 세포(natural killer cell:NKcell)의 활성화 여부 또는 Tcell이 대식세포를 활성화시켜 식세포작용을 돕는 물질인 림포카인(Lymphokine)을 생산하기 위한 대식세포 활성화 인자(macrophage activated factor:MAF)의 합성 방출 여부를 분석하여 검증하는 현대의학의 한 분야이다.

초기에는 심신의학과 정신신경면역학도 기존의 해부생리와 신경생리학적 체계에 고정관념을 가진 의학계로부터 치료법으로 인정하지 않거나 내부에서 조차 그 객관성과 신뢰성에 회의적인 의견들도 있었다. 그러나 그동안 많은 연구 결과가 발표되면서 이제 그 효과가 입증되고 있어서, 한계성을 나타내고 있는 현대의학의 대안으로써 통합과 상관성을 중요시하는전일의학(holistic medicine)과 함께 주목받고 있다.

그러나 이와 같이 새로운 건강유지와 질병회복의 수단으로서 심신의학이 임상과 실제에 적용되기 위해서는 실험실에서 검증이 가능한 효율적이고 객관성이 있는 명상법이나 심신수련 방법이 확보되어야 한다. 이는 수련 전후의 생체계측이나 임상병리, 분자생물학적인 측정방법이 아무리 과학적이고 신뢰성이 높다고 해도 그 차이를 구별하게 하는 원인요법에 논리적인 체계가 없거나 객관성이 결여된다면 그 실험 결과를 근거로 하는 효과의 검증과 일상생활에 적용하기 위한 일반화에는 어려움이 있기 때문이다.

오늘날의 인류는 전체의식으로 통일된 삶을 영위하지 못하고 가슴보다는 머리에 의한 개체의식 중심으로 살아간다. 가정과 가정이 모여서 국가를 이루는 것과 같이, 우리 신체도 세포라는 분리된 개체가 상호 유기적으로 결합하여 한 개체를 형성한다. 세포는 외부 환경에 대하여 각자 자신이 속한 장기 안에서의 역할과 완벽한 항상성을 유지할 수 있는 독립된 체계와 의식을 가진 존재이다. 두뇌를 이루는 뇌세포도 세포의 집합체인 개체를 유지하기 위하여 감각기관을 통해서 인식된 외부 상황에 대처하고 판단하는 역할을 한다.

따라서 뇌세포는 외부 환경에 대하여 감각기관의 정보를 기반으로 신체가 항상 유리한 상황으로 최선의 선택과 결정을 하는 기관이며, 이 판단 기준은 학습과 교육을 포함한 과거의 경험을 기반으로 결정하게 된다. 이 경험은 기억과 동질성이며 의식과 무의식을 포함하여 우리가 마음이라고 부르는 운영체계는 바로 이 기억과 경험을 기반으로 작용하게 된다.

원효대사가 당나라 유학길 노숙 중에 겪었던 한 밤중의 개울물 상황이 유학길을 포기하고 돌아올 만큼의 깨달음을 얻게 한 그 유명한 일체유심조(一切唯心造) 사상이다. 그러나 "마음이 모든 것을 짓는다."는 이 말이 성립되면, 그 역인 "몸이 마음을 움직인다."는 가역작용도 가능하다. 이

와 같은 마음과 신체의 상관성에 대한 30여년의 연구결과는 한국정신과
학학회와 미약에너지학회, 전인창조과학회를 중심으로 50여 편의 논문
을 발표하고 게재하여 왔다.

  그 사이에 세계 의료 패러다임도 대체의학과 통합의학, 심신의학이 대
두되었고, 현재에는 보완통합의학과 심신통합의학, 에너지의학, 양자의
학, 전일의학 등으로 발전되어 가고 있다. 또한 마음과 신체의 상관성은
한 사람의 개체에서만 적용되는 현상이 아니다. 사람과 사람, 사람과 동
물, 동물과 동물 그리고 개체를 달리하는 식물과 사람, 동물과 식물은 물
론이고 미생물과 사람, 동물, 식물과도 세포수준에서 인간이 사용하는
전파와는 다른 심해의 바닷물과 납 상자 안에서까지 상호 통신과 교류를
하고 있다는 사실이 과학적으로 밝혀져 있다. 이는 우주와 생명체가 통
일되어 있고, 의식이 양자화 되어 물질을 생성한다는 학설의 근거가 되
고 있다, 또한 이러한 메커니즘이 집단무의식의 전파로 '100마리 원숭
이 현상'[02]과 효과에 대한 원인과 결과, 기 에너지의 치유효과, 양자의학

---

02 100마리째 원숭이 현상(100th monkey phenomenon)
  1952년 일본 미야자키현 고시마 섬에 살던 원숭이들을 연구하던 교토대학 학자들이 평소처럼 인
  근 농가에서 고구마를 활용해 원숭이들에게 먹이를 주면서 연구를 했다. 어느 날 우연히 한 암컷
  원숭이가 해변에 놓인 고구마를 가지고, 고구마에 묻은 흙을 바닷물에 씻어 먹는 방법을 알아냈
  다. 이것이 점차 다른 원숭이들에게도 퍼지기 시작했고, 씻어 먹는 습관이 100여 마리의 원숭이
  에게 퍼지자 고시마 섬 뿐만 아니라 멀리 떨어진 오이타현 타카사키 산에 살던 원숭이들에게까지
  퍼지는 현상으로 알려져 있다. 이는 변화나 혁신을 하기 위해서는 어떤 행위를 하는 개체 수, 즉
  임계수치가 도달해야 문화운동이 확산될 수 있다는 의미가 된다. 수련계에서 깨달음에 대한 확산
  도 같은 맥락으로 보고 있다.

에 대한 합리적 설명의 근거가 되고 있는 것이다.

면역에 있어서도 그동안 세포 생리학적 면역에서 심신의학적 범주로 확대되고 있는 중이다. 면역에 대한 우리의 일반적 개념은 인체가 스스로 자신을 보호하기 위하여 바이러스와 같은 병원균에 대항하는 방어체계로 알고 있다. 그러나 우리 인체가 외부환경의 자극과 침해로부터 생명체를 보호하고 정상적인 생리대사와 항상성을 유지하기 위해서는 세균과 박테리아 같은 병원체의 방어만으로 가능한 것이 아니다. 어떤 이는 사막이나 극지방에 불시착한 항공기에서 탈출하여 물도 없이 인체의 한계 상황을 극복하고 살아오는가 하면, 어떤 이는 인터넷의 악평을 못 이기거나 학교와 군대에서 조차 왕따나 폭력을 못 이기고 자살하는 경우도 있기 때문이다.

따라서 인체가 생명체를 유지시키기 위한 면역은 단지 신체적인 백신에만 국한 되는 것은 아니며 감정과 마음, 정신적 면역까지를 포함하여 웰빙의 차원에서 다루어져야 한다. 이에 따라 어릴 적 고생은 사서라도 한다거나 쓴 것이 약이다고 했던 우리 선조들의 심신 포괄적 면역 개념을 기반으로, 인체의 면역력을 2차 면역계와 3차, 4차 면역계로 구분하여 인체의 면역세포와 자율신경계, 정신적 작용기전까지를 분석하고 고찰하였다.

1) 면역에 대한 오해

면역과 면역력에 관한 사전적인 정의는 생체의 내부 환경이 외부인자인 항원에 대하여 방어하는 현상으로 태어날 때부터 지니고 있는 선천면역(先天免疫)과 후천적으로 생활 속에서 얻어지는 획득면역(獲得免疫)으로 구분된다. 외부 인자를 항원(抗原)이라 하며, 병원미생물 또는 그 생성물, 음식물, 화학물질, 약, 꽃가루 등이 있다. 이 말의 어원은 라틴어의 Immunitas이며 역병으로부터 면한다는 뜻이다.

획득면역은 병원체 또는 그 독소를 면역원으로 예방접종하여 얻을 수 있으며, 이와 같은 면역을 인공면역이라 한다. E.제너는 이 방법으로 종두법을 최초로 발견하여 면역학의 기초를 이룩하였다. 문제는 이러한 백신이 개발되기 전에 돌연변이나 신종 바이러스가 갑자기 창궐하는 경우에는 의료기술과 인류의 문명으로 손을 쓸 수 없는 상황이 된다. 그래서 우리는 선천면역 또는 자연면역을 키워야 하고, 후천성 획득면역을 키워야 한다.

그러나 대체의학이나 보안의학, 통합의학과 심신의학에서는 인체에 대한 외부 위해요소의 생물학적이거나 물리·화학적 자극뿐만 아니라, 정신적 자극에 대한 저항력이나 반복되는 자극 따위에 반응하지 않고 무감각해지는 상태까지 모두를 포함하여 다루고 있다. 또한 신체적 면역력도 병원균이나 유해물질 이외에도 스트레스나 고생스런 생활 또는 화와 같은 감정유발과 다양한 자극에 대한 반작용과 대응은 사람마다 그 내성과 면역력에 따라 상대적 차이를 나타낸다. 따라서 심신의학에서는 면역과 면역력에 대한 대상과 범위를 현대의학의 입장과 같이 외부에서 침입하는 병원체에 대한 방어체계에 한정시키지 않는다. 병원체와 유해물질에 대한 세포 수준의 방어체계뿐만 아니라 신체와 정신에 가해지는 모든 자극에 대한 내성과 수용 및 저항성을 포함한 반응의 정도와 반작용의 강도, 행위와 감정 등 심신에 영향을 미치는 통합적 면역력을 다루고 있다.

  인간의 건강을 지키기 위한 이와 같은 세계 의료 패러다임의 변화는 20세기 말 경인 1997년부터 그동안 현대의학과 동양의학, 서양의학과 중의학 중심이던 의료체계가 성인병과 난치성 질환 대처에 한계를 느끼고, 현대의학 중심에서 동양의학을 빌려오면서 대체의학이 시작되었다. 미국은 보완대체의학(CAM)을 설립하여 2011년 기준 NIH 산하 연구기관에 년간 약 5,000억원의 연구비를 투자하고 있다. 학계에서도 하버드와 MIT를 시작으로 교과과정을 개편하여 의과대학 필수과목으로 대체의학 과목을 신설하였으며, UCLA와 스탠포드, 존스 홉킨스 병원 등이 대체의학연구소를 설립하고 기초연구를 시작하면서부터 전 세계로 파급되게 되었다.

  그러나 서양의학보다 수천 년을 앞서 의료체계를 확립하여 전통을 이어 온 각국의 전통의학과 민간의술, 특히 동양의학을 대표하던 중의학의 입장에서 실제로 동양의학과 각국의 전통의학을 통합시킨 대체의학의 의료체계를 대신한다는 의미를 가진 명칭에 반발을 하자, 학계에서부터 보완의학이나 동서의학, 통합의학으로 용어의 변경이 있어 왔으며, 지금은 에너지의학과 심신의학, 전일의학으로 의료체계가 변화되고 있는 중이다.

진보되고 있는 내용 중에는 1997년 미국의 FDA가 침구요법을 정식 진료수단으로 인정하고 있으며, 전 세계 의료선진국 의료진들의 대체의학 처방률이 일반처방과 비교하여 2017년 현재 60%를 넘고 일부 70%가 넘는 국가도 있다는 사실이다. 이러한 변화의 핵심에는 인류문명이 그동안 20세기 산업화, 21세기 정보화, 고령화에 들어서면서 지구환경 변화와 토양, 수질, 대기오염, 산업재해 등으로 총체적으로 생태계의 교란과 파괴가 이어지고 있다. 여기에 기술제국주의와 자본주의의 한계가 표면화되면서 자본주의의 몰락이 예고되고 있고, 국가 간, 종교 간, 인종 간, 갈등과 전쟁, 에너지 문제, 식량파동, 핵전쟁, 테러와의 전쟁, 비만과의 전쟁, 백신이 없는 전염병과의 전쟁, 기상재해 등의 사회적 스트레스가 급증하면서 인류의 심신건강을 위협하고 있는 상황이다.

또한 암과 난치성 질환, 성인병, 신종 전염병, 가축의 전염병은 물론 고혈압과 중풍 치매 등의 노인성 질환 심지어 비만과 감기까지 인체와 생명을 조작 가능한 물질로 보는 현대의학 중심의 의료체계는 한계를 나타내고 있다. 이제 의사와 의료원, 의료기술 중심으로 구축되어 있는 의료체계가 환자 중심으로 자연치유와 예방의학, 자연의학, 전일의학으로 전 세계 의료패러다임이 진화하고 있는 것이다. 이제 IT시대에 사람과 사람뿐만 아니라 사람과 사물, 지구촌의 사물과 사물이 서로 연결되어 소통하는 사물 인터넷 (IoT)[03]세상이 되었다. 북한과 남한이 통일되고 지구별이 하나 되는 글로벌 시대가 될 것이다. 그 시작으로 FTA가 체결되었으나 아직도 한국의 의료나 교육은 완전 개방되지 못하고 있다.

21세기 보완통합의학의 중심에 있어야할 우리 한의학 그리고 북한의 고려의학은 중의학을 능가하는 전통과 우수한 의료체계가 구축되어 있으면서도, 이를 세계화하거나 보완통합의학을 적극 수용하지도 못하면서 국제침구사 한명 양성하지 못하고 있어서, 다가오는 의료관광 시대를 활성화 시킬 수 있을지 의문이 든다. 인간은 동물이며 세포와 장기로 이

03 사물 인터넷(IoT, Internet of Things)

인터넷을 기반으로 모든 사물을 연결하여 사람과 사물, 사물과 사물 간의 정보를 상호 소통하는 지능형 기술 및 서비스를 말한다. 이 용어는 1999년 매사추세츠공과대학교(MIT)의 오토아이디 센터(Auto-ID Center) 소장 케빈 애시턴(Kevin Ashton)이 향후 RFID(전파식별)와 기타 센서를 일상생활에 사용하는 사물에 탑재한 사물 인터넷이 구축될 것이라고 전망하면서 처음 사용한 것으로 알려져 있으며, 이후 시장분석 자료 등에 사용되면서 대중화되었다.

사물 인터넷은 기존의 유선통신을 기반으로 한 인터넷이나 모바일 인터넷보다 진화된 단계로 인터넷에 연결된 기기가 사람의 개입 없이 상호간에 알아서 정보를 주고받아 처리한다. 사물이 인간에 의존하지 않고 통신을 주고 받는다는 점에서 기존의 유비쿼터스나 M2M(Machine to Machine: 사물지능통신)과 유사 하지만, 통신장비와 사람과의 통신을 주목적으로 하는 M2M의 개념을 인터넷으로 확장하여 사물은 물론이고 현실과 가상세계의 모든 정보와 상호작용하는 개념으로 진화한 단계라고 할 수 있다.

이를 구현하기 위한 기술 요소로는 유형의 사물과 주위 환경으로부터 정보를 얻는 '센싱 기술', 사물이 인터넷에 연결되도록 지원하는 '유무선 통신 및 네트워크 인프라 기술', 각종 서비스 분야와 형태에 적합하게 정보를 가공하고 처리하거나 각종 기술을 융합하는 '서비스 인터페이스 기술'이 핵심이며, 대량의 데이터 등 사물 인터넷 구성 요소에 대한 해킹이나 정보 유출을 방지하기 위한 '보안 기술'도 필수적이다.

루어진 생명체이다. 의학이 아무리 발달해도 자동차 부품처럼 인체장기를 모두 분해한 다음 다시 조립해도 생명은 다시 살아나지 않는다. 또한 인체는 정신과 육체가 상호 유기적으로 연결되어 있는 복합시스템이며 유기체이고 영성을 가진 생명체임을 재인식해야 한다.

자동차를 고장 수리하는 것처럼 질병 발생 후 치료하는 고정관념에서 벗어나 예방의학, 생활의학, 가정의학이 우선되어야 한다. 가정의학은 식이요법과 생활습관의 교정이 핵심이 되어야 하며, 질병에 걸리지 않는 건강한 심신 유지의 근원은 체내 면역체계와 인위적 백신에 한정되지 않는다. 면역력과 육체와 정신, 영적 정화를 포괄하는 인체 항상성 유지의 핵심은 이제 심신통합면역에 있다는 전일적 의식과 실천에 있는 것이다.

2) 선천면역과 획득면역

선천면역 또는 자연면역은 항원에 대해 비 특이적으로 반응하며 특별한 기억작용은 없다. 선천적인 면역체계로는 항원의 침입을 차단하는 피부, 점액조직, 강산성의 위산, 혈액에 존재하는 보체 등이 있다. 세포로는 식균작용을 담당하는 대식세포와 다형핵 백혈구, 감염세포를 죽일 수 있는 K세포 등이 있다. 실제로 대부분의 감염은 이 선천면역에 의해서 방어된다. 획득면역은 후천면역이라고도 하며, 처음 침입한 항원에 대해 기억할 수 있고 다시 침입할 때 특이적으로 반응하여 효과적으로 항원을 제거할 수 있는 특징이 있어 선천면역을 보강하는 역할을 한다. 흔히 사용되는 면역의 정의는 이를 의미한다. 이 획득면역은 편의상 체액성 면역과 세포성 면역으로 나누어진다.

체액면역은 B림프구가 항원을 인지한 후 분화되어 항체를 분비하며 이 항체는 주로 감염된 세균을 제거하는 기능을 한다. 항체는 체액에 존재하며 면역 글로불린(Ig)이라는 당단백질로 이루어져 있다. 여기에는 IgG ·IgM ·IgA · IgD ·IgE 등의 종류가 있으며, 각각 독특한 기능을 수행한다. IgG 항체는 태반을 통해 태아에 전달되는 특징이 있다. 이와 같은 면역을 모성면역이라 하며, 신생아는 출생 후 수개월 동안 성인과 동일한 면역력을 갖게 된다.

근래 세포의 활성도를 측정하여 면역력의 지표로 삼고 있는 NK세포는 T세포의 일종으로서 암세포를 파괴하는 림프구로서 자연살해(natural killer) 세포인 NK 세포와 Killer T세포, 항체의존성 세포독성(抗體依存性細胞毒性)을 지닌 세포 중에 하나이다. 그러나 암이라는 질병의 발생은 인체 면역세포의 활성도에 의해서만 결정되는 것은 아니다. 암 세포는 외부로부터 침입자가 아니며, 자기세포이기 때문에 혈관이 형성되고 다른 조직과 동일하게 영양이 공급되어서, 체내 면역세포가 식별하여 공격하기가 쉽지 않다.

암세포는 자신의 체세포와 모든 것이 같다. 단지 척수에서 생성된 원시세포인 줄기세포는 신체의 모든 장기와 골격, 피부 등으로 가서 그 세포로 분화되는 과정을 거쳐서 성장하고 치환이 된다. 아직 어떤 메커니즘으로 해당 장기로 가서 그 세포로 분화되는 정보를 교환하는지에 대해서는 연구가 계속되고 있다. 분명한 것은 해당 조직의 세포로부터 분화 정보를 받고서도 원시세포는 분화하여 자신을 변화시키지 않고 혼자서 증식하는 것이다. 이는 더불어 사는 조화를 잃고 이기적 욕심을 내는 사람들의 마음과 같다. 이것이 암 발생의 기전이며 또한 암 치유의 핵심이 되어야 한다.

3) 온도와 습도면역(2차 면역)

체온과 관련하여 온도유지를 위한 작용기전을 살펴보면 인체는 36.5℃를 유지하는 자동 온도조절장치이다. 그 에너지는 지방의 산화연소에 의한 열 발생과 운동에 의한 마찰열이다. 겨울철 야외활동 중에 옷으로 체온유지가 안 되는 경우 우리 자율신경계는 지방을 연소하여 열을 발생시키다가 발생 열보다 체외로 뺏기는 열이 많게 되면 이제 추위에 떤다고 하는 진동을 시작하여 마찰열로 보충하려고 한다.

그런데 이 자동 온도조절장치는 사람이 수면 중에는 휴식을 위해서 정지하게 된다. 그래서 동절기에 술에 취해서 야외에서 잠이 들지 않게 하거나, 산악지대에서 극한적인 임무수행 중에 서로 따귀를 때리고 노래를 불러서 잠을 못 자게 하는 영화장면이 나오는 이유는, 체온을 빼앗기는 온도에서 수면은 곧 죽음이기 때문이다. 반대로 운동으로 인한 마찰열이나 기온의 상승으로 체온이 올라가게 되면 자동 온도조절장치는 땀을 피부로 방출하여 마찰열과는 반대로 흡수열인 수분의 기화열을 발생시켜서 체온을 내리는 역할을 하게 된다. 이와 같이 인체의 자동 온도조절장치가 크게 일을 하지 않고 36.5℃를 유지할 수 있는 외부온도 즉 쾌적감을 느끼는 온도는 20~25℃ 범위이다.

습도 또한 온도유지와 관련이 있으며, 동절기와 하절기가 다르고, 절대습도와 상대습도 등이 있지만 대체로 최적습도는 45~50% 정도이다. 그러나 인체가 쾌적감을 느끼는 온도와 습도도 성격과 체질 등에 따라서 또는 개인의 온도, 습도 저항성에 따라 적정 온습도나 더 이상 견딜 수 없다고 느끼는 한계 온도와 습도가 있다. 그렇다면 인체가 견딜 수 있는 최저온도와 최고온도 그리고 지속시간의 한계를 느끼는 온도 면역력은 무엇으로 결정되는 것인가? 단지 타고 난 성격과 체질인가? 2차 온도 면역은 가능한가?

1970년대 시절만 해도 한 겨울에는 더운 물로 세면을 하지 못하고 손이 시린 찬물을 사용했다. 맨손으로 눈싸움을 하고 놀아서 손과 발이 얼어서 동상에 걸리고 빨갛게 부어오르는 가려움에 괴로움을 당했고 손이 트고 갈라져서 피가 나기도 하는 경험이 있었다. 학교에서는 여름날 뜨거운 햇볕이 내리쬐는 운동장에 세워놓고 1시간 정도 걸리는 아침 조회를 했었다. 아마 지금 그런 군대식 조회를 한다면 과연 몇 명이나 쓰러지지 않고 견딜지 의문이 간다.

더구나 에어컨에 선풍기, 달콤하고 시원한 음료수나 찾고, 온도 면역력이 거의 없는 지금의 학생들에게 한여름 밭이나 논에서 힘든 작업을 하라고 한다면 아마 불가능한 일이 될 것이다. 그러나 과거에 더위나 추위, 그런 한계 상황에서 작업을 해 본 경험이 있는 학생이 있다면 그는 다른 학생들이 엄두를 내지 못할 때 그런 상황이 임무나 역할로 주어진다면 해보겠다는 의지를 보일 것이다. 그것이 경험의 중요성이고 그가 가진 온도 면역력이라고 볼 수 있다.

태어나서 온도가 조절된 무균실에서 호흡을 시작하고 집에 돌아와서도 단열과 냉난방이 잘 된 깨끗한 환경에서 성장함으로써 다양한 균이나 온도변화에 내성과 면역력을 키우지 못하면 겨울철에 감기 예방 백신을 접종 받아야 한다. 성인이 되어서도 어릴 적 자연항체가 생성되는 A형 간염에 걸리는 기회가 없이 비닐하우스 온실에서 재배된 화초 같은 아이들로 키워서는 안 되는 것이다.

이와 같이 온도 면역은 주로 경험에 의해서 결정되기 때문에 출산과 성장과정에서 과보호도 큰 영향을 미치는 변수임을 알아서, 부모와 함께 자연 속에서 온도의 한계를 겪어보고 인내할 수 있는 경험을 갖게 하는 것도 필요한 일이다. 이는 그 아이의 건강뿐만 아니라 미래에 겪어야 할 고통과 수많은 쓴맛을 견딜 수 있는 저항력과 심신의 면역력을 위해서도 반드시 필요한 일이다.

4) 후.미각과 면역

냄새는 공기를 매체로 하고 맛은 주로 음식과 관련되어 있어서, 인체의 후각센서는 호흡기 입구에, 미각센서는 음식의 저작과 발음 보조기관인 혀에 배치되어 있다. 인체 대부분의 장기가 그렇지만 그래서 코와 입은 두 가지 이상의 기능을 하게 되어있다. 조물주는 생명과 직결되는 필수기능은 문제가 생겼을 때 다른 기관이 대신할 수 있도록 배치와 구조를 고려한 것이다.

후각과 미각의 생리화학적 메커니즘과 감각기능은 이미 분자생물학과 해부생리학에서 자세하게 밝혀져 있어서 객관적인 구조와 작용에 대해서는 생략하고, 심신통합면역학에서는 주로 우리의 냄새와 맛 감지에 대한 주관적 요소인 외부 요인으로부터 인체를 보호하고 필요한 물질을 식별하는 감지기로서의 그 속성과 면역관련 요소를 다룬다.

현대의학에서는 후각과 미각의 객관화 연구를 위하여 냄새와 맛의 표준화 지표인 절대 값으로서 기준치를 설정하려고 한다. 통증연구에서도 마찬가지이지만, 그러나 심신의학에서는 절대적 기준치보다는 상대적 민감성과 개인차를 다룬다. 지금처럼 화장실 문화가 발달되기 전에 대부분의 공중변소라고 적은 이 곳은 90년대 중국여행 중에 만난 처소와 유사한 냄새가 대단했다. 그러나 용무를 마치고 나올 때쯤이면 그 강도가 훨씬 약해진다. 농도는 그대로인데 왜 냄새는 약하게 감지되는 것인가? 그것은 후각센서가 포화되어 감도가 약해졌기 때문이고, 그 노출

시간이 길어지고 반복되면 인체 자율신경계는 적응의 단계로 접어들기 때문이다.

이것이 중독의 메커니즘이고 음주와 흡연, 약물, 마약중독, 커피나 밀가루 음식, 인공 조미료, 방향제, 화장품 등 모든 기호성 물질의 중독현상과 미각도 마찬가지 작용기전을 가지기 때문에, 처음 적응 이전의 상태로 돌아가기가 여간 쉽지 않다. 생체적응시스템이 새로운 상황에 적응해야 하는 시간과 조건이 필요하기 때문이고, 중독은 습관과 연결되어 있기 때문이다.

중독이 아니더라도 후각과 미각의 개인적 특이성은 어릴 적 고향과 같은 생활환경과 밀접한 관련이 있어서 성인 이후 기호성이나 식성, 개인적 성향에 절대적인 근원이 된다. 연어가 탄생지로 되돌아오는 것처럼, 어쩌면 남성이 여성의 가슴과 생식기에 집착하는 것은 어머니의 자궁과 젖 먹던 가슴, 그 어머니의 안전하고 포근한 느낌과 냄새를 그리워하는 무의식적 회귀반응인지도 모른다.

또한 여성은 아버지의 그 강한 팔에 안겨서 보호받을 수 있는 안도감을 주었던 맨 처음 남자에 대한 무의식적 기대심리인지도 모른다. 이러한 유사 본능적 지향성을 이해함으로써 우리는 느낌과 이성, 몸의 반응과 의지의 반응을 구별하는 지혜를 갖추는데 도움을 받을 수 있고, 일상생활에 부정적으로 작용할 수 있는 비이성적이고 무의식적 반응에 대한 이해와 치유의 기회를 제공할 수 있게 된다. 더구나 한 개인과 집단, 한 사회의 트라우마의 경우에는 심각한 것이어서 근원적이고 전문적인 치유 프로그램이 필요하다. 물론 후각, 미각에 대한 긍정적 민감성도 연구의 대상이지만 미각에 대해서도 내성과 면역력으로 볼 수 있는 미각의 저항성이 더 중요성을 갖는다.

1992년 원광대학교에 교수 초빙 되었던 그 해 여름, 그 동안 5년이 넘는 집 떠난 내 대학원 생활의 뒷바라지를 혼자 해 온 아내의 외로움과 생활고, 불안으로 인한 스트레스성 담도 위축이 원인이 된 담석증을 녹이는 한방치료가 가능하다고 하는 한의원에 한 달 동안 입원 시켰다가, 오히려 담낭에 염증이 생기는 바람에 담낭 적출수술을 해야 했다. 쓸개 없는 여자가 되어버린 아내는 육류는 물론이고 소화불량과 해독기능 약화로 식사를 제대로 하지 못하니 거의 일상생활을 못할 정도로 건강이 악화되어 갔다.

그 해 가을 주중에는 밤 늦게까지 더러는 날을 새면서 연구실에서 대학원생들과 함께하고 주말에도 밀린 과제 때문에 출근하는 내 상황과, 항상 움츠려 있는 아내 때문에 평소에 등산이나 여행, 아내와 함께 하는 시간을 갖지 못했다는 자책으로 1박 2일 일정으로 설악산과 동해안 여행을 나선 적이 있었다. 아침 일찍 출발하여 지도를 보고 지름길로 간다는 것이 강원도 어느 작은 면 소재지를 지나는데, 길가에 인진쑥 엿을 판매한다는 작은 팻말이 보였다.

당시는 대체의학이라는 용어도 없었고 본인이 식품이나 자연의학에 관심과 지식이 없던 때라 인진쑥은 모르고 엿이라는 말에 호기심이 생겨서 1개를 샀다. 손바닥만 한 종이상자에 든 것은 작은 호떡 크기의 까만 덩어리였는데 엿보다는 더 연해서 손으로 조각을 떼어낼 수 있었다. 지금 생각하면 인진쑥을 물 추출한 다음 농축시켜서 농도를 아주 진하게 한 경옥고 같은 식품이었다. 엿이라고 하니 한 조각씩 떼어서 아내와 하나씩 입안에 넣었다. 그리고 그 쓴맛을 나는 지금도 잊을 수가 없다. 얼마나 강한 쓴맛이었는지 나는 물을 한 바가지는 먹었을 것이다. 그런데 문제는 아내의 반응이었다. 물도 먹지 않으면서 쓰기는 하지만 그런대로 먹을만하다는 것이었다.

나는 설악산에 도착할 때까지 그리고 아내의 건강을 회복시킬 수 있는 의사쇼핑을 한·양방으로 하고 다니던 나는 그 문제를 화두로 명상을 하고, 쓴맛식품에 대한 공부를 시작한 동기가 되었다. 결국은 우리 자생식물 중에 대표적 쓴맛 산야초인 씀바귀와, 산 속에서 화식을 하지 않고 수도하는 도인들의 비법인 도인식(道人食) 비법 처방을 근거로 한 건강식품을 개발해서 아내가 쓸개 없이도 일반 식사와 고기를 먹고 일상생활을 하게 되었다. 다른 사람에게도 알리는 것이 교수의 3대 의무 중의 하나인 봉사이고, 혼자 있는 시간이 많은 아내의 소일거리로 조그맣게 식품제조 허가를 받아 준 것이 가족 모두가 20년을 넘는 고생길로 들어선 계기가 되고 말았다.

여기서 이야기의 핵심은 교수의 봉사 의무는 전공으로 하면 되었지,

전공도 아닌 식품개발과 제조업을 손대어서 본인과 아내는 물론 전 가족을 고생시킨 지난 이야기가 아니고, 왜 같은 쓴맛에 대하여 아내와 나는 서로 다르게 느끼는가 하는 원인에 있었다. 나중에 자연의학과 심신의학 공부를 하고 나서야 내린 결론은 이렇다. 우리 인체의 자율신경계는 소우주인 인체를 경영하고 항상성을 제어할 수 있는 거의 완전한 시스템을 갖추고 있어서 다 알아서 대처한다는 것이다.

현대의학에서 인체의 혈압은 파스칼의 원리에 의해서 하나의 심장과 펌프이므로 부위에 관계없이 혈압은 동일한 것으로 되어있다. 그러나 우리가 식사를 하고 나면 혈액을 위장으로 많이 보내지고, 머리를 쓰면 근육보다 뇌동맥으로 혈류를 더 공급한다는 것은 이제 다 아는 상식이다. 마찬가지로 우리 자율신경계는 쓸개가 없는 아내는 소화와 해독을 위해서 쓴맛식품이 더 필요하고, 본인은 간 기능이 실하고 폐가 약한 간대폐소(肝大肺小) 체질이라 쓴맛식품이 더 필요하지 않으니 이를 조절하기 위하여 거부하는 반응을 한 것이었다. 이와 같은 자연의학의 원리를 잘 이용하면 가족의 식단이나 식이요법에 각 개인의 특성에 맞는 맞춤처방이나 맞춤치유로 최소의 비용으로 최대의 효율이 있는 예방의학이나 자연치유의 수단이 되고 힐링과 식이요법의 객관성 있는 근거자료가 될 수 있다.

5) 화와 감정면역

화는 인간의 대표적인 감정 중의 하나이다. 화를 내면 심장이 뛰고 손이 떨리며 침에 독성이 나타날 정도로 본인과 상대의 감정에 상처를 내며, 신체에도 좋지 않은 영향을 미치게 된다는 것은 이미 알려져 있다. 따라서 어떻게 하면 이 화에 합리적으로 대처하고 다룰 것인가에 대하여 많은 전문가와 수련가들이 방법론을 제시하고 있다. 그러나 이 화라는 감정의 특성은 자신이 원하거나 요구에 반하는 상대의 언행에 대한 반작용의 감정이지만, 본인의 마음과 의지와는 무관한 몸이 먼저 반응하는 특성을 가지고 있다는 점이다.

일체유심조(一切唯心造)는 일체가 마음으로 지어지는 것이어서, 우리 몸이 마음을 따라간다는 의미를 포함하고 있지만, 그 가역반응으로 마음에 대한 몸의 작용도 아주 강하다. 마약과 알코올, 도박 중독은 고사하고 카페인 중독이나 금연을 각오한 많은 사람들의 마음대로 몸은 따라주지 않는다는 사실을 우리는 알고 있다. 그 힘든 각오와 금단의 고통을 겪고 있는 사람들에게 일체유심조는 더 이상 진리가 아닌 상황이 되는 것이다. 이와 같이 우리는 마음의 요구와 몸이 요구하는 언어가 서로 다르며, 몸의 요구가 마음을 지배할 수 있는 생명유지가 우선인 동물의 본능적 욕구라는 것을 알 수가 있다.

따라서 화가 일어나면 10을 세어라. 화는 상대뿐만 아니라 자신에게도 해가 되니 참아야 한다거나 하는 말들은 모두 화의 실체가 무엇인지, 인간의 행위와 감정이 발생하는 작용기전을 모르고 하는, 수많은 성공학과 부자아빠 시리즈와 같이 경험과 현실성이 부족한 머리로 하는 이론에 불과한 주장이다. 따라서 '아! 내가 또 화를 내고 말았구나'가 아니고 '지금 내가 화를 내고 있구나!'라고 자신의 감정상태를 인식할 수가 있다면, 그것은 몸이 낸 화가 아니고, 마음작용에 의해서 자존심이나 욕구불만 상태를 표현하고 있는 수준이지 진정한 화가 아닌 것이다.

미국의 심리학자이며 철학자인 매슬로우가 주창한 인간의 욕구수준에 반드시 순차적인 단계가 있다는 인간 욕구단계설이 있다. 이러한 각 단계의 요구가 충족되지 못한 상태에서 이를 방해하는 상대나 행위에 부딪치게 될 때 그 사람은 화를 내개 된다. 특히 그 욕구 불충족의 단계가 하위일수록 동물적 욕구에 가깝기 때문에 마음이나 이성에 우선되어 몸이 먼저 강한 감정적 반작용을 하는 현상이 바로 화의 본질이며 특성인 것이다.

또한 '인간은 이성을 가진 동물이다'라는 명제가 있다. 그러나 이 말은 이성에 초점을 맞추면 화살이 빗나갈 수가 있다. 인간은 먼저 몸을 가진 동물인 것이다. 인간은 동물의 본능적 요구에 대한 감정과 행위, 이성을 가진 인간적 감정과 행위가 교감신경과 부교감신경에 의해서 균형 발현되는 정신신경생리학적 조직을 가진 유기체계인 것이다.

마음과 신체는 상호 가역작용을 한다. 따라서 잘못된 의식은 육체에 부정적 영향을 미치며, 오염 되고 약한 육체는 정신까지 나약하게 만든다.

또한 잔류농약과 방사능과 같은 특별한 독성이나 환경오염 물질인 중금속에 오염된 경우, 심신불안과 우울증, 암과 같은 질환은 물론 악행과 살인, 자살로 이어지는 경우가 많다. 이러한 유해물질이 배출되지 못하고 체내 세포에 축적되면 세포가 스트레스를 받게 되며, 가장 먼저 우리 몸의 중심 제어체계인 중추신경계의 교감신경계와 부교감신경계가 균형을 잃게 되어 정상적인 기능을 하지 못하고 앞서 거론된 비상모드로 전환하게 된다. 이러한 교감신경계의 작용기전에 의한 화와 분노조절장애에 대해서는 앞장 세포스트레스에 의한 질병들에서 다루었다.

청소년뿐만 아니라 성인에게서도 흔히 보이는 중금속에 의한 증상으로는 자고 일어나도 피곤하고 숙면을 하지 못하여, 만성 피로와 무력감을 보이는 등 그 자체만으로도 증상과 질병을 일으킬 수 있으며, 스트레스 내성의 저하, 이유 없는 우울증, 고혈압, 고지혈증, 당뇨와 비만, 암 등 각종 만성질환의 발병률을 높일 수 있다.

따라서 화와 분노조절장애는 화의 발생 원인과 몸이 본능적으로 표현하는 언어라는 특성에서 본다면 분노조절이라는 용어에 타당성이 부족하다는 것을 알 수 있다. 화는 우리 마음대로 조절할 수 있는 대상이 아니기 때문이다. 따라서 이제 우리는 자신이나 자녀가 화를 자주 낸다면 성격이나 마음가짐을 탓하지 말고, 그 내면에 쌓인 스트레스가 무엇인지를 먼저 살펴보아야 한다. 그런 다음 자연 속에서 평소에 식이요법으로 해독에 도움이 되는 천연 농산물과 식이요법으로 중추신경계의 균형

을 회복하여 화와 감정 면역을 강화하는 근원적 문제해결 방안을 찾아서
실천해야 하는 것이다.

6) 가난과 결핍의 면역(3차 면역)

누군가 가난은 "단지 조금 불편할 뿐이다"라는 표현을 어느 책에서 본
적이 있다. 그는 아마 우리말에 정말 "찢어지게 가난했다"는 결핍까지는
경험해 보지 못했거나, 아니면 가난하지만 검소하게 살면 먹고 사는 데
는 지장 없는 그런 수준의 결핍이 아니었나 하는 생각을 해본 적이 있다.
더 나아가 인간욕구 단계에서 1단계인 생리적 욕구 단계를 지나서 다소
불편하더라도 참을 만한 정도로 구비된 가난이었거나 아니면 이미 소유
와 결핍을 다 겪어보아서 무소유의 의미를 아는 경지에 다다랐거나, 그
도 아니면 일반인이 아닌 수도하는 종교인이거나 하는, 실제로 어떤 경
험과 사유를 기반으로 구체화 된 가난과 결핍에 대한 정의였는지 궁금
하였다.

그러나 누구든지 노숙자가 되어보거나, 매 맞고 눈물 젖은 빵을 먹어
보지 않고서, 배가 고파 수돗물로 배를 채워보지 않고서, 먹을 것을 훔
치다가 구치소에 구속되어 보지 않고서, 살던 집을 압류로 빼앗기고 한
겨울에 처자식을 데리고 길거리로 나와 보지 않고서, 버스 탈 돈이 없어
서 걸어 본 경험이 없고서, 아이 유치원 보내면서 동전 몇 개 천 원짜리
한 장을 주지 못해 아이를 울려보지 않고서, 한겨울에 요금을 못 내 전

기와 가스가 끊겨보지 않고서, 유전무죄 무전유죄의 억울함과 교도소에 구속되는 굴욕을 직접 당해보지 않고서는 함부로 가난과 결핍에 대해서 말할 자격이 없다.

경제적 능력이 없다고 철없는 자식들에게 외면당하고, 회한과 외로움의 밤을 지새보지 않고서, 생활고에 지치고 피곤한 모습으로 잠든 아내의 얼굴을 보면서 숨 죽여 울어보지 않고서, 살 것인가 죽을 것인가 갈림길에서 방황하다 돌아온 단칸방에 아빠 왔다고 달려와 안기는, 어린 딸을 안고 아내 몰래 울어보지 않고서는 누구든 함부로 가난과 결핍에 대해서 말할 자격이 없다.

더구나 대기업 오너의 2~3세 경영이 76%에 달하고 부가 세습되며 기득권과 갑들의 횡포, 가진 자는 돈이나 권력으로 돈을 벌고, 못 가진 자는 몸으로 돈을 벌어서 가진 자들에게 이자까지 주어가며 살아야하는, 이미 승부가 결정되어 있는 이 양극화 되어버린 세상에서, 자본주의의 몰락으로 가고 있는 지금이 시대적 과도기인 것이다. UN의 행복보고서에 따르면 행복지수가 개인소득이나 국민소득과 비례하지 않는다는 것을 알 수 있다. 따라서 이 가난과 결핍도 때로는 빈곤이 세습화되어서 평생을 지고가야 할 멍에가 아니라면, 남자가 군대라는 특수한 체계에서 견디고 적응하거나, 형무소처럼 남자가 한 번쯤 겪어봐야 할 경험과 같이, 진정한 삶의 목표와 의미를 찾을 수 있고, 시련에 봉착했을 때 포기하지 않고 다시 일어나 뛸 수 있게 하는 백신 같은 저항력과 힘이 될 수가 있다.

위기와 감당하기 어려운 상황에 처했을 때 상실과 고통의 면역력이 없는 사람은 포기하지 않고 남아있는 요소가 무엇인가를 파악하여 자존심을 버리고 다시 시작하는 의지를 발휘하지 못한다. 그저 주저앉은 채 남과 자신에게 더 이상 어떻게 할 수가 없었다는 변명거리만을 찾는 것이다. 완전히 망했다. 아무 것도 없이 알몸이 되었다. 자본이 없다. 병에 걸렸다. 아내가 집을 나갔다. 집도 없고 갈 곳도 없다. 라고 당연한 것처럼 늘어놓는다.

본래 실패와 불가능이란 나폴레옹이나 아산 정주영 회장이 아니어도 단지 말하는 그 사람의 관점일 뿐이어서 포기하지 않으면 실패도 없다. 아직 끝나지 않은 진행형이기 때문에 실패라고 단정 지을 수가 없고 시련이 있을 뿐인 것이다. 그리고 못 가진 것, 잃은 것을 헤아리지 말고, 가장 낮은 곳에서 다시 시작하면 된다. 단지 오늘보다 내일이 나을 수 있도록 자신을 극복하고, 최선을 다하면서 끊임없이 앞으로 가면 된다. 여기에 규칙적인 저축을 하고 부지런하고 건강을 관리하는 지혜를 가진다면 반드시 그 시련을 극복하고 성공할 수 있는 것이 또한 이 자본주의 민주국가인 것이다.

그런데 한 가지 빠뜨려서는 안 되는 중요한 점이 있다. 아무리 힘들고 달콤한 유혹이 있다 해도 옆길로 가서는 아무리 열심히 해도 최종 목적지에는 도착할 수가 없다. 어느 경우에라도 자신과의 타협 없이 정도로 반듯이 가야 한다는 것을 명심해야 한다. 무거운 짐을 실은 화물 자동차는 승용차를 따라 갈 수가 없다. 하지만 그 화물차에 서울의 화물터미널이라는 목적지가 있는 한 아침까지는 도착을 한다. 그러나 빠르게 추월하여 가다가 휴게소에서 쉬다가 잠자다가 하는 승용차는 결국 화물차보다 늦게 서울에 도착할 수가 있고, 그나마 목적지가 없는 승용차는 다음 날에도 서울이 아닌 다른 지방에서 헤맬 수가 있는 것이다.

7) 고생과 생활면역

"젊어서 고생은 사서도 한다."는 말이 있다. 이는 물론 고생의 긍정적인 부분에 관한 것이다. 고생을 해 본 사람의 경험을 책으로 읽어서 얻은 간접 경험과는 다른, 삶의 다양한 굴곡을 피부로 겪은 직접 경험은 다양한 삶의 장애물과 갈림길의 기로에서 선택과 결정을 합리적이고 효율적으로 하게 한다. 때로는 고민으로 시간과 체력을 소모하지 않고 과감한 포기가 실천을 할 수 있는 작전 계획과 전투를 할 수 있는 에너지를 낭비하지 않도록 할 수 있기 때문이다.

간접 경험은 최초의 실제 경험의 단계를 거쳐서 신념으로 전환된다. 그냥 남의 얘기나 독서만으로 실전에서 바로 적용하고 실천하기는 쉽지 않다, 시행착오로 실수나 패배의 쓴맛을 겪어본 사람만이 잘못을 저지를 확률이 적어지기 때문에 젊어서 작은 실패와 패배를 겪어보아야 중년이 되어서 정말 큰일에 실수나 어리석은 일을 당하지 않을 수 있게 때문에 되도록 젊어서 많은 고생과 경험을 해보라는 충고인 것이다.

그러나 고생한 경험에 반드시 긍정적 요소만이 있는 것은 아니다. 자의에 의해서 경험의 다양화를 위해 한시적으로 해보는 고생이 아니고, 물려받은 가난이나 타의에 의해서 어쩔 수 없는 고생이면서 그 기간마저 길어진다면, 어릴 적 고생이 성인이 되어서 트라 우마로 작용함으로서 한 사람의 삶의 질을 하락시키고 편협 되거나 왜곡시킬 수 있기 때문이다. 어릴 적 지독한 가난으로 받은 고통과 굴욕이 자신도 모르게 돈벌이나 권력의 외골수가 되게 하거나, 부모의 불륜이나 억울하게 당한 경험이 있는 경우에는 그에 대한 분노가 무의식에 잠재되고, 학대에 의한 트라 우마가 다시 배우자와 가족의 학대로 대물림되는 가족문제로 작용하는 사례가 많이 있기 때문이다.

그래도 저자는 고생 예찬론자이다. 사랑의 실패가 두려워 이성교제를 못하거나 결혼을 기피하는 것보다는 웃고 울고 원망하고 싸우고 후회하고 소리치면서 그렇게 겪고 배우면서 사는 것이 더 인간적이고 그것이 우리 인생인 것처럼, 절반이 물질로 되어있는 인간의 속성을 다 겪어보고 나서야 그 물질의 속성을 벗어나 본래 신성인 영성 진화의 세계로 건너갈 수 있는 기회가 오는 것이기 때문이다.

8) 중독에 관한 면역

인체의 본능은 마음과 의식 이전에 생명을 유지하기 위한 항상성 유지 시스템이다. 인체도 자연의 일부이고 자연에 속해 있기 때문에 본능의 작동원리 중에는 적응이라는 자연법칙이 있다. 주위 환경에 맞게 신체의 상태를 조절해서 생명을 유지시키는 것이다. 이러한 자연법칙의 결과로 지구상에 존재하는 생물의 다양성과 종의 발생, 진화의 원인이며 결과가 있는 것이다. 염분 농도가 높은 해양생물과 양서류, 햇빛이 들지 않는 심해 어류는 눈이 퇴화되고, 박쥐는 아예 눈으로 빛을 보지 않고 초음파를 발생시켜서 사물을 식별하는 것과 같이 환경에 적응하여 진화를 계속하는 것이다.

인간도 맹수보다 약한 신체조건에 적응하여 두뇌가 발달된 결과인 것이며, 지구상의 인종 또한 열대와 아열대, 온대, 한대와 극지방, 사막과 삼림지역에 따라 신체조건이 다르게 진화한 것이어서, 도시생활 중심의 현대인들은 다시 생존을 위한 먹이 확보의 노동이 없는 환경조건에 따라 적응과 진화가 진행되고 있는 중이다.

당뇨라는 질환도 인체 항상성을 유지하는 적응시스템의 결과인 것이어서, 인간의 신체도 자연의 법칙에 따라 먹이를 구하는 활동을 할 수 있도록 근의 수축에 의해서 인체가 동작하게 되며, 그 에너지원이 우리가 대부분 주식으로 섭취하는 탄수화물을 소화시켜서 얻는 포도당이다. 이 대사 중에 인슐린은 포도당을 글리코겐이라고 하는 다른 당으로 바꾸어

주는 호르몬의 일종이다. 그런데 인체가 근육을 사용하지 않으니 당을 소모 할 수가 없게 된다. 이제 인체 적응시스템은 포도당을 분해하는 인슐린 생산을 제어하여 남아도는 당을 강제로 소변으로 버리는 적응단계에서 나타나는 질환이 당뇨인 것이다. 그래서 당뇨를 문화병이며 귀족병이라고 한다.

아무튼 인체는 생활환경에 적응해서 생명을 유지하는 시스템이다. 따라서 인체가 어떤 식품의 규칙적인 섭취나 흡연과 같이 물리 화학적 자극이나 의식에 노출되는 시간과 빈도 반복의 기간이 길어지면, 인체 적응시스템은 우리가 말을 하면서 혀와 입술 근육을 일일이 제어하지 않아도 발음이 되고, 걷는 것도 무게중심과 다리 근육을 생각하지 않아도 자율신경계와 운동신경이 알아서 하는 것처럼, 자극에 대한 대응 반응이 아니라 이제 일상적인 처리과정으로 고정되어 버리는 것이다.

이것이 중독의 메커니즘이고 음주와 흡연, 약물, 마약중독, 커피나 밀가루 음식, 인공 조미료, 방향제, 화장품 등 모든 기호성 물질과 행동의 중독현상이기 때문에, 중독이 된 다음에는 처음 적응 이전의 상태로 돌아가기가 여간 쉽지 않다. 생체적응 시스템이 새로운 상황에 적응해야 하는 시간과 조건이 필요하기 때문이다.

중독의 특성에 중요한 한 가지가 있다. 상식적으로는 교정과 중독의 치료이고, 심신의학에서는 해독과 유전자의 재구성이다. 따라서 한 사람의 중독은 한 번 지적을 받고 자신이 한 번 고쳐보겠다고 마음먹는다고 해서 바뀌고 버려지는 구조가 아니어서, "잘못했습니다. 다시 안하겠습니다." 이번에는, 새해에는 정말 끊겠다, 습관을 고쳐보겠다는 다짐이 좀처럼 변화되지 않는다는 사실을 인정해야만 한다. 음주, 흡연, 커피 중독, 마약 중독, 도박, 게임, 범죄 등 사회적 문제와 개인적 습관인 식습관, 이성 편력, 지구력 부족, 참을성 부족, 화 잘 내기 심지어 늦잠 자기, 잘 안 씻기, 악필까지 습관을 고치려는 의지도 적지만 그냥 마음 한번 먹는다고 고쳐지는 것이 아닌 대상임을 알고 대처해야 하는 것이다.

중독이란 대뇌의 선택과 판단을 거치지 않고 몸의 무의식 작용과 잠재의식 영역에서 일어나는 반응이기 때문에 자율신경체계나 세포, 유전자에 이미 프로그램 되어 있는 것이다. 이 프로그램이 모니터나 전원을 껐다고 해서 삭제되는 것이 아니다. 삭제나 지우기 작업을 거쳐도 바이러스와 같은 습관과 중독은 지워지고 없어지는 그런 대상이 아니다. 그러니 교도소를 갔다 와도 재범과 누범이 발생할 가능성이 높은 원인이 된다. 그래서 우리 선조들은 직업의 업(業)과 카르마의 업(業)에 같은 한자를 사용하고 있다. 적응에 대한 메커니즘의 결과이고 세포생리학적으로 DNA에 누적된 악업만 문제가 되는 것이 아니라 국가적 카르마도 있다. 의지만으로 버리고 고치려는 사람은 보통의 의지만으로는 정말 힘들어서 불가능한 경우가 많아지는 것이다.

결국 현행 교정시스템도 죄에 대한 벌을 주고, 반성하게는 할지 몰라도 죄를 지을 수밖에 없는 원인을 분석해서 그 습관과 원인을 제거하는 심신의학적 대안이 아니기 때문에, 좀 더 개선해서 젊은이들이 군대에 다녀오면 몸과 마음이 성숙해지고 가치관이 달라지는 것과 같이 교정시스템도 보다 진화해야 할 필요가 있다. 어떻게 하면 현생의 습관과 업을 지우고 없앨 수 있을 것인가? 그 작용기전이 밝혀져 있으니 해답은 있다. 이는 본인의 반성과 회개, 강한 의지뿐만 아니라 영성과 카르마까지도 연결되어 있는 우리 삶의 색깔과 여정을 결정하는 아직 일반화 되어 있지 않는 원리에 담겨져 있는 것이다.

그 근거는 생활환경과 가치관 직업이 다르게 살아온 형제와 부자지간이 유전자 분석으로 가족관계가 규명되는 것처럼, 타고난 유전적 요인은 좀처럼 변화되지 않는다는 원리에 있으며, 심신통합면역이라는 범주를 넘어서 삼생의 업의 고리를 끊어내고 실로 새롭게 다시 태어나는 엄청난 작업이고, 세포의 유전자까지 변화시켜서 진정한 자유인이 되는 과정이 필요한 것이다. 따라서 이러한 문제의 인식과 함께 기존의 좌선이나 정적인 참선과 같은 명상법과는 다른 체계적이고 과학적인 시스템으로 구체적인 새로운 명상과 수련법 개발의 필요성이 있는 것이다.

9) 비판과 비평의 면역(4차 면역)

비판과 비평은 긍정적이고 선의적인 경우와 부정적이고 악의적인 경우가 있다. 선의의 비판과 비평은 수용하고 개선해야 하지만, 악의적인 비평에 대해서는 대부분 기분 나빠하고, 적대적인 감정을 갖거나 자존심과 화, 자책을 하면서 우울증에 빠지게 되는 경우가 많다. 심할 경우에는 비판과 비평의 면역력 결핍으로 스스로 생명을 포기하는 안타까운 일도 발생하게 된다. 비판과 비평과 관련된 우울증의 경우에는 그 속성이 달라서 다른 주제에서 다루기로 하고, 여기서는 긍정적이든 부정적이든 간에 비판과 비평의 실체와 그 면역력 그리고 합리적인 대처에 의한 4차 면역계의 증강에 관해서 살펴보기로 한다.

항상 모두가 그런 것은 아니지만 비판과 비평자들과 비판을 받는 당사자의 관계가 있고 비평가들의 이해관계와 감정에 의해서 비평의 질과 강도가 결정된다. 사건과 관계없지만 예전에 남은 감정을 가진 사람도 있을 수 있지만, 주로 사건과 연관된 이해관계와 감정이 주를 이룬다. 사건에 따라 다양한 이해관계가 있지만 크게 두 가지 중에 하나인 경우가 많다.

대부분 비평의 대상은 시기나 경쟁심리에 의해서 비평하는 자신보다 당사자가 대등하거나 조금 상위인 경우와, 조금 낮거나 아주 아래인 경우이다. 여기서 논의되는 것은 후자는 예외로 하고 전자의 경우이다. 대부분의 참새들은 자신과 격차가 위로 크게 나는 경우는 아첨이나 찬사를 보내고, 아래로 많이 나는 경우에는 무시하기 때문에 대부분 큰 문제가 되지 않기 때문이다. 그렇다면 당사자와 대등한 관계에 있는 이들의 비평에 어떻게 대응하고 어떤 마음가짐을 가지는 것이 현실적인 대처이고 지혜가 되는가에 핵심이 있다.

여기서 잠시 앞 장에서 언급한 창의적 발상기법과 창의공학의 접근법을 빌려보면, 분석단계에서 자신이 비평하는 사람들 위에 있다는 상황이 하나의 원인요소이며 변수가 된다. 그러니 아이디어와 실행단계는 간단하고, 오히려 문제를 제대로 파악하는 것이 중요하다. 자신의 잘못이나 지적을 솔직히 인정하고, 개선할 것은 챙겨두고서 나머지는 모두 웃으면서 무시하면 끝이다. 그러나 당사자가 우월하다는 근거는 확실하지가 않다. 하지만 믿어도 된다. 왜냐하면 "죽은 개는 걷어차지 않는 것"이기 때문이다.

당신은 살아서 움직이고 있고, 그들의 경쟁상대가 되고 있다는 증거인 것이다. 그러니 위축되거나 감정으로 대하지 말고 더 열심히 분발하면 된다. 겸손한 자세로 더 신중하게, 그리고 한 가지 더 우리가 인정하고 싶지 않은 사항이지만 모든 선택과 결정, 논리적 결과까지도 사실은 모두 감정이 개입되어 있다는 사실을 명심해야 한다. 이것이 보이지 않는 관계의 표면화 되지 않은 숨은 변수인 것이다. 얼마나 많은 사람들이 이 함정에 빠져서 고통 받는가? 자신부터 이 인형에 감정으로 대하거나 절대 속아서는 안 된다.

그리고 비판과 비평에 어쩔 수 없이 대응해야 되는 경우에는 감정으로 대하거나 해명하고 변명하고 반박하는 우를 범해서는 안 된다. 그렇게 대응하는 것은 그야말로 비판을 받아도 되는 수준이 되고 만다. 오히려 지적 해준 사항에 대하여 칭찬하고 관심을 가져줌에 대한 감사를 표시해야 한다. 그는 사실은 칭찬 받고 싶어 하는 어린애를 숨기고 있기 때문이다. 그러니 오히려 칭찬을 해야 하고, 칭찬 받으면 누구나 그 값을 하게 되어 있다.

그들은 우리들 누구나 잘못을 저지르기 쉽고, 아홉 가지의 잘못을 찾아 꾸짖는 것보다는 단 한 가지의 잘한 일을 발견해 칭찬해 주는 것이 그 사람을 올바르게 인도하는데 큰 힘이 될 수 있다는 사실을 모르거나, 실천하지 못하는 사람들이라고 '인생의 길은 열리다'에서 저자 데일 카네기가 역설하고 있는 내용이다. 사람들은 비판을 해달라고 하지만 정작 듣고 싶어 하는 것은 칭찬이라는 사실을 우리는 인정해야 한다. 비판은 쉼 없이 들을수록 좋다는 것을, 실천하는 사람만이 결국은 진심어린 칭찬을 받게 된다는 진리를 알아야 하는 것이다.

다음은 괴테의 지적이다. 곰팡이는 통풍이 되지 않는 곳에서 자라고 번식한다. 비판이라는 바람이 불어오지 않는 폐쇄적인 곳에서는 반드시 부패와 추락이 태어나 거침없이 자란다. 비판은 깊은 의심에서 나온 심술이나 고약한 의견 따위가 아니다. 비판은 바람이다. 이마를 시원하게 식히기도, 눅눅한 곳을 건조시키기도 하여 나쁜 균의 번식을 억제하는 역할을 한다. 그렇기에 비판은 쉼 없이 들을수록 좋다. 이런 마음가짐을 가진 사람에게 더 이상 비판의 면역력은 필요치 않은 것이다.

10) 실패와 패배에 대한 면역

실패와 패배에 관한 면역력은 아폴로 눈병의 감염으로 다시는 같은 눈병이 걸리지 않는 것처럼, 앞서 1차면역과 2차면역까지 살펴 본 면역의 요소들을 경험해보는 것으로, 실패와 패배에 대한 시행착오를 줄이고 면역력이 길러져서 패배와 실패를 막을 수 있다. 그렇다면 언제 어떻게 이런 경험을 해볼 것인가에 본질의 핵심이 있다. 이 또한 "젊어서 고생은 사서라도 하라."는 말과 "포기하지 않으면 실패는 없다."는 말로 함축할 수 있다.

결국 실패를 해본 사람과 안 해본 사람이 유사한 일과 과제나 사업에 참여했을 때 실패를 해보지 않은 사람의 실패와 패배, 시행착오의 확률이 그만큼 커진다는 것이다. 따라서 실패의 경험 없이 승승장구 성공하는 사람은 유능한 사람이기는 하지만 겸손하지 않고 자만심까지 가지고 있다면 문제가 될 수 있다. 본인도 자신을 경계해야 할 뿐만 아니라 투자와 관련해서도 그런 기업과 사업가에게는 주의해야 할 필요가 다분히 있게 된다.

또한 중요한 우주진화의 법칙에서 보면 실패하지 않고 성공하는 것에 가치 우선이 있는 것이 아니고, 실패에 포기하지 않고 다시 일어서서 앞으로 나아가는 그 정신과 반성, 인내력과 지구력에 성공보다 더 중요한 가치요소가 있다. 정신적 성숙과 실패와 패배에 대한 면역력의 향상으로 우리 삶의 질은 더 풍부해지고 깨달음으로 이어져서 진화의 지름길에 들어서게 되기 때문이다. 더구나 성공 다음의 유지와 관리가 더 중요하다는 원리를 알아야 한다. 우리 삶과 우주의 진화법칙 중에는 무상의 진리가 있어서 모든 것은 지속되지 않고 변화되는 것이어서, 오히려 성공하면 실패할 가능성이 더 커진다는 사실이다. 이는 많은 경영 전문가나 성공한 사람들이 들려주는 검증된 원리이기도 하다.

저자의 경험과 체험으로 확인된 명언으로 대부분의 성공과 실패한 사람들이 간과하는 요소 한 가지가 더 있다. 모두가 성공과 실패의 결과에 관해서만 관심을 가지고 있고 그 과정이나 방식에 대해서는 언급이 없다. 여기에는 이런 격언이 있다. "불확실한 미래가 가장 강한 사람을 가장 약한 자로 만든다."는 명언이다. 목적을 정하고 열심히 성공을 위해 뛰어야 하지만, 그 목표가 너무 이상적이고 벅차면 오히려 부담으로 작용해서 염려와 걱정, 자신감이 떨어지고 지금의 삶이 즐겁지 못하고 각박해진다. 이것이 추진력을 약화시키고 강한 이를 약하게 만드는 좀 벌레로 작용하게 될 수 있는 것이다. 물론 목표는 가능한 현재 불가능한 것으로 정하라는 주장도 일부 소수에게는 타당성이 있다. 그것이 역사적인 큰 성공으로 연결될 수 있기 때문이다. 그러나 누구에게나 다 적용될 수는 없는 보편성이 부족한 실천전략으로 보인다.

그 보다 더 중요한 것은 목표가 없으면 안 된다는 것이다, 이정표 없는 버스를 누가 탈 것이며 이 버스가 도착하고 가야 할 종점은 없다. 신호 따라 흥미 따라 남들이 가는대로 휩쓸려서 생각도 없이 대학에 가고 삶의 목표도 없이 인간 욕구단계의 가장 낮은 단계인 생리적 욕구, 즉 의식주를 해결하기 위하여 취업에 전부를 건다면, 이번 생에 와서 먹고 사는 일 말고 이룬 것이 없게 된다면, 그것이 진화하지 못하고 왔던 곳으로 도로 돌아가시는 것이 되기 때문이다. 우리의 삶을 돌아보면 진정으로 인류의 진화를 위한 철학이 없는 기술인과 기업들이 자신들의 이익을 위해서 개발한 문명의 이기인 제품과 광고를 소비자인 자신이 소중한 시간을 할애해서 보아주고, 수입으로 그 물건을 사주는 역할을 하면서 사는 생활이 중심이 아닌지 살펴보아야 할 필요가 있는 것이다.

더 편리하고 더 빠른 기계가 나올수록 빨리 일을 처리하고 남은 시간에 자기실현의 방향을 점검해 보는 명상이나 삶의 질을 높이는 차원 높은 다른 일에 시간을 투자하지 못하고, 다시 또 수익을 위한 다른 일을 해야 하는 상황이 된다. 이 무한경쟁 사회에서 분주와 욕망의 씨줄과 날줄로 짜여 진 일상 속에서 짙은 화장과 두꺼운 가면을 쓴 채 더 바쁘게 살아간다.

문명의 이기는 결국 우리를 더 편리하게 하고 더 사람답게 살게 하는 것이 아니라 맞물린 기계부품처럼 더 바쁘고 정신없게 휩쓸려 살게 하는 결과를 초래한다, 그래서 우리 한국을 외국의 언론이 '기적을 이룬 나라, 그러나 기쁨이 없는 나라'라고 표현하는 것이다. 그래서 깨어있는 삶을 살아야 한다. 자신과 가족만을, 자기 이해집단, 자기 나라만을 위해서가 아니라 인류애를 가지고 상생으로 살아야 한다. 그러나 오늘날 애국심과 민족주의, 인종주의, 자본주의는 테러와 전쟁의 씨앗이 되고 있다.

목표는 있어야 한다. 그저 잘살기 위한 목표가 아니고 자식으로서, 부모로서, 국민의 한 사람으로서, 지구인의 일원으로서 1차적인 의무와 역할을 다해야 한다. 그런 다음 자기실현과 영성의 진화를 이루고서, 진화된 의식 에너지가 가는 다음 차원으로 갈 때, 타의가 아니고 자의에 의해서 마지막 인간의 옷을 갈아입을 수 있도록 하는 인간의 최종 목표. 그러나 그 목표는 길을 가는 방향을 정한 것이니 이제 잊어야 한다. 그저 최선을 다할 뿐 최종 목적지에 도달하고 못하고에 연연해서는 안 되는 것이다.

오늘과 현실에 충실 하는 것, 이것이 불확실한 미래의 불안과 부담으로부터 해방되고 목적지에 도달할 수 있는 가장 능률적이고 합리적인 방법이다. 설사 가다가 아무도 없는 산 속에서 혼자 쓰러져 생을 마감한다 해도, 하늘을 우러러 한 점 부끄럼이 없고, 자신에게 물어서 나는 최선을 다했다고, 나 자신에게 떳떳할 수가 있으면 되는 것이다. 또한 실패와 성공에는 다분히 주관적 요소가 있다. 남에게 보이기 위한, 남이 인정해주는, 남의 기준으로 내 성공과 실패를 평가하는 것이 아닌, 자신만의 정체성과 가치기준을 확립하여 사는 것이 실패와 패배에 대한 면역뿐만 아니라, 한 사람의 인생을 경영하는 삶의 경영철학으로 삼아야 한다.

11) 고통과 인내의 면역

"인내는 쓰다. 그러나 그 열매는 달다."는 말은 만고의 진리이다. 그리고 고통과 인내, 고생스런 삶은 모두 이웃집이어서 고생스런 경험을 가진 사람일수록 고통과 인내에 대한 면역력이 크다. 그 원동력으로 작용하는 인성은 대부분 의지가 굳고 자기 신념이 강한 성향을 가지는 특성이 있다.

유대경전 주석서인 미드라쉬의 다윗왕의 반지라는 글에 다음과 같은 내용이 있다. 어느 날 다윗 왕이 궁중의 세공인을 불러 "나를 위해 반지를 하나 만들라고 명하면서, 반지에는 내가 전쟁에서 큰 승리를 거두어 환호할 때도 결코 교만하지 않게 하고, 큰 절망에 빠져 낙심할 때도 결코 좌절하지 않으며, 스스로에게 용기와 희망을 줄 수 있는 글귀를 새겨 넣어라."고 지시했다.

이에 궁중 세공인은 아름다운 반지를 만들었다. 하지만 아무리 고민해봐도 반지에 새길 글귀가 떠오르지 않았다. 결국 그는 지혜롭기로 소문난 솔로몬 왕자를 찾아가 도움을 청했으며, 세공인의 이야기를 듣고 잠시 생각에 빠진 솔로몬은 이렇게 일러주었다. "이 글귀를 넣으세요, 승리에 도취한 순간에 왕이 그 글을 보면 자만심은 곧 가라앉을 것이고, 동시에 왕이 절망 중에 그 글을 보게 되면 이내 큰 용기를 얻을 것입니다." 그 글은 다음과 같다, "이 또한 지나가리라(soon it shall also come to pass)"

이는 인생무상(人生無常)과 인간사 새옹지마(塞翁之馬)'라는 사자성어와도 상통하는 말이다. 이 세상에 변하지 않고 계속되는 영원한 것은 없으며, 고통도 기쁨도 슬픔도 아픔도 견디다 보면 한 차례 소나기와 같아서 이 또한 다 지나가는 것들의 하나일 뿐인 것이다. 또한 우주의 속성인 무상의 진리를 도형으로 표현하면 직선이나 수평선은 있을 수 없어서 상승이 있으면 하강이 있고, 고통과 시련이 있으면 웃음과 행복도 다가오는 것이 진리라는 믿음이 있을 때 우리는 일희일비하지 않고 담담하게 수용할 수 있는 것이다.

짐 콜린스는 '위기를 극복하고 승리할 것이라는 믿음을 갖되, 냉혹한 현실을 무시하는 극단적인 낙천주의자가 되어서는 안 된다'고 강조하면서, 우리가 배운 교훈 중 하나는 난국은 당신의 벗이라는 점이다. 폭풍이 오기 전에 단련되고 준비되어 있다면, 당신은 폭풍의 시기를 고마워해야 한다. 우리의 체질은 뜨겁게 활활 타오르는 가혹한 시련 속에서 단련 된다고 역설하는 것도 같은 맥락인 것이다

'행복한 이기주의자'의 저자이며 심리학자인 웨인 다이어도 같은 진리를 다른 말로 역설하고 있다. 모든 발전에는 추락이 앞섰다. 나는 내가 거쳐 온 모든 정신적인 발전에는 추락이 앞섰다는 사실을 깨달았다. 실제로 커다란 전환 앞에 일종의 추락이 있는 것은 우주의 법칙이라 할 수 있다. 모든 추락은 더 높은 곳으로 우리를 데려갈 잠재력을 가지고 있는 것이다. 특별한 불행이 없으면 행운을 만날 수 없는 것이다. 또한 '모든 불행 속에 행운이 숨어 있다'는 도덕경 구절도 인생에서 고통과 추락을 경험하는 것에 대한 가치를 일깨워 주는 금언인 것이다.

12) 호기심과 즐거움의 면역

호기심은 모험과 창의력의 근원이고, 즐거움은 우리가 단맛을 좋아하는 것처럼 모두가 추구하는 행복과 관련되어 있으면서, 집중과 효율의 부가가치를 생산하는 긍정적 요소이기도 하다. 그러나 호기심과 즐거움에 대한 부정적 요소도 대단히 크다. 호기심으로 시작하여 패가망신하고, 사탕처럼 단맛을 너무 좋아하고 집착하다보면 단맛의 후유증처럼 치아를 상하게 되고, 쓴맛이나 몸에 좋은 것을 멀리하면 결국 건강을 상하게 되는 결과를 초래하게 된다. 아이들의 과자와 사탕, 초콜릿이 그렇고, 청소년들의 놀이와 게임, 성인이 되어서는 취미나 여가생활, 스트레스 해소 수준을 넘어서 집착하는 운동과 레저, 경마와 도박, 춤과 유희, 흡연과 음주, 음악과 영화, TV, 드라마, 스포츠와 연예계, 인터넷과 스마트폰 등과 같은 것들이다. 본래의 유용성보다는 부작용이 심각해서 개인적 상황을 넘어 사회문제가 되고 있는 것이다.

대부분 자신의 생활목표나 정체성이 확보되지 못한 사람들에게서 호기심과 즐거움을 추구하는 성향이 강하고, 한 번 빠지면 중독이 되어 쉽게 빠져나오지 못하는 특성이 있다. 그래서 우리는 가정교육이 필요하고 자기조절이나 자기관리가 습관이 되도록 학습과 교육이 필요한 것이다. 결손가정과 생활환경이 건전하지 못한 지역과 이미 습관이 된 친구와의 만남이 발단의 시작점이 되지 않도록, 가정과 학교와 정부의 보건정책 부서는 일관성 있는 시스템으로 미래의 주역을 키우는 책임감 있는 역할을 해야 한다. 또한 공영방송 편성 책임자는 시청률에만 연연하지 말고 TV의 국민에 대한 사회 교육적 역할에 대한 막대한 영향력과 책임감을 저버려서는 안 될 것이다. 드라마 작가들의 인성과 가치관도 자성의 기회가 필요하고 성숙한 시청자의 의식 변화와 사회적 공감대가 선행되어야만 가능할 것으로 생각된다.

아무튼 호기심과 즐거움의 추구는 개인의 성향과 의지에 의해서 결정되는 것이고, 긍정성과 부정성이 동시에 잠재되어 있는 양날의 칼이어서, 한 쪽만 보고 권장하거나 다른 날로 다치는 우를 범할 수 있어서 개인과 전문가, 교육기관과 정부는 근시안적인 대처를 해서는 안 된다. 다문화 가정의 시대로 가면서 1990년대 산아제한과 같이 시대적 준비에 역행하는 시행착오를 겪지 않도록 더 멀리 보는 지혜를 발휘해야 할 것이다. 여기에는 적절한 스트레스 해소와 심신의 건강을 유지하고 건강한 자기관리의 습관으로 유도하는 독일의 사회체육과 의료보험을 연계한 국민교육과 같은 선진정책의 도입도 검토해봐야 할 것이다.

더구나 근래 청년들의 취업률이 낮은 현실에서 자신의 적성이나 하고 싶은 일, 잘할 수 있는 일보다는 우선 취업을 하고 보자는 생각은 결국 직업으로 오래 유지하지 못할 가능성이 커진다. 직업이나 창업은 졸업 후에 시작하고 남에게 명함을 보여주기 위해서 하는 것이 아니라, 자신의 적성분석과 장단점 분석, 사회적 추세를 고려하여 장기간에 걸쳐서 준비해야만 한다. 졸업 후에 대학원이 아니고 취업준비 학원에 나가는 작금의 사회현상은 단순하게 일자리 부족만이 원인이 아니라, 본인과 대학, 산업계와 정부 정책 모두가 사전 대책과 준비가 부족한 반작용의 현상으로 파악되어야 한다.

5. 해독과 세포정화, 쓴 것이 약이다

우리가 피안의 강을 건너야 한다면 몸은 뗏목이고 타고 가야할 배이며 의식과 영혼을 담은 그릇이다. 이 배가 물이 새거나 해충과 벌레로 가득 하다면 강을 건너기는 불가능할 것이다. 여기에 육신의 중요성과 역할이 있는 것이며, 정화 수련은 몸부터 시작해서 현재의식과 무의식, 잠재의 식과 영성의 정화를 이루어야 자기무화가 가능하다는 것을 알 수 있다. 몸 정화에 대한 기본적인 방법은 몸을 따뜻하게 유지하여 혈류를 포함 하여 생리대사가 막힘없이 원활하게 해야 하며, 세포에 축적된 부정적인 요소들을 배출한 다음 부족한 미량원소를 공급하는 것이다.

그러나 현대인의 먹을거리는 토양의 오염과 제초제, 농약, 방부제와 위해성 첨가물 등이 잔류되어 있어서 살아 있는 자연식품과는 거리가 멀다. 실제로 필요한 영양과 미량원소는 부족하고 체내에 축적되어 세포 스트레스를 일으키고 질병의 원인이 되는 독소와 중금속, 환경호르몬제 등 유해물질이 많다. 이것이 성인보다 청소년에서 소아당뇨와 소아비만, 간경화, 아토피 등 만성질환의 원인이 될 뿐만 아니라, 발달장애와 성격 장애, 감정유발과 흥분을 억제하지 못하는 범죄와 분노조절장애, 주의력 결핍 과잉행동장애(ADHD)[04], 이유 없는 우울증과 자살로 이어지는 사

---

04 ADHD

주의력결핍 과잉행동장애(Attention Deficit Hyperactivity Disorder)의 약자로서, 이 질환의 정확한 원인은 현재까지 알려진 바가 없다. 다만 아동기에 많이 나타나는 장애로, 지속적으로 주의력이 부족하여 산만하고 과다활동, 충동성을 보이는 상태를 말한다. 이러한 증상들을 치료하지 않고 방치할 경우 아동기 내내 여러 방면에서 어려움이 지속되고, 일부의 경우 청소년기와 성인기가 되어서도 증상이 남게 된다. 뇌영상 촬영에서 정상인에 비해 활동과 주의집중을 조절하는 부위의 뇌 활성이 떨어지는 소견이 관찰되며, 이 부위의 구조적 차이도 발견되고 있다.

근래 성인들의 조현병(psychosis, schizophrenia)도 유사한 정신적 질환으로 성격의 와해, 현실접촉 곤란, 개인적·사회적 기능의 상실, 증상에 대한 이해와 자각의 결여 등의 증세를 가지는 정신장애를 의미하고 있어서, 성인들의 ADHD 질환으로 볼 수 있다. 따라서 ADHD 질환으로 진단 받은 아이의 부모들은 자책과 비난에 노출되기 쉽다.

그러나 원인은 육아 방법에 의하기 보다는 유전적인 경향과 더 연관된 것으로 보인다. 이 질환은 가족력이 있으며 몇몇 유전자가 이 질환의 발병과 관련 있을 것으로 보인다. 특히, 카테콜아민 대사의 유전적인 불균형이 가장 중요한 역할을 하는 것으로 보인다. 특정 환경적 요인은 이 질환의 발병과 악화에 연관될 수도 있다. 아직 많은 부분이 잘 알려지지 않았지만 몇 가지 가능성 있는 요인은 다음과 같다.

1) 흡연, 음주, 약물 : 환자 어머니의 산전 흡연 노출(직간접흡연)은 이 질환의 발병과 관련이 있다. 임신 중의 술과 약물은 태아의 신경세포의 활성을 줄이는 것으로 보인다.

2) 학령기 이전의 특정 독소의 노출 : 특히 페인트나 오래된 건물의 수도관에서 발견되는 납의 노출은 이 질환뿐만 아니라 아이의 분열적이고 폭력적인 행동과도 관련 있다.

3) 음식첨가물 : 인공색소와 식품보존제와 같은 음식첨가물 또한 과잉행동을 유발하는 것으로 보인다. 설탕은 과잉행동의 유발 물질로 흔히 의심되지만 아직까지 확실한 증거는 없다. 그리고 미

회문제의 숨은 원인이 되고 있기 때문이다.

그럼에도 불구하고 많은 사람들은 이러한 건강유지의 대안으로서 몸에 좋다는 것을 마구 먹는 것으로부터 시작하고 있다. 제일 먼저 할 수 있는 손쉬운 일이 질병에 견디는 면역력을 기르고 몸을 튼튼하게 하기 위하여 자양강장제를 먹는 일이다. 건강의 증진뿐만 아니라 정력증강이나 미용, 오래 살기 위해서 비타민에서부터 보약과 약초, 약품과 건강보조식품 심지어 야생동물과 곤충까지 몸에 좋다는 것은 마구 먹는다. 이는 마치 오염되고 더러운 그릇에 좋다는 음식을 열심히 담는 것과 같아서 결국은 모두 먹지 못하는 쓰레기가 되고 만다. 정신을 건강하게 하는 참선이나 명상, 각종 심신수련은 시간이 있는 사람들이나 하는 특별한 방법으로 여기고, 남보다 빠르게 더 많은 일을 하고 더 차지해야 하며, 바빠서 잠잘 시간도 부족하고, 게으르니 그저 먹어서 해결하려고 하는 것이다.

아직 정확한 역학조사를 해보지 않아서 단정은 할 수 없지만 지금 문제가 되고 있는 구제역과 조류독감도 같은 원인으로 보고 있다. 토양과 농산물이 오염되고, 오염된 가공식품을 먹은 사람이 오염되어 문제가 되고 있는데, 사람보다 저 저급한 사료를 먹고 있는 가축들이 오염되지 않았다면 오히려 이상한 일이기 때문이다. 청소년뿐만 아니라 성인들의 난폭성과 행동장애, 성격장애와 같은 사회문제에 대해서도 그런 이상현상

숙아, 저체중아, 그리고 어릴 때의 머리부상 등은 이 질환과의 관련성이 불분명하다. 다양한 환경적인 요인이 이 질환의 원인으로 거론되고 있으나 아직 환경적 요인의 중요성은 논란의 여지가 많다.

은 개인의 성격이나 기질, 사회적 퇴폐문화의 부작용 정도로 여긴다. 본인과 가족, 사회와 정부가 함께 해결해야할 문제로 인식하지 않고 방치하고 있는 것이다. 이러한 현실이 차후 백신이 없는 전염병과 기상이변, 석유파동과 식량파동 등의 불확정성이 증가되는 시대에 문제해결의 실마리가 보이지 않고 있다는 것이 더 염려되고 있다.

따라서 오염된 농산물과 식품문제를 해결하기 위해서는 간단한 방법으로 식품을 현장에서 검사하는 방법이 있거나, 토양과 농법, 비료와 농약, 농업인과 유통업계, 소비자 의식까지 모두를 개선하고 전환시켜야 하기 때문에 현실적으로 불가능하다는데 문제의 심각성이 있다. 여기에 일단 체내에 들어오거나 축적된 오염물질을 체외로 배출하는 해독과 정화의 중요성이 있으며, 더구나 일반 사회생활을 영위하면서 모든 식품의 안전성을 완전하게 확인하여 섭취한다는 것은 기술적으로도, 현실적으로 불가능하기 때문이다.

따라서 현대인들은 필수 비타민과 고단백 식품을 선호하고 육류와 트랜스지방, 발암물질을 기피하는 것만으로 독소와 중금속 문제가 해결되지 않으며, 백신은 이미 알고 있고 존재하는 바이러스를 이용하여 만들어지는 것이기 때문에, 백신을 맞는다고 돌연변이로 새로 발생한 신종 바이러스에 바로 대처 할 수는 없다. 해독과 배출, 생리적 정화요법을 통한 자연 면역력의 증가가 현실적인 문제해결의 대안이 될 수밖에 없는 이유가 여기에 있다. 우선 체내에 축적된 오염물질을 해독하여 배출시키는 정화작업이 영양보충이나 보약, 기능성식품보다 우선되어야 할 중요한 건강 요소임을 알아야 한다.

일반적으로 체내에 축적 된 독소와 중금속은 경미한 경우, 항산화제가 많이 들어 있는 식품으로 식이요법을 실시하여 간의 해독기능을 활성화 시키고 변비를 방지하여 독소가 쌓이지 않도록 하며, 주로 변이나 소변, 땀을 이용하여 독소를 배출하는 방법을 사용하게 된다. 서양의학적 진료는 간의 해독기능을 정상화 시키는 영양제인 아미노 디탁스나 간과 쓸개의 추출물, 항산화제와 비타민, 무기질, 타치온 주사 등을 처방하게 된다.

다른 방법으로는 직접 독성 배출 해독제인 DMSA/수은 해독제나 EDTA/납 해독제 등을 사용한다. 그러나 이러한 해독제들은 체내의 다른 무기질도 함께 배출하기 때문에 제한적으로 사용되며, 무엇보다 체내 축적된 중금속의 종류와 정도를 검사하는데 시간과 비용이 많이 소요 된다. 이에 따라 심신통합면역 증강(MBIIE) 프로그램과 심신영정화(MBSP)프로그램에서는 가장 안전하면서 해독과 배독기능이 우수한 방법을 모색하고 있으며, 이것이 식물영양소를 이용한 파이토뉴트리언트(phytonutrient) 해독과 분해요법이다. 이는 항산화 작용이 큰 식물영양소 중에서 자체적으로 해독과 배독작용이 강한 식물 소재를 식품으로 직접 섭취하는 방법이다.

전통적으로 이러한 해독식품 소재에는 고채/苦菜/씀바귀와 고들빼기/藥師草, 엉겅퀴/大薊, 지칭개, 민들레/蒲公英, 익모초/益母草, 쑥/艾草 등 주로 쓴맛을 내는 자생식물이 주류를 이룬다. 이들 소재들을 식품의약품안전청의 식품원재료 데이터베이스를 기준으로 독성과 성분, 효능 항목만을 살펴보면 다음과 같다.

- 고채/苦菜/씀바귀

식약청 원재료 DB에 12종이 등재되어 있으나 독성과 안전성이 확인되지 않아서 모두 식용불가로 분류되어 있고, 식품으로 사용 가능한 품종은 학명은 Ixeris dentata 단 1종이 식품공전에 등재되어 있다. 성분에 대해서는 단백질, 당질, 비타민 A, 항종양성분이 들어 있다고 설명되어 있을 뿐이다. 그러나 원광대학교 인체과학연구소 연구팀이 10여간 연구한 결과는 식약청 DB에 등재 되어 있지 않는 독성이 없는 우수한 품종들이 성분도 해독과 항암, 항스트레스, 항바이러스, 면역증강에 강한 헥세놀과 시나로사이드, 트리테르페노이드와 리눌린, 80여종의 플라보노이드 등 다양한 유용성분이 포함되어 있으며, 이러한 효능은 동물실험과 인체실험, 실용화 상품의 소비자 체험사례에서 확인되고 있다.

- 고들빼기/藥師草

식약청 DB에 10종이 등재되어 있으나 2종만이 식용가능으로 되어 있으며, 다 성장하면 가는 줄기와 잎이 발생하기 때문에 주로 어릴 때 채

취하여 김치를 담가 먹어왔다. 주성분은 lactucarium, germanicum 로 씀바귀와는 많은 차이가 있다. 품종과 유전자를 해외에 유출되지 않게 하기 위해서, 씀바귀, 지칭게와 함께 저자가 수년간 우수 품종을 보존 육종하고 있는 품목이다.

- 엉겅퀴/대계/大薊

식약청 DB에 1종이 식용가능으로 되어 있으며, 성분은 Ciryneol A, Ciryneol B, Ciryneol C, Ciryneol D, Ciryneol E, 9,10-cis-Epoxyheptadec-16-ene-4, 6-diyn-8-ol,Hepta dec-1-ene-11, 13-diyne-8,9, 10-triol(8S, 9R, 10S), Hisp idulin 7-neohesperidoside, Licori cidin, Pecto linarin, Tridec-1-ene-3,5,7, 9,11-pentayne을 포함하고 있고, 독성은 비위허한(脾胃虛寒)하고 냉체(冷滯) 없는 자는 적합하지 않다.

- 지칭개

어린잎의 식용이나 전초의 약용으로만 기록되어 있고 식용가능에 대한 분류나 독성, 효능에 대한 기록이 되어 있지 않아서, 차후 전문연구가 필요한 국산 소재이며, 국외로의 유전자 유출을 막고 지켜야할 품종이다.

- 민들레/포공영/蒲公英

민들레는 본래 국산 자생식물이 아닌 귀화식물이다. 성분에 이눌린, 세르친, 베타-카로텐, 베타-시토스테롤, 커피산, 크립토잔틴, 루테인, 만니톨, 사포닌, 단백질, 지방, 탄수화물, 철분, 회분, 칼슘, 칼륨, 인, 비타민 A. B. C, 섬유질이 포함되어 있고, 독성에 대해서는 많은 문헌에서 유독 식물이라고 기록되어 있으나, 실제 독성은 낮은 편이다. 간혹 과민성 피부염이 발생하였는데 잎과 줄기의 유액이 원인이다. 이뇨의 처방전과 함께 사용하지 않는다.

- 익모초/益母草

전초에 알칼로이드 레오누린/Leonurine, 레오누리딘/Leonuridine, 스타히드린이 있다. 또한 쓴맛 물질, 피토스테린, 정유, 사포닌, 기름 0.5%, 역한 냄새나는 물질, 수지, 루틴, 유기산 등이 있다. 유기산과 알칼로이드, 탄닌질은 꽃피기 전의 잎에 2-3%, 전초에 약 2%, 줄기에 약 1.6% 있다. 씨에도 레오노린, 적은 량의 스타히드린, 콜린 등과 기름 (37%)이 있다. 또한 쿠마린, 플라보노이드배당체와 루틴(0.17%)도 들어 있다. 씨기름의 64%는 올레인, 21%는 리놀레인이다. 독성으로는 동공이 상대한 자 및 임부는 복용을 피한다. 임신 중에는 사용해서는 안 되며. 혈액이 부족한 사람이나 몸에 어혈이 없는 사람은 복용을 피해야 한다.

- 쑥/芝草

식약청 DB에 77종이 등재되어 있으나 인진과 약쑥 등 10종만이 식용가능하며, 주성분은 정유 0.02%, 1,8-Cineol (=Eucalyptol), α-Thujone, β-Thujone, Sesquiterpene, Ade nine, Acetylchloride, Choline 등이 들어 있다. 독성은 약하나 장기간 복용은 피한다. 음액이 부족하여 열이 나는 사람과 진액이 부족한 사람 및 과다 출혈을 한 사람의 경우에는 복용을 피해야 한다고 기록되어 있다.

- 귀리/燕麥 Oat

식품소재로서 쓴맛식품은 아니지만 근래 방사능 오염으로 문제가 되고 있는 상황에서, 방사능 면역과 해독에서 탁월한 곡물소재이다. WHO와 Time지에서 완전식품(super food)으로 선정된 식품소재로 방사능 해독이 가능한 유일한 소재이다. 해독과 배출 후에 부족한 미네랄과 미량원소 공급원으로서 귀리는 최적의 완전식품이어서, 씀바귀와 함께 사용되는 부분을 기술하였다.

이와 같이 쓴맛과 해독 중심의 국산 자생식물 소재들은 모두 우수한 항산화 작용과 면역증강 작용을 가지고 있지만, 세포와 동물실험에서 독성이 없으면서 해독과 항스트레스, 면역증강, 항암, 항염, 숙취해소 기능을 동시에 보유하고 있다. 고전문헌에서도 해독과 정화 그리고 정신과 육체를 함께 청정하게 한다는 효능을 기록한 소재는 씀바귀이고, TV 비타민에서 면역왕으로 선정되고 네이버 검색 1위로 서민들이 해독과 면역증 강을 검증하고 인정한 식품이며 약용 소재이다.

영양성분으로는 가식부 100g의 생씀바귀에는 42kcal의 에너지와 82.7% 의 수분, 3.0g의 단백질, 0.6g의 지질, 8.4g의 당질, 1.7g의 식이섬유, 3.6g의 회분과 함께, 76mg의 칼슘, 34mg의 인, 3.7mg의 철, 8mg의 칼륨과 같은 무기질과 1163IU의 비타민A, 6,978μg의 베타카로틴, 0.35mg의 비 타민B1, 0.09mg의B2, 0.1mg의 나이아신, 8mg의 비타민C 등이 함유되어 있어서, 기능성 외에 영양학적 측면에서도 완전식품에 가깝다.

한방에서는 고채(苦菜)라고 하며, 한적(漢籍)에는 씀바귀의 어린 싹이 겨울을 난다하여 유동(遊冬)이라고 불렀다. 다른 기록은 삼국시대(3세 기) 오진본초(吳晉本草)에서 하늘과 땅을 맑게 하는 신초(神草)라 불리었 다는 기록이 있으나, 직접 북경 도서관에서 오진본초를 구하여 확인해 본 결과 찾지 못하였다.

중국 약전인 신농본초경(神農本草經)과 음선정요(飮膳正要)에는 苦菜/ 黃瓜菜는 얼굴이나 눈의 노란 기운을 없애주며 정력을 증강시키고, 오 장의 사기(邪氣)를 제거하여 안심(安心), 익기(益氣), 총찰(聰察), 경신(輕 身), 내노(耐老)의 효과를 가져다준다 해서 천정채(天淨菜)라 일컬었다.

본초강목本草綱目과 동의보감東醫寶鑑에는 오장五臟의 사기/邪氣(독 소와 중금속)와 증열/蒸熱(상기된 열, 스트레스)을 제거(해독과 배독)하 여 심신을 편하게(Antistress) 하고 잠을 적게 하며, 악창惡瘡을 다스린다고 밝히고 있다. 잠을 적게 한다는 것은 수면을 방해하는 것으로 오해하는 전문가들이 있으나, 저자의 연구결과는 수면시간을 줄여도 피로회복이 되는 효능을 말하고 있다.

이와 같은 고전문헌의 기록에서 특별히 주목할 것은 신초와 천정채라는 표현과 동의보감의 사기와 증열, 악창, 그리고 신농본초경의 안심과 내노(耐老 Antiaging)에 대한 언급이다. 신초(神草)는 과장법이라고 하고, 사람의 몸을 정화시킨다는 것은 몰라도, 하늘과 땅을 맑게 하는 '하늘이 내린 정화의 풀이다'는 부분에 대해서는 과장법으로 보기에는 뭔가 다른 감이 있다. 이것이 저자가 씀바귀를 주목하게 된 두 번째 이유이기도 하지만, 나중에 하늘과 땅은 정신과 육체의 다른 표현임을 알게 되어서, 신초와 천정채는 근거 있는 적절한 표현임을 알 수 있다. 20여 년의 연구와 실험 결과는 고전문헌의 효능에 대한 표현과 대부분 일치하고 있다.

씀바귀의 주요 성분은 항암효과 특히 골수암 예방과 치료에 효과가 있는 이눌린(inulin)과 물에 녹지 않는 비극성 탄화수소 화합물인 알리파틱(aliphatics)이 강한 항암 활성을 나타내고 있어서, 암 예방과 치료에 도움이 되며, 강한 면역증강 물질이고 NO를 발생시켜서, 암세포 살해 세포인 대식세포를 활성화하며, 항암보조제와 치료제로 사용할 수 있는 세스퀴테르펜 배당체인 트리테르페노이드(triterpenoids)가 항암효과가 아주 크다.

참고로 산화질소(NO)는 산화질소 합성(NOS)로부터 guanidine nit-rogen을 이용해 합성되며 강력한 활성을 갖고 있다. NO는 다양한 박테리아, 기생충, 암 등에 대해 강력한 활성을 갖는 물질로 주목받아 왔다. 암세포 사멸에 관한 최초의 발견은 암세포와 대식세포를 함께 배양했을 때 대식세포를 자극함으로써 암세포가 사멸되는 현상을 통해 밝혀졌다.

씀바귀에는 아주 다양한 효능이 있지만, 가장 큰 작용은 해독작용이다. 들에 나가 벌에 쏘였을 때 특히 사람을 사망하게도 하는 맹독을 가진 말벌이나 땅벌 등에 쏘였을 때나, 산에서 독사에 물리거나 상처나 났을 때, 씀바귀 잎을 잘라서 나오는 하얀 유액을 상처에 바르면 빠르게 해독과 상처가 치유되고 흉터도 적게 된다. 개도 병이 나면 풀밭에 가서 씀바귀를 뜯어 먹고, 토끼도 새끼를 배거나 병이 나면 유독 씀바귀를 찾아서 먹는다.

해독작용은 알코올과 니코틴은 물론이고 중금속과 약물중독, 마약에도 작용해서 금단현상을 완화시킨다. 숙취의 경우 섭취 후 20분이면 속이 편안해 지는 것을 확인 할 수 있다. 음주 전후에 먹으면 혈중 알코올 농도가 한계 이상으로 올라가지 않는다.

세계문화 유산인 우리 동의보감에서 기술한 것과 같이 강한 해독과 항산화 기능으로 오장의 사기(邪氣,독소,노폐물, 중금속)와 증열(蒸熱,끓어오르는 스트레스)을 제거하고 악창(惡瘡,심한염증,궤양,종양)을 다스려서 몸을 편하게 할뿐만 아니라, 마음까지 편안하게 해서 안심(安心,

antistress),기운을 좋게(益氣),머리를 맑게(聰察),몸을 가볍게(輕身),늙지 않게(耐老) 한다고 신농본초경에 기록되어 있다. 실험실 연구에서도 세포와 마우스 실험에서 다른 물질보다 강한 항 스트레스와 항 우울증을 나타내고 있으며, 특히 항암이나 면역증강, 항산화 생리활성이 단독으로 나타나는 다른 물질과는 달리 항스트레스를 동시에 가지고 있어서, 씀바귀 단일 투여만으로 다양한 생리활성이 나타나는 특징을 가지고 있다.

씀바귀는 해독으로 간 기능을 정상화시키지만 일반 소화제가 듣지 않는 항암 치료 중인 허약한 환자의 항상 더부룩한 소화능력을 회복시키고 장기능을 정상화시켜서 위장을 편하게 한다. 따라서 씀바귀로 해독과 면역력을 향상시키고 세포를 정상화시킴으로서 세포가 항상성을 유지할 수 있게 해야 하며, 동시에 부족한 미량원소를 보충해 주어야만 한다. 문제는 미량원소가 일반식품에 고르게 분포되어 있지 않고 특정식품에 조금씩 함유되어 있기 때문에 다양한 식품을 고르게 섭취해야만 한다. 그러나 현실적으로 도시생활 중심의 현대인들의 식생활은 대부분 일반식품에 한정되어 있다.

그래서 우리 선조들은 평소에 먹지 않는 미량원소를 보충하기 위한 목적으로 절기 상 특별한 날을 정하여 철분이 많은 팥죽이나 미네랄의 집합체인 견과류와 함께 잡곡밥을 먹게 하는 지혜를 내어서 오늘날까지 전통으로 이어오고 있다. 보다 적극적인 방법으로는 일상의 식사에서 섭취가 어려운 미량원소가 풍부한 식품을 공급하는 방법이다. 여기에 가장 알맞은 식품이 귀리(Oat)이다.

귀리는 우리밀과 겉보리의 중간 형태의 잡곡에 속하는 곡물이다. 아쉬운 것은 귀리가 밀이나 보리보다 수확량이 적고, 겉보리보다 껍질이 두꺼우면서 내부는 연해서, 정맥이 어렵다는 단점 때문에 국산 토종귀리가 멸종한 상태이나, 저자가 20년 전 강원도에서 어렵게 발굴하여 종자를 양산하였으며, 현재는 이 토종귀리를 한국작물과학원에서 껍질이 적고 내한성이 있는 개량종인 조양귀리를 개발하여 농가에 보급하고 있는 중이지만 생산단가와 수요문제로 활성화되지 못하다가 근래에는 다소 재배농가가 증가하고 있는 추세이다

심장질환 환자는 심장박동이 불규칙해지는 심실세동 현상이 일어나 갑자기 죽음에 이르는 것으로 알려져 있으나, α-리놀레닉산이 바로 이 심실세동이 일어나는 것을 막아준다는 것이다. 한편 보스턴 터프즈대 에드워드 솔츠만 박사는 건강한 남녀 43명을 두 군으로 나눠 6주 간 각각 귀리와 밀이 많이 든 음식을 먹게 한 뒤 혈압과 콜레스테롤 수치 변화를 조사했다.

그 결과 귀리 섭취군은 심장마비와 뇌졸중을 일으키는 요소로 알려진 고혈압과 높은 콜레스테롤 수치가 밀 식사군보다 크게 낮아진 것으로 나타났다. 혈중 콜레스테롤 수치는 귀리 섭취군이 평균 34mg/dL정도 낮아진 반면에 밀 식사군에서는 13mg/dL 낮아지는데 그쳤다. 특히 순환기계 질환의 원인물질로 꼽히는 저밀도 리포단백질(LDL) 콜레스테롤은

귀리 섭취군에서 연구 전보다 각각 23mg/dL, 8mg/dL 감소했으며, 혈압변화도 최고혈압이 연구전보다 각각 7mm/Hg, 2 mm/Hg가 낮아져 귀리가 혈압을 낮추는 효과가 큰 것으로 나타났다.

솔츠만박사는 밀보다 귀리에 많이 포함돼 있는 수용성 식이섬유가 소화과정에서 소화속도와 흡수속도에 영향을 미치면서 호르몬 분비에 변화가 생겨 콜레스테롤과 혈압이 낮아지는 것으로 풀이했다. 귀리에 대한 이러한 많은 연구결과 발표에 따라, FDA는 지난 2002년 10월 2일 발행된 '연방등록 중간/최종규칙(Federal Register Interim Final Rule)'에서 귀리에서 얻어지는 베타글루칸의 수용성 식이 섬유소가 심장 관상동맥의 질병(CHD) 감소와 연관이 있다고 하는 '건강강조 표시'가 가능하도록 관련 법규를 수정 하였다.

수정 내용에는 귀리 전체의 베타 글루칸 수용성 식이섬유의 바람직한 소스로서 알파 아밀라제로 가수분해 시킨 귀리 겨(oat bran)의 수용성 획분(fraction) 또는 귀리 자체의 수용성 식이섬유 이상으로 건물(乾物)기준 10%를 넘는 베타 글루칸 수용성 식이섬유를 가지는 전 귀리분말 등을 추가하였다.

Quaker Oats Co. 와 Rhodia, Inc.의 공동 청원서에 대한 FDA의 이와 같은 결정으로 현재 귀리제품에는 기능성 건강보조식품에만 허용되고 있는 '건강강조표시'를 농산물 포장에 인쇄한 제품이 판매되고 있고, 완전식품으로 연구가 끝나서 세계보건기구(WHO)와 Time지에서 발표한 세계 10대 장수식품에 포함될 정도이다.

귀리는 Oat Meal이라고 하는 귀리죽을 우유나, 우유 소화가 어려운 분은 두유를 1/2 비율로 넣고 쑤어서 매일 두 끼씩 1주일을 먹으면 남편의 성감 성 능력이 강화된다는 기록이 있다. 귀리는 여성의 요실금에도 좋다. 귀리에는 "글루코바리닌"이라는 성욕을 높이는 성분이 있고 정자를 만드는 필수성분인 아연 등 성적인 능력에 관계되는 성분이 많다. 당뇨성 성욕감퇴에 귀리죽은 장복할 때 20대 남성 같은 성욕을 북돋아 해결하게 된다는 기록이 있다.. 한방으로 '신허' 증세인 성욕감퇴 발기부전이 개선되는 것이다. 1개월 1회의 성생활이 1개월 4회로 증진될 수 있는 것이 귀리의 놀라운 효력이며, 성 호르몬의 분비를 촉진하는 성분 때문이다.

또한 귀리는 체내에 침입한 항원을 제거하는 면역세포와 대식세포(macrophage)를 활성화시켜서 감염을 예방해준다. 대식세포는 면역반응의 시작과 유지에 있어 중요한 역할을 하는 세포로 베타글루칸(β-glucan)을 섭취하면 기능이 활성화된다. 외과적 수술 후 감염의 위험율이 매우 높은데, 복부 또는 가슴부위를 수술한 환자를 대상으로 β-glucan의 감염 예방 정도를 알아보았다. 그 결과 하루에 0.1-2.0mg/kg을 섭취하였을 때 수술 후 감염률이 눈에 띄게 감소하는 것이 확인되었다. β-glucan은 식세포(phagocytic cell)가 종양세포를 제거할 때 세포질(cytokines)을 분비하도록 자극한다. cytokines는 대식세포가 갖는 종양세포의 성장저해 기능(성장억제반응:cytostatic action)을 활성화시키며, 종양세포를 완전히 제거하도록 도와주는 기능이 있다.

β-1,3D-glucan이 체내의 담즙산 분비를 증가시켜 혈중 지질의 농도를 낮추는 것이 확인 되었다. 혈중 지질은 비만인의 경우 의학적으로 매우 중요한 건강지표 중 하나이다. 스위스의 연구진들은 비만인을 대상으로 β-1,3D-glucan이 콜레스테롤 수치를 낮춰주는 효과를 확인 하였으며, 비만환자의 경우 식이를 통해 다이어트 효과를 확인하였다.

특히 귀리의 β-glucan은 방사선으로 인해 손상을 입은 골수와 혈액세포의 재생하는 기능을 가지고 있다. Hofer, M.등은 yeast에서 추출한 β-1,3D-glucan을 사용하여 호르몬 매개 면역반응과 세포매개 면역반응 모두 활성화되어 신체보호 기능의 전반적인 상승이 확인되었다. 이들은 감마선을 동물에 쐬었을 때 β-glucan은 직접적인 방사선조사에도 긍정적인 치료영향을 보여주었다. Patchen 등은 β-glucan이 치사량에 가까운 방사선을 조사한 쥐에서 생명연장의 효과를 나타내었다고 보고하였다. 그러나 대조군의 경우 모두 죽었다.

또한 모스크바 대학교 화학 연구소에서는 "오트밀을 먹으면 인체 내 중금속이 해독 된다"는 연구 결과를 발표하였다. 인체 내 중금속 이온을 해독하기 위해서는 일반적으로 수착제를 사용한다. 셀룰로스, 펙틴, 키토산, 알긴산, 리그닌 등이다. 그러나 이 물질의 상용은 인체 내 필수적인 미량 원소들과 칼슘, 마그네슘을 인체로부터 배출시켜 역효과를 갖게 된다. 그렇다면 인체에 해를 끼치지 않고 중금속 이온을 제거할 수 있는 방법이 있을까?

이 문제에 대한 해결이 모스크바 대학교 화학과 연구소 연구진들에 의해서 밝혀지게 되었다. 연구진들은 화학적인 성분을 알아보기 위해서 이온 크로마토그래피법을 근거로 한 독특한 방법을 사용했다. 이 방법의 도움으로 하나의 샘플에서 동시에 12가지 성분을 정확하게 측정할 수 있었다. 특별히 다양한 형태의 산과 당분 그리고 전분 성분 화합물이 중요한 요소가 되었다. 그 후에 이 물질을 정확히 식별하여 중금속 이온(구리, 카드뮴, 크롬, 아연, 철, 스트론튬 등) 과의 상호 작용을 연구했다.

실험 결과에 따르면 많은 곡물들이 중금속 이온을 흡착하는 성질을 보여 주었다. 그들은 다양한 형태의 유기산, 식초산, 호박산, 사과산, 수산, 유산, 낙산의 도움으로 이 역할을 해냈다. 이 산들은 중금속 이온과 강하게 또는 약하게 결합하여서 인체 내 중금속을 해독하는 역할을 했다. 화학자들은 여러 수프 중에서 귀리 수프가 중금속 해독에 가장 탁월한 효과를 보였고 다음이 옥수수, 메밀, 쌀, 수수 수프 순이었다.

또한 귀리는 변의 부피를 증가시켜 장내에 존재하는 발암물질의 농도를 희석하는 효과가 있다. 따라서 배변이 완만해지면서 암이나 게실증 등의 여러 문제가 개선된다. 또한 피부의 염증을 억제한다. 귀리는 또한 접촉습진과 같은 피부병에 대해서 소염효과를 갖고 있다. 최근의 연구에서 귀리는 염증촉진제로 작용하는 프로스타글라딘(prostaglandin)의 생성을 강력히 저지하는 것이 확인되어 피부미용에 좋다고 한다. 마른버짐 치료에 귀리가루 팩을 이용하는 것도 좋다.

변비를 개선해 주는 것으로 알려져 있는 밀기울 등에 많은 난용성의 식이섬유가 귀리에는 많이 함유되어 있지는 않다. 그러나 귀리는 변비를 개선하고 설사제로서 작용하여 다이어트에 사용한다. 오늘 날에 와서는 귀리로 만든 차가 아편중독을 치료하며, 흡연의 욕구를 줄이게 한다. 카페인과 니코틴 중독을 회복시키는 씀바귀와 함께 중독 치료에도 사용될 수 있는 우수한 식약품 소재이다.

「한 푼 두 푼 돈 나물」

한 푼 두 푼 돈나물

쏙쏙 뽑아 나싱게

이개 저개 지칭게

잡아 뜯어 꽃다지

바귀 바귀 씀바귀

오용조용 말매물

길에 가면 질겡이

골에 가면 고사리

- 전래 동요-

6. 살아간다와 살아서 가야한다는 우리말

Part 1 Well Being의 조건과 몸의 정화

신체운동역학을 이용한 인간 의식의 지도를 창안한 홉킨스 박사의 연구는 재현성과 신뢰성에 영향을 미치는 몇 가지 변수를 해결해야 할 과제가 남아 있기는 하지만, 인간의 의식 에너지 측정방법을 개발하고 이를 검증 가능한 학술적 체계와 수단을 확보한 공로가 크다. 그러나 이 연구 결과를 책으로 출간하여 한국에 번역판으로 소개된 제목인 '의식혁명'과 같이 인류의 의식 에너지를 혁신적으로 고양시킬 수 있는 방법론에 대해서는, 평생이 걸리는 전통적인 수행법이나 선각자들의 가르침 그리고 지적 탐구과정을 포함하는 12단계 회복모임을 통해서 높은 순수 에너지의 수원지를 찾아가는 회귀과정에 의존하고 있어서 한계가 있다.

작금의 후천시대인 상생의 시대로 가는 과도기를 겪고 있는 21세기에 그야말로 혁명이 되지는 못하고 있는 것이다. 이런 아쉬움과 갈증이 계속되는 과정에서 천손민족으로서 한민족의 실존역사인 상고사를 탐색하는 것은 어쩌면 당연한 연구과정인지도 모른다. 그러나 연구팀은 국내에서 연구되고 있는 고문헌 중심의 고증방식과는 방향을 달리하여 사실적 근거와 검증된 자료를 중심으로 한민족과 연관이 있는 민족사와 유적과 유물을 중심으로 하는 추적조사를 1차 연구방식으로 설정하였다. 이에 따라 먼저 한민족의 유구한 역사가 지구 인류문명 4대 발생지 보다 1만년 이상 앞선 한민족의 시원인 동이족의 역사와 문명발달사를 고찰하였다.

1987년 버클리 대학의 유전학자인 앨런 윌슨과 레베카칸, 마크스톤킹은 전세계가 놀랄 만한 연구결과를 발표하였다. 세포의 발전소인 미토콘드리아(mitochondria) 분석을 통해 인류문명에 대한 15만 년 전 아프리카 기원설의 오류를 밝힌 것이다. 1만 6,500개의 독특한 DNA의 염기서열은 사람마다 아주 조금씩 다르고, 어머니의 난자에게서만 물려받는다는 점에 착안하여 여성의 DNA를 계속 역 추적 하여 올라감으로서 현생 인류의 조상을 아프리카에 살던 자매인 두 여성(미토콘드리아 이브)로 결론지은 것이다. 이는 세계 4대 문명 발상지와도 거의 일치하고 있어서 아웃 오브 아프리카 학설(theory of out of africa)로 불리고 있다.

그러나 1986년 중국 요녕성 요동 반도 잉커우(營口)현 서남쪽 지역의 발해 만에서 30㎞ 떨어진 금우산(金牛山)에서 28만 년 전 인류 화석이 발견됨으로서, 한반도 북부 발해만에서 현생 인류의 아프리카 기원설을 뒤집는 선사 유적으로 인정된 것이다. 15만 년 전 아프리카 두 여성 보다 13만년이나 앞선 28만 년 전의 금우산인이 인류 최초의 현생 인류로 밝혀지게 된 것이다. 또한 2006년 8월 하순 중국 북부 내몽고 자치구 우란차푸(烏蘭察布)시 외곽 초원지대에서 김희용씨는 비밀의 유물 흑피옥(黑皮玉)을 발굴하였는데, 서울대 기초 과학공동기기원에서 흑피옥 시료를 채취하여 탄소 연대를 측정한 결과, 제작 연대가 무려 1만 4,300년 전으로 추정되는 결과를 발표하게 된다.

이는 구석기 시대 후반에 해당되며, 기존의 세계 4대 문명(메소포타미아. 이집트. 황하. 인더스)보다 거의 1만 년 이상 앞서는 연대라는 사실이 중요성을 갖는다. 중국 북부 내몽고의 흑피옥 문화와 요서지역의 배달(倍達 BC 3,897-2,333) 홍산(紅山) 문화를 정점으로 하는 요하문명이 직접 연결되는 사건으로 흑피옥 문화인 요하(遼河) 문명이 시간차를 두고 계승되었으며, 흑피옥 문화가 요하 문명 및 홍산 문화로 그리고 다시 한반도로 흐르는 이동 경로 설정이 가능한 것이다.

인류 최초 우리 민족의 역사는 환국(桓國 BC 7,199-3,897), 배달(倍達 BC 3,897-2,333), 고조선(古朝鮮 BC 2,333-238). 부여. 옥저. 동예. 낙랑국. 마한. 변한. 진한. 고구려. 백제. 신라로 이어지는 9,200년의 역사가 입증되고 있으며, 환웅께서 신시(神市) 개척단을 이끌고 북만주 일대에 나라를 세우기 이전부터 토착민인 호족과 곰족이 거주하고 있었다.

또한 고조선 단군께서 나라를 세우러 내려오기 전부터 토착민들 역시 부족을 이루어 거주하고 있었던 것이다. 이를 입증하는 유물이 충북 청원군 옥산면 소로리에서 발견된 탄화 볍씨로 15.000년 전 세계 최고의 것으로 학계에 보고되어 있다. 또한 세계 피라미드 무덤 양식의 기초가 되는 석관묘, 고인돌은 세계에서 한반도가 가장 많이 발견되고 있다는 사실이 이러한 역사를 입증하고 있는 것이다.

우리민족의 선조인 동이족(東夷族)은 지혜로운 민족으로 금속을 제일 먼저 다루었으며, 석가모니 부처와 공자가 동이족으로 영국의 옥스퍼드 대사전에 기록되어 있다. 또한 이스라엘의 건국 고대사가 배달민족의 상고사와 동일하며, 파미르고원 유역과 우즈베키스탄은 한민족을 색동저고리를 입고 무지개가 뜨는 나라의 조상 민족으로 교과서에서 가르치고 있다. 이와 같이 유네스코(UNESCO)에서 인정하는 인류의 기원이 이집트가 아니고 한국이라 할 수 있는 증거는 요동성 만주지역에서 대량의 탄미 발견으로 시작되고 있으며, DNA 검사결과 자연산이 아닌 교배종이란 것이 판명됨으로서 과학농사를 지은 것으로 인정되고 불에 탄 군량미로 보아 큰 전쟁이 있었던 1만 7천 년 전 것으로 추정되고 있다.

이러한 유적과 유물을 기반으로 한 연구와 함께 한민족의 실존 상고사를 일제가 계획적으로 고문헌을 수거하여 불태우고 왜곡시킨 수난사가 없는 해외에서의 역사관을 조사해 볼 필요가 있다. 우리 민족이 일제의 핍박을 받던 시기에 인도의 시성 타고르가 동방의 등불로서 세계의 주인이 될 민족임을 예언한 것을 시작으로, 최근에는 루마니아의 망명 작가이자 신부인 게오르규가 한국인을 위대한 존재로 칭하는 한국인에게 주는 메시지가 있다.

"어떤 고난의 역사도 결코 당신들에게서 당신들의 아름다운 시와 노래와 기도를 빼앗아 가지는 못했습니다. 당신들은 세계가 잃어버린 영혼을 가지고 있습니다. 천자의 영혼을 지니고 사는 여러분! 당신들이 창조하는 것은 냉장고와 텔레비전과 자동차가 아니라 지상의 것을 극복하고 거기에 밝은 빛을 던지는 영원한 미소, 인류의 희망입니다. 내일의 빛이 당신의 나라인 한국에서 비춰 온다고 해도 조금도 놀랄 것이 없습니다."

다음은 러시아에서의 고대사 세미나 중 "U.M 푸틴" 사학자의 말이다. "동북아 고대사에서 단군 조선을 제외하면 아시아 역사는 이해 할 수가 없다. 그 만큼 단군 조선은 아시아 고대사에 중요한 위치를 차지한다. 그런데 한국은 어째서 그처럼 중요한 고대사를 부인하는지 이해 할 수가 없다. 일본이나 중국은 없는 역사도 만들어 내는데 당신들 한국인은 어째서 있는 역사도 없다고 그러는가?. 도대체 알 수 없는 나라이다."

이에 더하여 프랑스 17대 프랑스 대통령 자크 시라크는 공식적인 자리에서 이렇게 말했다. 단군 성인에 대하여 이렇게 주장했다. "대한민국은 위대한 나라입니다. 다른 나라는 혼란할 때 성인이 나왔으나 대한민국은 아예 성인이 나라를 세웠습니다."

세계적인 석학이며 철학자인 하이데거가 프랑스를 방문한 서울대 철학과 박종홍 교수를 초대하여 이렇게 말했다. "내가 당신을 초대한 이유는 당신이 한국 사람이기 때문입니다. 내가 유명해진 철학사상은 바로 동양의 무(無) 사상인데, 동양학을 공부하던 중, 아시아의 위대한 문명의 발상지는 한국이라는 사실을 알게 되었습니다. 그리고 세계 역사상 가장 완전무결한 평화적인 정치를 2천년이 넘는 장구한 세월 동안 아시아 대륙을 통치한 단군시대가 있었음을 압니다." 그러나 아쉬운 것은 천부경이 우주와 생명체, 인류의 존재와 실체를 포함하고 있는데, 제대로 된 해석을 볼 수 없으니 도와달라는 하이데거의 요청에 한국인이면서 서양철학을 공부한 철학자는 답변할 수가 없었다.

인류 최초 인류문명의 발생지인 발해만의 배달민족의 문명은 서쪽으로 전파되어 세계 4대 문명 발생지로 알려진 지역으로 가서 각기 지역 특성에 맞게 발전되어 갔으며, 계속 서쪽으로 전파된 문명 이동학설이 세계학계에서 정설로 인정되고 있는 문명 서진설이 있다. 서쪽으로 유럽과 아프리카를 지나 아메리카의 원주민인 인디언과 알라스카의 에스키모, 러시아를 한 바퀴를 돌아서 다시 근대사에 기록되기 시작한 문명이 칭기즈칸 시대(AD 1,206-1,234) 로 몽고문명이 대륙을 점령한 것이다.

그 결과 인디언들이 아기를 업고 앞에 가는 사람을 부를 때 '여보'라고 부르며 선조가 서쪽에서 통나무배를 타고 건너 왔다고 말한다. 몽고에서 아빠를 '아바'라고 부르며, 중국에는 없는 온돌을 사용하며 우리와 유사한 얼굴 형태를 가진 소수민족을 중국 남부와 몽고에 가면 만날 수 있다.

문명은 더 서진하여 14세기와 15세기 프랑스의 르네상스 시대가 개막되고 구라파에서의 예술, 문학, 학문 등의 부흥이 일어나게 된다. 1492년 콜럼버스의 신대륙 발견 이후 약 500년 넘게 지구를 지배해 왔던 것은 서양으로 15~16세기 포르투칼과 스페인이 해양시대를 꽃피우게 된다. 영국의 산업 혁명은 1733년 존 케이가 '나는 북'이란 면직기를 만든 후, 1769년 아크라이트가 수력 면직기를, 1779년 크럼프턴이 물 방적기, 그리고 1791년 카트라이트가 역직기를 발명하면서, 증기기관으로 대량생산 대량소비 문명이 시작된다.

서구문명은 더 서진하여 18세기 미국의 꿈이 실현되어 아메리카 신드롬을 형성하였고, 강대국이 세계질서를 장악하게 되었다. 이어서 일본의 소니시대와 1964년 동경올림픽 등 문명은 아시아로 서진하여, 1988년 서울올림픽과 한강의 기적으로 문명이 꽃을 피운 후에, 2008년 중국 베이징 올림픽으로 대륙으로 문명이 이동하였다. 현재는 베트남, 태국, 인도 등으로 이동을 계속하며 서진 중이다.

이렇게 해서 2012년에 마야달력의 한 주기가 끝나고, 후천·상생시대가 시작되었으며, 선후천 에너지의 하강과 상승의 교차 중첩되는 3년의 과도기와 2016년의 정점을 지나서 2017년부터 후천시대의 새로운 에너지가 우세한 시간대로 접어들고 있다. 이에 따라 지구촌의 자연과 인류의 의식에너지가 진화와 수렴으로 양분되는 어두움과 소멸, 밝음과 진화의 길로 재편되는 소란과 다툼 대립의 정화과정을 겪고 있는 중이다.

이를 반영하는 사건들이 천재지변과 전염병 이외에도 IS의 테러와 영국의 유럽연합 EU를 탈퇴한 브렉시트, 일본의 우경화, 한국의 부정부패와 탄핵, 가진 자의 갑질에 대한 미투운동을 시작으로 하는 사회정화와 남북 분단의 종식, 미국의 백인 우월주의와 미국 우선주의 그리고, 중국의 중화 우선주의 등이 진행 중에 있다.

이와 같이 문명 서진 현상이 몇 주기를 반복하고 다시 문명의 발달과는 역행 하는듯한 인류 의식수준은 후천시대로의 새로운 세상으로 전환되기 위한 과도기일 뿐이다. 이와 관련하여 인류의 의식 에너지를 향상시킬 수 있는 심신수련법과 새로운 명상법을 추구하는 수련과 연구자의 입장에서는 1만년이 넘는 유구한 역사와 문화, 창의적 문명을 영위했던 천손민족으로서, 인도의 요가나 위빠사나와 같은 한민족 전통 수련법이 계승되지 않고 있는 현실에 대하여 안타까움과 그 원인에 대하여 의문을 갖게 되었다.

이러한 의문은 20여년 넘게 해소되지 못하고 해답을 찾지 못한 채 다소 긴 탐구시간이 지속되었다. 그러나 이제 선천시대가 마무리 되고 후천시대가 시작되는 때가 되었음인지, 4년 전 어느 날 타의에 의한 유무형의 가진 것 전부를 잃고 일체를 포기한 삶의 밑바닥에서 헤매다가, 먼저 길의 끝에 당도한 선각자를 만나게 되면서 새로운 공부를 시작하게 되었다. 그 과정에서 2003년 출간한 "개 풀 뜯어 먹는 소리(원제:삶과 질병으로부터의 자유)에서 첫 장의 주제로 삼았던, 살아가는가? 살아지는가? 사라지는가?에 일부 수정이 필요한 새로운 원리를 정립하는 계기가 되었다.

15년 전 당시 출간 된 저서의 1장 주제로 삼은 이유는 왜 우리말에서 삶을 그저 산다(living)고 하지 않고 '살아간다(live and going)'고 하는가? 에서 출발 된 것이었다. 세계 여러 나라 언어를 살펴보아도 산다는 말과 간다는 말을 복합명사로 사용하는 민족은 없다. 그렇다면 간다는 말을 함께 사용하는 숨은 이유가 있지 않을까 하는 전제하에 다시 살펴보니, 생을 마치는 죽음에 대해서도 '돌아간다(return and going)'는 형식으로 같은 용법을 사용한다는 사실을 발견하게 되었다. 도대체 어디로 가야하고 간다는 말인가? 의미상으로는 살아서 가는 곳과 죽어서 돌아가는 곳이 다르다는 것을 알 수 있다. 또한 살아가는 것과 살아지는 것, 그리고 사라지는 것의 발음이 같으나 의미가 모두 다르다는 점을 발견하였다. 이 말에서 우리 민족의 전통수련법의 맥을 찾고 있던 저자의 머리에서는 번쩍하는 의식의 도약과 무릎을 치는 탄성이 있었다.

이 세상에 우리가 온 것은 조상과 자신의 카르마를 해결하고 진화하기 위한 목적으로 볼 때, 이를 이루지 못하고 생을 마치면 진화하지 못하고 돌아가시는 것이며, 궁극적인 삶의 목적은 죽어서 요단강을 건너 천국으로 가거나, 해탈의 강을 건너 열반 후에 극락세계에 가는 것이 아니라 바로 살아서 몸을 가지고 예수가 되고, 살아서 부처가 되어서 이 세상을 살아야 한다는 가르침의 지혜였다는 것을 간파하고 나서 감사함과 다행한 마음으로 집필한 책이었다.

그러나 다시 12년의 세월이 지난 2015년 봄 어느 날, 살아간다는 말의 가야 할 곳이 예수님이 계시고 부처님이 계신 곳이 아니라는 것을 알게 되는 깨달음의 계기가 있었다. 상극의 에너지가 하강을 시작하고 상생의 지구 에너지가 시작되는 시점에서 기다리던 자에게 우선되는 혜택의 기회인 셈이다. 이때부터 이 수련법의 근원을 찾기 위하여 다시 천손민족으로서의 한민족의 시조인 환인 환웅 천제의 건국이념과 백성을 가르친 경전으로서 활용된 민족의 경전을 탐색하게 되었고, 관련된 경전의 기록을 요약하면 다음과 같다.

살아서 완성하기 위한 수련과정에서는 우리 몸과 마음이 격암유록(格庵遺錄)의 양백(兩白)의 의미와 같이 몸과 마음이 모두 맑고 깨끗하게 정화되어서 진정으로 투명한 사람이 되고, 모든 죄와 악업을 여의고 이겨서 마침내 명당인 십승지(十乘地)가 아니라 자신을 이겨서 그친 십승지(十乘止)의 경지가 될 때, 신인합일(神人合一)이 가능하다는 것을 알 수가 있다. 그러나 여기까지는 수련계의 일반적인 가르침과 큰 차이점이 없다.

문제는 신인합일에서의 신에 대한 정의가 중요한 핵심이 된다. 다음 도표. 홉킨스 의식 에너지 수준과 신성, 인간성 비교와 같이, 에고와 개체의식을 가지고 있는 의식 에너지 200이하의 존재는 대부분의 권력자와 금력의 소유자이거나 환자 치유 능력자들에서 볼 수 있는 사례와 같이 그 사회적 욕구를 넘어서지 못하기 때문에 성장과 진화의 한계가 있어서, 종국에는 권력자가 추락하거나 기업의 도산 또는 본인이 다른 질병으로 생을 마감하는 한계가 나타나게 되어 있다.

　의식 에너지가 모든 죄와 악을 여의고 정화되지 못하여 인간적인 요소를 남긴 채 욕망을 가지게 되면 유유상종의 끌어당김의 원리에 의해서 본인의 의지와는 무관하게 낮은 의식 에너지와 연결되게 되는 것이다. 따라서 의식 에너지 500을 넘어서 자기의식이 없고 인류를 위한 홍익인간과 전체의식으로 거듭난 성현 이상의 에너지와 합일해야 하는 것이 중요한 명제가 된다.

표1-1. 홉킨스의 의식에너지와 신성과 인간성의 비교

Stage	Level	Goal	Maslow
3단계 (500 이상)	신 성 (Godhood)	깨달음 사랑 (500~1,000)	자아실현 존경의 욕구
2단계 (200 이상)	인간성 (Humanity)	이성 자존심 (175~400)	소속과 사회적 욕구
1단계 (200 이하)	본능적 (Instincts)	분노 수치심 (20~150)	안전의 욕구 생리적 욕구

이와 같은 우주의식과 높은 에너지 준위에 도달하는 것을 동양에서는 신선이 되거나 신인합일의 깨달음으로 표현하였고, 서양철학에서는 칼융의 집단무의식과 같이 순수의식, 각성이나 트랜스퍼스널(transpersnal)과 같이 서로 다르게 호칭하고 표현했을 뿐 다르지 않다는 것을 알 수 있다. 이러한 사상과 표현의 예는 우리 민족과 선조의 발자취에서도 찾을 수 있다. 성현 이상의 높은 에너지를 가진 순수의식이 나없음을 완성한 존재에게 와서 신인합일이 되는 경지를, 동학의 창시자인 수운 최제우 선생은 『하나님을 내 안에 모신다』는 시천주(侍天主) 사상을 주창하였고, 2세 해월 최시형 선생은 『사람을 하나님같이 섬기라』는 사인여천(事人如天)을 거쳐서, 3세 의암 손병희 선생이 개명한 천도교에서는 『사람이 하늘이다』고 하는 인내천(人乃天)을 천명한 것으로 여겨진다.

더구나 이와 같은 신인합일의 가르침과 수련법에 대한 내용까지 한민족의 경전에서 찾을 수 있는 것이며, 바로 배달국의 시조이신 환웅 천제께서 신시(神市)를 여실 때 개국이념인 일신강충(一神降衷), 성통광명(性通光明), 재세이화(在世理化), 홍익인간(弘益人間)에 함축되어 있다.

이는 단계적인 수련 과정인 일신강충으로 성통광명이 되는 보다 구체적인 수련법으로서 해월선생의 사인여천이 있으며, 수련의 완성 이후 행동강령인 재세이화와 홍익인간으로 구성되어 있으나, 핵심은 근원으로서 일신강충과 성통광명이며, 다시 이를 이루기 위한 전제조건으로서 심신영 통합정화가 있다.

또한 천부경(天符經)과 3.1신고(三.一 神誥) 환단고기(桓檀古記)에서 1은 하나이며 존칭으로 하나님이니, 일신강충은『하나님이 내 속마음에 내려오시어』로 해석되며, 성통광명에서 광명은 태양으로부터 오는 것이고, 태양은 하나님의 나타남이니,『너의 본성이 하나님과 하나 되어 밝은 빛이 되어서』조화(造化), 교화(敎化), 치화(治化)의 삼신사상을 지상에 구현하고, 인간세계를 널리 이롭게 하라는 사상으로 세계에서 유일무이한 천손민족의 이상적인 건국이념으로 해석된다.

이를 다시 요약하면 재세이화 홍익인간의 전제조건으로서 일신강충과 성통광명은『하나님을 내 안에 모신다』는 시천주 동학사상과『사람이 하늘이다』고 하는 인내천의 천도 교리와 일맥상통하고 있다, 이어서 천부경에서 마지막 결론으로 제시하고 있는 본심본태양앙명 인중천지일(本心本太陽仰明 人中天地一)도 신인합일과 피동적인 삶으로서, 살아지는 것이 아니라 일신강충, 성통광명과 같은 의미의 결론을 맺고 있어서,『살아 간다』와『살아서 가야 한다』는 능동적인 우리말의 가르침이 한민족의 전통 심신수련의 목적과 부합되고 있는 것이다.

이러한 일관성 있는 사상과 문헌의 기록은 천부경이 어려운 한자로 전승되어 온 것이 아니고, 말로 구전되어 오다가 환웅께서 신시(神市)를 개국한 후에 녹도문(鹿圖文)으로 기록케 하였다. 삼국유사(三國遺事)에는 환웅께서 천하에 뜻을 품고 아버지 환인으로부터 천부인(天符印) 3개를 받아서 무리 3천을 이끌고 천강(天降)하여 신시를 개국하였다고 기록되어 있다. 천부경은 백성의 가르침의 경전으로 사용되었던 것을, 사관인 신지(神誌) 혁덕(赫德)을 시켜서 신

시의 비문에 한글의 원형인 가림토(可臨土)[05]로 하나에서 열까지의 신지 녹도
전자(神誌 鹿圖篆字)[06]16자로 새긴 것이 진본 천부경이며, 이를 통일 신라시대
최치원 선생이 한자로 번역하여, 다시 고쳐서 갱부작첩(更復作帖)한 것이거나,
진본 천부경의 예찬시가 한자 천부경으로 전래된 것이라는 학설이 백성을 가

---

05 가림토(神誌 鹿圖篆字)

환단고기, 단군세기에는 단군 3세 가륵 임금 때인 B.C. 2181년에 "삼랑(三郎) 을보륵(乙普勒)에
게 명하여 정음 38자를 만들게 하니 이것이 '가림토(加臨土)'이다"는 기록이 나온다. 그리고 『단
기고사』에는 단군조선 개국 초기에 만들어진 가림토 문자가 그 후 혁덕의 제자인 창힐에 의해서
중국의 한자의 원형이 되고 동남아시아와 이집트, 한반도에서 한글의 창제의 근원이 되는 등 어
떻게 발전하면서 문명의 역사를 열어갔는지 보여주고 있다. 1세 환웅께서 신지 혁덕에게 문자를
만들라고 명하시자, 천황의 특명을 받은 신지 혁덕[神誌 赫德]은 암사슴을 사냥하다가 모래밭 위
에 찍혀 있는 그 발자국을 보고 녹도문(鹿圖文)을 만들었다.

입으로만 전해져 오던 천부경은 신시의 신지 혁덕에 의해 최초로 사슴의 발자국과 붑의 형상을
따서 만든 녹도 문자로 작성이 되었다. 혁덕은 신시시대 1세 환웅인 거발한 환웅의 서계(書契)를
만들던 사관(史官)이었던 신지였다. 신지는 단군시대의 천황의 명령을 전하고 출납의 임무를 전
담하다가 혁덕 이후 기록을 담당했던 관직인 벼슬의 이름이다.

06 신지녹도전자(神誌 鹿圖篆字)

환웅(桓雄)은 신시(神市) 개국 시에 하느님으로부터 말씀으로 물
려받은(口傳之書) 천부경을 잊지 않으려고 아침저녁으로 그 무리
들과 함께 외웠고, 또 그 후손들에게도 대대손손 아기가 태어나 말
을 배우면 그것부터 외우게 하였는데, 이렇게 자주 외우다 보니 이
것이 우리의 숫자 '하나, 둘, 셋... 열'의 실체(實體)가 되었고, 그 후
환웅의 신하이던 신지(神誌)가 이것을 신시의 비문에 기록하였는
데, 당시 글자가 없어서 사냥터에서 본 사슴의 발자국을 보고 응
용하여 만든 글자 녹도문(鹿圖文) 16자로 적었다고 해서 신지녹
도전자라고 일컫는다.

이 글자의 원형은 후에 3세 단군의 신하 삼시랑 을보륵에 의하여
가림다(加臨多) 혹은 가림토(可臨土)로 불리는 원시 한글의 원형
이 되었다, 이것이 일본으로 건너가 신대문자(神代文字)가 되었으며, 신지의 제자이며 한자의 시

「영변지」의 신지록

르치던, 쉬운 글과 말의 일관성이라는 견지에서 타당성의 무게가 실리고 있다.

이에 따라 본 저서에서는 4 well의 조건을 충족함에 있어서, 개인 한 사람으로서 분리된 한계성을 극복하고, 지구촌의 공동체로서 공존과 상생을 목표로 하기 때문에, 그 기본 사상과 원리를 천손민족으로서 환국의 시조이신 환웅천제가 신시를 열 때의 개국이념으로서 일신강충,성통광명으로 구성된 단계적인 교육과 수련과정을 과학적으로 체계화하여 그 근간으로 구성되어 있다. 또한 이러한 수련과정의 완성 이후 행동강령인 재세이화와 홍익인간의 세상, 후천시대 상생의 세상을 죽어서 영적으로 이루는 것이 아니라, 살아서 여기 3차원의 지구별 위에서 실현할 수 있는 구체적이고 현실적인 방법론을 함께 찾아가는 시도이며, 실천해 가는 공동체의 삶을 목표로 하고 있다.

핵심은 우리의 삶이 무엇이 되었는가 하는 결과보다는 그 과정에서 어떻게 살았는가에 중요성이 있는 것처럼, 이 수련법도 원리와 체계만이 아니라 우리의 일상생활에서 누구나 실천하고 함께 살아가는, 살아서 이루어가는 과정에 있다고 볼 수 있다.

조인 창힐(倉頡)에 의해서 중국으로 건너가 원시한자의 금문(金文)이 되었다.

중동지역으로는 수메르 문명으로 유입되어 쐐기문자의 모체가 되었는가 하면, 이것이 다시 인도로 건너가 현재의 구자라트 지방의 부라미 문자의 원형이 된 것으로 연구되고 있다. 따라서 인류 최초의 문자였던 신지녹도전자는 신시의 비문에 묻혀 있다가, 4천여 년이 지난 후에 신라 말 구원 최치원 선생에 의해서 발견되고, 고원선생이 이것으로 시첩(詩帖)을 만들어 갱부작첩(更復作帖)한 것이 현재의 한자 천부경이라는 연구결과와 주장이 있다. (천부경 학술대회에서 구길수 선생 발표 자료에서 발췌 함)

7. 웰빙을 위한 몸 정화 프로그램

Part 1 Well Being의 조건과 몸의 정화

전술한 환경과 면역력에서 그 영향력이 지대함을 살펴본 바와 같이 다양한 환경요소와 개체 간에 상호 영향력을 미치며, 한 사람의 삶의 질과 색깔을 결정짓는 요인으로 작용하고 있다. 그렇다고 이민과 같은 방법으로 지역과 국가를 모두가 선택할 수는 없는 것이고, 부모와 형제, 출신학교, 직업, 직장을 쉽게 선택할 수도 없는 일이다. 더구나 다양한 환경적 요소에 의해서 이미 한 사람의 신체와 정신에 내재된 오염물질과 경험, 기억과 감정들, 신념과 가치관, 트라 우마와 달란트, 카르마와 영계의 작용 등을 그대로 간직하고 축적한 채 한 생을 살기에는 질병과 고통, 부딪힘과 장애가 너무나도 크다.

이러한 문제를 해결하지 않고서 웰빙의 전제조건을 만족시킬 수는 없는 것이다. 그렇다면 이러한 상황을 벗어날 수 없다면 최소한 개선할 수 있는 방법은 무엇일까? 자신의 노력이나 타인의 도움으로 몸과 마음에 축적된 부정적인 퇴적물들 그리고 쓰레기 같은 마음과 기억, 감정의 잔재들을 버리고 지우며, 해독하고, 배출하는 방법은 없는 것인가? 신체와 의식에 부정적으로 작용하는 요소들을 모두 제거하여 면역력을 증가시키고, 자연건강과 순리에 따라 청정한 자연과 우주의 순리에 따르는 삶을 살 수 있는 방법은 없는 것인가? 회피나 선택이 불가하다면 우리가 할 수 있는 것은 축적된 위해요소의 부정적 요소를 해독하여 배출하는 정화요법을 고려해야 한다. 이런 목적으로 중금속과 오염물질을 정화시킬 뿐만 아니라 몸과 마음까지도 정화시키는 방법으로서 심신영정화(MBSP, Mind Body Spirit Purify) 수련법이 있다.

현대인의 먹을거리는 토양의 오염과 제초제. 농약, 방부제과 색소, 위해성 첨가물 등으로 살아 있는 자연식품과는 거리가 멀다. 실제로 필요한 영양과 미량원소는 부족하고 체내에 축적되어 있는 독소와 중금속, 환경호르몬제, 방사능까지 유해물질이 너무 많다. 이것이 성인보다 청소년에서 소아당뇨와 소아비만, 간경화, 아토피 등 만성질환의 원인이 될 뿐만 아니라, 발달장애와 성격장애, 감정의 유발과 흥분을 억제하지 못하는 분노조절장애에 의한 범죄와 ADHD, 조현병과 이유 없는 우울증과 자살로 이어지는 사회문제의 숨은 원인이 되고 있는 것이다.

따라서 이러한 현상은 개인의 성격이나 기질, 사회적 경향으로 분류하면서 본인과 가족, 사회와 정부가 해결해야할 문제로 인식하지 않고 방치하고 있다는 것이 문제를 더 심각하게 하는 요인이 되고 있다. 이에 더하여 사회적 경제적으로 능력이 있거나 건강 염려증이 있는 사람은 건강을 챙긴다고 몸에 좋다는 것은 분별없이 마구 먹지만, 몸에 좋다는 것은 대부분 기운을 위로 올리는 자양강장제가 주류를 이룬다.

대표적인 식품이 인삼과 보약, 건강보조식품이 여기에 속한다. 그래서 한방에서는 예부터 상기된 사람에게 인삼과 보약 처방은 금기로 되어 있다. 그런데 문제는 이 자양강장제가 동의보감에서 언급하고 있는 상기와 증열(蒸熱,끓어오름, 스트레스) 상태를 더 악화시킨다는데 있다. 그래서 결국에는 뇌의 모세혈관이 터지게 되는 것이고 이를 뇌출혈, 중풍이라고 부른다. 아이러니 한 것은 엥겔지수가 높거나 중산층 이하인 사람들, 또는 잘 챙겨먹지 못하는 가난한 사람들에게는 뇌출혈과 뇌졸중의 발병률이 적다는 것이 바로 이러한 발병 메커니즘을 뒷받침하고 있는 근거가 된다.

1970년 이전 인스턴트식품과 정크 푸드, 육류소비가 적던 시절이 지나고, 고기만으로 한 끼 식사를 끝내는 현대인들은 영양이 부족하다기보다는 편중되어 있고, 오히려 동의보감에서 사기(邪氣)로 표현하고 있는 독소와 중금속, 노폐물이 체내에 축적되어 있다는 주장이 타당해진다. 이렇게 되면 심신일여(心身一如)라 그런 몸을 가진 사람의 마음상태도 상생과 조화보다는 이기심과 끝없는 욕망으로 나타나서, 심신 양면으로 더욱 악화되어 암으로 발현될 가능성이 커지는 것이다. 이것이 동의보감에서 언급한 악창이고 현대의학과 한의학이 한계를 나타내고 있는 현대인들의 건강과 질병에 관한 현재 상황이다.

국내외의 많은 관련 연구결과와 사례분석에서 체내에 축적된 독소와 중금속, 호르몬제가 신체적 정신적으로, 질병과 감정제어, 성격에 지대한 영향을 미친다는 사실은 분명하다. 그러나 현재 상황에서 토양과 농법을 바꾸고, 농업인과 유통인들의 가치관까지를 일시에 변화시킬 수는 없다. 그렇다면 우리는 체내에 축적되는 독소와 중금속을 해독하고 배출하는 방법을 강구해야만 한다.

이렇게 몸과 마음이 정화되고 나면 이제 몸이 가벼워지고 마음에는 여유가 생긴다. 마음에 여유가 있으니 그 사람의 얼굴은 이제 미소와 웃음으로 바뀐다. 욕심도 분수와 절제가 따르게 되어 순리로 살게 된다. 그래서 질병도 없다. 자율신경계에 세포 스트레스 요인이 해소되어서 항상성을 유지하는 완벽한 면역시스템이 가동될 수 있기 때문이다. 음식도 몸이 알아서 맛에 의존하지 않고 필요한 것은 섭취하고 불필요한 것은 거부하게 되어 자연식품 위주로 식성과 습관이 바뀐다. 유해물질과 바이러스에 대한 면역력과 친화력이 생겨서 바이러스가 피해가거나 감염되어도 바로 내성과 항체를 발생시키고 물러난다. 모든 것이 순리로 돌아가게 되는 것이다.

세계보건기구의 건강에 대한 정의와 헌장 내용은 몸과 마음, 정신과 사회, 생태계의 건강뿐만 아니라 영적으로도 건강해야 한다고 명시하고 있는 것처럼, 우리도 건강하기 위해서는 오염된 체내의 중금속을 분해 해독하여, 세포 스트레스를 막아야 한다. 또한 신체적 면역력도 병원균이나 유해물질 이외에도 스트레스나 고생스런 생활 또는 화와 같은 감정유발과 다양한 자극에 대한 반작용과 대응은 사람마다 그 내성과 면역력에 따라 상대적 차이를 나타내고 있다. 따라서 심신통합면역 증강법에서는 면역과 면역력에 대한 대상과 범위를 현대의학의 입장과 같이, 외부에서 침입하는 병원체에 대한 방어체계에 한정시키지 않는다. 병원체와 유해물질에 대한 세포 수준의 방어체계뿐만 아니라, 신체와 정신에 가해지는 모든 자극에 대한 내성과 수용 및 저항성을 포함한 반응의 정도와 반작용의 강도, 행위와 감정 등 심신에 영향을 미치는 통합적 면역증강을 목표로 하는 프로그램이다.

인간의 건강을 지키기 위한 세계 의료 패러다임의 변화는 20세기 말경인 1997년부터 그동안 현대의학과 동양의학, 서양의학과 중의학 중심이던 의료체계가 성인병과 난치성 질환 대처에 한계를 느끼고, 현대의학 중심에서 동양의학을 빌려오면서 대체의학으로 이름을 만들고 CAM(Complementary and Alternative Medicine : 보완대체의학)을 설립하여 막대한 연구비를 투자하고 있고, 학계에서도 유수한 대학들이 경쟁적으로 교과과정을 개편하여 의과대학 필수과목으로 대체의학 과목을 신설하고, 대체의학연구소를 설립하여 기초연구를 시작하면서부터 전 세계로 파급되고 있으나, 면역만은 심신통합 개념이 없고 아직도 바이러스와 같은 항원과 항체 중심의 면역 체계를 고수하고 있다.

또한 서양의학보다 수천 년을 앞서 의료체계를 확립하여 전통을 이어온 각국의 전통의학과 민간의술, 특히 동양의학을 대표하던 중의학의 입장에서 실제로 동양의학과 각국의 전통의학을 통합시킨 대체의학의 의료체계를 대신한다는 의미를 가진 명칭에 반발을 하자 학계에서부터 보완의학이나 동서의학, 통합의학으로 용어의 변경이 있어왔다. 지금은 에너지의학과 심신의학, 전일의학으로 의료체계가 변화되고 있는 중이다. 진보되고 있는 내용 중에는 1997년 미국의 FDA가 침구요법을 정식 진료수단으로 인정하고 있으며, 전 세계 의료선진국 의료진들의 대체의학 처방률이 일반처방과 비교하여 현재 60%를 넘고 있다는 사실이다.

이러한 변화의 핵심에는 인류문명이 그동안 20세기 산업화, 21세기 정보화, 고령화에 들어서면서 지구환경 변화와 토양, 수질, 대기오염, 산업재해 등으로 총체적으로 생태계의 교란과 파괴가 되고 있다. 여기에 기술제국주의와 자본주의의 한계가 표면화되면서 자본주의의 몰락이 예고되고 있고, 국가 간 종교 간 인종 간 갈등과 전쟁, 에너지 문제, 식량파동, 핵전쟁, 테러와의 전쟁, 비만과의 전쟁, 백신이 없는 전염병과의 전쟁, 지구 기상재해 등의 사회적 스트레스가 급증하면서 인류의 심신건강을 위협하고 있는 상황이기 때문이다.

또한 암과 난치성 질환, 성인병, 신종 전염병, 가축의 전염병은 물론 고혈압과 중풍 치매 등의 노인성 질환 심지어 비만과 감기까지 인체와 생명을 조작 가능한 물질로 보는 현대의학 중심의 의료체계는 한계를 나타내고 있어서, 이제 의사와 의료원, 의료기술 중심으로 구축되어 있는 의료체계가 환자 중심으로 자연치유와 예방의학, 자연의학, 전일의학으로 전 세계 의료패러다임이 진화하고 있는 것이다.

보건정책은 약사가 세우고 의사는 국가의료보험의 최대 수혜자로 안주하면서 대체의학이나 통합의학, 심신의학은 고사하고 생체공학, 에너지의학, 전일의학, 의공학과 생체공학 교과목도 배우지 않는다. 그러면서 우리나라 병원의 항생제 처방률은 59.2%로 세계에서 가장 항생제를 많이 쓰는 나라이다. 이런 원인으로 항생제 내성률도 1980년대 10%에서 지난 20년간 7~8배가 급증하여 항생제를 써도 70%~80%는 효과가 없는 것으로 건강보험심사평가원의 조사에서도 나타났다. 의료 선진국 수술실에서는 필수전문가 3인인 의사, 마취사, 의공학사가 참여하는데 우리는 방사선기사가 대신하게 하는 수익 우선의 의료체계를 그대로 한 채 의료 선진화와 해외 의료관광을 추진하고 있다.

우리 몸을 지키는 방어와 면역력 또한 단지 바이러스와 박테리아만이 대상이 아니다, 온도와 습도, 소음, 지자기, 수맥, 전자파, 공해물질 등 외부환경의 자극에 항상성을 지키는 내성이 있어야 하며, 실패와 고통, 가난과 결핍에도 견딜 수 있는 내성과 정신력이 있어야 한다. 그런데 우리는 에어컨 속에서 땀을 흘리지 않고, 여름을 보내며, 손발이 시려보지 않고 겨울을 난다. 세포수준에서는 계절이 없어진 것이다.

그래서 외부 자극에 대한 방어력이 약할 수밖에 없다. 여름 땡볕에 그을리면서 놀고, 한겨울에 손발이 꽁꽁 얼면서 자란 아이들은 어지간한 감기쯤은 걸리지 않는다. 그러나 태어나 어머니 젖이 아닌 소젖이나 먹고, 혹시 찬바람 한번 쪼일까 단열이 잘된 주택에서 성장한 아이는 매년 감기에다 배탈이 난다. 사계절이 분명한 한반도의 감성을 스스로 버리고 있는 것이다. 여름내 에어컨 속에서 산 사람은 그 해 반드시 감기몸살에 걸려서 고생을 하고 관절이 아프며 소화기능이 약해진다. 맵고 짠 음식을 먹어온 한국인은 설사나 이질이 와도 한 끼쯤 굶고 나면 바로 회복이 된다.

그러나 내성이 없는 일본인의 경우에는 이질에 걸리면 사망까지 할 수 있다. 또한 면역과 내성은 상대성이 있다. 열악한 외부환경에 견디지 못하는 사람은 정신적으로도 나약하여 스트레스에 약하고 어려움을 끝까지 극복하지 못한다. 강한 것이 우성이며 우성만이 진화의 길을 가게 되는 것이다.

우리 현대인들은 맛있는 음식과 너무 편리한 생활만을 찾는다. 그러나 육체적으로 해를 줄 정도가 아니라면 대부분의 편리한 것은 건강을 해치거나 최소한 건강에 도움이 되지 않는다. 시골에서 가공하지 않은 식품들을 껍질 채 먹고, 더러는 차고, 뜨겁고, 흙 묻은 먹을거리나 잡곡밥을 맛있게 먹는 어린이들 보다, 방부제와 첨가제, 색소가 든 인스턴트식품과, 자연식품이 아닌 영양보충제로 먹은 합성 비타민 과다증에다 잡곡밥은 이가 아파서 씹을 수 없다면서, 온실 같은 높은 아파트 안에서 흙을 밟아보지 못하고 사는 도시의 어린이들이 아파서 병원에 가는 횟수는 더 많다. 그러니 청소년들을 곱게만 키우면 나약한 성인이 되고, 마마보이나 공주병 딸을 만들게 된다. 노인도 마찬가지여서 실내에만 있지 말고 추위와 더위도 이기고 밖에 나가 젊었을 때의 경험을 살려서 봉사도 하고 사람들과 어울려야 성인병에 내성이 생기고 정신이 활동하니 뇌졸중과 치매도 예방되는 것이다. 예방은 백신 주사만이 아니다. 환경적 자극에도 내성을 갖는 백신이 필요한 것이다.

또한 내성의 제일은 상대의 수용이다. 이기는 것이 아니고 상생이어야 한다. 더우면 더위를 받아들이고, 추우면 추위를 받아들인다. 이열치열의 개념인 것이다. 그리고 그 상대에 대해서는 반대와 적대가 아니고 상생과 공존이어야 한다. 자동차를 처음 만들었을 때 도로보다 강해야 오래갈 것으로 생각하고 금속으로 바퀴를 만들었다. 그러나 얼마가지 못하고 부서졌다. 할 수 없이 고무로 만들면서 마모를 걱정했다. 그러나 모든 도로를 받아주고 수용하는 고무바퀴는 지금까지도 잘 달리고 있다.

우주 진화와 상생의 법칙은 여기에서도 증명이 된다. 건강하고 행복과 성공하기 위해서는 힘든 것을 겪어야 한다. 매연에 숨이 막히고 물에 빠져보지 않은 사람이 공기의 고마움을 모르는 것처럼, 고난을 피하는 사람은 행복 속에 있어도 행복한 줄 모른다. 쓴 것을 먹어본 사람만이 쓴맛을 견딜 수 있고 진정한 물맛과 단맛도 아는 것이다.

이런 식이요법과 식습관의 실천과 함께 병원균인 항원에 대한 항체의 면력뿐만 아니라 신체에 영향을 미치는 오염물질과 전자파, 방사능, 수맥 등의 다양한 물리화학적 위해에 대한 2차 면역과 감정과 스트레스에 대한 내성과 같은 3차면역, 그리고 비평이나 실패와 같은 정신적인 4차 면역을 증강시킴으로서 심신을 아울러 정화시켜야 한다. 여기에는 면역력을 강화시키기 위한 몸 정화를 위한 해독요법(DTBP), 결핍과 초과가 없는 미네랄 조화요법(MHDA), 체온·식이요법, 습관 바꾸기 수련법(TFHT), 6장 6부 감정정화 명상법(OMPM), 12장기 세포회복명상(OCRM)의 5가지 프로그램으로 구성되어 있다.

몸 정화를 위한 해독요법(DTBP)은 유기 게르마늄이 함유된 유기농법으로 직접 재배한 소재를 이용하여 식이요법 교육과 식품으로 일정기간 공급해서 체내 축적된 중금속을 배출해야 한다. 유기 게르마늄과 미네랄 함량을 높일 수 있는 작물에는 씀바귀와 귀리, 쓴메밀, 귀리순과 두릅, 항암 자색고추 등이 양산이 가능한 기술로 확보되어 있다. 결핍과 초과가 없는 미네랄 조화요법(MHT) 또한 해독요법에서 사용하고 있는 유기농산물을 이용하여 정화된 세포와 장기에 요구되고 있는 미량원소 공급을 위한 프로그램으로 진행되어야 하며, 희망자에 한해서는 해독과 미네랄 요법 전후에 DNA 분석을 전문기관에 의뢰한 분석보고서를 제공하여, 프로그램의 효과에 대한 결과를 확인하는 것도 효과적이다.

체온·식이요법, 습관 바꾸기 수련법(TFHT)은 세포정화 프로그램으로 세포 스트레스가 소멸되었다고 해서, 세포에 저장된 습관이 달라진 것은 아니다. 따라서 인체의 중독 현상과 같이 세포가 무의식적 습관성을 나타내기 때문에, 이런 행동양식을 의식적으로 바꿔나가는 노력이 필요하다. 휴식과 이완, 호흡수련 중심으로 구성된 기존의 명상이나 스트레스 감소 프로그램과는 달리 세포 스트레스를 개선하고, 의식전환을 위한 체계적인 교육 프로그램이 지원되어야 한다.

6장6부 장기 감정정화 명상(OMPM)은 본 저서에서 정의한 5장6부를 확장한 개념으로, 오래된 기억은 두뇌에 저장되지 않고, 감정을 주관하는 각 장기에 배속하는 한방이론을 근거로 하고 있다. 그 감정과 연결된 기억을 꺼내어 버림으로 해서 세포기억을 정화하는 프로그램을 통해서 각 장기기억과 세포를 정화하는 원리로 구성되어 있다.

몸의 정화만을 다루거나 의식 정화만을 개별적으로 다루는 기존의 해독 프로그램이나 정적인 명상으로는 쉽지 않은 영역을 단시간에 효과적으로 정화시킬 수 있는 프로그램이 제공되어야 하기 때문에, 12장기와 인체 세포회복 명상(OCRM) 프로그램은 정화된 6장 6부 장기와 장해가 있는 세포를 회복시키는 프로그램으로, 에너지는 의식을 따라서 이동하며, 세포는 개별의식을 가지고 소통이 가능한 대상으로서 개체와 의식 소통을 통하여. 장해요인을 해소하고 회복시키는 명상법이다.

이상과 같이 지금까지 우리는 웰빙과 건강을 달성하기 위하여 몸에 좋은 영양을 공급하고, 스트레스를 해소하면서 운동도 하면 심신의 건강이 유지된다는 것이 일반적인 개념이었지만, 음식을 만들어 그릇에 담기전에는 먼저 그릇부터 깨끗하게 잘 닦아야만 그릇에 담긴 음식을 먹을수 있는 것처럼, 섭취 이전에 청소하고 닦고 비우는 정화작업부터 선행되어야 한다는 논리적 결론이고 실험적 결과인 것이다. 이와 같은 웰빙을 위한 체계와 정화 프로그램은 실험과 뇌파분석 등의 방법으로 검증되어 있으며, 수련자의 체험담과 설문조사, 게재논문으로 검증되어 있다.

이러한 정화요법에 대한 구체적인 방법론과 그 체계구성은 본 저서의주제와 연관되어 있으나, 전체를 상세하게 다루기에는 지면상 한계가 있기 때문에 핵심 내용에 대해서만 설명하였다. 이러한 전체적 정화 프로그램의 구성은 본 저서의 말미에 주석과 찾아보기에서 그 핵심 체계를다시 요약하였으며, 상세한 내용은 명상과 수련법을 중심으로 하는 별도의 단행본으로 출판을 준비하고 있다.

「개구리 하늘 보기」

세상 사람들 우물 안 개구리라
나 혼자서 우물 밖에 나온 줄 알았었네
하늘 천둥소리에 올려다보니
내가 있는 곳이 우물 속이라,

깨어라 버려라
누구와의 싸움인가?
몸과 마음 양백(兩白)이 되고
탐진지 오욕칠정 업습을 벗어내는
십승지(十勝止)는 어디인가?

새벽 닭 울음소리 아랑곳없고
버리고 버리다 지쳐
비몽사몽 나없음에 들었어라
깜작 놀라 다시 깨어
앉은 자리 살펴보니,

버리고 싸우던 그 자리
싸우던 자 오간데 없고
마음 데리고 떠난 자리
나 그대로 있는데,

먼동 햇살에 대지가 깨고
나 없는 빈 가슴에
영롱한 아침 이슬.

Part2
Well Aging의 조건과
마음 정화

1. 당신의 의식수준은 측정 가능하다

Part2 Well Aging의 조건과 마음 정화

우주의 실체는 공(空)에서부터 시작되었고, 공은 무(无)가 아니라 에너지인 생명체 의식이 있음으로 해서 동(動)과 변화가 있게 되어 태극(太極)을 거쳐서 음양이 발생한다. 이 에너지를 원천으로 하여 물질이 생성되고 만물이 존재하게 되니 만상 일체는 에너지 변화의 결과물인 것이다. 이 에너지는 정지하지 않고 끊임없이 변화하는 특성을 가지고 있어서 결국 이 세상에 변화하지 않고 영속하는 것은 아무것도 없다. 그래서 무상(無象 formlessness)이 아니고 무상(無常 mutability)이며, 무작위의 무질서가 아니라 창조와 조화이며 상생(相生)과 무상의 순환(循環)과 진화라는 속성을 갖는다. 지구가 자전과 공전을 하고, 달이 돌고 태양계가 다시 은하 중심을 돌고 계절이 순환하고, 우리 삶도 계절과 같이 순환한다면, 우리 인생이 흔히 어디서 왔다가 어디로 가는가 하는 숙제와 어떻게 살아야 하는지, 이번 생에 몸과 마음 영성의 진화를 이루어내야 하는 명제가 분명해 진다.

우주 만상은 에너지 변화과정의 물리적 결과물인 것이어서, 유무와 존재의 실체는 인간 감각기관의 한계에서 오는 주관일 뿐이다. 액체인 물에서 온도 에너지를 빼앗으면 고체인 얼음이 되고, 에너지를 더하면 수증기로 변해서 우리 눈에 보이지 않게 된 것이지 없어진 것이 아니다. 액체인 기름을 태워서 가스로 변한 팽창 에너지로 자동차가 주행 하였고, 휘발유는 가스로 변하여 대기 중에 흩어진 것이지 없어진 것이 아니다.

사람이 나고 죽어도 큰 산불이 나서 나무가 없어져도 지구의 전체 분자량에는 변함이 없다. 그래서 생도 멸도 없고, 깨끗함도 더러움도 없고, 늘어나지도 줄지도 않는다고 반야심경(般若心經)이 설하고 있는 것이다. 이러한 진리는 현대과학과도 상반됨이 없어서, 에너지는 발생하거나 소멸하는 일 없이 열, 전기, 자기, 빛, 역학적 에너지 등 그 형태가 바뀌어도 총량은 일정하다는 물리학의 가장 기본적인 법칙의 하나로 열역학 제1법칙인 에너지 보존의 법칙이 있다.

따라서 이러한 물리법칙이 적용되는 지구 안에서 어떤 일을 하거나 작용을 일으키기 위해서는 반드시 에너지를 수반하게 되며, 그 에너지는 물리화학적 에너지나 기(氣)에너지, 정신과 의식 에너지나 권력과 금력까지도 작용의 결과가 있는 모든 유형 무형을 포함하여 모두 에너지인 것이다. 또한 우주에 존재하는 일체의 에너지는 그 특성에 따라 스칼라(scalar)와 벡터(vector) 에너지로 구분된다. 스칼라량은 무게나 속력, 온도와 같이 에너지의 크기만을 가지고 있는 물리량이며, 벡터량은 힘이나 속도 가속도와 같이 크기와 방향을 함께 가진 에너지이다.

또한 근래 보완통합의학의 기반인 에너지의학과 심신의학도 인체의 의식 에너지의 부조화와 조화로의 회복을 그 원천으로 하고 있다. 따라서 심신수련은 의식 에너지의 증가와 그 에너지의 크기와 함께 그 에너지의 성질을 고려한 방법론이 핵심이 되어야 한다. 그러나 많은 방법들이 의식 에너지로서 스칼라 에너지 크기를 증가시키고 있으나, 벡터 에너지로서의 방향성 즉 수련자의 수련 목적과 동기가 개체의식을 벗어나 전체의식을 향하고 있지 않다.

남보다 큰 에너지를 가지고 질병치료나 이기적 개체의식 수준에서 어떤 일을 하게 되면 한계를 나타내게 되어 있다. 많은 선각자들 또한 달을 가리키는 손가락처럼 달에 가는 구체적인 방법에 대해서는 언급이 없이 달이 저기 있으니 가면 된다고 주장하고, 수련자는 달에 직접 가는 원리의 실천보다는 달을 가리키는 손가락만을 보면서 눈을 감고 앉아서 이루어지기를 기다리고 있다.

이에 따라 우리는 이제 의식혁명이라는 용어처럼 새로운 시도가 필요한 것이며, 에너지로서의 의식 에너지의 특성을 분석하고 의식 에너지를 정화시키고 고양시키기 위한 방법론으로서 에너지 작용의 방향성에 관하여 고찰의 필요성이 있다. 60일이 걸리던 세계일주가 안방에서 실시간으로 이루어지는 21세기 후천시대에 맞는 과학적이고 체계적인 수련법이라는 탈것을 타고서, 평생을 길 위서 길을 찾는 방식이 아니라 길의 끝에 도달하는 완성으로 새로운 차원으로 진화하는 때가 도래한 것이다.

심신의학은 의식과 신체가 상호 가역적 상호관계를 가지고 작용하는 원리에 근거를 두고 있다. 심신 상호작용의 기전[07]은 인체에 대한 의식

07 심신상호 작용기전(Mind-Body Interaction Mechanism)

마음과 몸의 관계는 보이는 물질과 보이지 않는 마음과의 관계이며, 그 동안 과학은 마음 을 측정 가능한 연구대상으로 삼지 않았다. 그러나 소립자를 연구하는 물리학자들의 실험결과가 실험에 참가하는 실험자의 의식에 의해서 영향을 받는 결과에 대하여, 물질로 보지 않는 마음과 의식을 설명하는데 고심하게 되었다. 여기에 도입한 개념이 기존의 고전역학에서 설명할 수 없는 소립자 이하의 영역을 다룰 수 있는 양자역학(Quantum mechanics)개념이다.

양자라는 이름은 플랑크(M. Planck, 1858-1947)의 흑체복사 이론에서 따왔으며, 개수를 셀 수 있는 빛과 물질의 기본 단위를 양자(quantum)이라고 불렀다. 고전역학에서는 물리계가 입자들의 모임으로 기술되었고 이들의 위치와 속도(또는 운동량)이 상호작용에 따라 어떻게 변하는가를 알면 물리계를 이해한 것으로 간주하였다.

그러나 원자 크기보다 작은 미시세계를 관측한 결과 고전역학 기술이 옳지 않다는 것을 알게 되었다. 하이젠베르크(W. Heisenberg, 1901-1976)는 이를 증명하기 위하여, 위치와 운동량을 동시에 알 수 있는 한계를 정량화한 하이젠베르크의 불확정성원리를 발표하게 되었다. 양자역학은 이제 미시세계뿐 아니라 고전역학을 완전히 포함하는 더 일반적인 이론이 되었다.

원자 크기 이하의 물리 대상, 가령 전자를 관측하면, 고전역학의 입자나 파동 기술이 들어맞지 않는다. 흑체복사, 이중슬릿 실험이나 콤프턴효과 등을 고전역학으로 이해할 수 없게 된 것이다. 전자를 관측하는 도구를 통하여 측정하면 전자의 위치가 완전히 국소화 되어 정해지나, 측정 이전에는 파동의 성질인 간섭이나 회절을 갖는 성질이지만, 일단 측정하면 입자의 성질이 나타나지 때문이다. 따라서 전자를 입자나 파동으로 보는 것이 아니라 현재는 두 개념을 조화하여 이해하는 상보성 원리(complementary principle)가 정립되었다.

이와 같이 물질과 비물질인 입자와 파동의 관계를 통합적으로 해석하는 양자역학 개념을 물질과 마음으로 이루어진 인체와 의학에 접목하여, 몸과 마음의 상호관계를 설명하고 있는 개념이 양자

에너지의 작용이며, 의식 에너지 발현은 다시 인체 세포와 조직, 장기에 상호 가역적 작용으로 이어진다. 이러한 분자생물학과 전기생리학적 작용기전은 의식 에너지가 수용체 분자로 변화되어 세포에 각인되고, 수용체 분자의 변화는 체내 물질의 결합에 의해 생성되는 세포막 이온과 세포주위의 전자기를 변화시킨다. 이렇게 변화된 전자기는 결국 신경계와 면역계, 위장관, 임파선, 근육과 피부 등의 전신에 확장되어 생리작용의 결과로 나타나게 되는 것이다.

이와 같이 물리법칙이 적용되는 지구 안에서 존재하고 발생하는 일체의 작용과 반작용은 반드시 에너지를 수반하게 되고, 에너지 작용이 없이는 아무 일도 일어날 수 없다. 어떤 일을 이루거나 작용을 일으키기 위해서는 반드시 에너지가 필요하게 되며, 에너지(Power)는 현실 속에서 힘(Force)으로 나타나게 된다. 인체가 말을 하고 행동하고 생각하고 호흡과 쉬지 않는 심장의 박동에도 생체에너지가 필요하며, 자동차가 가

의학(Quantum medicine)이다. 따라서 마음을 다루는 전문의학의 영역이라기보다는 분자생물학과 전기생리학으로 설명이 어려운 영역을 파동에너지와 원자 이하의 소립자 영역을 양자역학 이론을 도입하여 설명하고 있는 것이다. 예로서 인체의 세포영역에서 마음의 작용에 대하여, 이 마음의 세포에 대한 작용 발현을 분자생물학과 전기생리학적으로는 직접 설명이 어렵지만, 마음이 파동에너지가 되어서 세포의 수용체 분자에 분극 전위로 작용하고, 이 수용체 분자의 전기적 변화는 체내 물질의 결합에 의해 생성되는 세포막 이온과 세포 주위의 파동에너지를 변화시키며, 이 변화된 전자기 에너지는 결국 신경세포로 이루어진 신경계와 면역계, 위장관, 임파선, 근육과 피부 등의 전신에 확장된다. 결과적으로 마음의 작용이 고전역학의 물질계와 분자생물학적 결과로 나타나게 되며, 또한 그 역으로서 그러한 채내 세포의 작용과 장기들의 상태와 작용은 마음의 변화를 초래할 수 있다는 개념이다.

고, 산업사회가 돌아가기 위해서는 화석에너지와 전기에너지가 있어야한다.

자연은 태양에너지와 중력에너지, 위치에너지와 온도에너지, 관성의에너지로 움직여지며, 권력도 힘이 없으면 이미 권력이 아니다. 인간의질병도 생체에너지가 낮아져서 외부환경의 자극이나 바이러스, 감기까지고 그 위해 요소를 이기지 못하여 발생하는 것이며, 자아실현이나 깨달음도 낮은 생체 에너지와 의식 에너지로는 한 발자국도 앞으로 나갈수가 없는 것이다.

그래서 작은 일은 작은 에너지로 가능하지만 큰일에는 큰 에너지가 모아져야 하고, 돈도 대상을 움직일 수 있어서 에너지와 힘이 된다. 고타마 싯달타도 보리수 아래서 수행하다 에너지가 다 고갈되어서 수자타가주는 우유죽 공양을 받고나서야 깨달을 수 있었으며, 예수의 기적도 에너지 없이는 불가능한 것이다. 에너지와 힘은 모든 작용과 변화의 원천인 것이다. 따라서 우리는 힘과 에너지로 무엇을 할 것인가 하는 목적의식 없이 에너지와 힘을 쫓다가 일생을 소진하고 만다. 그러나 에너지 작용에 있어서 인류가 간과하고 있는 중요한 진리는 에너지의 크기보다 그에너지의 방향성에 있다는 사실이다.

따라서 아래 그림과 같이 작은 힘과 에너지도 작용점에서 방향이 같으면 그 힘이 더해지지만, 방향이 다르면 그 만큼 감소되고, 방향성이 없는 크고 작은 많은 에너지가 동일한 작용점에서 작용하게 되면 그 개인이나 조직은 아무런 일도 못하고 내부의 스트레스와 갈등만 증폭되어질 뿐이다. 인간의 생체에너지 발현을 좌우하는 의식에너지인 파동에너지는 스칼라파가 아니라 정해진 대상을 향하는 방향성이 있는 벡터파이며, 벡터에너지이다.

그림2-1. 벡터 에너지의 합성

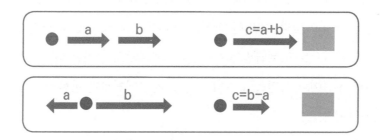

따라서 한 의식 에너지는 그 개체의식에서 발산하여 정해진 방향으로 작용하고, 같은 방향을 가진 의식 에너지를 만나면 증가되며, 다른 방향의 에너지와 부딪쳐서 상반된 에너지의 크기만큼 감소나 소멸작용이 일어나게 된다. 생체 에너지는 밖에 있는 에너지를 받거나 수련으로 얻어지는 것이 아니며, 이미 우리 안에 누구나 가지고 있어서, 영생과 부활, 전지전능한 능력을 가지고 있는 세포의 불가사의한 능력이 발현되도록 하면 된다는 생체 에너지 작용기전을 앞에서 확인하였다.

아울러 그 에너지 발현은 의식 에너지가 방향성을 가지고 있는 벡터 에너지이기 때문에 옳은 방향으로 향했을 때 에너지 작용의 결과가 나타난다는 사실을 확인 할 수 있다. 또한 인류를 포함하여 삼라만상은 모두 우주의 일부이기 때문에 그 진화와 작용의 방향이 우주의 속성과 동일할 수밖에 없다. 따라서 우리의 세포를 일깨우는 의식에너지는 우주의 속성인 창조와 조화, 무상과 진화의 방향과 일치되었을 때, 그 개체의 생체에너지는 진화를 위한 분화와 발현을 시작하게 된다.

모든 생체에너지는 개체의 의식과 세포의 환경조건에 따라 그 크기와 방향을 가지고 있다. 이러한 의식의 벡터에너지 해석에 따르면, 그동안 부정적 관념으로만 취급받던 〈욕심〉은, 에너지의 크기는 있으나 방향이 우주의 속성이나 타인을 고려하지 않고 자신에게로만 향한 이기적 에너지인 것이다.

따라서 욕심은 에너지 크기가 있어서 외부에 작용을 할 수 있지만, 게으르고 무력한 의식과 착하기만 한 의식은 에너지의 크기가 없어서 욕심을 가진 사람의 힘을 이길 수가 없다. 이것이 그 동안 종교적으로 해석이 어렵던 "왜 우리 사회는 착한 사람이 못 살고 욕심을 가진 악한 사람이 잘 사는가?"에 대한 해답을 줄 수가 있게 된다.

착하면서 에너지가 낮은 사람은 악하지만 에너지가 높은 사람을 이길 수가 없다. 물론 유사한 힘의 크기라면 그 방향이 우주의 속성을 향한 사람을 이길 수가 없다. 사기꾼에게 착한 사람이 당하는 원리도 같은 개념이며, 정의의 승리도 같은 맥락이다. 따라서 욕심은 스칼라 에너지의 발로이다. 부처가 깨닫겠다는 원대한 욕심을 갖지 않고서 어떻게 해탈을 이룰 수 있으며, 예수님이 전 인류를 하나님 앞으로 인도하겠다는 욕심의 에너지 없이 어떻게 기적을 행하고 십자가를 질 수 있었겠는가?

화도 마찬가지어서 에너지가 크다. 그러나 그 힘의 작용이 타인과 전체를 향하지 못하고 자신에게만 향하고 있어서, 다른 에너지와의 부딪침이나 장해가 있는 경우 나타나는 반작용의 증상인 것이다. 그 화를 참으면 에너지가 왜곡되어 방향 없이 분출 될 수 있어서 이성을 넘어 버리는 폭발로 이어지질 수 있으며, 에너지의 특성상 그렇게라도 외부로 분출되지 않으면 내부를 상하게 하여 병이 되어 버린다. 그러니 화는 나쁜 것이니 참고 억제해야하는 선지자들의 말은 모두 달에는 가보지도 못하고, 달이 저기 있다고 가리키는 손가락일 뿐이다.

우주의식의 속성은 창조와 조화를 바탕으로 하는 무상과 진화의 속성을 지니고 있어서, 이에 위배 되는 개체는 열성으로 우성진화의 법칙에 위배되어 바로 수렴작용이 일어난다. 수렴의 형식은 먼저 개인의 질병과 시련의 형식으로 경고해서 2세를 두지 못하게 하거나, 자신의 잘못을 반성하고 진화의 큰 강줄기로 다시 돌아오지 않게 되면, 사망으로 그 개체 세포의 진화를 중지시키게 된다. 사회 전체의 집단의식이 잘못되면 인류의 과학으로 막을 수 없는 백신이 없는 전염병이나 전쟁, 자연재해로 나타나게 된다.

따라서 용서와 상생의 사회도 올바른 벡터 에너지가 있어야 가능하다. 그러나 아직도 인류는 스칼라 에너지만 추구하고 있고, 어디를 향해야

할지를 모르고 그저 허둥대며 분주 할뿐이다. 그래서 현대인이 추구하는 가치기준은 모두 방향성이 없는 이기적이고 유형적인 대상에 초점이 맞추어져 있다. 주로 개체의 안전을 확보하기 위하여 행복과 성공, 건강과 즐거움, 명예를 쫓고 부를 축적하고, 불행과 실패, 질병과 고통, 가난과 결핍은 회피하면서 다투고 괴로워한다.

그렇다면 우리가 지금 추구하고 있는 가치기준이 올바른 방향인지 살펴볼 필요가 있다. 행복이나 성공은 우리를 밖으로 불러내어 들뜨게 하고 즐거움 속에 있게 한다. 하지만 불행과 고통은 우리를 안으로 불러들여 자신을 반성하게 하고 심오한 자기성찰의 기회를 가져다준다. 가진 에너지의 크기에 관계없이 작용의 방향이 상생과 조화의 우주의식과 일치하는 사람은 포기하거나 주저앉지 않고 이를 극복하게 된다. 포기하지 않고 노력을 멈추지 않으면 시련이 있을 뿐 아직 실패하지 않은 것이며, 에너지의 방향성을 잃지 않고 에너지를 집중시키게 되고, 열성에서 다시 우성의 대열에 합류하게 되면, 이 과정에서 자기성찰과 반성으로 몸과 영성이 한 단계 진화하게 된다.

이와 같은 전체의식과 개체 에너지 방향성의 원리를 모른 채, 많은 자기개발과 영성개발 프로그램을 제안하는 저서들은 스칼라 에너지를 얻는 방법과 결과에 대해서만 언급하면서 방향성 없는 사람들을 잘못된 방향으로 개체의식을 이끌고 있는 경향이 있다. 그렇다면 우리는 개체의식의 빠른 진화를 위해서 오히려 질병과 고통, 결핍을 찾아야 하는가? 하는 문제에 대해서는 숙고해 볼 필요가 있다. 방법은 우주와 자연이 하고 있는 방식을 그대로 따르면 된다. 그저 다가오는 일체를 있는 그대로 수용하는 것이다. 건강과 풍요가 오면 즐거움으로 들떠서 안주하는 계절이 아니라 겸손으로 이웃의 진화를 돕는 공덕을 쌓고, 어려움이 오면 자신을 진화 시키는 기회로 삼아서, 반성하고 감사하며 겸허한 마음으로 어려움을 극복하고 진화의 길로 돌아오면 된다.

이 단계에 다다르면 이제 우리는 자신에게 주어지는 어떤 상황에서도 일희일비하지 않고 일체를 감사한 마음으로 받아들이면서 일상생활과 질병, 죽음의 공포까지 넘어서서 자유를 찾을 수 있고, 저마다의 아름답고 향기로운 자아실현의 꽃을 피우는 삶을 구가 할 수 있게 된다. 일체를 수용하는 자연과 함께 하는 삶에는 아무런 불평과 집착, 질병이 있을 수 없고, 그저 사랑과 감사, 자유와 창조, 진정한 자아완성과 절대의식과 하나 되는 기쁨만이 있다.

이와 같이 긍정과 부정, 선과 악의 경계를 넘어서는 절대 수용은 우리를 건강과 행복, 사랑과 감사, 자유와 상생의 기쁨으로 인도하여 의식 에너지를 상승시킨다. 그러나 현대사회의 현실 안에서 그 많은 경계와 사건, 감정과 이해관계, 인터넷과 멀티미디어들의 수많은 자극들과 경쟁 사회의 현실은 우리를 다시 인간적이게 만든다. 또한 인간적인 생활의 영위는 우리에게서 영성의 진화와 자유로부터 더욱 멀어지게 하는 결과를 낳는다.

인간적이라는 개념은 사회라는 상식의 틀 안에서 적당히 선하고, 적당히 악하고, 적당히 감정적이며, 적당히 이기적이고 타협적이어서 절대성이 없는 개념이다. 이러한 삶은 인류의 도덕과 윤리규범 안에서 이상적인 생활의 지표가 될 수도 있다. 그러나 분석해 보면 이러한 인간적인 삶의 결과가 오늘날 지구상의 모든 개인과 집단, 사회문제, 국가 간의 분쟁과 갈등, 질병과 식량문제, 에너지와 경제문제, 종교와 환경문제, 온갖 범죄와 다툼, 분리와 갈등을 야기 시키고 있는 원인 요소 중에 하나다.

이러한 인간의 속성을 우리는 人間이라는 한자어에서 찾아 볼 수가 있다. 인간은 서로의 관계에 의해서 사회생활을 이루어 가야한다는 의미인 것인가? 사람인과 틈새나 사이를 뜻하는 間자를 왜 사용했을까를 통찰해 볼 필요가 있다. 결론은 한자의 인간과 우리말인 사람은 동일한 개념이 아니라는 것이다. 한마디로 인간은 하나님의 창조 목적인 실체를 가진 나와 같은 존재가 되지 못하였거나 아직 사람이 되지 못한 자인 것이다. 실재로 사람을 한글의 원형으로 분석해 보면, 『사』는 '밝다'는 어원이며, 『람』은 태양을 상징하기 때문에, 우리 민족이 스스로를 부르는 말 사람은 『생명체가 된 밝은 태양』을 의미해서, 본래 하나님의 창조목적인 『실체를 가진 나보다 나은 존재』로서 바로 하나님이라는 뜻을 가지고 있다.

그래서 인간은 아직 완성되지 못하고 차이와 간격이 있는 존재로서 다양한 특성을 나타내는 것이다. 아리스토텔레스가 인간이란 존재를 이성을 가진 동물로 파악한 것과 같이, 인간은 본능과 이성 사이에 양면적 속성을 나타내고 있으며, 동물과 인간 사이에서도 양면성을 보이고 있는 것이다. 감정과 이성 사이, 변과 오줌 사이, 현실과 이상 사이, 가장 가깝고도 먼 여행 머리와 가슴 사이, 육체와 정신 사이, 요람에서 무덤 사이에서 헤매고 있는 것이다.

어머니와 아버지 사이에서, 이승과 저승사이, 이승에서는 가족과 친구, 동료, 사회와 국가의 사람과 사람들 사이에서, 살아서 가야 할 곳과 죽어서 돌아가야 할 곳 사이에서, 천국과 지옥 사이의 삶 속에서, 선천시대와 후천시대로 전이되고 있는 그 과도기 사이에서, 때와 철을 모르고 불안 해 하고 있는 것이다. 그러면서 물질과 정신 사이, 이론과 실제 사이, 돈과 권력사이에서, 자본과 노동 그리고 가진 자와 못 가진 자 사이에서, 민주와 공산주의, 자본과 사회주의 사이, 과학과 종교 사이, 자연과 신들 사이, 광고와 게임 사이에서 시간을 낭비하고, 컴퓨터와 인간 사이에서, 사람 사이의 대화를 잃고 운명과 팔자, 노력과 의지, 행과 불행 사이에서, 하늘과 땅 사이, 천인지 3차원과 4차원, 4차원과 5차원 사이에서 아직 방황하고 있는 존재인 것이다.

마치 반도체가 때로는 절반 정도의 저항을 가진 아날로그 도체이거나 때로는 절연체로 1과 0이라는 양극성을 나타내는 것과 같다. 이러한 속성과 상호관계는 신성과 악성, 인간성의 대표적 표현인 인간적 개념과 유사하다. 이와 마찬가지로 신계도 인간의 의식수준과 같이 반도체의 절연체 수준과 전류를 흘릴 수 있는 도체와 같이 본능과 동물, 인간수준에서 성현까지 존재한다.

모두 동일한 세포를 가진 인간이 왜 악마에서 성자의 특성을 나타낼 수 있는가 하는 문제의 핵심은 반도체의 종류와 다른 원소의 도핑과 같이 이기적 개체의식을 한정하는 자기 동일시와 부정적 에너지의 개입에 그 원인이 있다.

이와 같은 개인과 집단의 의식 에너지 수준에 대한 연구는 1970년대 말에 미국의 존 다이아몬드(John Diamond) 박사가 인체의 근력이 물질의 접근과 접촉에 의한 자극뿐만 아니라, 감정적이고 지적인 자극에도 근력이 강화되거나 약화된다는 사실을 발견함으로서 시작되었다. 미소는 근육을 강화시키고, '나는 너를 미워한다'는 말은 근육을 약화시키는 것이었다. 행동 운동역학(behavioral kinesiology)에 관한 측정방법은 1979년에 발간된 〈your body doesnt' lie〉에 수록되어 있다. 진실과 거짓의 질문을 하고 팔의 근육반응을 검사하는 이 측정법을 일본의 오무라 요시아키(大村惠昭) 박사가 손가락을 이용하는 측정방식으로 변환시킨 방법이 현재 이용되고 있는 'O-Ring Test'이다.

다이아몬드 박사의 시험법을 더 발전시켜서 데이비드 홉킨스(David R. Hawkins) 박사는 사람들의 견해나 진술, 또는 관념들의 진실성까지도 1에서부터 1,000까지의 대수치로 측정하는 방법을 창안하였으며, 20여년 이상에 걸친 연구를 통해 인간 의식의 지도인 스펙트럼을 구축하였다.

장기간의 실험과 연구결과는 수많은 석박사 학위논문으로 발표된 내용을 집대성하여, 1995년에 발행한 저서 〈Power vs Force〉에서 측정 방법과 수치화 된 도표를 아래 표와 같이 제시하고 있다.

표2-1. 의식의 지도(by David R. Hawkins)

신의관점	세속관점	수 준	대수치	감 정	과 정
자 아	존 재	깨달음	700-	언어이전	순수의식
항상존재	완전한	평 화	600	축 복	자 각
하 나	전부갖춘	기 쁨	540	고요함	거룩함
사 랑	자비로운	사 랑	500	존 경	계 시
------	------	-----	-----	-----	-----
현명함	의미있는	이 성	400	이 해	추 상
인정많은	화목한	포 용	350	용 서	초 월
감화주는	희망찬	자발성	310	낙 관	의 향
능력있는	만족한	중 용	250	신 뢰	해 방
용납하는	가능한	용 기	200	긍 정	힘을주는
무관심한	요구많은	자존심	175	경 멸	과 장
------	------	-----	-----	-----	-----
복수에찬	적대의	분 노	150	미 움	공 격
부정하는	실망하는	욕 망	125	갈 망	구 속
징벌의	무서운	두려움	100	근 심	물러남
경멸의	비극의	슬 픔	75	후 회	낙 담
비난하는	절망의	무기력	50	절 망	포 기
원한품은	사악한	죄의식	30	비 난	파 괴
멸시하는	비참한	수치심	20	굴 욕	제 거

홉킨스 박사의 의식의 지도에서 의식 수준의 인구분포도를 측정해 보면, 세계인구의 87%가 인간다운 생활의 분기점인 용기200 이하에 속하고 있어서, 대부분이 수치심20, 죄의식30, 무기력50, 슬픔75 두려움100, 욕망125, 분노150, 자존심175의 수준에 있는 것으로 측정된다. 그래도 인류 전체의 평균 의식수준이 2018년 1월 현재 206 정도로 측정되는 것은 500 혹은 600을 넘고 있는 0.5%의 인구가 있어서, 의식수준 200 이하의 사람들이 가진 낮은 에너지를 상쇄함으로서 가능하다는 연구결과 발표가 있다.

또한 의식수준이 높은 소수의 사람들이 하는 긍정적인 역할에 대하여서는, 700의 한 사람은 200 이하의 사람 7,000만 명을 상쇄하고, 600의 한 사람은 200 이하의 사람 1,000만 명을 상쇄하며, 500의 한 사람은 75만 명을, 400인 사람은 40만 명을, 300인 사람은 9만 명의 에너지를 상쇄하고, 의식수준 700의 12명은 한 분의 아바타르와 같으며, 현재 지구에는 700의 수준에 도달한 사람이 93명 존재하는 것으로 측정되고 있다.

무수히 많은 실험과 일반인들의 확인실험에서 과학적인 객관성이 검증된 홉킨스 박사의 연구결과는 주로 개인과 집단의 의식수준을 정확하게 측정하고 그 진실성을 확인하여 수치로 표현하는 방법론으로서, 훌륭한 업적의 연구이며 인간의 본성과 신성에 대한 비전을 제시하고 있다. 그러나 이 연구는 의식수준의 측정과 확인에 그치고 있을 뿐, 〈개인의 의식 에너지를 어떻게 향상시킬 수 있는가?〉 하는 의식정화와 의식 에너지 진화의 방법에 대해서는, 전통적인 수행법과 선각자들의 가르침 그리고 그룹지도와 토론에 의존하고 있는 한계가 있다.

그 수단으로서 지적 탐구나 12단계 회복모임을 통해서 그 높은 순수 에너지의 수원지를 찾아가는 회귀과정이라고 밝히고 있어서, 효율적인 수행법이나 깨달음을 추구하는 분들에게는 한계가 있어 보인다. 에너지와 그 작용의 자연법칙에 따라, 높은 의식 에너지 준위에서는 낮은 의식 에너지 상태가 인식되고 전이될 수 있으나, 그 역은 성립되지 않기 때문에 심신 에너지 크기로 나타나는 보이지 않는 의식 에너지 차에 의해서 이 세상에서도 앎과 지혜, 인간다운 삶의 질과 자유의 정도, 타인과 주위에 대한 영향력이 달라서 생로병사 일체의 상태가 다르게 구별된다.

본성으로 회귀된 원시세포 의식수준인 순수의식과 전체의식은 하나의 에너지이며 모두 같은 에너지 준위이지만, 전체의식에서 멀어져서 개체의식으로 분리되면 자기 스스로 낮은 에너지를 만들고 스스로 낮아지게 되는 것이다. 문제는 이것을 인식하지 못하고 개체의 낮은 에너지 준위에 갇혀 있는 것이다. 그렇다면 어떻게 이 에너지를 고양시켜서, 작게는 인간다운 삶, 넓게는 진정한 사람이 되고, 신인합일(神人合一)인 일신강충, 성통광명의 경지까지 갈 수 있는가? 하는 방법론에 있다. 우주의식과 합일된 순수 에너지와 절대의식으로 회귀하는 방법은 있는 것인가?

오늘날 마음과 육체, 의식과 심신 에너지, 건강과 질병, 카르마와 유전자, 인과응보와의 상관성이나 종교와 구원, 깨달음의 실체에 대해서도, 심신수련의 영역에서나 종교계와 과학계에서도 아직 통합된 이론이나 정설이 없이 종교와 과학, 정신과 물질로 분리되어져 있다. 그러나 우주의 생성과 존재하는 일체는 둘이 아닌 단 하나의 진리에 의해서 현상계에 나타난 것이기 때문에, 분리된 이 개념은 모순이어서, 아직도 우리는 인간의 제한된 지식과 좁은 의식에서 벗어나지 못하고 있다고 볼 수 있다.

이와 같은 한계에 대하여 보다 적극적인 우주관과 열린 마음으로 분리된 두 개념을 통합해 보면, 이 우주가 결국 하나의 진리에서 기원되고 발현된 것이며, 인간 또한 의식과 육체 즉 정신과 물질이 결합되어 존재하는 형태임이 분명하다. 이 우주만상의 존재 형태와 진리는 무엇인가? 공(空)에서 원래의 정신인 우주의식으로 만물이 창조되었고, 생성된 모든 개체는 조화와 상생의 순리로 일정한 크기의 쿼크와 소립자, 원자, 분자, 세포와 조직, 5장 6부 장기와 5대양 6대주의 지구와 태양계, 은하계, 은하단, 우주 규모의 무한중첩으로 이루어져 있어서, 물질의 근원이 공이요, 궁극에는 정신인 우주의식의 발현임을 알 수 있다.

문제는 우주의식인 완전의식에서 발현된 인간의 의식과 육체가 왜 오늘날과 같은 갈등과 경쟁, 물질과 과학기술만이 인류를 구원할 유일한 방법인 것처럼 공해를 양산하면서 막다른 골목으로 치닫고 있는가 하는 것이다. 이는 자유의지를 가진 인간의 의식이 그 근원에서 멀어지면서 개체의식을 가지게 됨으로서 전체의식에서 멀어졌기 때문이며, 생물학적으로는 세대를 거듭하면서 유전자에 누적된 정보가 개체 중심으로 발현되면서 원래의 인간 본성과 멀어졌기 때문이다.

따라서 인류의 몸과 마음 의식과 영성을 정화시켜서 모든 부정적 요소를 소멸시키고 이기적 개체의식에서 깨달음과 전체의식인 하나님의 절대의식 수준으로 의식 에너지를 상승시키고, 진화시킬 수 있는 방법이 후천시대를 대비하여 이미 세상에 드러나 있고 이루어지고 있다. 따라서 진위와 신뢰성을 분별하기 전에 직접 체험하고 행동하는 지성이 앞장서서, 자신의 능력인 심신 에너지와 의식 에너지를 고양시키는 수련에 참여하면 된다.

몸과 마음 의식과 영성을 정화시키고 자신의 죄업을 다 소멸시켜서, 불투명한 인간의 틀에서 벗어난 그런 순수한 사람 된 이들이 일정 수준의 규모가 되면, 집단의식과 에너지의 공명현상이 일어나 우리 인류의 삶이 힘과 권력 중심인 다툼과 고통의 생즉고(生卽苦)인 상극의 세상에서, 건강과 행복, 기쁨과 사랑, 감사가 생활이 되는 상생의 세상으로 변화되는 때가 이미 시작되고 있는 것이다.

2. 지구별의 속성과 진화 메커니즘

Part2 Well Aging의 조건과 마음 정화

은하계에서 태양계는 하나의 작은 별 혹성과 같고, 그 혹성은 더 큰 질량을 가진 은하의 태양을 중심으로 공전함으로서 태양을 공전하는 지구처럼 공전하는 태양계에도 춘하추동과 같은 계절이 나타나서, 지구는 태양계의 큰 계절과 지구의 태양공전에 의한 두 가지 계절적 영향을 받고 있다. 따라서 태양계의 겨울은 우리가 지구과학에서 배우는 빙하기가 된다. 이 빙하기는 처음도 아니고 한번이 아니어서 여러 번 나타나는 태양계의 계절로 나타나는 지구의 나이테와 같은 주기적 현상인 것이다.

노아의 방주가 있었던 시대가 태양계의 여름이었던 것으로 보고 있다. 지구는 태양계와 우주의 계절, 지금의 가을인 수렴기를 지나고 나면, 우주의 겨울 빙하기로 다시 들어서는 것이다. 그 빙하기를 지나고 나서 살아남은 인류는 다시 우주의 봄을 시작으로 성장기 여름을 겪으면서 세계사를 기록하게 될 것이다. 이것이 우주와 지구의 계절처럼 반복되는 진화의 여정인 것이다. 지구 생태계의 총체적인 오염과 함께 지구의 여신, 어머니 가이아는 지구와 인류의 문제를 해결하고 진화를 계속하기 위하여 이미 준비를 시작하고 있고, 이는 지구 빙하기 이후 처음 있는 일이 아니라, 우리 육체의 어머니인 오대양 육대주의 주기적 변화와 진화 작업을 수억 년에 걸쳐서 여러 번 반복하고 있는 중이다.

지진과 해일, 홍수와 가뭄, 폭풍우와 태풍, 허리케인으로, 한발과 폭염, 화산폭발의 형태로 이미 예고하였고, 인류가 이기심과 싸움을 그치지 않는다면 지구 온난화와 해수의 온도는 더 빠르게 상승할 것이며 남극과 북극의 빙하는 20년 이내에 완전하게 녹아버릴 것이다. 이는 NASA에서 1990~2014년 사이에 남극과 북극의 위성사진으로 남아있는 빙하와 드러난 육지의 비율, 히말라야와 에베레스트의 만년설의 해빙속도, 해수의 온도상승 추이, 현재 해수면의 상승속도 등을 종합하여 얻은 분석 결과인 것이다.

아직도 실감이 나지 않고 그렇게 빨리 빙하가 녹고 해수면이 높아지겠느냐는 생각은 금물이다. 빙하가 녹으면 태양광을 빙하가 거울처럼 반사해서 열도 함께 대기권 밖으로 방사해 왔지만, 그 거울효과가 사라지면 해빙속도와 해수의 온도상승 그래프는 이제 직선과 1차 함수 변화에서 2차 함수인 지수적인 상승을 가져올 것이고, 여기에 인류가 자동차와 산업용으로 화석연료를 계속 연소시키고 축산업으로 가스와 분뇨를 계속 발생시키면서, 식량으로 고기를 만들어 먹는 일을 멈추지 않는다면 그 상승속도와 기울기는 더 가파르게 될 것이기 때문이다.

그 다음 시나리오는 어떻게 될까. 결과에 원인이 되는 변수는 수없이 많지만 천재지변이 그리 많지 않던 50년 전 해수면의 높이보다 10m가 높아지는 상황을 기준으로 설정하여 힘(F)과 무게(W), 압력(P)과의 상관관계인 파스칼의 원리를 적용해 볼 수 있다. 그리고 10미터 높이는 가능성을 확인하기 위한 계산상의 편리성을 위한 것이다. 하지만 실제 상황을 살펴보면 북극의 빙하는 대부분 바다에 떠 있는 얼음이라 빙산의 크기는 물속에 잠긴 얼음의 1/10 밖에 되지 않아서 다 녹아도 해수면 상승에 직접적인 영향을 주지 않는다. 반면 남극은 대륙 위에 눈이 쌓여서 만들어진 얼음이라서 녹으면 바다로 흘러가 해수면 상승에 직접 영향을 주게 된다. 문제는 이 남극 빙하는 두께가 무려 2,000m나 되기 때문에 해수면 상승에 큰 영향을 주게 되어서, 빙하가 다 녹으면 60~90m 정도 해수면이 상승할 것으로 예상하고 있다.

미국지리학회 내셔널지오그래픽에서 빙하가 녹으면 물에 잠기는 도시를 공개한 자료가 있고, 도쿄, 상하이, 뉴욕, 런던 등과 함께 서울도 그 중 하나에 해당하고 있다. 이런 도시는 해안에 근접한 도시라서 침수 가능성이 크기 때문이며, 서해안과 남해안 일부도 함께 물에 잠길 것으로 예상하고 있다. 해수면보다 낮은 네덜란드는 국가 전체가 지도에서 사라질 것으로 예측하고 있을 정도이기 때문이다.

이와 같이 판 이론에 의하면 지구가 한 차례 대륙이동의 천재지변을 끝내고, 현재의 세계지도와 같은 평형상태로 안정화된 당시의 해수면을 기준으로 한다면 70m 정도는 그리 높은 수치는 아닌 것이다. 또한 해수와 수압에 의한 힘과 무게의 계산에 앞서, 일상생활에서 보다 친숙한 공기의 무게와 대기압을 먼저 계산해보는 것이 현실감을 갖는데 도움이 될 수 있을 것이다.

우리가 압력을 느끼지 못하고 생활하는 공기의 무게에 의한 대기압의 크기는 $1Kg/cm^2$이다. 이는 엄지 손톱만한 크기인 사방 1센티미터 면적에 1킬로그램의 힘을 받고 사는 것이다. 이 압력을 기준으로 인체 전체가 받는 힘을 계산해보면 다음과 같다. 힘(F)은 압력(P)과 면적(A)의 곱으로 결정되어 F=PA로 산출되기 때문에, 먼저 성인의 표준체형을 설정해서 인체 표면적을 적분해서 표면적을 산출하기는 번거롭기도 하고, 그런 정밀계산의 필요성이 없기 때문에, 단순화하기 위하여 사람의 머리와 팔, 다리를 제외하고 몸통만을 원통형으로 정형화하여 표면적을 가로와 세로 1m의 직사각형으로 가정하면, 사람의 표면적 A는 약 $1m^2$가 되고 $10,000cm^2$가 된다.

이 값을 힘의 공식에 대입하여 압력은 대기압으로 면적은 단순화한 인체의 표면적으로 대입하면, 대기압으로 인체가 받는 힘은 적어도 $1Kg/cm^2 \times 10,000cm^2=10,000[Kg] ≒ 10[ton]$이 계산된다. 우리는 최소한 10톤이라는 힘을 받으면서 살아가고 있는 것이다. 우리 몸이 10톤을 견디면서 살고 있다니 상상이나 되는 일인가? 건설용 화물트럭에 싣는 흙이 보통 5~25톤에 비유하면 뭔가 잘못된 계산 착오일 가능성이 있어 보이지만 전혀 그렇지 않다. 타이어 펑크가 났을 때 자동차를 들어 올리는 유압잭이 이 원리를 이용하여 팔의 작은 힘으로 무거운 자동차를 들어 올리는 것이다. 그래도 수긍이 되지 않는다면 이런 실험을 해보면 된다.

유리 술병 2개에 하나는 빈병에 마개를 닫고 다른 하나는 열린 채로 빈병을 압력 시험용 탱크에 넣고 물로 가득채운 다음, 압력을 서서히 올려서 술병을 깨뜨리면, 두 개의 병중에 마개를 닫은 병은 깨져도 마개가 없는 빈병은 깨지지 않고 그대로 있다. 원인은 열린 빈병에 압력을 올려도 내부에 물이 들어 있어서, 파스칼의 법칙에 따라 내부와 외부의 압력이 같기 때문에 형태를 유지할 수 있는 것이다. 그러나 막으로 둘러싸인 우리 세포는 열린계가 아니다. 그런데 어떻게 외부의 압력과 같은 내부압을 유지하는 것일까?

그 비밀은 공기와 대기압이 존재하는 지구에서 처음 세포수준의 생명체가 존재할 때부터 대기압을 견디도록 세포 막 안이 1기압을 유지하고 있고, 생식세포와 아메바 수준의 정자와 난자 수준에서부터 이미 평균 1기압의 대기압을 유지하며 견디고 있기 때문에 지구 대기권 안에서 생존이 가능한 것이다. 일상에서 이 대기압이 다소 낮아지거나 올라가는 경우가 있는데, 이 압력차를 우리 몸에서 가장 민감한 귀의 고막에 영향을 주어서, 산에 오르거나 비행기를 탈 때, 신체 내부는 1기압을 유지하고 있는데, 외부의 압력이 낮아져서 고막이 밖으로 힘을 받게 되니 약간의 통증 감각을 받는 것이다.

비가 오려고 하는 저기압의 경우에 인체의 내부는 1기압을 유지하지만 외부는 압력이 낮아져서 이 기압차로 인체가 팽창하는 힘을 크게 받아서 통증을 유발하는 노인성 관절염과 어깨, 허리의 통증인 것이다. 이러한 현상이 더 특별한 경우가 우주인이다. 지구 대기권을 벗어나면 공기가 없다. 그러나 우주인의 신체 내 기압은 그대로 1기압을 유지하고 있어서, 우주복 없이 우주여행을 한다거나 우주복에 구멍이 난다면 그 우주인은 10톤으로 뻥튀기 되거나, 작은 구멍으로 압출되는 것과 같은 결과를 초래할 것이다.

이제 압력과 면적에 대한 예비지식이 확보되었으니, 이상과 같은 상황을 공기 대신 바닷물로 대치하여 산출해 보기로 하자. 바닷물 1m의 수압에 의한 그 힘의 크기 말이다. 수압도 지표면에서 1기압으로 시작하여 공기보다 무거워서 수심 10m당 1기압씩 증가한다. 따라서 수심 10m의 수압은 대기압과 합하여 2Kg/㎠가 되며 면적의 단위를 ㎢로 하고 무게 단위를 Ton으로 환산하면 2천만Ton/㎢가 된다. 실제로 해수가 50m가 상승하게 되면 6천만Ton/㎢이 된다.

여기에 바다의 표면적은 대략 태평양 1억 5,500만㎢, 대서양 8,244만㎢, 인도양 7,491만㎢의 1/2 정도로 계산하면 압력과 면적의 곱인 PA=F

에 의해서 2천만Ton/㎢ × 5,000만㎢ = 3,000억Ton/㎢으로 계산된다. 이는 절대 수심이 아니고 해수면이 증가된 50m만을 산정한 값이어서, 실제 심해의 깊이는 태평양 마리아나 해구의 챌린저 해연의 깊이가 11,034m에 달하기 때문에, 그 실재 크기는 1,000~10,000배인 3~30억 Mega Ton/㎢이라는 천문학적인 하중의 변화가 발생하게 된다. 이 정도 힘이 대륙봉의 경계선인 불의 고리인 판과 만나면 바로 대형 지진이 아니면 일시적인 대형 함몰이나 돌출로 대형 쓰나미의 진원이 된다.

지구변화의 기록에 의하면 과거에도 이러한 천재지변과 상전이 벽해되는 변화가 있어 왔다. 그 결과로서 태평양 심해에 문명국가의 흔적이 분명한 "뮤제국"이 있으며, 대서양의 심해에 갑자기 가라앉은 "아틀란티스 제국"이 있다는 사실이 이를 증명하고 있다. 그 반대의 현상이 티벳과 히말라야 고산지대에서 암염인 소금이 생산되는 원인이기도 하다. 사실 지구는 아직도 내부에는 마그마라고 하는 뜨거운 액체 상태를 가지고 있는 계란 반숙과 같은 반고체의 특성을 유지하고 있어서, 지금도 화산의 폭발과 대륙의 융기가 진행 중에 있는 것이다.

예를 들어 저자의 고향 익산과 전주 사이에 3·1만세와 동학의 수운선생과 녹두장군 전봉준선생의 농민혁명으로 유명한 삼례가 있다. 중학교 2학년 때 부친의 병환으로 학교를 그만두었다. 갑자기 어린 나이에 가장이 되어 직업도 없이 돈벌이를 하던 시절에 처음 시작한 것이 'Ice cake' 지금의 막대형 아이스 바와 유사하지만, 그냥 물에 단팥 물을 조금 넣고 냉동시킨 '얼음과자'를 어깨에 메는 나무통에 넣고 걸어 다니면서 파는 '깨끼장수'였다. 많이 팔기 위해서는 주택가를 돌아다니는 것보다 사람들이 많이 모이는 곳이 적지였는데, '모래찜'이라고 하는 자연찜질을 할 수 있는 모래사장이 바닷가도 아닌 삼례의 만경강가에 있었다.

자전거도 없어서 걸어서 가기에는 조금 멀던 15~20km 거리였지만, 날씨가 좋은 날은 아침 일찍 출발해서 부지런히 걸어가면, 점심을 지나서 빈 통을 메고 당시는 지명이 익산이 아닌 이리와 솜리로 돌아올 수 있었다. 이야기의 핵심은 어린 시절 고생했던 이야기가 아니라, 문제는 그 당시 해안선이 익산을 지나 지금의 새 만금과 군산지역에 있는데, 해변의 해수욕장에 있어야 할 모래사장이 해안에서 50km 넘는 내륙인 삼례의 논과 강가에 있었다는 사실이다.

당시에는 생각해볼 틈도 없는 어리고 힘든 시절이었지만, 지금 생각해보면, 옛날에 그 곳에 해수욕장과 해변이 있었다는 증거이며, 이후 지구 해수면의 높이는 증가했는데 이 지역의 해변은 계속해서 바닷물이 빠진 것과 같은 현상을 모두 충족시킬 수 있는 원인은, 이 지역의 땅이 융기되고 있다는 결론에 도달하게 된다.

이와 같이 지구는 '반숙된 계란'과 같으나 그 평형상태가 고정되어있지 않고, 급하게 또는 서서히 변형을 계속하고 있는 현상은 학계와 전문가가 모두 인정하고 검증된 사실이다. 이러한 현상을 가속시키고 있는 또 하나의 변수는 지구의 자전축이 진북과 자북이 아니고 23.5°가 기울어진 축을 기준으로 회전하고 있는 것이다. 지구의 직경 12,800km의 원둘레 40,200Km를 24시간에 1회전함으로써 선속도인 적도지방의 평균 주행속도는 자동차의 고속도로 속도의 15배 정도인 1,675Km/h의 엄청난 속도가 된다. 참고로 지구의 공전속도를 계산하면 시속 107,234Km가 된다.

이 속도로 지구표면은 회전하고 있고, 모든 회전체는 원심력과 구심력을 갖게 되어, 돌아가는 선풍기 날개에 물방울을 떨어뜨리면 사방으로 뿌려지는 것처럼 튕겨나가 떨어지고 멀어지려는 힘이 증가하게 된다. 이 멀어지려는 힘과 지구의 인력이 평형이 되는 상태에서 '반숙된 계란'인 지구는 평형을 잡아서 자전과 공전의 복합 나선운동을 하고 있는 것이다.

그런데 어떤 이유로 이 자전축에 변화가 오게 되면 오대양의 수압변화와 중첩되어서 평형상태가 재편성될 때까지 함몰과 돌출이라는 그야말로 뽕밭이 바다가 되는 상전벽해(桑田碧海)가 일어나서, 예언자들이 사용하는 용어인 환란의 대변혁이 일어나게 된다. 대부분의 예언서도 이러한 지구 재구성의 시기를 다양한 용어로 표현하고 있는 것이다. 서서히 시작해서 점점 더 그 강도와 주기가 크고 짧아지고 있는 지구의 과도기적 재구성 작업은 사실 갑작스런 재앙이 아니고 과학적인 조사와 분석 결과를 근거로 예측되었던 재난들이다. 그 중심에는 "국제 재난관리정보국"이 있고, 지난 재난인 2005년 미국 뉴올리언즈의 해일, 1986년 체르노빌의 원자력 발전소 사고, 동남아시아의 빈번한 지진과 해일, 2011년 일본 후쿠시마의 쓰나미와 화산폭발, 지구온난화, 극지방의 빙하 해빙 등이 있다. 이미 15년 전에 예측되고 현재 진행 중인 재난 중에는 미국 캘리포니아의 대가뭄과 유럽과 러시아의 한발, 영국에서 시작된 구제역, 동남아시아의 백신이 없는 전염병, 중국 양자강과 황하강 유역의 홍수와 범람 등이 예고되고 있다.

문제는 중반기가 넘어서면 지역적인 재난으로 그치지 않고 광범위한 지역에서 보다 큰 강도와 짧은 주기로 이어지면서, 홍수나 지진 뒤에 전염병이 확산되고, 화산폭발과 지진 뒤에 쓰나미가 이어지는 것과 같이 총체적인 파국으로 이어질 것으로 예측되고 있다. 이러한 이상 기후와 재난, 재앙이 진정되고, 지구 내외부의 긴장과 불균형이 안정되는 단계에서 생존하는 인류는 과연 어느 정도가 될까.

도시가 더 공격의 중심이 될 것이기 때문에 예측은 쉽지가 않다. 때문에 이 부분에 대한 예언서를 참고해 보면 '백조일손(百祖一孫)'으로 백 명의 조상에 한 자손" 또는 '열 집 건너 한 집'이라는 비율이 대략 1~10% 정도 예측해 볼 수 있다. 이 예측을 전제로 할 때 다가오는 세상은 어떤 모습일까? 그래도 인류에게 종말은 없으며 생명과 인류의 진화과정은 계속될 것으로 생각 된다. 이 부분에서 우리의 관심은 어머니 지구가 선택하여 육체와 정신의 진화를 계속하게 될 그 1%에 속하는 사람들은 과연 어떻게 결정하게 될 것인가?에 있다. 무작위로? 많이 가진 자?, 권력자?

면역력, 바이러스 면역력이 큰 사람? 지하 방공호로 피신한 사람? 모두가 아니다. 바로 이 저서 4 well의 조건을 저술한 기획 의도와 그 핵심 내용이 바로 이 질문에 대한 답을 찾기 위한 여정이 포함되어 있다.

태양계 안에 3번째 항성인 지구와 우주 은하계의 변화 그리고 이 지구별 또한 생태계의 총체적 오염으로, 인류도 몸과 마음의 오염과 면역력 저하로 만성질환에 시달리고 있으며, 백신이 없는 전염병이 예정되어 있다. 온난화로 극지방의 얼음이 녹아내려서 해수면의 높이와 온도가 상승하면서, 대지진과 화산폭발, 더 큰 기상이변이 예정되어 있는 지구별은 자본주의 몰락과 함께 산업사회와 정보사회의 몰락이 예정되어 있는 인류의 미래 상황이다.

이러한 상황은 태양계와 우주가 2016년을 기점으로 힘과 다툼의 상극의 시대에서 지혜와 사랑의 상생시대로 전환되는 과도기에 접어들었기 때문이며, 지구의 어머니 가이아도 이러한 우주적 변화에 대응하기 위하여 정화작업을 이미 시작하고 있다. 21세기 들어서 급증하고 있는 지진과 화산폭발 가뭄과 홍수 해일 등의 천재지변과 세계 도처의 기상재해, 가축과 지역의 풍토병이 백신이 없는 전염병으로 확산되고 있는 것도 지구 정화의 일부 과정인 것이다.

개구리를 실험실에서 뜨거운 유리컵에 넣으면 펄쩍 뛰어 나온다. 그러나 20℃ 정도 상온의 유리컵에 개구리를 넣고 온도를 개구리가 감지 가능한 온도차 이하로 아주 서서히 온도를 올리면, 개구리는 아무 일도 없는 것처럼 위험을 감지하지 못하고 다 익을 때까지 반응을 하지 않는다. 우리 자신이 그런 개구리처럼 매일 조금씩 변하는 지구 변화에 무감각하게 아무 대응도 하지 않으면서, 손바닥만 한 액정화면으로 광고나 보면서 게임이나 하고, 많이 가져다가 자기 앞에 쌓아놓아야 안전하다고 생각하고 있는 우물 안 개구리의 상황은 아닌지 염려되고 있다.

3. 나는 가이아의 진화 대상인가?

　우리는 성공과 사랑, 건강과 행복을 추구하면서 산다. 그러면서 이 생의 끝에서 인간으로서 마지막 옷을 벗게 되는 날에, 후회 없는 삶을 살기 위해서는 어떻게 살고 어떻게 자아실현을 할 것인가는 생각해 본 적도 없이, 몇 백 년을 살 것 같이 분주의 씨줄과 소란의 날줄 사이를 오가면서 잘 산다 못 산다, 잘 났다 못 났다, 재산 축적이 가장 큰 관심사이고, 돈이 행복을 가져다 줄 것이라고 착각하면서 행복 지상주의자가 되어서 앞만 보고 달려간다.

　잘 먹고 잘 살다 가면 그뿐 자기실현과 사후세계나 인과응보와 윤회, 영혼과 상생에 관해서는 관심도 없다. 이런 삶에 타인과의 소통과 배려, 이웃에 대한 사랑이나 상생의 가치관들은 거리가 먼 삶이 된다. 근래 투명한 사회가 되어 가면서, 사회 지도자가 되어야할 사람들, 특히 정치인이 입각을 위한 청문회나 대형 로비사건에 연루되어 구설수에 오르는 주된 메뉴는 뇌물을 받고, 위장 전입과 투기, 탈세, 자식의 군 입대를 피하기 위한 신체검사 비리가 그 단골 메뉴가 되어 있다.

그러나 진화는 진리이고 자연법칙이며, 우주와 지구에서 일어나는 모든 일과 세상사가 일회성으로 끝나는 것은 없다. 일회성에 진화는 있을 수 없기 때문이다. 우주의 작용과 존재의 속성에 창조와 조화, 무상과 진화가 진리라는 사실은 양자물리학 이론까지 빌릴 필요도 없이, 오늘날 교과서에 실린 고전 물리학 이론과 검증된 법칙만으로도 그 타당성의 확인이 가능하다.

사실 이 우주에 직선운동은 없다. 미시세계인 소립자와 원자세계에서 거시세계인 태양계와 은하계까지 모두 원운동과 나선운동으로 되어 있다. 인간의 오감으로 인식 가능한 현상계에서도 아주 큰 직선도로를 건설하는 경우에 그 도로의 수평개념은 직선이 아니고 지표면과 같은 원의 곡선이어야 직선도로가 되는 것이며, 진정 직선이라면 지표면에서 점점 하늘로 올라가는 도로여야 할 것이기 때문이다.

따라서 회전 즉 원자구조 안에서 전자가 원자핵 주위를 자전과 공전을 함으로써 물질이 존재하며, 지구가 태양을 중심으로 자전과 공전을 하지 않으면 계절도 없고, 회전력이 없으면 태양으로 흡수되고 원자는 붕괴되어서 물질도 소멸되고 말 것이다. 정지하거나 변하지 않고 계속되는 일회성 현상은 우주에 존재할 수 없고, 존재란 회전과 변화의 다른 표현이어서 불가에서는 이를 무상(無常)이라고 부르고 있는 것이다.

다시 연속성과 함께 '죽으면 그만이다'라는 일회성과 정지라는 관념을 살펴볼 필요가 있다. 예측이 불가능하고 어쩌다가 한번만 나타나는 현상을 일회성이라고 한다. 이와 같은 연속되지 않는 일회성 사건이 일어나려면 지구가 한 번의 자전을 하고 나서 정지 하거나, 한 번의 공전을 하고나서 정지하는 것과 같다. 또한 원자를 이루고 있는 전자가 원자핵을 한 바퀴만 돌고 정지하는 것과 같아서, 해가 한번만 뜨고 계절이 한번 만에 끝나는 것과 같이 물질과 우주가 존재할 수 없게 된다.

이 우주의 자전과 공전 원자핵 주위를 도는 전자 중에 이런 운동은 없고 존재할 수도 없다. 더구나 진화하는 생명체에는 절대로 불가능한 일인 것이다. 따라서 이와 같이 회전과 회귀를 반복하지 않고, 돌아가면 다시 오지 않는 일회성의 현상을 인간사에 비유하면, 영혼을 가진 우리 인간이 한 생을 살고 무로 돌아가 소멸되는 것과 같아서 절대로 있을 수 없는 일이다. 원인 없는 현상이 발생할 수 없고, 에너지는 소멸하지 않는다는 열역학 제1법칙인 에너지 보존의 법칙에도 위배되는 것이다.

우주도 진화하고 지구도 진화하고 지구의 생태계와 인간도 창조 후에 조화와 무상으로 진화하고 있는 존재여서, 죽음으로 끝나는 것이 아니라 아침과 저녁이 다시 오고 봄과 여름이 지나면 가을과 겨울이 오는 것처럼 인간의 진화과정에도 겨울과 같은 사후세계가 존재할 수밖에 없다.

이와 같은 우주와 생명체의 진화와 연속성에 대한 연구는 현재의 기억에서 더 퇴행시키는 최면법이나, 임사체험의 수많은 증언들, 린포체나 달라이 라마 같은 분들의 윤회에 관한 검증 등의 종교적 교리나 신앙에 의한 믿음은 별개로 한다 해도 과학적인 연구에 의해서도 입증되고 가능한 때가 되었다.

죽음과 사망 또한 연속되는 생을 전제로 할 때, 그리고 앞장에서 기술한 세포수준에서 살펴보면 죽음은 두려운 대상이 절대 될 수가 없고, 오히려 진화를 위한 아름다운 과정인 것이다. 세포가 진화하기 위해서는 자신이 일생에 확보한 정보와는 다른 우수한 정보를 가진 세포를 만나서 배우자로서 두 개체의 정보를 결합하여 더 정보가 확장된 우수한 자식 세포를 만들어 내는 작업을 세포수준에서 본능적 통신으로 교류하게 되는 것이며, 이러한 이성 간의 만남을 우리는 '첫눈에 반했다'고 말한다.

이런 작업이 끝난 부모세포는 애벌레가 고치가 되고 나면 탈바꿈을 해서 기는 애벌레에서 날아가는 나비가 되는 것과 같이, 차원을 달리하거나 꽃씨를 떨어뜨린 꽃나무, 곡식을 수확하고 남은 볏짚처럼, 다시 질료로 돌아가는 과정을 거치게 되는 것이 순리이며, 이와 같은 세포의 부활이나 환생을 우리는 사망이나 죽음으로 터부시하는 우를 범하고 있는 것이다. 세포수준에서 보면 얼마나 아름답고 자연스러운 현상인가? 이런 죽음이 없다면 이 지구의 생태계는 유지될 수도 없고 진화가 일어날 수도 없다.

단지 무지로 모르는 것에 대한 두려움이 있기도 하지만, 확고한 신념과 깨달음만 있다면, 이제 우리는 웃으면서 인간의 옷을 갈아입을 수 있는 것이다. 또한 영혼도 차원을 달리하는 진화를 한다. 결국 육체는 영혼의 진화를 위한 수련과정의 도구일 뿐이고, 인류가 물리법칙이 적용되는 이 지구별에 물질로 된 육체를 가지고 온 것은, 영혼의 진화와 창조주의 의지가 이 땅에서 몸을 가진 사람으로 완성하는 최종목적을 달성하기 위한 것이다. 이것이 우리가 이 지구별에 온 목적이고, 이 불확정의 혼돈의 세상을 사는 이유인 것이다.

이제 우리는 삶의 목표와 방식을 달리해야 한다. 부의 축적이나 영원히 자기 것이 될 수 없는 것을 임시로 사용하면서, 고가의 임대료를 일시불로 주는 부동산 투기와, 가을 낙엽 같은 신기루나 감각기관과 감정의 동물적 즐거움에 한 눈 팔 시간이 없다. 이 지구에 최초의 생명체인 단일 세포 수준에서 보면 인간과 인간, 동물과 식물, 곤충과 미생물까지 모두가 한 부모의 형제인 이 지구별 생태계에서 서로를 살리면서 서로를 사랑하고, 서로 나누고 도우면서 상생으로 그렇게 얼싸안고 함께 살아야만 하는 것이다.

이 우주가 무와 공의 에너지로 이루어진 무극에서 창조주의 의식이 작용되는 황극과 태극을 거쳐서 음과 양, 그리고 최초의 쿼크와 소립자 원자핵과 중성자, 전자가 발생하여 원자와 분자로 구성된 물질이 생성된다. 이 물질이 음양오행에 따라 무기물과 유기물이 고분자 물질로 결합하여 번식이 가능한 최초의 생명체 단위인 세포가 탄생한 것이다. 이와 같이 지구별의 생명체와 생태계의 특성은 절대자의 의지인 창조와 조화, 무상과 진화의 속성이며 절대 진리에 따라 사망이 없는 세포수준의 영생과 부활의 과정을 계속하고 있는 것이다.

생명체는 물질과 영혼의 유기적 결합체이어서, 진화의 수단으로써 강한 개체가 살아남아 진화되는 우성의 법칙에 따라 중단 없이 계속되고 있다. 꽃과 열매를 맺는 식물들은 종자를 남겨서 원시세포의 사망 없이 세포 수준의 진화를 계속하고 있고, 알과 애벌레는 부화와 고치의 탈바꿈의 형태로 진화하고 있다. 곤충과 미생물도 모두 나름대로의 증식과 번식, 생식의 수단으로 진화하면서 생존을 계속하고 있는 것이다. 사람과 동물들은 자기 세포를 복제한 생식세포로 새끼와 자식을 복제하고 있어서, 최초의 생명단위인 세포는 사망이 없는 영생과 자식으로 부활하는 진화과정을 계속하고 있는 것이다.

지구환경이 영생과 부활이 불가능한 상황이 되면 돌연변이를 일으키는 전지전능의 생명체로써, 최초의 생명체 탄생 이후 현재까지 탈바꿈을 계속하고 있다. 인류는 이러한 진화형식을 사망이라고 부르면서 영원이나 불멸, 영혼과 진화, 4차원의 사후세계의 존재와 작용이 눈에 보이지 않는다고 믿지 않지만, 지구의 생명체 집단인 생태계와 지구도 진화하고 있어서, 인간의 5장 6부와 같이 5대양 6대주로 규모만 다른 생명체로 진화하고 있는 것이다. 이 진화는 이제 완성의 순환기에 접어들어서 세포의 부활이 2세를 거치지 않고, 상극시대에 형성된 모든 부정적인 에너지와 정보를 버리고, 상생과 창조의 정보로 전환하여, 당대에 거듭나는 부활이 이루어지고 있는 중이다.

생명체는 세포막이 없는 일부 바이러스를 제외하면 거의 모두가 세포막을 가진 세포 구조를 가지고 있어서 진화하기 위해서는 물질로서 자연의 법칙과 우성의 법칙을 따르게 된다. 우성의 법칙에 예외가 있거나 진리가 아니라면 열성이 진화되어 이 지구생태계와 지구도 파괴와 종말과 소멸로 이어질 것이기 때문이다. 그러나 우성의 법칙은 강한 개체만이 살아남는 약육강식이 아니다. 이것이 맞는다면 이 지구상에는 맹수와 강자만 남아 있어야 한다. 이러한 오해가 오늘날 우리 인류를 경쟁과 싸움, 승자와 패자, 가진 자와 못가진 자로 대립된 살기 힘든 세상으로 만든 것이다. 가끔 대형 여객선의 침몰사고나 지하철역에서 타인을 구하고 승화하는 희생정신을 접할 수 있는 것이, 그나마 우리 인류가 지구생태계에서 만물의 영장이라고 하는 자존심을 유지하고 있지만, 그 비율로 보면 상생이나 희생과는 정반대인 동물적 성향이 표면화되는 사건과 범죄들이 너무 많아서 아직은 진행 중인 끝나지 않은 드라마이다.

그렇다면 살아있는 어머니, 지구 가이아는 어떻게 이 지구생태계와 인간을 진화시킬까? 이대로 어떤 한 국가나 민족, 한 종이나 개체가 다른 종을 멸종시키고 개체 수를 크게 증가시켜서 균형 즉 조화를 깨뜨리게 방관하지는 않는다. 이미 그 작업은 시작되었고, 근래 결혼하지 않는 젊은이들이 많아지고 출산율이 낮아지고 있으며, 가축 수도 줄이기 위해서 강제로 땅에 매장하게 하면서, 지진과 해일, 화산폭발과 기상재해가 빈번해지고 있기 때문이다.

가이아가 인구를 줄이는 수준은 어느 정도일까? 사람을 만나면 다투고 뺏기보다는 반갑고 함께 나누는 것이 즐겁고 행복하고 상생이 저절로 이루어지는 상황이 되려면, 재화와 에너지, 식량이 남아서 증산하지 않아도 될 정도로 인구를 감소시킨다면 어느 정도가 적정치 일까? 이는 지구 어머니 가이아의 뜻이지만, 우성의 대열에 서서 진화되는 선택을 받을 수 있는 기준을 다윈의 진화법칙과 멘델의 우성의 법칙에 대입해보면 그리 어렵지 않다.

제1의 기준은 해당 개체를 진화시키면 생태계 파멸에 기여할 것인가? 조화 속에 진화가 계속될 수 있는 역할을 하게 될 것인지가 선택의 기준이 될 것이다. 환자, 잘못 살아서 질병에 걸린 사람, 신체가 강건하지 못한 사람, 정신이 온전하지 못한 사람, 의식과 가치기준이 이기적인 사람, 상생의 의식과 실천이 없는 사람, 삶의 목표에 영혼의 진화가 없는 사람, 근면하고 열심히 일하지 않는 사람, 인간과 생명에 대한 존엄성과 사랑이 없는 사람, 남을 구해야 하는 상황에서 외면하고 희생정신이 없는 사람들은 열성의 대열에 서 있는 것이다. 반면 질병에 걸린 원인을 반성하고 노력하여 회복하는 사람, 마음과 몸이 건강하고 타인을 배려할 줄 알며, 상생의 가치관과 실천이 있는 사람, 근면하고 열심히 일하는 사람,

인간과 생명에 대한 존엄성과 사랑을 가진 사람, 어려운 상황에 있는 타인을 위해 배려하고 희생할 수 있는 사람들은 우성에 대열에 서 있는 사람들이다.

나는 지금 어느 줄에 서 있는지, 앞에 서 있는 사람과 뒷사람을 살펴봐야 할 일이다. 그러나 설사 지금 열성의 대열에 서 있다는 것이 확인된다면 속히 상황을 파악하고 열성의 줄에서 나와야 하고, 더 노력해서 우성의 대열에 확실하게 자리를 잡아야 한다. 지금 어느 대열에 서 있는가도 중요하지만, 열성의 대열에서 반성하고 노력하여 우성의 대열로 돌아오는 것이 더 중요한 일이고 진화의 지름길이기 때문이다.

또한 재산과 명예, 권력을 가져본 사람은 '무소유'의 즐거움과 가벼움의 가치를 인정할 수 있게 된다. 그러나 가져 본 경험이 없는 사람에게 '무소유'는 전혀 의미를 수용할 수 없는 것처럼, 열성의 대열에서 많은 경험을 축적해 본 사람만이 상생과 타인에 대한 배려와 봉사의 즐거움을 안다. 그는 우성의 대열에서 살아가는 삶에 대한 가치를 인정하고 실천할 수 있기 때문이다.

4. Well Aging을 위한 전제조건

Part2 Well Aging의 조건과 마음 정화

잘 늙는 다는 것, 좋은 노후, 편안한 노후, 행복한 노후란 어떤 것인가? 웰빙의 연속선 상에서 아니면, 웰빙의 후속편으로서 잘 늙는다는 것은 웰빙에서 추구했던 요소들을 먼저 살펴 볼 필요가 있다. 웰빙의 조건으로서 제일은 건강이었고, 그 다음이 가족과 경제적, 사회적 여건, 생태계를 포함한 환경적 여건으로 보았다. 물론 사회적 여건에는 직업과 성공, 인간관계까지가 포함되어 있을 것이다. 이런 요소들을 모두 갖춘 상태에서 나이를 먹어서 노후를 맞이했다고 가정해 보면, 그리 어렵지 않게 잘 늙음에 대한 전제조건을 살펴 볼 수 있을 것이다.

건강부터 가정해 보면 젊은 시절의 건강이 그대로 유지된다는 보장이 없다. 옛말에 '고롱 육십'이라는 말이 있기 때문이다. 젊어서 몸을 함부로 한 사람은 나이를 먹어서 건강에 큰 문제가 생길 가능성이 크지만, 몸이 약해서 항상 관리하고 조심해 온 사람은 늙어서도 건강상태를 그대로 유지하는 사례가 많기 때문이다. 따라서 건강한 노후를 유지하기 위해서는 건강에 문제가 노출되기 전에 평소에 지병이 있거나 약한 부분을 점검하고 사전 예방과 관리를 해야 할 필요가 있다. 그럴 수 있는 재정적 여유가 있으면 무엇이 문제인가를 반문 할 수가 있다. 그러나 그래서 고장 난 부위가 노출될 때까지 방치하는 것과 재정적 형편에 맞는 방법을 찾아서 관리하는 것은 큰 차이가 있다는 점을 간과에서는 안 된다. 바람 빠진 타이어를 미리 공기압을 보충하거나 교체하지 않고 타이어가 망가지는 상황이 발생할 때까지, 끌고 가는 방식으로는 잘 늙고 행복한 노년이 보장 될 수 없기 때문이다.

그렇지만 한 가지 지나쳐서는 안 되는 문제가 남아 있다. 노년의 건강과 유지관리는 젊은 시절의 내용과 방식이 다르다는 점이다. 신체적 여건과 상황이 젊은 시절과 전혀 다르다고 볼 수 있어서, 그 유지와 관리 방법 자체가 노년이 되어서는 다른 방식으로 접근해야 한다는 것이다. 젊어서는 개인사업이든 직장생활이든 자신의 사회활동이 있다.

그러나 은퇴나 퇴직. 퇴역 후에는 상황이 다르다. 모든 것을 축소된 자원 안에서 자신이 결정하고 행동해야 한다. 그래서 신체적이고 정신적 활동량이 급격하게 감소하는 상황이 되는 것이다. 그동안 수고하였으니 쉬는 것도, 좀 편안하게 지내는 것도 1~2년이지 쉬는 것이 일상이 되고 직업이 되고나면 그 질과 색깔은 전혀 다른 것이 된다. 더구나 자연의 이치는 모든 생명이 존재하기 위해서는 쉬지 않고 움직여야만 하고, 정지하면 질료로 수렴시키는 원리인데, 몸과 마음이 정체되면 바로 문제가 발생하기 때문이다. 이는 팽이가 돌지 않으면 쓰러지고, 자전거가 달리지 않으면 넘어지는 것과 같은 원리이다.

자동차도 자주 시동 걸어서 움직여 주지 않고, 장기간 세워두었다가 다시 운행하려면 배터리가 방전되어서 시동이 안 되거나 타이어 공기압이 부족하거나 어딘가 정상운행에 문제가 발생하게 되는 것과 같다. 더구나 폐차라는 개념을 많은 사람들이 차량의 제작 년도를 기준으로 10년이 넘으면, 20년이 넘었는데 하면서 폐차를 생각한다. 그러나 자동차는 일부 고무부품과 플라스틱 부품을 제외하면 모두 부식이 어려운 금속으로 되어 있어서, 무리하지 않고 관리만 잘 하면 제작 년도나 사용 년도와 무관하게 지금보다 몇 배를 더 사용할 수가 있다. 지금도 1970년대에 나온 기아 브리사와 80년대 현대 포니를 운행하고 있는 분도 있어서 이를 증명하고 있는 것이다.

결국 폐차 시기란 연식이 아니라 자신이 더 이상 관리를 포기하고 그만 타겠다고 결정하는 시점이 바로 운행을 멈추고 폐차장에 가는 것처럼, 우리 노년의 건강도 나이를 먹어서가 아니라, 자신이 어떻게 관리하면서 어떤 마음으로 사느냐에 달려 있는 것이지, 평균 수명과는 무관하다고 볼 수 있는 것이다. 이는 주로 신체적 여건을 의미한다고 볼 수 있으나, 몸과 마음은 상호 연결되어 있어서 가역작용을 하기 때문에 마음과 의식이 더 중요한 영역을 차지하고 있다는 점을 유념해야 하는 것이다.

그래서 봉사 활동이나 수익 활동이든 어떤 형식으로든 사람들과 많은 교류를 하면서 감정도 사용하고, 머리도 기억도 사용하고, 남에게 사랑과 정을 주고 받기도 하면서 소속감과 자기 존중, 가능하다면 타인의 존경을 받는 일을 쉬지 않고 해야만 하는 것이다. 가정에서 자녀와 손자들에게도 식사를 같이 하는 자리에서 일상에 관심을 가지고 가족 간의 대화도 하고, 카톡을 사용하면서 젊은이들의 은어를 이해하고 조언해 줄 수 있어야, 두뇌를 활성화 시키면서 고리타분한 노인네 취급을 받지 않는다. 그래야 소속감과 자신의 존재감을 유지 할 수 있고, 뇌졸중이나 당뇨, 치매로 요양병원에 수용되고, 신세지지 않는 팽팽한 긴밀감 속에서 좋은 늙음과 노후를 즐길 수 있는 것이다. 돌지 않고 달리지 않으면 쓰러지는 팽이와 자전거는 단지 신체적 운동에만 국한 된 것이 절대 아님을 명심해만 하는 것이다.

또한 노인은 청년들처럼 현재와 미래에 살지 않고 과거에 산다는 말이 있다. 미래가 없기 때문에 미래를 얘기할 수 없고, 현재는 만족하지 않기 때문에 그것도 자신이 자랑할 수 있고 얘기할 수 있는 것은 과거뿐이다. 젊은이가 군대 생활 얘기만 반복한다면 그는 이미 마음이 늙어 가고 있다는 것을 의미하는 것일 수 있다. 팽이와 자전거가 앞으로 더 돌고 달릴 일을 생각하지 않고, 뒤쳐져서 전에 군대 생활과 잘 나갔던 때, 잘 돌로 잘 달렸던 때를 생각하고 있는 것이다. 주위에서 본인이 옛날 얘기만 하고 전에 했던 얘기를 자꾸 다시 한다는 얘기를 듣는다면. 이미 자신이 현재와 미래를 생각하지 않고 멈추어 서서 과거만을 생각하고 있는 상태라는 것을 바로 인정하고 정신을 차려야 한다. 그러지 않으면 이미 그 자동차는 폐차하기로 마음먹은 단계가 된 것이기 때문이다.

그림 2-2 매슬로우의 인간욕구 5단계

이와 관련하여 매슬로우의 인간욕구 7단계가 있지만 인지적 욕구와 심미적 욕구를 5단계에 포함하여 다시 살펴보면 그림2-2와 같이 하위 3단계인 생리적 욕구와 안전의 요구, 소속의 욕구 단계까지는 웰빙의 전제조선에 해당된다. 그러나 상위 4~5단계인 존경의 욕구와 자기실현의 욕구는 늙음과 노후시기에 해당되기 때문에, 4단계 이상의 욕구는 젊어서 추구하는 웰빙의 조건을 충족되었다고 해서, 그 기반 위에서 저절로 이루어지는 것이 아니라 지속적인 신체적, 정신적 활동과 노력에 의해서 이루어 질 수 있는 것이다. 특히 자아실현의 영역은 한 사람의 일생을 결산하는 시기이기 때문에, 그저 나이와 관록이 있어서 그 것으로 저절로 이루어지는 것이 아니어서, 등산에서 산의 정상을 오르는 것과 같이 중단 없는 오르기가 필요한 것이다. 물론 노년의 체력으로 청년과 같은 힘과 활력을 낼 수는 없다. 여유를 즐기며 천천히 달리지만 주저앉지 않고 끊임없이 걸어야 정상에 도달하는 자아실현이 가능하기 때문이다.

그 다음이 가족과 경제적, 사회적 여건, 생태계를 포함한 환경적 요인 또한 나이를 먹고 퇴직을 하고, 일선에서 물러나게 되면 나이 젊을 시절의 상황과 관계가 절대로 그대로 유지 할 수가 없다는 것을 인정해야 한다. 재정상황과 형편에 맞게 최소한의 노후 준비를 조금 일찍부터 준비 할 필요가 있는 것이다. 물론 자식들을 가르치고 뒷바라지 하다 보니, 자신의 노후는 전혀 준비 할 수가 없는 현실이이 대부분 우리 부모들의 상황이지만, 그렇게 살아서 결국은 자식들의 봉양도 받지 못하고 일반 요양원도 제대로 갈 형편이 못 된다면, 자식들을 잘못 키웠거나, 어딘가 본인이 잘못 산 것만은 어쩔 수가 없는 현실로 인정해야 하는 것이다.

하지만 이와 같은 웰빙의 시간적 연장선에서의 잘 늙음에 대한 대책과 준비보다는, 이 장에서는 젊어서는 그 가치기준이 과소평가 되는 경향이 있지만, 노후 생활에는 절대적인 가치와 전제조건이 되는 요소에 대하여 고찰해 보고자 한다. 먼저 '열 효자가 한 악처보다 못하다'는 옛말이 있다, 이 말은 '여행에는 친구, 인생에는 동반자'라는 말과 상관성이 있어서, 구태여 설명이 필요치 않다고 본다. 그러나 그저 당연한 말이라고 지나쳐서는 안 된다. 노후에 부부란 그저 조금 불편한 그런 수준이 아니라, 우리 삶이 4 Well과 함께 성공한 인생인가? 아닌가의 여부를 결정하는 중요한 요건이기 때문이다.

아무리 젊어서 웰빙의 삶을 살았다 해도, 노년에 혼자되거나 부부가 서로 아끼고 사랑하면서 함께 늙어가지 못한다면, 그 인생은 아무리 다른 여건이 충족되어 있다고 해도 성공한 인생이 될 수 없기 때문이다. 결혼하지 않은 노년도 마찬가지이고, 자식까지 없으니 자연의 순리라는 측면에서도 절대로 성공한 인생이 될 수가 없는 것이다. 따라서 혼자되었거나 화목하지 못하다면 그 원인이 어디에 있든 그것은 남아 있는 사람의 잘못이 크고, 서로가 잘못 살았다고 반성하고 지금이라도 상대를 무조건 용서해서, 요구하지 말고 내가 먼저 잘 해주어야 한다. 상대의 잘못을 이유로 내세우면, 절대로 화목은 찾아올 수 없고, 무조건 내가 잘못한 것으로 수용하고 잘해주다 보면 상대도 변화하게 된다. 그때서야 비로소 실패한 인생을 면할 수 있는 자격이 생기는 것이다.

따라서 하루라도 더 나이 먹고 더 늙기 전에 상대를 위해서 최선을 다해서 먼저 가지 않게 해야 하는 것이 부부의 의무인 것이다. 설사 먼저간 사람의 잘못이 있다고 해도, 먼저 가고나면 모든 잘못은 남은 사람의 몫이 되기 때문에 살아서 잘 해야 하고, 늙어서 구박 받기 전에 젊어서 잘 해야 하는 것이다.

다음 장에서 다른 의미로 부부에 관해서 다루겠지만, 부부는 그저 만나서 반평생을 함께 살다 죽어서 헤어지는 그런 관계를 넘어서는 다른 의미가 있기 때문이다. 자식도 마찬가지여서 2세는 별개의 존재이지만 또한 생물학적으로 자신의 분신이며, 곧 자기세포이기 때문에, 단순한 부모와 자식의 관계를 떠나서 또 다른 의미가 있다. 늙어서 자식이 부모를 모시지 않고 요양원에서 생을 마치게 한다면, 이는 부모와 자식들 모두에게 문제가 있고, 자연의 순리에서도 모두가 4 Well의 삶을 살고 있거나, 잘 산 것은 아니라고 볼 수가 있다.

물론 이는 단순하게 부모와 자식의 의지와 노력만으로 좌우되는 문제가 아니어서, 다음 장 좋은 죽음에서 영적 정화와 관련이 있기 때문에 다시 상세하게 다루고 있지만, 잘 늙음의 전제조건은 재정적이거나 사회적 여건에 의해서 결정되는 것이 아니라 부부와 가족, 친구와 사회적 인간관계 등 인적 요소에 의해서 대부분 결정된다는 사실을 염두에 두고, 미리 준비하고 노력 해야만 하는 요건이라는 인식이 필요한 것이다.

근래 현대사회에서 탈 가족 사회를 넘어서 핵가족과 1인 가정 비율이 증가되고 있는 상황에서 잘 늙음이란 혼자서가 아니고, 가족이라는 울타리 안에서 완전한 가치를 완성 할 수 있다는 특성이 있다. 물론 혼자서도 행복한 노후생활을 확보 할 수 있고, 행복한 노년을 즐길 수도 있는 시대이기는 하다. 그러나 세계보건기구의 건강에 대한 정의에서와 같이 신체적으로, 정신적으로, 영적으로, 사회적으로 생태계까지 건강에야 하는 것처럼 잘 늙음은 단순하게 웰빙의 연속선에 있는 것이 아니라, 환경과 인적인 요건에서 전혀 다른 차원에서 접근해야 할 다양한 요소들이 복합되어 있는 것이다.

더구나 다가오는 고령화 시대에 노인문제와 사회복지 문제는 지금과 같이 현대판 고려장이나 마찬가지인 민간 주도의 요양원과 요양병원 체계에 국민의 노인복지 문제를 언제까지 맡겨 둘 수는 없는 일이다. 사회에서 실질적인 정년 시기는 앞당겨지고 평균수명은 연장되고 있는데, 출산율은 계속 감소하는 상황에서, 요양원에 있는 노인들이 국민의료보험 재정적자의 주된 원인자로 전락시키는 일은 반드시 개선되어야 한다. 방법은 있다. 2018년 기준 65세 이상의 노인인구 738만 명(전체 인구의 14.3%) 중 전국의 요양시설에 수용되어 있는 분들과 재택 요양인원을 합하여 10%만 잡아도 70만명의 인원을 건강하게 만들고, 사회에 복귀시켜 생산 활동을 하게하고, 활동이 불가능한 일부만 제대로 된 요양을 반게 할 수 있는 방안을 구축해야 한다. 재정문제 말고도 의료기술상 불가능하다고 하겠지만, 저자는 공학자이고 원리와 근거자료 실험결과가 없는 일을 그저 이론적으로 주장하지 않는다는 수준까지만 언급하고, 그 다음은 다른 장 4장에서 다루기로 한다.

5. 세간살이, 살림살이의 숨겨진 의미

Part2 Well Aging의 조건과 마음 정화

삶이란 우리말을 5개의 자음과 모음 ㅅ ㅣ · ㄹ ㅁ으로 파자하여 의미가 있는 단어로 조합하여 생성되는 다른 단어는 사람살림이 된다. 이 「사람살림」이라는 말은 우리 선조들이 후손들에게 준 최고의 선물이며, 오늘날 우리 인류가 물질주의와 온갖 지구문제로 방황하고 고통 받을 때를 준비하여, 문제해결의 해답을 우리의 말과 글 속에 남겨 놓으신 것으로 본다. 혼자만 잘살기 위해서 싸우고 뺏는 그런 삶이 아니고, 서로를 살려서 함께 사는 상생만이 우리 삶의 목적인 의식 진화의 목적 달성을 위한 유일한 방법임을 언어 자체로 만드신 천손민족의 성인들이셨던 것이다.

인간이란 한자의 의미 또한 하늘(一)과 땅(_) 사이(間)에 연결(ㅣ)을 만들어(工)가는 존재로서 서로 넘어지지 않게 기대고 살아야 한다는 의미가 함축되어 있는 표의문자인 것이다. 글자 자체에 하늘과 땅 정신과 육체 영과 혼의 결합체라는 인간의 본질과 사명 그리고 사람들이 모여서 가족과 집단 사회와 국가들 이루고, 모든 생명체와 생태계와 더불어 살아가는 최선의 가치와 방식으로써 윤리와 도덕 그리고 생존의 도구이고 진화의 방법론으로서 알파에서 오메가까지를 포함하고 있는 것이다.

우리말 삶의 펼친 의미는 사람살림이어서 글자 그대로 사람을 살리는 것이고 핵심은 사람과 살림이다. 또한 사람은 인간과는 다른 의미로 사용되었다는 배경을 앞에서 살펴보았으며, 인간적이라는 말 자체가 동물의 본능수준과 신성과의 사이에서 이쪽도 저쪽도 아닌 영역에서 상황에 따라서 적당하게 선하고 적당하게 악한 불분명한 존재임을 확인하였다. 따라서 인간적이라는 말의 의미를 긍정적으로 사용하고 있지만, 사실은 부정적인 의미가 더 크다는 것을 알 수가 있다.

살림 또한 생명을 살린다는 의미와 한 살림이나 두 살림의 살림살이와 살림 차렸다고 하는 두 사람이 함께 사는 생활의 의미가 있다. 이 부분에서 핵심은 사람을 살리는 살림에 있다. 우리의 살림은 세포의식에서 나를 이루는 내 세포를 먼저 살려서 내 몸을 살리고 나를 살리는 일도 있지만, 또 다른 내 세포인 다른 사람을 살리는 상생에 있다. 그래서 삶 자체가 사람을 살리는 사람살림에 있다는 것을 미래시대의 자손에게 전달하기 위하여 글자가 없던 시대에 일상의 우리말에 그대로 함축시켜 놓은 우리 선조의 가르침과 지혜의 결과인 것이다.

이와 같은 인간과 사회, 우리들 삶의 여정과 일상생활에서 '사람살림'은 내 몸과 마음을 정화시키고, 나를 살려서 완성해야 할 절대 명제가 있다. 혼자서는 완성할 수도 없지만 나만 사는 것이 아니고 함께 살면서, 상생과 홍익인간을 구현하는 것이 우리 삶이어야 한다면, 가장 먼저 살려야할 사람은 누구일까를 생각해 보아야 하고, 지금 나와 가장 가까운 상대부터 살리고 있는지를 둘러보아야만 한다. 그 가장 가까운 상대는 누구일까? 혈연관계인 가족도 친척도 아니고 사돈의 팔촌도 아니어서 촌수가 0 촌인 타인, 바로 부부이다. 부부는 일심동체여서 촌수가 없는 0 촌이지만 헤어지면 촌수가 아예 없는 0이 아닌 무한대(∞)가 되고 만다.

그래서 서로 살리는 관계가 되어야 하고, 남남이 만나 혼인을 해서 사람살림을 시작하는 행위를 우리 선조들은 '살림살이' 라고 말해 왔던 것이다. 살림을 하기 위한 살림도구인 '세간 살이'를 의미하는 것이 아니라, 세간을 포함해서 살리는 생활을 하기 위한 행위 전체를 의미한 것이었다. 이 말의 본뜻은 우리의 삶은 사는 것 자체가 사람을 살리는 생활이었던 것이다.

그러니 우리는 지금 부부를 살리고 가족을 살리고 인연과 주위를 모두 살리고 있는지, 국가와 민족을 살리고 인류와 지구를 살리고 있는지, 살리는 말과 살리는 행동으로 실천하는 삶을 살고 있는지를 매일 눈을 뜨고 일어나기 전에, 잠들기 전에 그리고 매일 매 시간 만나는 사람마다 자문하고 확인해 보아야만 하는 것이다.

살림살이 또한 처가살이, 한해살이, 두해살이, 피난살이와 같이 생활과 삶 자체를 의미한다. 사람을 살리는 생활이어야 하고, 생활 자체가 사람 살림이어야 하는 것이다. 그러나 오늘날 우리들 대부분의 결혼생활은 자기중심의 이기적 남녀가 상대에게 서로 요구만 하고 불평하면서 상대를 배려하고 살리는 것이 아니라, 자기에게 상대가 맞추어야 한다고 주장하고 소리치면서 서로를 살리지 못하고 오히려 죽이는 경우가 많다. 그리되면 세포에 저장된 정보인 업이 소멸되지 못하고 다음 생에 다시 발현되어, 첫눈에 반하는 사이로 만나게 되고, 또 다시 성격차라고 하면서 50%가 이혼을 하거나, 남의 이목이나 아이들 때문에 남처럼 살거나, 싸우면서 서로를 죽이는 관계로 사는 것이다. 서로를 살리는 살림살이는 없고 깨지고 부서지는 세간살이만 있는 것이다.

이 우주는 무극과 황극, 태극을 거쳐 음양이 나타나고, 이 음이온과 양이온이 물질 창조의 핵심인 것이다. 따라서 이 지구 생태계와 물질까지도 모두 자웅과 음과 양으로 구분되어 진화를 계속하고 있는 것이다. 태초에 하나님도 자신을 닮은 존재를 창조하신 것이 인간이며, 하나가 아니고 음과 양인 남자와 여자로서 아담과 해와(eve)를 지어서, 실체를 가진 하나님 자신보다 나은 사람을 완성하려고 하였다. 그러나 아담과 해와의 실수로 부부로 완성되지 못하고, 아벨은 억울한 영혼이 되고 우리 모두는 가인의 후예가 되어버린 인류는 그 카르마로 죄와 한과 거짓으로 형성된 영혼과, 죽어서도 살아있는 사람을 통하지 않고서는 진화를 하지 못하는 4차원의 영계가 만들어진 것이다.

그래서 영계에는 부부가 없다. 예수님보다 500년 앞선 영통으로 저승과 인간계, 신계로 구성된 우주 삼계를 꿰뚫어 실체를 깨달은 부처님이 이를 실현하려고 하였으나, 자신도 처자를 버리고 출가하였고, 영계에서 부부가 함께 하지 못하고 서로 울면서 찾아다니는 것을 보고, 그럴 바에는 부부의 연을 맺지 않는 것이 좋을 것 같다는 생각으로 가르침에서 누락시켜 버린 것이, 오늘날 많은 불교와 가톨릭의 성직자들의 독신 수행으로 관행이 되어버린 것이다. 그러나 이제 부부가 서로 살리는 사랑과 믿음으로 하나 되어서, 몸을 가진 생령으로 성장하여 하나님의 뜻이 이 지상에서 이루어지는 세상을 만드는 것이 인류 진화의 완성인 것이다, 질병과 결핍이 없고, 상생으로 사랑과 행복, 평화가 충만 된 그런 세상이 오고 있는 것이다.

그러나 이는 사람으로서 하나 된 부부만이 이루고 허용되는 실체이어서, 독신은 음양이 완성되지 않는 미완성으로 불가하다는 사실을 심각하게 숙고해야만 한다.

이론적으로 두 개체가 하나가 되는 것은 논리나 지성, 물리적으로 불가능해서 그저 화목한 부부에 대한 상징적 의미로만 여겨왔던 "부부는 일심동체여야 한다"가 바로 이러한 진리를 이미 깨달은 우리 선조들이 우리말에 환웅단검의 가르침으로 명시에 놓았던 것이다. 이러한 가르침을 최치원 선생이 우리말이 아닌 한자로 부호화 한 천부경을 남김으로서,

환웅 성인의 가르침을 왜곡시켜 버린 우를 범한 것 임에도 불구하고, 후인들은 우리말의 녹도전자 천부경이 진리 탐구보다는 쉬운 것은 진리가 아닐 것이라는 선입관과 오해를 계속하면서, 한자 천부경의 빗나간 해설을 다시 우리말로 번역하고 해석하고 있는 것이다.

아직 변화의 과도기에 있지만 후천·상생의 시대를 맞이하면서 부부에 대한 개념을 다시 고찰해 볼 필요가 있다. 하나님이 우주 삼라만상 인간을 창조하실 때 음양과 자웅으로 창조하신 뜻은, 생물학적 진화론과 우성의 법칙에서 근친결혼은 열성이 나타나게 한 것만 보아도 정말 탁월한 선택인 것이다. 자웅동체나 같은 종족의 경험과 정보를 결합하는 것보다는, 지역적으로 멀리 떨어져 있는 종족의 경험되지 않은 정보를 받아들여서 2세를 생산하는 것이 보다 많은 정보를 확보할 수 있어서 진화에 우성으로 작용할 수 있기 때문이다.

또한 그동안의 성서와 창조역사에 대한 기록을 보면 하나님은 아버지로만 표현되었고, 하나님 어머니라는 호칭이나 존재에 대한 언급이 없다. 이는 지금까지의 선천시대 상극의 세상은 힘과 싸움의 역사이며 남성의 시대이고 아버지의 시대라고 볼 수 있다. 이제 다가오는 후천시대 상생의 세상은 지혜와 사랑의 세상이 될 것이며, 여성의 시대이고 어머니의 시대인 것이다. 이러한 에너지의 변화는 이미 21세기에 들어서면서 드러나기 시작하였으며, 그러한 경향이 여성상위 시대라든지 여성 대통령, 정부부처에 여성부가 설립되고 간통죄가 폐기되는 현상으로 나타나고 있는 것이다.

그러나 이제 가부장적인 가족관계도 어머니가 호주가 되고, 어머니의 성을 선택하는 평등의 개념과 남성 중심의 족보는 힘의 시대 부산물로만 치부하기보다는, 우생학적 측면에서 근친결혼의 단점을 방지하기 위한 선조들의 지혜라는 점도 간과해서는 안 된다고 본다. 더구나 이제 후천시대는 남성시대의 반작용으로 태극의 변화와 같이 여성상위 시대가 되는 것이 아니라 조화와 사랑의 시대인 것이다.

따라서 부부 하나라는 것은 1+1=2가 아니고 1+1=1이 되는 것이다. 이는 우주 창조의 기본 물질인 원자번호 1번인 수소(H^1)와 원자번호 8번인 산소(O^8)가 모두 상온에서 부피가 큰 가스 상태이고, 결합하면 폭발하는 가연성 물질이고 산화제이지만, 이 두 물질이 정확하게 분자량 2:1의 비율로 공유결합하게 되면, 폭발하지 않고 오히려 부피가 응축되면서 새로운 수소결합 물질이 탄생하게 된다. 이 물질이 바로 생명 탄생의 근원 물질이며, 이 물질이 없으면 모든 자연과 생명체 인류가 생존 불가능한 물(H_2O)이 되는 것과 같다. 그래서 실제로 부부 하나 된 존재가 하나님으로서 창조를 하게 되는 것이며, 하나님의 두 번째 창조 목적인 "실체를 가진 나보다 나은 존재"가 부부를 통해서 이루어지는 시대가 오고 있는 것이다.

두 개의 개체가 각자 자기만을 주장하지 않고 상대의 특성을 인정하면서 상대에게 맞춰주는 부부로서 그야말로 몸과 마음이 하나가 되면,

가스가 아닌 액체인 물이 생성되는 것과 같이, 상호존중과 보완의 협력 관계를 갖는 새로운 존재가 되는 것을 의미한다. 따라서 둘이지만 하나인 하나의 존재(님)가 됨으로서, 그 결과는 하나님과 같이 창조하고 이루어지는 근원의 에너지로서 새로운 다른 하나의 개체가 되는 원리인 것이다.

이는 진정으로 둘이서 화목한 가정생활을 한다는 수준의 일반적 개념이 아니라, 앞장에서 살펴 본『전체의식과의 합일』을 이룰 수 있는 가장 중요한 전제조건이 되는 것이다. 사실 하나님도 부부로 계신다. 그런데 지금까지 아버지 하나님이 창조를 하시고, 어머니 하나님은 나타난 적이 왜 없는가 하는 의문이 있을 수 있다. 이는 창조는 하나님 아버지가 주관하였지만 그 완성은 하나님 어머니가 하게 되어 있기 때문이다. 그러나 창조과정에서 여성인 해와가 아담을 신뢰하지 못하고 집을 나가고 부부가 완성되지 못하게 됨으로서, 부부를 이루고 성령이 되는 창조목적이 실패하였기 때문이다. 그 결과 죄와 한과 상극의 선천시대가 이어져 온 것이고, 이제 상생의 후천시대에 죄가 없는 새로운 해와와 아담이 부부를 완성하면서 하나님 어머니가 나오시는 시대가 오고 있는 것이다.

예언서에서도 신계나 성현급의 5차원 세계에서 아직 부부로 함께하는 존재들이 없다. 이는 아직 성령으로 완성된 수준의 완전의식이 없다는 의미이어서, 3차원 이 세상에서 몸과 마음이 완전한 부부가 몸과 마음이 모두가 양백(兩白)으로 투명하게 정화되고, 모든 인간적인 어두움을 벗어버리고 자기무화를 이룬 하나님 심정이 되면 바로 그 때가 예언서에서 언급한 일체를 이겨낸 십승(十勝)이 되고, 하나님이 일신강충(一神降衷)하시고, 성통광명(性通光明)하여 실체를 가진 사람이, 절대의식과 하나로 합일된 진인과 미륵불, 재림예수인 메시아가 되어서 새로운 세상을 만들어 가는 것임을 알 수 있다.

그래서 메시아는 하늘에서 오는 것이 아니라 참사람으로서 정도령(鄭道令)이 아니라 정도령(正道令)으로 이미 와 있는 것이다. 따라서 부부 하나는 이제 가정행복의 근원인 가화만사성이나 결혼과 인구문제와 관련된 그런 영역을 넘어서, 자기완성과 인류의 구원과도 관련이 있는 현실적이면서 이상적인 중요한 가치기준이 되어야 하는 것임을 알아야 한다. 부부가 남자와 여자, 남편과 아내로서가 아니라 각각의 마음과 의식에너지를 하나로 합하여 완성하는 새로운 창조의 실체가 되는 원리인 것이다.

따라서 부부란 그저 남녀가 만나서 자녀를 낳고 가족을 이루어 사는 개념을 넘어선 관계라인 것이다. 이런 원리와 고전적인 저자의 생각을 원인으로 지인들로부터 너무 큰 욕심을 가지고 있다고 핀잔을 들은 기억이 있다. 장녀가 20대 후반쯤일 때 남자 친구를 집에 데려와서 인사 시키겠다고 한 적이 있었다. 아빠 마음에 들어야 하니 어떻게 하면 되느냐고 물어서, 두 사람에게 한 가지씩 두 가지만 물어 보겠다고 했다. 힌트를 달라고 졸라서 문제를 아예 가르쳐 주었다. 남자 친구에게는 조부모님이 모두 건강하신지 그리고는 출신학교나 직장이 있는지, 부모님이 어떤 분인지도 일체 묻지 않는 대신 딱 한 가지, 장래 희망과 목표가 무엇이고, 그 목표를 위해서 지금 어떻게 준비하고 있는지에 대해서만 묻겠다고 했다. 그러자 나는요? 하며 미리 알려달라는 딸아이에게는 이런 질문 한 가지를 들려주었다. 그 남자를 그저 좋아하는 수준인지, 단점까지도 사랑할 수 있는 진정한 애정이 있는지를 자신에게 물어서 긍정의 대답을 할 수 있는지, 그리고 결혼해서는 아무 것도 없이 월세 방에 살면서 신문지를 깔고 라면을 먹어도, 저 남자하고 같이만 있다면 행복할 수 있는지를 묻겠다고 했다.

그랬더니 딸애는 조금 토라진 표정으로 오히려 나에게 질문을 했다. "그럼 엄마는 그랬어요?" 그 질문에 나도 주저 없이 바로 대답을 했다. "그럼 엄마는 아침에 일어나서 내 눈에 눈곱이 있으면 손으로 눈곱을 닦아주면서 얼굴을 쳐다본다고 했다." 딸에는 그 뒤로 아무 말도 하지 않았고, 그 남자 친구도 집에 오지 않았을 뿐만 아니라, 지금까지 어떤 남자도 집에 데려오거나 인사를 시킨 적이 없고 시집도 가지 않고 있다.

지인들에게 핀잔을 들은 그 일로 해서 발생된 문제로 인해서 인지, 큰딸 말고도 우리 부부에게는 큰딸보다 세 살 적은 아들이 있고, 그 아래로 또 세 살 적은 막내딸이 있지만 아직 하나도 출가 시키지 못하는 우를 범하고 있는 중이다. 그러나 내 생각은 조금 다르다 시집을 안가고,

결혼을 안하는 것이 아니라, 본인들도 인지하지 못하는 다른 상황을 기다리고 있는 중이어서, 때가 되면 모두 각자의 역할을 할 것이라는 것을 알고 있기 때문이다.

「살림살이」

나는 없고 상대만 있다.
삶이란 사람 살림이다.
모두를 살려서 함께 산다.

가까운 인연부터 살리지 못하고
어떻게 세상을 구할 수가 있겠는가?
일이 우선이 아니고 사람이 먼저다.
일은 사람이 이루는 것이고
상대를 살리면 그가 일을 하고
나를 살린다.

그래서 함께 산다.
나는 없고 상대만 있다.
나는 없고
하나인 님만 계신다.

6. 마음정화 수련과 거울요법

어린 아이들은 즐겁다. 가만히 보면 삶 자체가 놀이이고 유희이다. 왜 아이들은 마냥 즐겁기만 한가? 어린애들이니까, 아무 것도 모르니까 하고 흘려버리지 않고, 왜 그런가 하는가 하는 의문을 갖고 살펴보면 하나의 중요한 원리를 발견하게 된다. 아이들은 아직 나라는 자기의식이 발달하지 않았기 때문에, 나와 남이 구별되지 않고, 과거나 미래, 선과 악, 싫고 좋음이 없다. 그러니 증오나 기만 술수나 우월감과 열등감이 없어서, 있는 그대로를 보고 반응하기 때문이라고 대부분의 전문가들은 분석한다. 나이를 더 먹어서 과거의 기억과 경험이 쌓이면서 분별과 차이를 느끼고 나와 남의 구별이 생기면서 이 즐거움은 반비례해서 줄어들기 때문이다.

문제는 그런 분별과 나라는 에고인 자의식이 없는 상태에서는 왜 즐거운가에 있다. 여기서 우리는 인간과 동물의 본능과 본성을 다시 생각해 보지 않을 수 없다. 동물의 새끼들도 장난을 치고, 인간도 순수한 장난은 주로 어린 시절에 나타난다. 그렇다면 우리의 본성과 본능, 생명의 본질은 이러한 즐거움과 기쁨의 요소로 시작된 것이 아닌가 하는 생각이 든다. 그래서 살면서 오염된 부정적인 과거의 기억과 자기기준, 에고를 소멸시킬 수 있다면, 이러한 기쁨과 즐거움의 본성을 회복할 수 있지 않을까 하는 시도가 바로 이 장의 마음정화 수련법의 핵심이 된다.

우리가 버리고 단절해야 하는 것은 과거의 기억과 감정이다. 과거로부터 벗어나야 현재를 자유스럽게 살 수 있기 때문이다. 그러나 과거는 우리의 삶을 현재에 살지 못하게 하고, 구속하여 목줄에 메인 강아지처럼 끌려가는 삶을 살아가게 한다. 이러한 과거와 감정에 대해서 같은 깨달음을 이야기 하는 영성가가 있다. 독일에서 태어나서, 영국의 런던 대학을 졸업하고 케임브리지 대학에서 연구원을 지낸 서양인이면서도 깨달음 이후 새롭게 떠오르고 있는 교사로 알려져 있는 에크하르트 톨레이다. 그는 그의 저서 NOW: 행성의 미래를 상상하는 사람들(유시화 역)에서 다름과 같이 역설하고 있다.

인간의 마음은 과거를 내려놓지 못한다. 아니 그보다는 내려놓으려 하지 않는다. 따라서 과거와 그 감정을 내려놓는 일로부터 진정한 자유를 얻을 수 있다고 하면서 두 명의 선승 탄잔과 에키도의 이야기를 예로 들고 있다.

두 선승이 폭우가 내린 뒤 진흙탕으로 변한 시골길을 걸어가고 있었다. 그들은 마을 근처에서 길을 건너지 못하고 쩔쩔매고 있는 젊은 여인과 마주쳤다. 진흙탕이 너무 깊어서 그녀가 입고 있는 비단 기모노가 버릴 형편에 처해 있었다. 탄잔은 얼른 그녀를 등에 업고 길 건너편으로 데려다 주었다. 그리고서 두 수도승은 침묵 속에 발걸음을 재촉했다. 다섯 시간 뒤에 그들이 머물게 될 산사에 이르렀을 때, 애키도가 더 이상 참지 못하고 말했다. "왜 자네는 그 여인을 길을 건너다 주었는가? 우리 수행자들은 그렇게 해서는 안 된다는 것을 모르는가?" 탄잔이 말했다. "나는 몇 시간 전에 그 여인을 내려놓았는데, 자네는 아직도 그녀를 업고 다니는군." 애키도처럼 살아가는 누군가의 삶이 어떠할지 상상해 보라. 생각 속에서 상황을 내려놓지도, 또 내려놓으려고도 하지 않으면서 마음속에 점점 더 많은 과거의 기억과 감정을 쌓아가는 이들의 삶이 어떠할지를, 그러면 우리의 행성 위에서 살아가는 대다수 사람들의 삶이 어떠한가를, 그들이 마음속에 짊어지고 다니는 과거의 짐이 얼마나 무거운가를 느끼게 될 것이라고 강조하고 있다.

사실 과거는 기억의 형태로 우리들 안에서 살아가는 기억 그 자체는 문제가 없지만, 그러나 우리가 과거로부터, 과거의 실수나 잘못으로부터 배우는 경험은 기억을 통에서다, 기억들, 즉 과거에 대한 생각들이 우리를 완전히 사로잡아 하나의 짐으로 바뀌고 걱정과 불안으로 바뀔

때만 문제가 되는 것이다. 다시 말하면, 그것들이 우리들의 자아개념의 일부가 될 때에만, 그 때 과거에 의해서 조건 지어진 인격이 우리를 가두는 감옥이 되기 때문이다.

우리의 기억들에게는 '나'라는 의미가 부여되고, 우리의 이야기는 우리들이 생각하는 자기 자신이 되어 버리는 '동일시'가 일어나는 것이다. 이 전체에서 분리된 '작은 나'는 시간을 초월하고 형상을 초월한 우리의 진정한 본성을 흐려놓는 하나의 레이저 홀로그램과 같은 환영이고 실체가 아닌 허상이다.

그러나 우리들의 경험체는 정신적인 기억뿐만 아니라 감정적인 기억과 연결되어 구성되어 있다. 끊임없이 되살아나는 오래된 감정이 바로 그것이다. 다섯 시간 동안이나 불쾌감이라는 등짐을 지고 걸으면서 생각으로 그것들을 먹여 살린 수도승의 경우와 같이, 대부분의 사람들은 평생 동안 정신적인 그리고 감정적인 불필요한 등짐을 짊어지고 가방으로 들고 다닌다. 우리들의 불평, 후회, 적대감과 못 마땅함, 죄책감으로 자신이 스스로 만든 감옥에 가두고 있는 것이다.

감정적인 생각들이 우리들의 자아가 되어 버렸으며, 따라서 우리들은 그 오래된 감정에 줄곧 매달려 있을 수밖에 없게 된다. 이것이 우리들의 정체성을 더 강하게 만들어 버리기 때문이다. 이와 같은 과거의 감정들을 지속시키는 인간 마음의 습성 때문에, 거의 모든 사람들이 지신의 의식 에너지 장 안에 지난날의 고통이며 짐인 감정의 집적체를 지니고 다닌다. 그 집적체가 바로 내가 고통체(동양의 용어로는 업습, 업장, 카르마)라고 부르는 것이라고 에크하르트 톨레가 힘주어 말하고 있다.

그러면서 그는 우리는 이미 가지고 있는 그 고통체인 업습에 또 다른 고통을 덧보태는 것을 중단할 수 있다. 우리의 날개를 털어 버림으로써 그것이 가능하다. 형이상학적으로 말하면, 그 일이 어제 일어났든, 30년 전에 일어났든 정신적으로 과거에 머무는 것을 중단함으로써 과거의 감정을 지속시키는 업습을 멈추는 법을 배울 수 있다. 마음속으로 영화를 만드는 일에 사로잡혀 상황이나 사건들이 마음속에서 계속 살아 있게 하는 것이 아니라, 시간을 초월한 새로운 현재 순간들 속으로 계속해서 주의력이 되돌아오게 하는 법을 배울 수 있다고 주장하고 있다.

그러나 이 몸과 마음, 기억과 감정들은 전문가들의 많은 실험과 연구 결과에서 일체유심조(一切唯心造)보다는 심신일여(心身一如)에 가까운 특성이 있는 것으로 밝혀져 있다. 따라서 우리 몸과 감정은 실제상황과 마음작용을 구분하지 못하고, 마음에 따라 몸이 반응하는 최면작용과 중독과 같이, 몸의 요구에 마음이 따라가는 현상처럼 몸과 마음, 고착화 된 기억과 감정들은 상호 연결되어 가역작용을 하고 있어서, 그렇게 쉽게 분리되고 소멸되는 대상이 결코 아니다. 에크하르트 톨레가 관찰한 것과 같이, 오리들은 서로 싸움을 해도 결코 오래가지 않으며, 싸움이 끝나면 서로 반대 방향으로 돌아서서 날개를 크게 몇 번 털어버림으로서, 싸우는 동안 지나치게 커진 부정적 에너지를 방출하고 소멸시켜 버리고 나서는 예전으로 돌아가 사이좋게 지내는 것과 같이, 우리 인간 들도 날개를 몇 번 털어 내거나 내려놓음 또는 버리는 수련이나 혼자서 마음으로 하는 각오 등으로 그렇게 털어지고 버려지지 않는다는 사실이 문제인 것이다. 우리가 그 많은 세월을 교육과 수양, 고행과 명상, 수많 은 수련법과 수련단체가 존재하는 현실이 이를 증명하고 있다.

우리들 고통의 원인인 기억이라는 실체는 과거를 짊어지고 다니는 자 신의 생애뿐만 아니라, 전생이라고 일컬어지는 선조의 죄와 업장, 나아 가 카인의 후예로서 인류의 역사로 이어진 복잡한 혈통과 카르마와 연 결되어 있는 것이다. 따라서 1948년 사춘기 시절부터 자살 충동에 시 달려 온 심한 우울증 환자였던 에크하르트 톨레가 절망감과 삶의 무의 미함에 시달리던 그는 스물아홉 살 생일이 지난 어느 날 밤 깊은 회의와 깨달음에 이르게 되면서 의식의 변화가 일어난 것처럼 그리 쉽게 버려 지고 소멸되지 않는 대상인 것이다.

따라서 이러한 과거의 기억과 감정들을 버리는 효율적인 방법이며 문 제 해결의 전제조건으로서 몸과 마음의 통합적인 정화수련이 선행되어 야 한다는 것이 우리의 본성을 깨달아 회복하는 몇 가지 실천법 중에 하나가 되어야 한다. 정화 프로그램은 중금속 정화를 위한 해독과 배출 의 해독요법(DTBP)과 심신통합 스트레스 감소(MBISR) 프로그램을 통 한 몸의 정화과정 다음 단계에서 시행되어야 한다. 마음정화는 장기별 감정정화(OMPM)와 과거의 기억으로부터 자유를 위한 기억정화 수련

(IBMP)과 일상생활 속에서 버리고 지우는 실천법으로서 '작용과 반작용의 거울요법(MRTC)이 있다.

세상은 모든 것이 상대적이어서, 내 마음에 걸리는 모든 사람과 상황들은 외부에서 자기에게 주는 자극이 아니라, 세상은 그대로인데, 자신의 내부에 버리지 못하고 왜곡되어 존재하는 기억과 잠재의식들이 상대라는 거울에 비치어 그대로 투영되는 원리를 인정하고 실천하는 것이다. 문제의 원인을 외부에서 찾고 상대를 탓하는 것이 아니라, 오히려 모든 것을 자신의 것으로 수용해서 받아들이고 자신의 내부 즉 의식과 무의식에 있는 쓰레기들을 버리고 정화시키는 기회로 활용하는 방법인 것이다.

그러나 먼저 내 죄를 찾아서 잘못을 인정하고 참회해야 그 죄로 인한 업이 참회와 용서로 해원 될 수 있는 것이어서 모르고서는 진정한 참회가 될 수가 없다. 따라서 자신의 죄를 찾아서 아는 방법이 있어야만 한다. 쉬운 방법으로는 세포수준에서 내 세포인 선조의 죄와 업을 선조로부터 피해를 당한 억울한 영혼과의 채널링을 통해서 직접 아는 방법이 있다. 그러나 그 보다 크기나 강도는 약하지만 무의식과 잠재의식의 카르마와 습관의 영역을 인식하는 방법으로 사용되는 방법이 거울요법이다. 그런데 정작 우리들의 눈과 귀는 자신의 그림자를 보지 못하고, 자신이 하는 말은 듣지 못하면서 상대의 모습과 상대의 말만 보고 듣는 경향이 있다. 모든 문제의 원인은 외부에 있고 상대에 있다고 믿는 것이다. 따라서 내 실제 모습과 내 말의 결과를 인식하는 방법은 상대를 통해서만이 가능하다는 결론에 이르게 된다.

따라서 마치 거울 속의 내 모습을 보는 것과 같이 내 행동과 말이 상대를 통해서 나에게 보여 지고, 들리게 되는 원리를 통해서 자신의 잘못과 부정적 습관, 카르마를 찾는 방법인 것이다. 상대가 하고 있는 언행이 거슬리고 못마땅한 부분이 있을 때, 그것이 상대한테서 나온 것이 아니라 그런 내용이 내 안에 있기 때문에 그렇게 보이고 들리는 것이기 때문이다. 특히 남보다 가까워서 함부로 하는 부부지간이나 가족 간에 남편과 아내는 서로가 거슬리고 기분이 나빠지는 언행이 있을 때, 상대를 탓하고 그러지 말라는 요구를 하는 것이 일반적이어서, 그 결과 서로가 원인이 상대에게 있다는 생각을 하게되고 불만을 갖게 된다. 그러나 그럴 때 마다 그것이 바로 내 안에 있는 것이 상대를 통해서 드러난 것이기 때문에, 먼저 자신이 원인을 찾아서 반성함으로서 그 에너지가 상충하지 않고, 작용에 대한 반작용이 없어서 그 부정적 에너지가 소멸하게 되는 원리인 것이다.

직장생활이나 대인관계에서도 마찬가지여서 모든 것은 내가 원인자이고 내가 없으면 상대도 그런 언행을 하게 되는 원인과 동기가 발생하지 않게 되는 것이다. 이는 '내 탓이오'라고 하는 종교 단체에서 모든 문제의 해결책이며 생활철학으로 내세운 캠페인과 같은 성격으로 볼 수 있지만, 원리를 모르고 그저 그런다고, 그렇게 하라고 하니까 믿고 하는 것은 종교이지만, 원리를 알아서 자신이 수용하고 스스로 실천하는 것은 자연의 원리이고 과학인 것이다. 정말 될까하는 마음이 있을 수 있으나, 해보면 상대가 달라지고, 그 결과에 기쁨의 보상이 바로 돌아온다는 것을 확인할 수 있다.

인간관계 특히 부부관계에서 미움은 아직 기대와 미련이 남아있는 상태지만 포기와 무관심은 더 악화된 상황이라는 부부 클리닉 전문가들과 심리학자들의 지적이 있다. 가정에서 한번 시도했더니 안 되더라고 하면서 그만두지 말고, 알코올 중독이나 금연과 같이 굳어진 습관과 물질이 녹아서 해체될 때까지는 시간이 필요하다. 마찬가지로 100일에서 1년 정도를 인내심을 가지고 상대를 인정하고 모두 내 안에 있는 요소들로 생각하면서 버리고 소멸시키다 보면, 어느새 변해 있는 배우자와 상대를 발견할 수 있게 된다. 이러한 마음정화 수련은 원리의 이해와 생활 속에서 실천으로 이루어지며, 23년간 2,430여명의 실명 체험담이 이를 입증하고 있는 최고의 심신통합정화 수련법이다.

사실은 과거 생의 업습으로 만난 부부와 가족, 만남의 인연들은 대부분 모든 관계의 근원이 배후에 있는 선조와 선조들의 죄로 인한 피해자로서 억울한 영들의 작용에 의해서 그런 관계를 만들어 가는 부정적 에너지에서 기인되는 경우가 대부분이다. 따라서 만나기 전에는 모두 좋은 점만 보이게 하고, 만남이나 결혼 후에는 이제 예정된 대로 한을 갚아야 하기 때문에, 상대가 싫어하는 말과 행동을 하게 하는 작용에 의해서 발생하는 현상들이다. 그렇기 때문에 당사자들은 보이지도 않고 그 악연과 선연의 카르마를 알지 못하기 때문에 성격이나 습관, 인간성으로 판단하고 견디지 못하고서, 성격 때문에 이혼한다는 구실을 만드는 것이, 모든 파국과 갈등의 숨은 원인이라는 것을 이제 과학적으로 규명하는 시대가 도래한 것이다.

따라서 나를 힘들게 하고 나를 억울하게 하는 만나는 인연들이 모두 다 내 죄를 알려주고 가르치는 스승인 것이고, 나를 제일 힘들게 하는 남편과 아내, 자식, 가까운 인연들이 다 나의 큰 스승인 것이다. 내 속에 남아 있는 것을 밖으로 노출 시켜서 소멸시키기 위해서 상대가 나를 화나게 만들고 미움이 나오게 만드는 것이지, 그 상대가 나쁘고 문제가 있어서 그런 것이 절대 아니라는 것을 알아야 하는 것이다. 그렇게 내 속에 있는 부정적 요소가 없어지고 나면 상대의 그런 성향이 사라지는 현상이 나타나는 것을 확인할 수 있어서, 실천하는 사람만이 이 수련법의 위력을 알게 되는 것 또한 덤으로 주어지는 보상이다.

거울요법 외에도 상대 없이 혼자서 내 안에 남아 있는 업습을 찾아내어 소멸시키는 다른 방법은 마음챙김 명상과 같이 내 마음 속에 혼자서 자신의 마음 작용을 관조함으로서 찾아내는 두 번째 방법이 있다. 마음은 보이지도 않고 볼 수도 없지만 내 안에서 화가 나고, 미움과 못마땅함이 싹트고 있지만, 이 것들은 밖으로 표현 되지가 않는 것이 특징이다. 그 원인은 바로 내가 지은 죄와 잘못이기 때문이다. 이러한 죄를 내가 가지고 있으면서 버리지 않으면 결국 내가 힘들고 자신을 구속하는 것이어서 자유가 될 수 없다. 내가 남을 미워하고 있으면 그 대상보다도 미워하고 있는 내가 더 힘든 것이다. 앞에서 설명한 바와 같이 그 원인이 상대에 있는 것이 아니고 바로 내 죄라고 하는 것을 인정해야 하는 것이다.

그리고 인정을 했으면 역시 회개하고 용서를 빌어야 한다. 내 속에 이런 더러운 것들을 가지고 있으면서, 미움이 싹트면 상대가 망하기를 바라기도 하고, 내가 마음속에서 죽이기도 하는 죄를 지어 왔기 때문에 회개하고 용서를 빌 뿐만 아니라 감사해야 한다. 업습을 없애는 방법에서 마지막 감사가 없으면 정리가 안 되기 때문이다. 아무리 회개를 하고, 용서를 빌었다고 하더라도 내 마음속에서 그 상대에 대한 진정한 감사가 나오지 않고서는 회개했다고 볼 수가 없고 효과적인 결과도 없다. 그래서 마지막은 감사로 모든 것이 정리 되어야 내 안에서 그것이 소멸되는 원리인 것이다.

앞서 상대방을 통해서 그런 것들이 오는 것이 내 안에서 회개하고 감사로 나왔을 때에 상대방이 고쳐지는 원리와 같이, 내 마음 속에 화가 나거나, 미워진다던지, 싫어진다던지 갖가지 내용이 나올 때 마다 그것이 내 죄라고 붙들고 그것을 회개하는 것이 업습을 벗는 가장 빠른 길인 것이다. 그러니 지금 상대에게 고치라고 해서는 절대로 고치거나 달라질 수가 없고 관계가 개선되지 않는다. 내 안에서 그런 부정적인 것들이 없어질 때까지 상대가 아니라 내가 나를 고쳐서 내가 해방되는 것이다.

세 번째는 나의 장점과 단점이 모두 다 업습이라는 것이다. 단점이 죄이고 업이라는 것은 몰라도. 내가 남들보다 잘하는 장점을 죄라고 한다면 선뜻 수긍이 어려울 것이다. 그러나 뒤집어 살펴보면 오늘 우리들이 장점을 가지고 좋은 일 했다는 사람들, 봉사하고 열심히 살고 있다는 사람들, 권력의 직업과 금력의 직업을 가진 사람들, 학자들까지 그 장점으로 남을 얼마나 무시하고 자기를 내세워서 행세하고 다른 사람들을 힘들게 했는지 모른다. 그리고 자기가 잘한다고 하고 있는데, 그 잘하는 것도 누가 그렇게 만들었는지 근원으로 찾아가 보면, 조상이 자기가 지은 죄가 많아서 그 죄를 후손을 통해서 감추기 위해서 그렇게 만들고 있다는 사실에 대해서는 아는 사람이 거의 없다.

이것이 마음 정화의 원리이기 때문에 실천하기만 하면 달라진다. 그 상대 앞에서 그분이 나를 힘들게 하는 것은, 서로 선조의 세포 시절에 내가 얼마나 힘들게 했으면 그분이 나를 이렇게 힘들게 하는 것일까? 하고, 이것이 모두 내 세포 내가 죄인이었구나 하고 인정해야 한다. 지금 다시 그분이 없었으면 내 죄를 찾을 수가 없는데, 그 분이 내 죄를 찾게 해줘서 정말 고맙다는 마음이 나오게 되면, 그 자리에서 상대의 마음도 바뀌게 된다. 또한 사실 나를 힘들게 하는 것도 그 상대의 의지가 아니고, 그 배후에서 영적 에너지가 하는 것이어서 자기도 모르게 하는 것이다. 그러니 이제 내가 작용 에너지를 제공한 원인자로서 먼저 참회해서 내 업습의 에너지가 소멸되면, 그 분도 상대가 없으니 반작용이 일어날 수가 없어서 함께 업습이 소멸되는 것이며, 이론이 아니고 실천하면 이루어지는 과학적이고 검증된 자연의 법칙인 것이다.

7. Well Aging과 마음정화 프로그램

Part2 Well Aging의 조건과 마음 정화

인간은 물리적 실체인 육체로서 몸을 기반으로 한다. 몸은 동물과 같이 자연에 속하는 3차원의 존재로서 만유인력과 같은 자연법칙의 속성을 그대로 가지고 있고 따를 수밖에 없는 물질과 질료로서의 능력과 한계를 가지고 있다. 우주에는 물질로서 크게 무기물과 유기물로 구성되어 있어서, 생명체는 산소·수소·질소와 같은 무기물이 탄소와 결합한 유기물의 복합 유기체이다.

[07]따라서 생명체의 속성으로서 생장렴장(生長斂藏) 즉 지구의 사계절과 같이 나고 성장과 번식을 한 다음에는 다시 거두어 들여서 질료인 무기와 유기물로 되돌아오는 과정을 반복하게 된다. 그래서 성장하는 생명체는 반드시 수명이 있고 죽음의 단계를 거치게 되지만, 이는 인간의 입

장에서 보는 속성이지 우주와 지구 가이아의 입장에서 보면 그저 계절과 같은 당연한 자연의 법칙이며 생명체와 인간의 진화를 위한 아름다운 순환과 무상(無常)의 법칙인 것이다.

그러나 자동차가 기계만으로 동작하지 못하는 것과 같이 자동제어장치나 운전사가 있어야 시동되고 원하는 방향과 목적지로 운행이 가능한 것처럼 몸은 마음이 있어서 비로소 움직이기 시작한다. 마음과 의식이 없으면 생각과 행동을 할 수가 없는 것이다. 물론 마음과 대뇌가 활동하지 않는 상태에서 몸이 움직이는 몽유병이나 운전사 없는 자동차가 내리막길을 관성으로 움직이거나, 자율주행자동차가 운행하는 것과 같이 인체의 움직임을 담당하는 두뇌와 근육을 담당하는 신경계를 다른 요인이 관여하여 마음 없이 몸이 활동할 수는 있지만 일상생활은 불가능해서 예외로 한다.

의식이 동작하지 못하는 뇌사상태는 자동차는 정상이지만 운전사가 없는 것과 같이 마음이 작동하지 않는 상태인 것이다. 그러나 또한 운전사가 있다고 해서 자동차가 정상적으로 작동하는 것은 아니다. 운전사가 시동을 걸고 목적지나 의도가 있어야 차가 비로소 운행을 할 수 있기 때문이다. 이와 같이 운전사의 의지나 생각에 해당되는 영역이 인간의 정신이며, 여기에는 내부 요인으로 본능과 유전자인 세포의식과 현재의식, 잠재의식과 무의식으로 이루어진 이성이 있고, 외부요인으로서 카르마와 영적인 영역이 포함되어 있다.

또한 마음이란 외부에서 감각기관을 통한 자극이나 눈과 귀를 통한 정보가 입력되었을 때 대뇌에서는 과거의 기억과 경험을 참조하여 생명 보존 우선의 본능과 같은 잠재의식과 이성 중심의 의식과 무의식이 참여하여 상황을 분석하고, 개체에게 유리한 최선의 선택과 판단 결정을 한다. 최종 결정은 싸울 것인가? 도망할 것인가? 긍정적 시도와 부정적 포기를 결정하여, 소뇌에 동작 명령을 내리면 소뇌는 입의 근육을 움직여서 말을 하게하고 인체의 신경계에 전기신호를 보내서 움직이고 행동으로 나타나게 된다.

이 과정에서 우선순위는 본능이지만 생명유지에 큰 영향을 주지 않는 일상생활에서 결정요인은 과거의 기억과 경험, 감정이 가장 큰 비중을 차지하게 된다. 이는 원시인이나 현대인이나 그 환경과 대상만 다를 뿐 변함이 없는 본능적 의식구조인 것이다. 이와 같이 몸과 마음은 불가분의 상호작용을 하는 구조이어서, 일체유심조의 마음 상위 개념이나 중독과 같은 본능 우선 개념의 어느 하나만 성립되는 것은 아니다.

이 부분에 대해서도 앞장에 살펴 본 에크하르트 톨레가 그의 저서 "행성의 미래를 상상하는 사람들"에서 언급하고 있는 내용을 고찰해 보면 본 저서의 견해와 다르지 않음을 알 수 있다. 수천 년 동안 인류는 자신을 소유하고 조정하고 있는 그 마음이 '내가 아님'을 인식하는데 실패하고 점점 더 마음에 소유당해 왔다, 마음과 완전히 한 존재가 됨으로써 허구의 존재감인 에고의 모습을 나타내었다. 에고의 운명은 우리의 의식이 생각과 감정에 얼마나 동일시되는가에 달려 있다. 생각은 의식 전체, 본래 우리들 자신 전체의 작은 측면에 지나지 않는다.

생각의 움직임 외에, 비록 그것과 완전하게 분리된 것은 아니지만, 에고의 또 다른 차원이 있다. 감정이 그 것이다. 모든 생각과 모든 감정이 에고의 작용이라고 말하려는 것은 아니다. 생각과 감정은 우리가 그것들과 동일시될 때만 에고로 변한다. 다시 말해서, 그것들이 '나'가 될 때만 에고로 변하게 되는 것이다. 모든 생명 형태의 유기체가 그렇듯이 우리의 신체적인 유기체, 즉 우리의 몸은 그 자체의 지성을 가지고 있다. 몸의 지성은 마음이 말하는 것이 반응하고, 생각들에 반응한다. 따라서 감정은 마음에 대한 몸의 반응이라고 할 수 있다. 물론 몸의 지성은 우주의 지성과 분리할 수 없는 일부, 우주 지성의 헤아릴 수 없이 많은 드러남 중의 하나이다. 신체적인 유기체를 구성하는 원자와 분자들의 일시적인 결합을 가능하게 하는 것이 바로 몸의 지성이다. 거의 동시에 일어나는 수천가지의 다른 기능들을 포함하여 이 모든 일들이 그 지성에 의해 조화를 이루며 완벽하게 움직이고 있다.

몸의 지성은 외부의 어떤 위협이나 도전에 직면했을 때 그 유기체의 본능적인 반응을 일으킨다. 그 지성은 동물들 속에서도 인간의 감정과 유사한 두려움, 분노, 즐거움 등의 반응을 일으킨다. 이 본능적인 반응들은 감정의 원초적인 형태라고 볼 수 있다. 특정한 상황에서 인간 존재는 동물과 유사한 방식으로 본능적인 반응들을 경험한다. 그러나 이 본능적인 반응들은 감정과 비슷해 보이지만, 사실 단어의 진정한 의미는 감정이 아니다. 본능적인 감정의 근본적인 차이는 이것이다. 본능적인 반응은 어떤 외부 상황에 대한 몸의 직접적인 반응이다. 반면에 감정은 생각에 대한 몸의 반응이다.

감정 역시 실제 상황과 사건에 대한 반응일 수 있지만, 사실 그것은 마음의 해석이라는 필터와 생각의 필터를 통해서 여과되어 인식 된 그 사건에 대한 반응이기 때문에 같지 않다. 즉 좋고 나쁘고, 좋고 싫고, 내 것이고, 네 것이 아니라는 등의 마음의 관념이라는 여과장치를 통과한 후의 반응인 것이다. 예를 들어, 누군가의 차가 도난당했다는 얘기를 들을 때 우리는 아마 아무런 감정의 변화도 느끼지 못할 것이다. 그러나 그것이 '내' 차인 경우에는 몹시 당황할 것이다. '나'라는 마음속에 자리 잡은 관념이 얼마나 큰 감정을 물러 일으키는지는 놀라울 정도이다.

재미있는 한 가지는 몸은 매우 지성적이긴 하지만, 실제상황과 생각이나 믿음의 차이를 구별하지는 못한다. 그것은 모든 생각에 마치 실제 상황인 것처럼 반응한다. 그것이 단지 하나의 생각일 뿐임을 알지 못하는 것이다. 따라서 걱정과 두려움에 찬 생각은 몸에게 '나는 위험에 처했음'을 의미한다. 설령 밤에 따뜻하고 안락한 침대에 누워 있을지라도 몸은 그것에 따라 반응할 수밖에 없는 것이다. 심장이 빨리 뛰고, 근육이 힘을 쓰기 위해서 수축할 준비를 하기 때문에 긴장이 되며, 호흡이 격해진다. 이렇듯 에너지가 고조되지만, 위험은 단지 마음속 상상에 지나지 않을 뿐이기에 그 에너지는 배출구가 없다. 따라서 그 에너지의 일부는 생각으로 되돌아가 훨씬 더 불안한 생각을 만들어 낸다. 그리고 나머지 에너지는 독성을 띄게 되어 신체의 조화로운 기능을 방해하게 되는 결과를 초래하게 된다.

연구결과에 따르면 이러한 몸과 마음, 감정과 생각, 관념과 신념들은 상호 상관성을 가지고 정보와 자극의 종류와 강도, 지속성에 따라 우선순위가 있고, 상호 가역적으로 나타나는 특성을 가지고 있다. 이러한 일관된 몸의 지성과 감정의 특성을 고려하여 개발된 방법이 심신정화법이다. 따라서 마음정화 수련에서는 이러한 마음작용에 영향을 미치는 모든 요소인 몸과 마음, 정신과 의식, 영성까지를 통합하여 부정적 영향을 미치는 요소들을 제거하는 심신 정화작업으로서 수련법을 구축하고, 이를 수단과 도구로 하여 인간의 생로병사인 건강과 행복, 자기실현과 깨달음, 삶과 죽음 그 이후의 차원까지 진화단계를 이번 생에 살아서 몸을 가진 상태에서 완성하고자 하는 것이다.

따라서 1장에서 다룬 몸의 정화에 이어서 2장 마음 정화단계에서는 주로 기억과 감정을 대상으로 하는 정화방법의 실제를 다루고, 카르마와 잠재의식, 무의식에 대해서는 3장과 4장에서 다루고 있다. 인정하고 싶지는 않지만 우리 인간의 논리적이고 합리적인 사고와 결정까지를 포함하여, 거의 모든 의사결정은 감정을 기초로 한다는 심리분석가의 주장이 있다. 그 만큼 기억과 감정, 감성과 마음 사이에는 일반적인 상관성이 아니라 분간하기 어려운 상관관계를 가지는 특성이 있다. 특히 세포의식이 이 영역에 해당되어서 그 작용에 있어서 마음을 일으키는 본능과 생각, 이성과 의식까지를 포함하고 있어서 추가 연구가 필요하고, 정화작업의 가장 중요한 영역을 차지하고 있다.

일반적으로 감정은 화와 욕망과 같이 수련계에서 이성과는 상대성을 가진 부정적 요소로 인식되고 있지만 그 반대의 연구결과도 있다. 아이오와 대학교 의과대학의 신경학자 안토니와 다마지오는 감성이 없는 환자를 대상으로 어떤 의사결정을 하는지에 대한 연구를 해왔다. 그는 "감정이 없는 경우에는 의사결정 능력에 있어서 엄청난 결함이 있다"라는 결론을 내리고 있다. 감성이 없는 환자는 IQ나 여타 모든 인지능력에는 전혀 문제가 없지만, 사업과 개인생활에서 불행을 가져오는 선택을 했고, 대인관계에서도 간단한 결정도 끊임없이 고심 하는 현상을 발견한 것이다.

다마지오 박사는 감성적 학습능력을 상실했기 때문에 의사결정 능력이 부족하다고 주장한다. 사고와 감성이 만나는 지점인 전두엽과 편도 간의 회로는 우리가 살면서 획득하는 호감과 비호감과 같은 감정의 저장고로 가는 중요한 통로로 알려져 있다. 편도의 감성기억이 차단된 신피질은 무엇을 숙고하든 더 이상 과거에 연상했던 감성 반응을 촉발하지 않는다. 모든 것이 회색의 중립성을 띠어서 주어지는 자극에 호감과 반감을 일으키지 않는 것이다. 이런 증거를 통해 다마지오 박사는 합리적 결정에는 감정이 필수불가결하다는 주장을 하고 있다. 살면서 직면하는 모든 정보는 우리로 하여금 기억과 경험을 기반으로 합리적인 최선의 선택과 결정 후에야 행동을 할 수가 있기 때문이다.

또한 저자의 연구팀은 1994년 연구과정 중에 과거의 기억과 신념, 자기 동일시에 대한 의식 정화방법을 탐색하면서, 불경의 계정혜(戒定慧) 해설서인 청정도론(淸淨道論)의 기억퇴행과 지우기를 기반으로 하는 수련법의 유효성 확인을 위한 실험을 시행해 본 적이 있다. 당시 좋고 나쁜 기억 전체를 거슬러 버리는 약 4주 간의 집중수련을 끝내는 단계에서 갑자기 머리가 없어진 것과 같은 무게감의 상실로 머리를 만져서 확인해 보았던 기억이 있다. 더구나 일상생활 중에 TV 드라마를 보면서 예전에는 그 이야기 속에 감정적 공감으로 개입하는 형태였다면, 수련 후에는 그저 작가가 만든 가상의 연기라는 3자의 입장을 견지하면서 드라마에 개입하지 않는 자신을 발견하게 되었다.

이에 따라 기억 지우기 효과를 검증하기 위하여 다시 처음부터 과정을 되풀이 하면서 기억상태를 점검해 본 결과 새로운 현상을 발견하게 되었다. 기억을 버리고 지운다고 해서 기억 상실이 되는 것은 아니며, 모두 재생은 되었지만 기억 속에 있던 사건과 함께 떠오르던 화나 자존심이 상했던 감정과, 기쁨과 증오, 억울함과 불쾌하던 감정 등이 소멸되고 그저 지나간 일들의 내용만 남의 이야기처럼 생각과 분별이 없이 재생된다는 원리를 발견하게 된 것이다.

따라서 기억은 반드시 감정과 함께 저장된다는 가설을 세워놓고 정화를 위한 명상과 수련법을 정립해 나가기 시작하였다. 또한 기억은 컴퓨터와 같이 저장 공간이 지정되어야 하며, 반드시 주소인 파일명이 지정되어야, 저장 후에 다시 읽어오기 재생이 가능한 것이라는 구조적 합리성을 전제로 하여, 인체에서는 반드시 대비되는 감정을 파일명으로 하여 저장된다는 가설이 가능하였다. 저장 공간 또한 컴퓨터의 중앙처리장치인 CPU가 아니라 대용량 메모리인 RAM이나 HDD, USB에 연결된 외장하드가 되는 것처럼, CPU와 같이 연산을 위한 소규모 메모리인 레지스터[08]를 가진 대뇌가 아니라 인체의 5장 6부에 저장한다는 가설을 세웠다.

이를 뒷받침하는 한방이론에 마음의 움직임은 감정으로 나타나며, 5장6부 각 장기에 오욕칠정의 일곱 가지 감정 즉 희(喜)·노(怒)·우(憂)·사

---

08 레지스터(Register)

무생물인 전자소자가 정보를 저장하고 유지하는 최소 기억소자이다. 기억 이라기보다는 NAND 게이트를 쌍안정 트리거 회로로 연결하여, 1과 0 중에 하나를 일정기간 저장하고 유지하는 기능을 하는 플립플롭(flip-flop) 8개를 연결하여 8개의 bit를 1byte로 저장하는 소장이다. 이 레지스터를 가로와 세로로 늘어놓아서 단어와 Word를 저장하는 소자가 컴퓨터의 주기억 소자인 RAM((Random Access Memory)이며, 휘발성 메모리이기 때문에 전원이 off되면 정보가 사라진다. 이와 반대로 한번 쓰기(저장)를 하면 전원과 무관하게 정보를 유지하는 기억소자를 ROM(Read Only Memory)이나 PROM(Programmable ROM)이라고 하며, 프로그램 메모리라고 한다. 이 소자는 다시 지울 수가 없기 때문에, EPROM(Erasable PROM)이 개발되었으며, 이는 사용자가 임의대로 쓰기와 읽기가 불가능하기 때문에, 사용자가 읽기와 쓰기를 임의대로 할 수 있도록 개발된 대량 저장장치로서, 현재 우리가 사용하고 있는 HDD(Hard Disk Drive)와 USB 드라이브, 외장하드 등으로 사용되고 있는 플래시 메모리(Flash Memory) 반도체 저장장치가 있다.

(思)·비(悲)·공(恐)·경(驚)의 칠정(七情)을 배속하여 진단과 처방의 기준으로 삼고 있는 것이다. 동양의학은 기를 조절하는 의학이며 마음을 다스리는 진보된 전통의학이라는 사실이 입증되고 있는 것이다. 각 장기의 상관관계는 희(喜)는 심(心)이 주관하게 하고, 노(怒)는 간(肝)을 상하게 하며, 사(思)는 비(脾)를 상하게 하고, 우(憂)는 폐(肺)를 상하게 하며, 공(恐)은 신(腎)을 상하게 한다. 단지 한의학에서는 5장 6부를 기본으로 하고 있지만, 본서에서는 컴퓨터의 CPU에 해당하는 머리나 두뇌를 포함하여 6장 6부를 기준으로 한다는 점이 그동안의 논리와 다른 점이다.

또한 현대의학에서는 심장이식 환자가 자기 기억이 아닌 이상한 기억에 시달리는 현상을 규명하기 위하여 여러 나라에서 지원한 의료 전문가들로 구성된 국제 연구팀이 구성된 적이 있다. 연구결과에서는 그 이상한 기억이 심장 기증자의 기억이라는 결론이 도출됨으로서, 동양의학에서 감정을 각 장기에 배속하는 진단 원리에 대한 타당성을 입증하는 결과로 볼 수 있다.

한방에서는 희로애락을 인체에 장기와 배속시키고 있으며 간은 화와 불쾌감, 심장은 기쁨과 즐거움, 비장은 애증과 사유, 폐는 슬픔과 억울함, 신장은 두려움과 공포의 기억과 감정의 저장을 담당하는 장기이기 때문이다. 따라서 우리의 오감은 잔재를 남기지 말고 가끔은 완전히 발산하고 태워서 연소시키는 것과 같이, 울어야 할 자리에서는 체면가리지 말고 울음을 터트리고, 주위 눈치 볼 것 없이 내 놓고 크게 웃어보는 것도 심신의 건강에 도움이 되는 비타민이 될 수가 있다.

또한 인간 감정반응에는 생존과 연관된 1차 감정과 마음과 정서와 관련이 있는 2차와 3차 감정으로 나눌 수 있다. 화와 공포, 증오와 싫고 좋은 감정 등은 몸에서 반응하는 1차 감정으로 분류할 수 있으나, 기쁨과 슬픔, 사랑과 즐거운 감정은 아름다움과 같이 2차 감정이다. 따라서 인간 욕구 단계의 낮은 단계에 생활이 메어있거나 스트레스에 과도하게 노출되어 있는 상황에서는 2차 감정의 발현이 억제되는 경향이 있다.

따라서 성격과 개인차가 당연히 있기는 하지만 자신에게서 슬픔과 아름다움을 느끼는 감정 등에 인색한 경향이 느껴진다면 정서에 문제가 있을 가능성이 있어서, 심신에 여유가 없거나 스트레스가 정도를 넘어서는 부정적 상황일 가능성이 커지고, 시간이 지나면 몸의 고장으로 나타날 수 있어서, 휴식을 취하거나 자신의 신변을 돌아보고 살펴볼 필요가 있다. 이때에도 심신에 여유가 없는 사람은 중이 자신의 머리를 깍지 못한다는 말처럼 자가진단이 쉽지 않은 일이 된다. 이런 상황에서는 모든 원인이 외부에서 주어지는 핑계와 불만 그리고 남에게서 찾게 되는 우를 범할 수 있다.

이와 같은 마음정화를 위한 프로그램의 구체적인 내용은 마음을 다스려서 긍정적인 상태로 회복하기 위한 부정적 감정과 기억을 정화시키는 효율적인 방법이 동원되어야 한다. 먼저 몸과 마음을 통합하여 정화와 면역력을 증강시키는 심신통합면역증강(MBIIE) 수련법, 마음정화를 위한 거울요법을 이용한 부정적 잠재의식 버리기 실천 수련법(MPMR), 이완과 휴식, 호흡, 의식수련 중심으로 구성된 기존의 명상이나 스트레스 감소 프로그램과는 다른 앞장에서 서술한 몸과 마음을 통합한 면역증강법을 중심으로 세포 스트레스를 개선하고, 의식전환을 위한 체계적인 교육 프로그램으로 구성된다.

이러한 내용으로 구성 된 심신통합 스트레스 감소 프로그램(MBISR), 그리고 그 자리에서 집중과 삼매가 가능한 집중으로 가는 내호흡 명상법(GSCB)과 내호흡 기반의 의식과 무의식의 기억 전체에서 감정을 분리시키고, 에고와 동일시, 신념과 개체의식의 근원을 제거시키는 내호흡 기반의 기억정화 명상(IBMP) 등으로 구성되어 있다. 이러한 웰빙을 위한 마음정화 프로그램은 20년 이상의 연구와 실험에 의해서 그 결과의 검증이 가능하여, 가장 과학적이고 효율적인 수련과 명상법이면서, 한국의 전통사상과 전통 수련법의 맥을 잇고 있는 수련법으로서 새로운 한국형 명상법인 K-Medita 기법으로 특화되어 검증되고 진화되고 있는 중이다.

「노동 명상」

한 낮 땡볕에
달아오른 밭고랑 훈짐
숨쉬기도 어려운데
흐르는 땀 허리를 적시고
바지까지 감기는데.

미지근한 물 한 모금
바람 한 점
그늘에만 들어가도
살 것 같은

그런 농부의 수고가 있음을
식사시간 기도가 아니라
일 년에 한 번쯤이라도
생각해 주지 않아도

우리, 몸 아끼지 말자
노동은 신성한 것
대가 없이 열중한 노동은
잡념을 넘어선
삼매가 어렵지 않은
명상이 되고

몸과 마음을 정화시켜주는
최고의 수행법이
될 수 있음이라

구르고
또 구르다 보면
돌과 구별되는
보석이 될 수 있음을..

Part3
Well Dying의 조건과
영적 정화

1. 어린왕자의 마음과 보이지 않는 세계

Part3 Well Dying과 영적 정화

1) 지구촌의 실상

오늘날 21세기를 사는 인류는 지식과 기술, 정보화 사회로 세계가 하나로 묶어지는 과학문명시대를 살고 있다. 국가와 이념이 약해지고 정보와 기술, 경제력을 기반으로, 개인과 기업, 국가의 생존이 좌우되는 이 시대를 경제 블록화 시대, 기술 제국주의 시대라 부르기도 한다. 그러나 인류는 발달된 문명이나 과학 기술만큼 인간다운 삶과 행복을 누리고 있는가 하는 문제에 대해서는 부정적인 견해들이 많다.

지구 밖 우주인의 입장에서 본다면, 지난 신석기 이래 일 만년 동안 지구 위에서 일어나고 있고 지금도 벌어지고 있는 일들로, 신이나 종교, 이념과 민족 그리고 애국이라는 명분 아래 다른 민족과 다른 국가, 다른 종교와 형제들과 서로 싸우고 죽이고 있는 수많은 분쟁과 전쟁의 역사를 돌이켜 보면, 인류는 야만인이거나 미개인에 틀림없다.

지금도 세계도처에는 대기오염과 환경공해, 생태계 파괴로 계절이 없는 기상재해와 질병, 식량부족, 분쟁과 갈등, 테러와 전쟁의 고통으로 신음하고 있고, 정치나 경제, 사회 문제로 희망보다는 불안과 불만 속에서 경찰과 군대가 없으면 살 수 없는 하루하루를 산다. 이러한 세계 문제들이 첨단기술로 해결할 수 없으며, 의료기술만 해도 기술의 발전과 함께 질병과 환자는 더 증가하고 있고, AIDS나 에볼라 바이러스, 신종 플루와 조류 독감, 구제역은 물론이고 수많은 난치성 질환과 성인병에 대하여 확실한 대책이 없다. 여기에 숱한 공해와 환경오염으로 휘발유보다 비싼 가격으로 물을 사 마시면서도, 국방 예산이 환경예산보다 더 많은 현실이 오늘날의 지구환경과 세계의 상황이다.

그 안에서 사는 우리는 또 어떤가? 12년 이상의 윤리, 도덕, 학교교육을 받고도 다시 인성교육 특별법으로 재교육을 받고 있지만, 구치소와 교도소에는 범죄자로 차 있고, 신문과 방송 뉴스의 사회와 정치면은 부정부패 사건과 정략, 욕심과 이익 우선이 원인이 되는 사건과 사고가 넘쳐난다. 철학은 이제 가치관의 혼돈과 불확실성의 현실 앞에서 무력해졌고, 유전자를 해독하고 생명복제가 가능한 의료기술이 있는데도 의료원과 병원에는 병실이 모자라서 환자들이 복도에까지 늘어서 있다.

잘 산다는 것이 무엇인지, 어떻게 사는 것이 웰빙인지, 이론뿐이고 진정으로 잘 산다는 것에 대해서는 불감증 상태이다. 우리 모두는 성공과 행복을 추구하지만, 우리들 삶을 뒤집어 어디서 와서 어디로 가고, 왜 가는지도 모르며 병들고 늙어서 쓰러질 때까지 쉬지 못하고 분주와 소란, 경쟁 속에서 앞으로만 달려가는 것은 아닌지, 근래에 와서는 인터넷과 스마트폰이라는 장치 때문에 필요한 정보보다 몰라도 되는 정보들을 주고받거나, 멀리 있는 사람들과는 많이 가까워지면서도 정작 가장 소중한 사람들과는 소통이 안 되고 있으며, 잡다한 광고와 스포츠, 연예계 이야기 아니면 게임하느라 잠시도 쉬지 못하고 마구간의 말처럼 눕지도 못하고 앉고 서서 사는 24시간 사회가 되어가고 있는 것이다.

그러다 보니 우리 인간의 본성인 초원의 자유와 고향인 신성으로의 회귀에 대한 희망을 잃은 채, 사회라는 사육장의 울타리와 물질문명이라는 가공된 사료에 길들여지고, 더러는 안주하고 더러는 포기하면서 그렇게 살아가고, 살아서 가는 것이 아니라 끌려가며 살아지고 있는 것이다. 더불어 사는 상생과 화합의 길을 찾지 못하고 힘과 술수로 먼저 차지하고 경쟁하는 이기심만을 강요당한 채, 매일 아침 매연과 공해, 경쟁과 피곤, 분주와 소란이 가득한 전장으로 가면과 전투복을 입고 출근하고 있는 것이다.

그도 아니면 아무런 생각이 없이 변함없는 일상에 휩쓸려 그냥 하루만큼의 시간을 소비하며 방황하지만, 고요한 내면의 본성은 만날 길이 없다. 본성을 만나지 않으니 제 자신이 어떤 모습으로 생각 없이 일상에 묻혀 있는지, 자기가 어떻게 무장했으며 어떤 가면을 쓰고 있는지, 왜 무엇을 위해서 어디를 향해 가고 있는지, 자신이 생각 없이 휘두른 감정의 칼날에 누가 다치고 상처받는지 돌아볼 여유도 없다.

우리는 너무나 소중한 많은 것을 지니고 있으면서도 가깝고 익숙한 것에는 함부로 하고 소홀히 하면서, 가진 것을 감사하고 행복을 느낄 여유가 없다. 아우성치며 온갖 것으로 무장하고 온갖 치장으로 본성의 얼굴을 가린 채 달려가는 삶의 끝은 사방이 꽉 막힌 욕망의 감옥 안이거나 파멸과 죽음일 뿐이다. 그 욕망의 감옥 안에서 숨 가쁘게 달려보지만, 마치 이정표 없는 버스처럼 승객을 태우지도 못하고 이리저리 유행에 휩쓸려 다니다가 폐차장에 끌려간다. 이게 아닌데, 이게 아닌데 하면서도 하찮은 것에 목숨을 건 것처럼 온몸으로 반응하면서 하루하루를 허둥대며 산다. 온갖 자극과 유혹, 오락과 유행, 기업의 수익을 목적으로 만들어진 상품과 광고의 홍수 속에서 필요보다는 생산자의 매출을 위한 훌륭한 소비자로서 광고를 보아 주어야하고, 신상품을 사주고 오락게임을 해주는 역할이 삶의 주된 부분을 차지하고 말았다.

물질은 삶에 편리함을 제공하고 궁핍과 불편으로부터 자유와 여유를 갖게 한다. 하지만 그것이 우리가 궁극적으로 추구할 삶의 목적은 아니다. 목적을 위한 수단이 목적 자체가 되어버린 것이다. 어찌되었건 물질문명은 우리의 삶을 편하고 풍요롭게 만들었다. 주로 서양의 산업혁명과 시장경제, 자본주의와 실용주의가 원동력이 되어서 국민소득이 높고 선진국으로 불리는 잘 사는 나라의 실질적인 힘과 후원자가 되어 왔다. 그러나 목적과 수단이 전도된 상황에서 이기주의로 사육된 물질문명은 사육장을 나온 가축처럼, 이미 우리의 본성을 잃게 하였고, 야생의 자연 속에서 살아갈 자생 능력을 빼앗겨 버렸다.

살펴보면 과학기술이라는 이름으로 개발되는 모든 기술과 상품들이 진정으로 인간의 복지와 삶의 질을 높이는 것이기 보다는 주로 개발자나 기업, 국가의 이익이 우선되기 때문에 수익을 위한 수단으로 전락되고 말았다. 다수는 오히려 그 대량 생산된 상품에 일방적으로 길들여지고, 소비자는 경비를 부담한 대가로 빨라진 만큼의 남는 시간을 인간다운 삶에 할애하는 것이 아니라 또 다른 일을 해야만 한다. 결국 우리는 더욱 바빠지고 더 많은 일을 해야 하는 분주와 피곤함 속에 빠져서, 인간의 본성을 회복하고, 인간답게 살 수 있는 기회가 더욱 멀어지고 있는 것이다.

근래 결혼하지 않는 젊은이들이 많아져서 출산장려 정책에도 불구하고 출산율은 계속 하락하고 있어서, 미래의 국가 존재에 대한 우려를 하고 있는 중이지만, 국가 존립을 위한 출산은 나 아닌 다른 사람이 하고, 나는 출산의 고통이나 육아의 경제적 부담과 수고는 하지 않겠다는 이기적 성향의 커플들도 있다. 그러나 위에서 살펴본 24시간 돌아가는 사회구조 안에서 둘이서 맞벌이해야 겨우 도시생활을 하는 형편에 출산과 육아, 사교육비까지를 부담하기에는 여력이 없기 때문일 수도 있다. 더구나 아예 결혼도 할 수 없는 형편의 젊은이들은 자녀를 갖고 싶어도 여건이 안 되는 상황에 처해 있는 것이다. 물론 출산은 부모와 자식 간, 노후의 보장 그리고 선조로부터 가문을 이어온 자손으로서 후손 없이 대가 끊기는 문제나, 본인의 죽음에 장례를 치러줄 자식이 없다는 문제 등 가치관에 따라 다양한 기준들이 있겠지만, 인간으로 이 세상에 와서 대를 이어온 세포가 자신으로 끝이 난다는 사실은 단순하지가 않다.

그래서 혼자이거나 자식이 없는 부부의 경우에도 4 well의 조건에서 자신의 Well being은 몰라도 Well aging과 Well dying과도 연관되어 있는 중요한 요소들이 더 있지만, 가보지 않은 사후세계에 대하여 걱정하지 않는 것과 같이, 아직 늙음에 대한 경험과 가치기준이 없는 상태에서는 노후보다 지금의 현실생활에서 우선 편하게 살겠다는 단순한 생각을 하는 경향도 있어 보인다.

이외에도 기술개발의 윤리문제, 사랑과 자비를 실천하고 인간의 구원을 궁극의 목표로 하는 종교까지도, 종교 간의 대립과 교리상의 갈등으로 평화와 상생은 멀고, 구원과 자유보다는 구속과 집단이기가 우선되어서 다툼과 불화가 계속되고 있다. 여기에 민족 간의 갈등으로 테러와 전쟁, 국가나 기업 간의 생존경쟁, 정치적 다툼, 지역 간의 집단이기주의, 개인 간의 경쟁과 감정다툼으로 사회악이 끊이지 않고 있는 것이 오늘날 지구촌의 실상인 것이다.

2) 중요한 것은 보이지 않아!

우리 동양의 선각자들은 물론이고, 서양의 깨어있는 소수 중의 한 사람이며 '야간비행'의 프랑스 작가인 생텍쥐페리(Antoine De Saint-Exupery)는 동화라는 형식을 빌어서, 이와 같은 어른들의 방향 감각 없는 생활 모습을 비판하고 있다. 진정으로 추구해야 할 삶의 목표를 일깨워 주기 위해 쓰인 "어린왕자(Le Petit Prince)"에서, 소혹성 B612호에 어린왕자가 두고 온 꽃과 모양이 같은 장미가 수천수만 송이 피어있는 꽃밭을 보고 돌아와서 실망하는 왕자를 보고, 여우의 입을 통해서 생텍쥐페리는 묻는다.

그렇다면 너는 그 수많은 장미꽃 중에 아는 꽃이 있는지, 그 어느 장미에 대하여 아는 것이 있는지를 묻는다. 보이는 물질이 아니라 보이지 않는 무형의 세계와 마음이 중요하다는 것을 강조하면서, 어린왕자와 두고 온 꽃이 서로를 길들이면서 보낸 시간의 의미를 일깨워 준다. 다시 여우는 떠나는 왕자에게 잊지 말라며 간곡하게 부탁을 한다. '마음으로 보지 않으면 잘 볼 수 없단다. 집이나 별이나 사막이나 그걸 아름답게 하는 것은 보이지 않는 것이야! 중요한 것은 보이지 않아…' 왕자와 헤어지면서 여우는 여러 번을 반복해서 강조하고 당부한다. 보이지 않는 것이 중요하다는 이 말은 원효대사가 당나라 유학길에 깨달은 일체유심조(一切唯心造)와 너무 닮아 있지 않은가?

인간을 포함하여 무형 유형의 만물은 다시 무상(無常)의 순환원리에 의해서 변화해 가는 궤도 위에 있다는 실상을 인정하는 관점에서 볼 때, 인간의 삶과 행복이란 무엇인가? 인간은 우주 그 자체로 우주의 구조적 특성이 내재되어 있으므로 그 공간과 여백이 너무도 크다. 그러면서 우주의 특성인 창조와 조화, 무상과 진화의 속성이 나타나게 됨으로, 그 빈 시공을 채우기 위하여 끊임없이 무엇인가를 갈구하게 되어 있다. 우리는 그것을 욕심과 욕망이라고 이름 짓고, 인간적이라는 속물근성을 인간의 본성이며 속성으로 여기고 정당화하려고 하고 있다.

이러한 현상은 우리민족의 전래 동화인 '콩쥐팥쥐'에 나오는 구멍 난 물 항아리에 물 채우기와 같다. 물을 붓지 않는 물독은 시간이 지나면 물이 새어나가 수위가 내려간다. 우리는 수위가 조금이라도 내려가면 불안해 진다. 그러니 또 채워야 하는 끝없는 작업을 계속하게 된다. 새어나가는 물의 양보다 길어 붓는 양이 다소 많아서 수위가 전보다 조금 높아질 때 우리는 안심하고 행복감을 느끼게 되는 것 같다. 그러나 진정한 버림이 곧 채움이라는 자각과, 진리의 깨달음으로 그 항아리 자체를 깨버리지 않는 한 결코 가득 채움이란 지속될 수가 없다. 그러나 우리들은 나름대로의 자기만족을 위하여 새는 줄도 모르면서 물 깃는 작업을 쉬지 않고 있는 것이다.

다른 세계는 알지도 못하고 알려고도 하지 않으면서 감각적인 만족의 대상과 방법이나 찾는 많은 사람들에서부터 명예와 권력, 가진 재물의 크기에서 자기만족을 얻으려는 사람들, 자신들의 부족함을 메우기 위하여 종교와 신을 만들고 그 속에서 안도감의 만족을 얻는 사람들, 작은 울타리를 쳐놓은 그 안에 무슨 학문이라는 간판을 달아놓고 주인노릇을 하고 있는 사람들, 도피를 위한 자기만의 성곽을 구축하고 자족의 만족 속에 빠져있는 사람들까지, 그 위로는 마음속에 무겁고 큰 빈 그릇을 만들어 놓은 채 탐진치(貪瞋痴)⁰⁹를 여의고 깨달았다고 주장하는 이들까지, 이 시공은 이미 보이지 않는 큰 에너지로 가득 차 있음을 알지 못하고 자기만족의 수위를 유지하기 위하여 열심히 그리고 바쁘게 물 긷는 작업을 멈추지 않고 있는 것이다.

---

09 탐진치(貪瞋痴)

붓다는 중생의 삶 자체를 생즉고(生卽苦) 즉 괴로움으로 보았다. 그 원인으로 108가지의 번뇌를 지적 하였으며, 이 고해(苦海)의 삶에서 벗어나 해탈로 가는 길을 막는 108가지의 번뇌 중 이 세 가지 번뇌는 열반에 이르는 데 가장 큰 장애가 되므로 삼독(三毒)이라고 한다. 특히 삼가고 소멸해야할 대상으로 삼은 이 삼독이 바로 탐내어 그칠 줄 모르는 욕심과 노여움, 어리석음인 탐진치(貪瞋痴)이다. 인간에게는 자아라고 인식되는 오온(五蘊)이 있는데 색수상행식(色受想行識)이라고 한다. 이를 하나하나 철저히 살펴보면 그 어디에도 나라는 것이 존재하지 않지만, 우리는 오온을 나로 알고 내가 오온을 소유하고 있다고 착각하는 무지 때문에 그 오온을 가지려 하고 벗어나려고 하면서 끊임없이 업을 만든다.

따라서 오온이 내가 아니며 나의 것이 아님을 있는 그대로 관찰하여 떠나는 수행으로 열반을 이룰 수 있다고 한다. 하지만 아무리 오온을 자세히 나누어 살펴보고, 그 어디에도 내가 없다는 것을 알더라도, 내가 없다는 사실이 확인되는 것은 아니다. 왜냐하면 여전히 내가 없다는 것을 찾고 확인하는 자가 있기 때문이다. 오온 그 자체는 대상으로 알아차려지지만, 오온을 알아차리는 자는 대상으로 알아차려지지 않는다. 알아차리는 자를 다시 알아차리려고 하면 또다시 알아차려지는 대상일 뿐이며, 알아차리는 자는 결코 대상이 되지 않는다. 그래서 초기불교에서는 오온이 있지, 오온을 소유한 나는 명칭이며 실재하지 않는다고 알려주지만 쉽게 내가 없음이 알아차리는 자가 허상임을 파악하기는 쉽지 않다. 초기 불교에서 깨어남의 관건은 나라고 인식되는 오온을 파괴함으로써 간접적으로 내가 없음을 확인하는 방법이다.

이러한 지구와 인류의 현실과 상황을 은유적으로 지적하면서 생텍쥐 페리가 어린왕자를 통해서 우리에게 전달하려고 했던 매시지인 "중요한 것은 보이지 않는다" 는 표현에서 보이지 않는 세계의 범위가 보이지 않는 마음의 세계만을 의미하는 것인지, 아니면 우리가 3차원 세계인 물질 계를 살다가 가야하는 다음 세상이며 보이지 않는 사후세계인 4차원 세계까지를 의미한 것인지에 대해서는 분명하지가 않다. 보이는 이 지상 세계에서 물질만능과 감각되는 현실 세계에만 집착하는 현대인의 잘못된 가치기준과 방향성을 바로 잡기 위하여 어린아이의 눈으로 보면서 동화라는 형식을 빌어서 지적한 것인지, 아니면 어린왕자의 마지막 장면에서 지구에서의 마지막 여행을 끝내고 어린왕자가 소혹성에 두고 온 꽃에게 돌아가기 위해서, 뱀에게 물려서 육체라는 무거운 짐을 벗어버리고 가는 방식을 선택하는 상황으로 미루어 짐작 할 수가 있다.

결국 보이지 않는 4차원의 사후세계까지를 다시 은유적으로 표현한 것으로 볼 수 있어서, 정말 우리 인류가 온 근원의 차원으로 돌아가기 위하여 죽음 이후의 세계와 그 여행길 그리고 돌아 간 그곳에서의 삶까지를 의미하는 것은 아닌지, 우리는 어린왕자 초판본이 1943년 출간 된지 80년이 지난 지금 이 시대에 다시 심각하게 숙고해 보아야할 시대적 전환점에 와 있는 것이 아닌가 생각해 본다.

3) 어린왕자 두 번째 이야기

2010년에 아르헨티나에서 출간된 《어린왕자 두 번째 이야기》에서 저자 A.G.로엠메르스는 파타고니아의 고속도로에서 10대가 되어 지구로 다시 돌아 온 어린왕자와 만난 트럭운전사와의 이야기를 통해서 어린왕자가 여우에게 못다 한 이야기를 나누게 한다. 《어린왕자 두 번째 이야기》는 우리 시대에 회복해야 할 인간 내면의 가치를 다루고 있다. 2010년에 아르헨티나에서 출간과 함께 초판으로만 65,000부가 판매되었으며, 전 세계 15개국 이상에서 출판되었다. 특히 이 책은 생텍쥐페리 재단에서 극찬한 작품으로 출간 당시 많은 언론으로부터 주목을 받았다. 생텍쥐페리 재단의 이사장이자 생텍쥐페리의 종손인 프레드릭 다아게(Frdric D'Agay)는 "생텍쥐페리가 살아 있었더라면 사람들에게 남겼을 남은 메시지였을 것"이라는 서평을 한 작품이어서 그 주 내용을 요약하면 다음과 같다.

- 내가 변해야 세상도 바뀐다.

착한 아들을 원한다면 먼저 좋은 아빠가 되는 거고 좋은 아빠를 원한다면 먼저 좋은 아들이 되어야겠지. 남편이나 아내, 상사나 직원의 경우도 마찬가지야. 간단히 말해 세상을 바꾸는 단 한 가지 방법은 바로 자신을 바꾸는 거야.

– 꿈꾸는 대로 삶이 이루어진다.

자신을 깨끗하고 순수하게 만들어야 돼. 그러면 투명해질 거야. 자신이 너그럽다고 상상해 봐. 그러면 들판을 비옥하게 해 줄 거야. 자기 자신을 새롭게 해 봐. 그러면 자신의 신선함이 다른 사람들의 갈증도 누그러뜨려 줄 거야. 목표를 정해 봐. 그러면 운명에 도달하게 될 거야. 자신이 안내자라고 믿어 봐. 그러면 다른 사람을 인도하게 될 거야.

– 진실한 마음만이 통한다.

사랑의 기술에 대한 백 권의 책이 한 번의 입맞춤에 미치지 못하고, 사랑에 대한 백 번의 연설도 단 한 번의 행동에 미치지 못한다는 걸 확실히 깨닫게 되었어.

– 나 자신을 사랑하다.

얼굴에 미소를 지을 수 있는 유일한 방법은 계속해서 웃는 거잖니? 사랑을 간직하는 유일한 방법도 그것을 계속 나눠 주는 거야. 무엇보다 너 자신을 사랑해야 돼. 그러면 그런 식으로 다른 사람을 사랑하게 될 거야.

- 사랑과 용서가 답이다.

사랑하고 용서하면 행복해진다는 진리야. 사랑하고 용서하면 너도 사랑받고 용서 받으니까 말이다. 사랑하지 않고 용서할 수는 없어. 왜냐하면 용서는 결코 사랑의 크기보다 클 수 없기 때문이야. 사람들이 다른 사람을 용서하면서 그 사람들을 축복까지 해야 한다고 생각하는 건 역설적이야. 하지만 사실 용서를 통해 복을 받게 되는 사람은 바로 용서를 하는 사람이야.

그러나 생텍쥐페리 사후 21세기에 출간 된 『어린왕자 두 번째 이야기』에서도 생전에 생텍쥐페리가 어린왕자를 통해서 우리에게 전달하려고 했던 매시지인 "중요한 것은 보이지 않는다" 는 표현에서 보이지 않는 세계가 마음의 세계 그리고 머리가 아니고 가슴으로 살아야 한다는 것만을 의미하는 것인지, 아니면 우리가 이 세상을 살다가 가는 다음 세상이며 보이지 않는 4차원 세계까지를 의미한 것인지에 대해서는 역시 언급이 없어서 아직 미지수로 남아 있다. 어린왕자가 소혹성에 돌아가 그 꽃을 만나서 어떻게 사는지 그 다음 이야기처럼..

2. 죽음, 벽에 걸린 그림인가? 열리는 문인가?

Part3 Well Dying과 영적 정화

죽음이란 무엇인가? 죽음이란 벽에 그린 그림일 뿐인가? 실제로 열리는 문인가? 우리는 죽음과 사후세계에 대하여 아직도 잘 알지 못하고 이 세상을 살아가고 있다. 설사 안다고 해도 그 문제는 죽은 다음에 그 때 가봐야 알 일이고, 지금은 자신과 가족의 안녕과 현실적인 신념과 이해관계에 매달려 살고 있는 것이 우리 인류의 삶이며 평균적 의식이다. 이러한 물질주의와 기술제국주의의 형이하학만이 존재하는 이 세상은 이제 선천시대의 막다른 골목에 다다라서 작금의 인류문제와 지구문제를 해결할 수가 없는 상황에 처하게 되었다.

1) 영혼과 사후세계에 대한 과학적 접근

이러한 상황은 오늘날 현대사회를 살아가는 인류의 몸과 마음 영혼까지 총체적으로 오염된 결과로 기인된 현상이어서, 몸과 마음을 통합적으로 정화하는 것이 문제해결의 방법론으로서 임사체험과 인과응보의 법칙, 카르마 소멸이라는 개념의 영적인 정화에 대한 선행연구로서 일부 연구되고 있다. 에너지 불멸의 법칙이라는 현대물리학의 이론과 양자물리학이 제시하는 4차원의 세계를 규명하기 위한 객관화 연구의 필요성이 자율주행 자동차나 인공지능 등의 미래 제4차 산업 연구보다 인류의 진정한 삶의 질을 위해서는 더 절실해 보이지만, 아직 그러한 움직임은 보이지 않는다.

물론 연구의 어려움과 한계는 있다. 이 분야의 연구를 위해서는 먼저 영혼과 영계의 실재가 규명되어야 하기 때문이다. 그러나 다른 연구에서는 공개 채널링에 의한 영계와의 직접 대화를 통하여 4차원 세계의 실재에 대한 선행연구[10]가 있다. 또한 미국과 서구에서는 임사체험에 관한

---

10 4차원 세계의 실재에 대한 선행연구

정동명 · 김용성 · 오재형, "채널링에 의한 4차원 세계의 객관화에 관한 연구", 응용미약에너지학회 Vol 14, No.1 pp.1-11, 2016. 6.에 게재 되었으며, 국문초록은 다음과 같다.

(국문초록)

오늘날 현대사회의 양극화 현상은 단지 이념과 국가 그리고 자본주의 종말을 예고하고 있는 가진 자와 못가진자의 분배문제에 그치지 않고 있다. 인류의 대 명제인 이성을 가진 동물이라는 인간 본성에도 양극화 현상이 일어나고 있어서, 마치 인간에서 이성이 분리되어 동물적 본능만이 작용하고 있는 것과 같은 현상들이 발생하고 있기 때문이다. 이는 현대사회의 무한경쟁과 물질만능인의 가치관 등 다양한 원인들이 내재되어 있지만, 탈종교시대의 특징으로서 윤회나 인과응보에 관한 믿음이 없고, 그저 현실세계에서 이기적인 삶을 살다 죽으면 그만이라는 가치기준이 형성되어

도서 출판과 영화가 흥행에 성공하는 등, 미국의 임상의학계에서는 대체의학과 통합의학적 관점에서 접근을 시도하고 있다. 영혼의 실제에 대한 과학적 연구에서 약 100년 전 의사인 던컴 맥두걸은 사람이 죽어서 영혼이 빠져나가면 그 영혼의 무게만큼 무게가 줄어들어서 그 차이가 평균 21g이 줄었다고 발표하였다. 또한 응급실 심장마비 환자를 대상으로 한 실험에서 생환된 330명 중 9명이 임사체험을 증언하였다. 근래에는 영화 '천국에 다녀온 소년'(Heaven is for Real)이 미국 전역에서 개봉되어 관객 약 9,100만 명을 불러 모으는 흥행 돌풍을 일으켰고, 세계적인 뇌의학 권위자이자 신경외과 전문의의 저서 '나는 천국을 보았다'(Proof of Heaven, 이븐 알렉산더, 2013)나 정형외과 전문의 메리C 닐의 저서 '외과의사가 다녀온 천국(To Heaven and Back)' 등도 2년 가까이 미 일간지 뉴욕타임스(NYT)의 베스트셀러 목록에 상위권을 차지한 사례가 있다.

있는 것이 가장 큰 문제로 지적되고 있다. 또한 이러한 상황은 오늘날 현대사회를 살아가는 인류의 몸과 마음 영혼까지 총체적으로 오염된 결과로서 나타나고 있으며, 아울러 영혼과 사후세계, 인간세계에 대한 영계작용의 실제에 대한 연구가 부진하여 객관적인 근거가 부족하기 때문으로 파악되고 있다. 이에 따라 본 논문에서는 에너지 불멸의 법칙이라는 현대물리학의 이론과 과학적 연구 결과들에 의한 사후세계와 영혼의 실재, 새로 태어나는 아이의 영혼은 순수하여 세상을 살면서 경험과 죄에 의해서 어두워진다는 영혼에 대한 일반적 오해를 바로 잡기 위하여, 영혼의 생성과 영혼세계의 구조 그리고 인간 세상에 작용하는 영혼의 실체와 그 결과에 대하여, 22년간 공식적으로 이루어진 812회의 공개된 채널링 영상자료를 분석한 결과를 근거로 4차원 세계의 실재에 대한 객관화 연구를 시도하고 있다.

이와 같이 미국에서 임사체험에 대한 관심이 커지자, 미국 시사월간지 애틀랜틱은 지난해 4월 2일에 "의학계는 사후세계는 미신으로, 임사체험은 환각으로 치부해왔지만 이제는 더 이상 무시할 수만은 없는 의학적 영역이 됐다"면서 초능력과 유령 등 초자연적 현상 중 임사체험이 유일하게 의학계가 과학적으로 풀어보려고 시도하고 있는 영역이라고 설명하였다. 정신의학자인 수잔 블랙모어는 임사체험의 중요한 진실은 사람들에게 삶과 죽음에 대한 의미를 다시금 깨닫게 해주어서 삶에 새로운 전환점을 마련하게 해주는데 있다면서, 21세기의 새로운 심리치료법으로 정신의학계가 이를 수용할 방법을 찾아야 한다고 강조하고 있다.

또한 세계적인 영성가이며 의사이고 작가이며 1998년 이그노벨[11]물리

---

11 이그노벨상(Ig Nobel Prize)

　　미국 하버드대학교의 유머 과학잡지인 《애널스 오브 임프로버블 리서치(AIR)》가 과학에 대한 관심을 불러일으키기 위해 1991년 제정한 상이다. 현실적 쓸모에 상관없이 발상 전환을 돕는 이색적인 연구, 고정관념이나 일상적 사고로는 생각하기 힘든 획기적인 사건에 수여하기 위해 제정됐다. '처음엔 사람들을 웃기지만, 그 뒤에 생각하게 하는(first makes people laugh, and then makes them think)' 연구라는 원칙으로 선정된다. 노벨상을 풍자하여 만든 상답게 가공인물인 이그나시우스 노벨(Ignacius Nobel)에서 이름을 따왔으며 '이그노벨(Ig Nobel)'은 '고상한'을 뜻하는 영어 단어 '노블(noble)'의 반대말로 '품위 없는'을 뜻하는 '이그노블(ignoble)'과 상통한다. 하버드대학교의 샌더스극장에서 시상하며, 행사 포스터에는 로댕(Auguste Rodin)의〈생각하는 사람〉이 바닥에 등을 대고 누워 있는 그림이 그려져 있다. 이에는 고정관념이나 일상적인 사고로는 생각하기 어려운 발상 또는 획기적이고 이색적인 업적을 뜻하는 발상의 전환이 내포되어 있다. 시상 부문은 평화·사회학·물리학·문학·생물학·의학·수학·환경보호·위생, 그리고 여러 학문 분야와 관계가 있는 연구 등 총 10개 분야이다. 일반인이 보기에는 궤변으로 보일지라도 위대한 과학적 성과는 보통 사람들이 생각하지 못하는 것을 생각해 내는 것으로부터 이루어지는 경우가 많다는 점에서도 의미가 있다. 예를 들어 안드레 가임 교수는 2000년 당시 '자석을 이용한 개구리 공중부양'을 연구하여 이그노벨상을 받았으며, 이후 2010년 스카치테이프로 흑연을 벗겨내 그

학상 수상자이며 심신의학의 창시자인 초프라 행복센터 대표인 디팩 초프라(Deepak Chopra)는 인간의 영혼과 육체는 긴밀한 상관관계에 있으므로 명상이나 침묵을 통해 자아를 찾고 자연과 우주의 원리를 깨달아 순수한 마음으로 남을 위해 베풀면서, 체질에 맞는 자연식도 하면 질병을 치유하고 건강을 유지할 수 있으며, 나아가 인생의 성공까지도 이룰 수 있다고 역설하고 있다. 그러나 그 자아를 찾고 깨달아 영적인 생활을 영위하는 방법론에 있어서는 명상과 침묵이라는 전통적인 방법을 제안하고 있어서, 누구나 질병으로부터 벗어나고 건강한 정신과 신체를 유지할 수 있어야 한다는 전제 조건을 충족시키지는 못하고 있다.

비록 우리가 추구하는 삶의 목표들 가운데 건강과 행복이 가장 우선이지만, 우리가 진정 원하는 것은 행복을 넘어 우리 존재의 실체를 아는 것이다. 거기에 이르기 전까지는 아무리 많은 욕망이 충족된다 해도 여전히 남는 불만이 있다. 우리를 못살게 구는 목소리와 갈증이 우리 안에서 계속 질문을 던지기 때문이다. 나는 누구인가? 우리는 어디에서 와서 어디로 가는가? 무엇이 우리 인생의 의미이며 궁극적 목적인가?

우리의 이 물음들에 답해줄 사람은 아무도 없다. 혹시 선각자나 전문가의 지식 또는 종교가 주는 답이 있다면 그것은 신앙 위에서 배운 것을

래핀을 합성해낸 업적으로 노벨물리학상을 수상함으로써 최초로 이그노벨상과 노벨상을 모두 수상한 인물이 되었다. 2관왕은 참고로 개구리 공중부양 연구는 베리위상으로 유명한 마이클 베리 교수와 함께한 것으로, 베리 교수는 안드레와 같은 해에 노벨상 최종 후보에 오르기도 하였다. 노벨상과 인연이 별로 없는 대한민국에도 4명이나 이그노벨상을 받았다.

그대로 받아들인 것일 뿐이다. 우리가 살고 있는 이 현상계는 물론이고 천국과 천당, 극락과 지옥, 영계와 신계 등 아무것도 분명하게 아는 것이 없으면서, 단지 그것이 진실이고 진리이기를 바랄 뿐이다. 왜 우리의 실존에 대한 심오한 질문들을 신앙 위에서 다루어야 하는가? 우리 스스로 답을 찾아낼 방법이 없는 것인가? 우리는 믿음이 아니라 이해와 앎이 필요한 것이다.

근래 출간된 죽음에 관한 서적으로 17년 연속 예일대 최고의 명강의 'DEATH'가 있다. 하버드대 정의(justic) 및 행복과 함께 아이비리그(Ivy League) 3대 명강으로 불리는 강의다. 그동안 우리가 생각해 왔던 심리적 믿음과 종교적 해석을 완전히 배제하고 오직 논리와 이성으로 죽음의 본질과 삶의 의미를 고찰하고 있다. 하버드대 마이클 샌델(Michael Sandel)과 더불어 미국을 대표하는 현대 철학자로 불리는 셸리 케이건(Shelly Kagan) 교수는 이 책에서 고대에서 현대까지 방대한 철학사를 다루면서도 난해한 철학용어를 거의 사용하지 않는 그만의 교수법은 대중철학 강의의 새로운 지평을 열었다고 평가받고 있지만, 정작 진정으로 죽음이 무엇인지, 영혼과 영혼세계가 있는지, 그렇다면 우리는 지금 어떻게 살아야 하는지에 대한 언급은 전혀 없다.

2) 임사체험에 대한 사례연구

우리는 TV 리모컨에서 발사되는 적외선을 볼 수 없고, 전기의 움직임과 시계의 시침이 움직이는 것을 감지할 수 없지만 작용기전을 알고 결과가 있기 때문에 믿고 사용한다. 코페르니쿠스의 지동설도 당시에는 눈으로 확인할 수 없기 때문에 믿을 수 없었지만, 과학적으로 그 메커니즘이 밝혀진 지금은 지동설을 부정하는 사람은 아무도 없는 것과 같이, 영혼과 영계의 작용도 작용기전이 밝혀지고 작용의 결과가 나타나면 그 존재를 믿을 수밖에 없다. 따라서 임사체험 사례로서 하버드 의과대학의 뇌의학 교수이며 신경외과 전문의인 이븐 알렉산더 박사의 사례와 세계 의학계에서 전문가들의 가장 큰 관심과 객관적인 연구 자료로 주목받고 있는 팜 레이놀드의 임사체험 사례 등 2건의 자료에 대한 인터뷰 내용과 저서, 체험담 녹화자료를 수집하여 요약하였다.

(1) 이븐 알렉산더 박사의 사례

임사체험은 단순한 미신이 아니라 과거 의학계에 임상사례로써 여러 번 보고되어 왔다. 18세기 프랑스 군 의무관의 보고서에서 임사체험이라는 말이 처음 등장했고, 본격적인 연구는 1975년 정신의학자인 레이몬드 무디로부터 시작되었다. 당시 레이몬드는 임사체험자 50여명의 인터뷰 내용을 묶어 출간한 저서 '삶 이후의 생(Life after life)'을 통해서 정신의학계에 큰 충격을 주었다. 뇌기능이 완전히 정지한 상태에서 환자가 의식적 활동인 임사체험을 한다는 것 자체가 초자연적인 현상으로 밖에는 설명할 수 없었기 때문이다.

그러나 희귀한 세균성 수막염으로 생존율 10%의 뇌사상태에서 7일 만에 죽음을 체험하고 살아난 하버드 대학 신경외과 의사 이븐 알렉산더 박사는 사후세계를 경험하고 나서, 나는 천국을 보았다(Proof of Heaven)고 말했다. 듀크 대학교에서 의학박사 학위를 받고 하버드 메디컬 스쿨에서 의사와 교수로 근무했으며, 과학 학술지에 150여 편이 넘는 논문들을 게재하였고, 국제의학 컨퍼런스에서 200회 이상의 연구발표를 하는 등 뇌와 의식의 작용에 관해 뛰어난 업적을 쌓은 세계적인 뇌의학 권위자이자 신경외과 전문의이다

따라서 기존의 제도권 의학계의 전문가들과 마찬가지로 알렉산더 박사도 물질적이고 과학적인 세계관으로 살았고, 스스로도 물질주의자였던 본인이 임사체험을 하기 전에는 죽음과 영혼의 실재에 대해 회의적이었던 사람이었다. 많은 임사체험자들이 그들의 인생관과 삶의 목표가 확실하게 바뀌는데 알렉산더 박사도 예외가 아니었다. 사후세계가 존재한다는 강력한 체험을 통해 그의 세계관이 바뀐 것이다. 더구나 그는 뇌의학 권위자로서 임사체험이 뇌가 만들어내는 환각이 아니라는 사실을 증명하고 있다.

알렉산더 박사는 생존율 10%의 뇌사상태에서 죽음을 체험하고 돌아와서 사후세계가 존재한다는 것을 주장해서 주위를 놀라게 하였다. 그는

말하기를 뇌가 만들어 낸 환상이 아니라 의식 밖에서 실제로 일어난 일이고, 의사들은 그가 뇌사상태에 있을 때 뇌 스캔을 통해 그의 뇌가 완전히 기능이 멈춘 것을 확인했었다고 증언한 것이다. 혼수상태에 있을 때 그의 뇌는 제대로 작동하지 못한 것이 아니라 전혀 작동하지 않았다. 그러므로 우리의 의식이나 영혼이 뇌에 존재하는 것이 아니라고 주장했다. 그는 죽음은 끝(end)이 아니라 변화 (transition)라고 말했다.

뇌가 정지상태에서 임사체험 하는 사례는 많이 보고되고 있다. 그러나 이븐 알렉산더 박사의 임사체험은 보다 구체적이다. 그곳에 있었을 때의 나는 사람이 아니었다. 동물도 아니었다. 나는 사람이나 동물 이전의, 그 이하의 어떤 것이었다. 나는 그저 시간이 흐르지 않는 적갈색 바다 위에 홀로 떠 있는, 주시하는 의식 그 자체였다고 주장하고 있다. 처음에는 이따금 으르렁거리는 소리가 둔탁하게 들리기도 하는 무서운 곳이었지만, 얼마 후 빛의 세계로 들어갔고, 이어서 지금껏 보지 못했던 가장 이상하고, 가장 아름다운 세상에 놓이게 되었다고 한다. 그는 자신이 확신을 갖는 두 가지 이유로 첫째는 내가 관문과 중심 근원에 있었을 때 가르침을 준 존재들이 나에게 이것을 보여줬기 때문이고, 둘째는 내가 그것을 실제로 경험했기 때문이라고 말했다.

그는 물리적 영역에만 토대를 둔 과학적 방법론이 지난 400년간 점점 더 많은 영향력을 행사해 왔다는 사실이 가장 큰 문제라며, 내가 평생을 바쳐 연구한 과학과 내가 저 너머에서 배운 것은 서로 모순되지 않는다. 하지만 너무나 많은 사람들이 이 둘이 모순된다고 믿고 있다고 주장한다. 이 때문에 실재로서 의식의 중요성을 강조하고 있다. 뇌로부터 구속된 세상에 살다보니 그 이상의 존재라는 사실을 자각하는 능력을 상실 해버렸다는 주장은 실제로 사후세계를 경험한 사람들의 임사체험에서 공통되는 심정 변화이지만, 죽음 이후에도 어떤 세계가 존재할 가능성을 시사하는 세계적인 뇌의학 권위자의 말이기 때문에 더 신뢰성을 갖게 한다.

이른 알렉산더 박사는 아침에 깨었을 때 척추에 심한 통증이 몰려왔고 거의 무의식 상태에서 자신이 근무하는 병원으로 옮겨졌다. 응급실에서 그는 물고기처럼 팔딱거리는 심한 경련과 짐승처럼 고통의 소리를 토해냈다. 첫날 요추천자 검사에서 급성 대장균성 박테리아 뇌막염에 걸린 것으로 밝혀졌다. 건강한 정상인의 뇌척수액 포도상 수치는 데시리터 당 약 80밀리그램이고, 생명이 위급한 사람의 경우 20밀리그램까지 내려갈 수 있지만 알렉산더 박사는 뇌척수액 포도상 수치는 1밀리그램이었다. 그의 생존율은 기껏해야 10% 정도였다. 강력한 항생제 정맥주사 치료가 시작되었다. 그런 와중에 그는 정확히 묘사하기 어려운 시간개념이 없는 세계에 있었던 것이다.

알렉산더 박사가 의학적으로 부정적인 전문가들과는 다른 입장을 갖게 되고, 사후세계와 영혼의 실재를 확신하는 결정적인 이유는 병원에서 회복되어 집으로 돌아온 후에 일어났다. 사실 알렉산더 박사는 아주 어린 시절에 입양된 입양아였다. 생모는 열여섯 살의 미혼모였으며, 남자친구는 고교생으로 양육비를 댈 형편이 못되어 두 사람은 합의하에 양육을 포기하기로 하였던 것이다. 다행히 입양한 부모는 박사를 훌륭하게 키워서 의사가 되었지만, 친부모에게 한번 만나고 싶다는 연락에도 거부당한 기억으로, 항상 부모로부터 버림받았다는 자책감에 시달려 왔었다. 그 후 알렉산더 박사가 결혼한 후 친부모를 만나게 될 기회가 있었다. 부모님은 아이 셋이 더 있었으나 여동생은 2년 전에 사망한 것을 알게 되었다. 여동생을 한번 보고 싶다고 했더니 나중에 사진을 보내주기로 하였다.

사건의 본질은 거기서 시작되었다. 집에 돌아 온 박사에게 우편물이 하나 와 있었는데, 친부모로부터 온 여동생 사진이었다. 그런데 그 얼굴은 바로 자신이 임사체험 중에 천국에서 자신을 안내하면서, 곧 세상으로 돌아갈 것을 알려주던 그 여성의 얼굴과 같았던 것이다. 임사체험 이전에 본 적이 있다면 뇌의 오작동이나 특별한 경우로 볼 수도 있으나, 이런 경우에는 그런 가능성이 전혀 없기 때문에 연구를 시작하게 된 것이다. 이 일로 인하여 가족의 사랑을 확인하게 되었고, 친부모가 버린 것이 아니고 어쩔 수 없는 상황이었음을 이해하게 되었으며, 입양한 부모에게도 더욱 감사하는 마음을 갖게 되는 등, 사랑과 감사의 새로운 삶을 사는 계기가 되었다.

(2) 싱어송라이터 팜 레이놀즈의 사례

임사체험이 실제적 현실이라는 것에 회의적인 정신의학자들은 임사체험이 환각에 불과하다는 것을 입증하기 위해 과학적 실험에 매달리고 있다. 미국 미시간 대학의 정신의학자들은 지난 2013년 실험용 쥐를 마취해 심장마비를 유발시켰다. 이를 통해 쥐의 뇌에서 전기신호가 전혀 포착되지 않는 뇌사 상태를 30초 간 만들어 뇌 조직의 부분별 활동량을 관찰했다.

관찰 결과에 따르면 뇌사 상태로 뇌에 산소공급이 차단되는 위험한 상황이 발생하면 뇌 조직은 산소가 차단된 원인을 파악하려고 경련에 가까운 높은 활동량을 보인다는 것이 드러났다. 이를 기반으로 정신의학자들은 임사체험자들이 경험하는 유체이탈이나 사후세계 경험 등은 뇌의 이러한 활동과 연관이 있으며, "임사체험이 현실보다 더 생생하다"는 임사체험자들의 증언도 뇌의 이례적인 높은 활동량에서 비롯한다고 주장하였다.

또 임사체험이 산소 부족이나 불완전한 마취 등으로 인해 뇌의 오작동으로 발생하는 이례적인 현상일 수도 있다고 지적한다. 실제 1,000명 중에 1명 정도는 마취를 해도 의식은 깨어있는 경우가 있는 것으로 밝혀졌는데, 이에 따라 유체이탈은 실제 환자의 의식이 육체를 벗어난 것이 아니라 불완전한 마취로 인해 의식이 깨어 있으면서 주변 상황을 기억하게 된다는 설명이다. 더욱이 위중한 수술일수록 다양한 약물을 투여 받게 돼 뇌에서 환각 작용이 유발될 수 있다고 주장하고 있는 것이다.

특히 정신의학자들은 임사체험자의 증언 내용들이 비교신학자인 조셉 켐벨의 '영웅 서사'와 유사하다는 점에도 주목하고 있다. 조셉 켐벨은 저서 '신화의 힘'(the power of myth)을 통해 전 세계에 남아 있는 고대 신화들은 전형적인 영웅 서사 구조를 띠고 있는데, 이는 인간의 정신적 성숙 과정을 상징하는 무의식적인 산물이라고 주장하고 있다. 조셉 켐벨의 영웅 서사구조는 간단하다. 비참한 현실에 있던 아이가 도전을 통해 새로운 세계에 진입하고 그곳에서 정신적 스승을 만나 깨달음을 얻은 후, 숙명의 적에 의해 죽음의 위협에 몰렸다가 이를 이겨내면서 내면적 각성을 이뤄내고 현실로 돌아온다는 것이다. 이는 임사체험에서 보이는 어두운 터널의 통과나 유체이탈, 사후세계 방문, 죽은 친지나 가족과의 만남, 신과의 조우, 소생 등의 내용들과 상당히 닮아있다는 것이다.

이 때문에 정신의학자들은 임사체험에서 보여 지는 경험들은 실제적인 의식 활동이 아니라 잠재된 무의식이 상상으로 표출되는 것뿐이라고 주장한다. 임사체험이란 것이 결국 고대 신화와 비견되는 현대판 신화에 불과하다는 주장인 것이다. 그러나 팜 레이놀드의 사례에서는 이러한 주장들에 대해서 논리적으로 완벽하게 벗어나는 결론을 내릴 수 있게 하고 있다. 당시 34세이던 가수 팜 레이놀드는 의사에 의해서 저체온 순환정지법이라는 치료를 받았다. 이 치료에서는 환자의 체온을 15.5도에까지 내린데다가, 심박과 호흡을 정지시켜 뇌파를 평탄하게 한 다음, 머리 부분으로부터의 혈액을 빼낸 상태에서, 환부인 뇌의 중추부의 동맥류의 적출을 실시하는 대 수술을 하였기 때문이다.

팜은 깊은 혼수상태에 있었고, 팜의 뇌파는 1시간 정도 평탄한 그래프를 유지하는 뇌기능정지 상태였음에도 불구하고, 그 시간에 팜의 의식은 신체로부터 빠져나가 임의적인 임사체험을 한 것이다. 팜은 눈을 뜬 후에, 수술시간 내에 수술실에서 진행된 수술 과정이나 기구 상태, 의사들의 대화 등을 정확하게 묘사하는 일이 일어난 것이다. 이 사례는 뇌가 완전하게 정지되어 뇌파계 모니터에서 사망 시에 맥파 신호가 정지하는 것과 같이, 평탄 뇌파 시에 임사체험이 일어난 예로서 유명하게 되었다. 팜의 뇌혈류는 빼내지고 있었기 때문에, 뇌기능은 정지하고 있었다. 팜의 임사체험은 가장 상세한 의학적 기록이 남은 사례가 되었다.

팜의 뇌파활동은 계속적으로 측정되고 있어서 측두엽 발작 등이 일어난 흔적은 없다. 또, 팜의 눈에는 건조를 막기 위해 테이프가 붙여지고 있었기 때문에 시각은 없고 귀에는 특수한 효과음을 발하는 이어폰을 붙였기 때문에 다른 예외는 전혀 있을 수가 없었다. 이와 유사한 사례로, 양 눈이 모두 보이지 않는 맹인의 임사체험의 사례도 있다. 케네스 링은 눈이 보이지 않는 임사체험자 약 31명에게 인터뷰를 취한 결과, 회답자의 80%가 임사체험 중에 「보는」일이 가능했다는 것을 인정하였다. 피험자 중 14명은 선천적으로 양 눈이 모두 거의 보이지 않는 사람들이었다. 우리의 뇌는 컴퓨터의 중앙처리장치 (CPU)와 메모리 장치와 같기 때문에 촬영되지 않은 카메라에 저장되지 않은 영상에 대해서는, 어떤 경우에도 출력과 재생이 될 수가 없는 것이 구조적 원리이기 때문이다.

이상과 같이 우리의 무의식 혹은 영혼이 육체의 죽음 후에도 소멸되지 않음을 증언하는 임사체험 사례는 무수히 많지만, 유물론적 세계관에 젖어 있는 사람들은 아직 이런 사실을 받아들이려고 하지 않는다. 임사체험 NDE(Near Death Experience)는 문자 그대로 죽음에 대한 체험이고, 두 개의 세상을 체험하는 과정이다. 육체적 죽음을 잠시 겪는 과정에서 영혼이 육체와 분리되고 또 다른 내가 자기의 육체를 허공에서 바라보기도 한다.

그 뿐 아니라 지구가 아닌 다른 차원의 세계를 경험하기도 한다. 이미 죽은 지인들을 만나기도 하고 그들의 이야기를 전달해 준다. 그러나 이 현상을 뇌의 반응일 뿐이라고 폄하하기도 하는데, 일상의 삶도 모두 뇌가 반응하지만 그 삶이 뇌의 반응일 뿐이라고 말하지 않는다. 조사결과에 의하면 심장이 정지되거나 의식불명, 뇌사상태에 있었던 사람들의 4~18%가 임사체험을 보고하고 있다. 현대 의학기술은 심장 제세동기나 의술로 다시 소생시키는 일이 가능하여 임사체험 사례는 증가하고 있다. 긍정적인 임사체험은 빛의 세계에서 사랑으로 둘러싸인 빛의 존재를 만나는 경우이다. 부정적인 임사체험도 있는데 밝히기를 꺼려하지만 주로 자살을 시도한 사람이 지옥을 경험하는 것으로, 자살과 지옥이 관련성이 있음을 암시한다. 케네스 링의 조사에 의하면 자살에 의한 임사체험에서는 빛의 세계로 들어가는 현상은 보이지 않는다고 하는 점이 공통점이고 시사하는 바가 크다.

머리 부분에 중상을 입어 뇌기능이 혼란 상태에 있을 때 임사체험이 일어난 사례도 있다. 인간의 뇌가 중대한 손상을 받았을 때 기억은 손상을 받기 쉽기 때문에, 통상은 사건 당시의 기억은 잃는다고 하는 임사체험에 대한 기억은 이례적인 것이다. 2천명이 넘는 큰 규모의 연구를 통해서 영국 과학계는 사후세계를 확인하는 연구에서, 심장이 멈춘 후에도 사람의 생각은 계속되고 있다는 사실을 밝혀내고 있다.

이것은 생명현상에 대한 아주 충격적인 반전이다. 과학자들은 환자가 사망했다고 선언된 이 후에 더 어떤 신체적 체험을 하고 있다는 움직일 수 없는 증거가 나왔고 그것을 확인했기 때문이다. 뇌사가 일어난 후에 심장은 30초 후에 멈추어 혈액순환이 멈추게 되는데 그러면 신체의 지각력도 멈춘다. 그러나 사우스햄턴 대학의 연구는 그가 완전히 죽은 지 3분 후에조차 그 환자는 여전히 주변을 지각 하고 있음이 드러났다고 선언하였다. 그래서 죽음 후에 무덤에 가는 것이 인생의 끝이 아님을 알게 된 것이다.

다만 임사체험에 대한 긍정론자든 비관론자든 모두 임사체험에 대해 공통으로 인정하는 것이 한 가지가 있다. 임사체험이 환자들에게 주는 심리적 치료 효과가 상당하다는 것이다. 실제 임사체험을 경험한 환자들은 이전보다 삶에 대해 관용적이거나 포용적인 태도를 취하며 정신적 안정을 얻는 경우가 많다. 죽음과 사후세계 등의 경이로운 경험을 통해 삶에 대한 초월적 태도를 취하게 된다는 분석이다.

임사체험 국제학회(IANDS) 회원인 제프 올센은 최근 졸음운전을 하다 7살 아들과 부인 일가족이 사망하는 아픔을 겪었다. 올센은 사고로 수술실을 오가며 자신의 잘못으로 가족을 잃은 죄책감에 시달렸다. 하지만 어느 날 수술실에서 임사체험을 통해서 만난 신이 자신을 따뜻하게 안아주면서 상처를 치유할 수 있었다고 말하고 있다. 이에 따라 미 의학계 일각에서는 임사체험이 환각인지 아니면 실제적 현실인지에 대한 논쟁을 떠나 우울증 등 정신병이 증가하고 있는 현대인들을 위해 의학적으로 재조명 될 필요가 있다는 주장이 커지고 있다.

정신의학자인 수잔 블랙모어는 임사체험의 중요한 진실은 사람들에게 삶과 죽음에 대한 의미를 다시금 깨닫게 해주어서 삶에 새로운 전환점을 마련하게 해주는데 있다면서, 21세기의 새로운 심리치료요법으로 정신의학계가 이를 수용할 방법을 찾아야 한다고 강조했다. 나는 반드시 죽을 것이다. 그렇다면 나는 어떻게 살아야 하는가? 하는 결론에 귀결되게 되는 것이다. 또한 이븐 알렉산더 박사의 천국의 증거라는 저서에서처럼, 나는 천국을 보았다(Proof of Heaven)라는 제목에서 천국을 사후세계와 영혼세계와 동일한 의미로 적고 말하는 부분에 대하여 이제는 분명한 정의가 있어야 한다는 생각이 든다.

이는 영계와 4차원 세계의 구조와도 관련된 내용으로서 별도의 논의가 필요한 부분인 것이다. 기도문의 '하늘에 계신'의 하늘과 '하늘나라로 갔다'고 표현하는 하늘, 그리고 천국과 지옥, 천당과 연옥, 극락과 지옥의 구분 등 우리는 아직 4차원 세계와 사후세계, 영혼의 세계에 대하여 너무도 모르고, 종교적 용어로만 한정지으며 개념 정리가 안 되어 있는 것이다. 물론 아직 영혼과 영혼세계 실존에 대한 근거 자료와 연구가 진행되고 있는 중이기는 하지만 이제는 사후세계와 영혼세계의 구성과 작용 메커니즘을 밝히고자 하는 연구자의 입장에서는 보다 구체적인 논리적 설명과 근거자료가 필요한 부분이다. 이에 따라 다음 장에서 그동안 이 분야에서 이루어진 선행연구들의 4차원 세계의 구성과 인간계 작용의 실제에 대하여 좀 더 상세하게 다루고 있다.

「꽃이 아름다운 이유」

세상의 수많은 꽃들
꽃들은 아름답다.
아름다움이란
생명력의 발로이며
조화이고
인간이 가진 특별한
감성인 것을.

이 감성을
꽃들이 어찌 알고
이 모양과 색깔
향기를 만들어 내는가?
유전자는 집 짓는
벽돌과 시멘트 일뿐
그 설계도는
누가 그린 것인가

창조주의 의지일 진대
진화는 그 다음이다.

꽃은 보는 이가 있어서 아름답고
보는 이는 아름다움을 아는
의식이 있어서 아름다움을 안다.

아름다움의 근원은 사랑이어서
냄새나는 이 진흙탕
이 세상이 아직은
희망이 있다.

우리 가슴 속에
사랑이 남아 있는 한
세상은 아직
희망이 있다.

3. 무상, 허무인가? 변화인가? 진화인가?

Part3 Well Dying과 영적 정화

모든 원소의 기본구조인 수소의 원자번호가 1이고 하나의 원자핵에 하나의 전자를 가지고 있다. 생명의 원천인 물은 이 수소와 인간의 생존에 없어서는 안 되는 원자번호 8인 산소와의 결합으로 이루어진다. 따라서 인간도 그 원소들의 유기적인 수소화합물이며 우주의 일부분일 뿐이다. 반야심경(般若心經)은 이렇게 이어진다. 불생불멸 불구부정 부증불감 시고(不生不滅 不垢不淨 不增不減 是故…) 이는 만물의 나고 죽음이 없고, 더러운 것도 깨끗한 것도 없고, 늘지도 줄지도 않는다는 의미로서 물리학적 개념을 빌릴 필요도 없이 일반적인 상식만으로도 이해가 쉽지 않다.

오늘날 정신이 오히려 물질의 종(從)이 된 원인으로 발생한 대형사고로 잃은 가족을 아무리 애타게 불러도 생전의 그 모습은 다시 볼 수 없고, 연료를 소모해서 자동차가 가고, 나무 하나가 베어져서 땔감으로 사용되었다. 보이지 않게 되었고 자란 후에 없어졌다. 생(生)이 있고 멸(滅)이 있는 것이 분명하다. 그러나 우리의 오감에 의존한 생각을 벗어나 심안(心眼)이나 영안(靈眼)으로 본다면, 즉 시(視)가 아닌 관(觀)을 해보면, 나무는 어디에서 왔고 사람은 어디에서 왔는가? 그 원천은 지구 안에 원소들이 어떤 에너지의 작용에 의해서 잠시 유기적인 결합을 한 후에 다시 흩어졌을 뿐이다.

자동차의 연료가 액체의 높은 에너지 준위에서 낮은 에너지 준위인 가스의 형태로 변화되면서 그 에너지 준위의 차이만큼의 에너지가 기계적인 일로 변환되었을 뿐이며, 그 결과 엔트로피가 증가되고 지구의 온도가 그 만큼 증가되었을 뿐, 지구 전체의 분자량에는 변함이 없다. 그 원천에서 보면 생도 멸도 없고, 증가도 감소도 없으며, 인간의 가치 기준으로 보니 더러움과 깨끗함이 구별되는 것이지 구더기도 닭에게는 훌륭한 음식이 되는 것이다. 고체인 얼음에 열에너지를 가하면 액체인 물이 되고, 다시 물에 에너지를 더 가하면 수증기가 되어 없어진다. 없어진 것이 아니라 기체 형태로 상(相;固相 液相 氣相)을 달리했을 뿐이다.

우리를 포함한 만물이 무형의 질료(空)로부터 온 것이며 또한 이 질료의 속성은 다른 역 에너지가 작용하지 않는 한 이 물질계에 창조와 조화의 속성을 나타낸다. 그러면서 에너지는 순환한다. 항상 변하지 않고 있는 것은 아무 것도 없다. 그래서 무상(無常 mutability)이다. 밤과 낮과 계절이 순환하고, 떨어진 나뭇잎이 줄기가 되고 다시 잎이 되며, 물은 낮은 곳으로 흐르고 다시 바다에서 태양에너지를 받아 육지로 돌아오듯이 모든 것이 에너지를 수반하는 변화와 형태를 달리하는 순환의 과정 안에 있다. 그래서 우주는 살아 있고 통일되어 있다. 이러한 자연의 순리를 간파한 우리 선조들은 사람의 죽음을 사망이라고 표현하지 않고 잠시 왔다가 「돌아가셨다」라고 하였다. 우주의 성주괴공(成住壞空)[12]과 만물만상이 생성과 성장, 수렴과 소멸의 순환하는 무상의 틀 안에서 존재

---

12 성주괴공(成住壞空)

불교의 시간관인 사겁(四劫)으로, 성겁(成劫) · 주겁(住劫) · 괴겁(壞劫) · 공겁(空劫)을 줄여서 말할 때 쓰는 말이다, 불교에서 우주가 시간적으로 무한하여 무시무종(無始無終)인 가운데 생성소멸 변화하는 것을 설명하는 개념으로 사겁(四劫)을 말하며 그것을 줄여서 성주괴공이라고 한다. ① 성겁(成劫) : 기세간과 유정세간이 형성되는 시기를 말한다. 성겁은 20소겁이 소요된다. 성겁 다음에 주겁의 시대가 온다. ② 주겁(住劫): 주겁도 20소겁이 소요되며 기세간은 별 변동이 없지만 유정의 과보에는 많은 변동이 있다. 인간들은 처음에는 빛을 내며 하늘을 날 수도 있으며 수명도 8만세까지 장수한다. 그러나 좋은 맛에 탐닉하고 나쁜 마음들로 악업은 심해져 수명은 10세로 짧아지고, 사고, 질병 등의 삼재(三災)가 발생하여 많은 인간들이 죽어가서 1만을 헤아리게된다. 여기까지 시간을 1소겁이라고 한다. 다시 인간은 죄업을 뉘우치고 선업을 행하여 그 수명이 8만세가 되며, 또다시 욕심이 과다해져서 10세가 되는 등 수명의 기복이 연속된다. 주겁의 기간 동안 20번을 반복한다. ③ 괴겁(壞劫): 그 뒤로 세계는 파괴되어 가는 시대를 말한다. 이 시대 역시 20소겁이 소요된다. 먼저 유정세간이 파괴되는데 19소겁이 소요되고 화 · 수 · 풍의 삼재가 발생하여 세계는 모조리 흩어져 버린다. ④ 공겁(空劫): 괴겁의 시대가 지나면 허공만이 존재하는 공겁의 시대가 오는데 이 기간에도 20소겁이 흘러간다. 공겁 다음에는 다시 중생들의 업력에 의해 성 · 주 · 괴 · 공이 반복하여, 이 세계는 끝없이 생성되어, 성장하다가, 다시 수렴 거두어들이고, 소멸하는 생장염멸(生長(斂滅)과 같은 과정을 말한다.

하는 것이다.

결국 삼라만상은 이 동일한 자연의 법칙 속에서 진화해 가는 것이어서 어떤 예외도 있을 수 없으므로, 이러한 에너지의 원천과 작용의 방향을 보이지 않는 마음의 눈 심안으로 볼 수 있도록 하는 노력이 오히려 이 과학이 만능인 오늘날에 모든 것에 우선하여 필요한 것인지도 모른다. 결국 우리의 육신을 포함해서 우주의 유형, 무형은 모두 변화와 순환의 원리 안에서만이 존재가 가능한 것이며, 끊임없는 운동과 변화의 순환이지만 왔다가 돌아가고 다시 제자리로 오지 않는 나선운동의 진화과정 속에서 한시적인 무상의 존재들인 것이다.

그러나 또한 인간은 이러한 진리를 아는 정신능력이 있기에 소우주라 일컫는다. 무형의 에너지가 화해서 유형의 물질이 존재하게 되고, 이 무형 유형은 다시 무상(無常)의 순환원리에 의해서 변화해 가는 궤도 위에 있다는 실상을 인정하는 관점에서 볼 때, 인간의 삶과 목적 우리가 진정으로 추구해야 할 대상이 보이지 않는 무형과 무상인 것이며, 그 중심에 우리의 마음과 정신이 있다는 사실에 대하여 깊이 숙고해봐야 할 명제인 것이다.

오늘날 현대사회의 양극화 현상은 단지 자본주의 종말을 예고하고 있는 가진 자와 못가진자의 분배문제에 그치지 않고 있다. 현대 자본주의와 산업사회의 산물인 이 "가진 자와 못 가진 자"라는 문제는 2011년 빈부격차의 심화와 금융기관의 부도덕성으로 촉발된 월가시위로 이슈화된 것 같으나, 사실은 어니스트 헤밍웨이가 1937년에 출간한 잘 알려지지 않은 다른 소설 작품의 제목이었다는 사실에서 이미 20세기 초에 예고되었던 자본주의 사회의 구조적인 갈등문제라는 것을 알 수 있다.

이에 더하여 현재 지구촌 전체에서 발생하고 있는 지구의 기상이변과 국가 간 인종 간 갈등과, 테러와 종교전쟁, 분노조절장애 등의 문제는 현대사회의 다양한 원인들이 내재되어 있지만, 탈종교시대의 특징으로서 윤회나 인과응보에 대한 믿음이 없고, 그저 현실세계에서 이기적인 삶을 살다가 죽으면 그만이라는 가치관이 형성되어 있는 것이 가장 큰 문제로 지적되고 있다. 이러한 상황은 오늘날 현대사회를 살아가는 인류의 몸과 마음 영혼까지 총체적으로 오염된 결과로 기인된 현상이어서, 몸과 마음, 영성을 통합적으로 정화하기 위한 문제해결의 대상으로서, 좀 더 상세하게 고찰해 볼 필요가 있다.

이는 오늘날의 학문체계가 물질과 수익을 위한 가시세계와 현상계 중심으로 이루어지고, 보이지 않는 비가시 영역에 대해서는 종교 영역으로 분리하여 연구의 대상이나 체계적인 학문으로 접근조차 하지 않는 분야 중에 하나가 영혼과 사후세계이다. 나아가 영계의 구성과 인간세계에 대한 영계작용의 실제 그리고 신과 계시, 경전으로 전해지는 말씀의 실체 등에 대한 연구가 부진하여 객관적인 근거가 부족하기 때문인 것으로 파악되고 있다.

이에 따라 먼저 에너지 불멸의 법칙이라는 현대물리학의 이론과 양자

물리학이 제시하는 우주의 실상에 관한 과학적 연구 결과들(프레드A.울프) 영혼변환의 과학이라는 제목의 논문(A.S.Raleigh)과, 사자(死者)가 영계에 가기까지, 영계의 전부 그리고 영계와 인간과의 관계를 다룬 서구의 역사상 가장 거대하고 가장 불가사의 한 인물로 인정받고 있는 저자와 그의 저서, 나는 영계를 보고 왔다는 증언들(스웨덴 보그), 죽음의 순간에 단 한번 듣는 것만으로 영원한 자유를 얻을 수 있으며, 삶과 죽음, 환생 그리고 영원한 대자유를 얻는 비법으로, 천년의 신비가 담긴 경전으로 인정받고 있는 티벳死者의書(파드마삼바바)를 비교 고찰 하였다.

또한 전 세적으로 재단이 설립되고 각국에서 자생적으로 독자들의 독서 연구회가 조직될 정도의 지명도가 있는 신과 나눈 이야기 전 3권(닐 도날드월쉬), 대천사 미카엘의 도움을 받아서 윤회와 환생의 법칙을 밝힌 우리는 신이다(페텔 에르베) 그리고 최근에 발행되어 그리스도의 새로운 가르침으로 현존하는 가장 영성이 높은 책으로 평가 받으며, 의식혁명의 저자이며 '깨달음에 이르는 길의 스승'으로 불리는 데이비드 홉킨스 박사와 켄 웰버가 극찬하고, 영성개발과 실천법으로 인정받고 있는 기적수업 안내서(존 먼디)가 있다.

이는 케네쓰 왑닉이 기적수업 해설서를 발간할 정도로 세계적인 영성 교과서로 인정받고 있는 헬렌 슈크만과 윌리암 테라포드가 1965년부터 1972년까지 채널링으로 받아 적어 1976년에 출간한 기적수업으로 이를 비교연구에 참고하였다. 또한 인도의 최고 경전인 베다(veda)와 우파

니샤드(upanisad), 라마야나(ramayana) 마하바라따(mahabharata)의 핵심부분 18장을 따로 떼어내어 재편집한 경전인 바가바드 기따(석지현 역)와도 비교 연구하였다. 이 저서는 스티브 잡스가 내 일상의 모든 문제를 의뢰하는 지침서로 애독하며 역경이 있을 때마다 극복하는 참고서적이고, 간디의 운명을 바꿔놓았던 책이며, 우리나라 최고의 사학자인 함석헌 선생이 모든 경전과 말씀은 모두 이 책 내용의 일부분이다. 라고 단언할 정도의 경전이다.

따라서 이러한 저술에서 언급하고 있는 영혼과 영계에 대한 실제, 인과응보의 메커니즘, 영계가 인간세계에 미치는 영향, 신의 존재에 대한 진실과 오해 등 무엇이 진리인지 실체를 밝히기 위하여 비교 고찰의 대상으로 하였다. 또한 영혼의 실재와 생성과정, 영계의 구조 그리고 인간계에 작용하는 영계의 실체와 그 결과에 대한 객관화 연구들을 고찰하였다. 우리의 앎과 깨달음도 이제는 이 현상계에 그치지 않고 영계의 4차원과 나아가 5차원 세계에 대한 선행연구[13]내용을 모르고서는 논할 수가

---

13 4차원과 5차원의 차원 해석

물리학과 수학에서 차원은 존재하는 좌표의 변수가 된다. 따라서 움직임이 없는 점이 0차원으로 시작된다. 이 점이 평면으로 이동하면 1차원의 선이 되고, 이 선의 이동으로 2차원인 면이 생성된다. 다시 이 면이 이동하면 우리가 사는 공간으로서 3차원 세계가 되는 것이다. 따라서 이 3차원 공간에서 이동하기 위해서는 시간이라는 변수가 필요하게 되어서, 동일한 공간에서 다른 사전이 동시에 일어날 수가 없게 된다. 그러나 그 이동 속도가 빛보다 빠르게 되면, 같은 장소에서 다른 사건이 일어날 수도 있게 된다. 이는 종교적으로 하나님과 절대자가 언제 어디에나 계신다는 편재(遍在)를 의미하기도 한다.

그러나 우리가 사후에 몸을 버리고 의식체가 되면, 중력을 받는 물리적 몸이 없어서 이동하는데

없게 되었기 때문이다. 미래의 과학기술도 알파고와 자율주행 차량과 같은 물질과 힘의 시대인 선천시대의 기술이 아니라 인간의 의식과 정신, 보이지 않는 세계까지 확장되는 제4세대의 기술이 진정한 후천·상생시대에 인류를 위한 창조기술이 될 것으로 보기 때문이다.

후천·상생시대 시작의 원년인 2016년 이전까지 이루어진 대부분의 사상과 지식, 정보들인 모든 인용문헌과 자료에서는 영혼을 이야기 하면서도 궁극적으로 영혼의 존재와 실제에 대해서는, 일반적인 사전적 의미로서 죽은 사람의 넋이거나, 육체에 깃들어 마음의 작용을 맡고 생명을 부여한다고 여겨지는 비물질적 실체라는 정도의 개념으로 되어 있어서, 영혼이 무엇인가라는 질문에 대한 답으로서는 한계성이 있다. 또한 죽음과 사후세계 혹은 윤회와 환생, 영계의 구성을 거론하고 있어서 영혼이라는 존재를 논리적으로 이해할 수 없게 되어 있다.

그러나 최근에 한국에서 이루어지고 있는 공개 채널링 자료의 연구결

시간에 구애를 받지 않게 된다. 공간을 시간 없이 순간이동이 가능해 지게 되어서, 수학적으로 같은 좌표에 서로 다른 사물이 동시에 존재 할 수 있게 된다, 이와 같이 3차원에서 다른 물리량인 시간 변수를 가지게 되고, 이 공간이 이동하여 현성되는 세계가 4차원 세계이고, 몸이 없는 사후세계이며 영혼과 의식의 세계로 정의되고 있다.

더 나아가서 4차원 세계는 몸이 없어서 이동이 자유롭지만, 3차원 세계에서와 같이 나라고 하는 에고와 자기의식을 가지고 있어서, 나와 남이 구별되는 분리의 세계가 된다. 그러나 나라고 하는 자기의식을 버리고, 모두가 하나가 되는 성현의 세계에서는, 나라는 개체의식은 없고, 있는 그대로의 전체의식만 존재하게 되며, 모든 것이 의식으로 이루어지기 때문에, 의식만으로 물질의 생성과 창조가 일어나는 세계를 5차원 세계라고 정의하고, 수련계에서는 이를 기세계로 부르고 있다. 종교적으로는 더 많은 차원이 있다는 주장도 있지만, 의식차원이 다른 5차원의 세계가 층으로 다수 존재할 수는 있으나, 공간과 시간, 물질과 의식을 벗어난 차원은 아직 입증되지 않고 있다.

과를 요약하면, 우리 인류는 카인의 후예로서 카인은 인류 최초의 죄를 짓게 되고, 아벨은 죽어서 최초의 억울함을 가진 존재 즉 영혼이 생성하게 된 과정으로 분석되고 있다. 이후 그 자손으로 태어나서 진화 해온 우리 인류는 모두 카인의 후예로서 원죄를 지은 자손이 되었고, 아벨의 영혼이 카인의 후예인 우리들 인류에게 억울한 영으로 계승됨으로서 우리 모두가 영혼을 가진 존재가 되었으며, 시간과 함께 그 규모가 커져서 영혼의 세계인 영계가 형성된 것이다.

이러한 내용은 연구 자료를 제공한 한국의 수련단체에서 공개 채널링을 통한 4차원의 영계와 5차원 세계와의 대화에서 밝혀진 영상녹화 자료를 근거로 하고 있다. 누구인지 알 수 없는 영계의 수준이나 영적 차원에서 조상령 수준인지 신계인지 아니면 성현 수준인지 언급이 없이 그저 막연한 신이나 위대한 존재와 채널러 간에 일방적인 채널링 방식이 아니라, 공개된 공간에서 청중이 있고 질문까지 가능한 상황에서 녹음과 녹화된 24년간의 채널링 자료를 입수하여 저자의 연구팀이 4년간 분석과 연구를 수행하여 학회에 발표되고 논문으로 게재된 20여 편의 연구결과이다.

채널링 녹화자료는 아직 사회 여건상 비공개 자료로서 연구용으로만 허용받았으나, 사회적 여건이 형성되면 공개하고 서적으로도 출판 할 계획이다. 따라서 영계는 나름대로의 구조적 체계와 영계의 규범인 영계의 법도가 형성되어 있어서, 오늘날의 영계와 인간과의 관계가 지속되고 누적되어 한계 상황에 처하게 된 원인과 결과 관계가 형성 된 것으로 설명하고 있다. 따라서 모든 영혼은 설사 갓 태어난 어린애라 하더라고 순수한 영혼은 없으며, 모두 그동안 누적된 혈통의 수많은 조상의 죄와 한에 의해서 영혼은 그만큼 어두움으로 엉키고 상호 갚아야할 죄업인 카르마가 겹겹이 쌓인 존재가 영혼의 실체라는 결론에 이르게 된다.

이 부분에서 분명한 것은 영혼은 절대자 이신 한 분 본연의 하나님 창조물이 아니고 인간의 죄와 카르마가 만든 결과물이며 원인이다. 따라서 소멸시킬 수 있으며, 이것이 우리가 조상의 죄를 참회하고 용서를 받아서 타고난 업인 카르마와 영혼을 소멸시키고, 원죄 이전의 아담과 해와로 돌아갈 수 있는 근거가 된다. 또한 부부가 하나 되어 돌아가야 하는 사명이 성립됨으로서 우리가 왜 이 세상에 왔고, 어떻게 이 세상을 살면서 자아완성을 해야 하는가 하는 명제가 도출되게 된다.

이러한 자료들의 고찰결과 도출된 내용을 요약하면, 영계는 지구의 3차원 세계와는 달리 물질인 육신과 시간이 없기 때문에 4차원의 세계이고 늙음과 죽음이 없는 세계이다. 따라서 이동이 순간적이며, 실체는 아니지만 영체라고 하는 체를 가지고 있어서 영계 안에서도 3차원 세계와 같이 5감의 인식이 있다. 또한 죽음 직전의 신체 상태와 의식이 그대로 유지되고 있고, 시간이 없어서 늙음도 없다. 따라서 사고나 갑작스런 죽음, 집착을 가지고 있는 영들은 아직도 자신이 죽어서 영계에 와 있다는 사실을 모르거나, 인정하지 않고 피를 흘리면서 계속 병원에 가야한다거나, 장애나 병이 있는 상태를 그대로 유지하면서 돌아다니거나, 밭에 가서 일을 해야 한다고 고집을 부리면서 찾아다니는 일들이, 참고문헌 중에서 '나는 영계를 보고 왔다'와 '티벳 死者의 書' 내용과 부분적으로 일치하는 것으로 확인되고 있다.

특히 비교문헌 중에 티벳 死者의 書는 사후에 세상을 떠나 시간 개념이 없는 영계에 왔으니, 이승에서 가지고 있던 모든 집착과 의식을 버리고 영계의 법도에 따라 다시 영계에서 살아가는 방법을 사자에게 설명해 주는 형식과 그 기간으로서 49제의 의미는 채널링 자료 내용과 동일 하지만, 환생의 과정과 사후세계에 관한 부분은 다르다. 더구나 죽음의 순간에 한번 듣는 것만으로 영원한 자유에 이른다는 "바르도 퇴돌"이라는 경전의 의미는 영계의 구성과 작용과는 일치하지 않는 주장이다.

영계의 구성은 조상의 죄와 피해자로서 원한을 가진 영과 신계로 구성되어 있지만 여기에서 끝나지 않고 이를 넘어서는 상위층으로 대부분 성인들과 큰 종교의 창시자들로 구성된 그룹으로서 영계에서 하나님계라고 부르며, 신계와 조상령을 영계의 법도를 만들어 통제하는 막강한 힘을 행사하는 집단이 있다. 이 하나님계는 우리가 부르는 종교의 하나님과는 전혀 다른 존재이며, 대부분 생전에 종교를 창시하거나 도계에서 평생을 도를 닦는 수련생활을 하여 영능력이 있어서, 영계 안에서 분야별로 최고인 절대자 집단이 스스로 부르는 호칭이다.

이러한 영계의 하나님계는 보통 인간계에 관여하지 않아서, 신의 계시를 받는 영능력자 또는 도인들에게 와서 그 힘의 원천이 되는 영계는 하나님계 아래의 다시 3개의 계층으로 나누어져 있는 신계가 가장 많다. 모두 자기의식과 큰 한을 가지고 있어서 인간을 위하기보다는, 큰 영매나 영능력자들을 이용하며 자신이 못 다한 한을 풀려는 의지를 가지고 있기 때문에, 결국 그 끝은 몸을 망치거나 신계가 떠나고 나면 폐인이 되는 경우가 많다.

이러한 영계의 구성에서 인간계에 가장 영향을 크게 미치는 집단이 새롭게 발견되었다는 점이 주목할 부분이다. 거의 모든 사고와 고난, 난치성 질환과 대를 잇는 가난, 사람의 의지와 노력과 무관에게 일어나는 대부분의 사고와 보이지 않는 작용을 하는 집단이 있다. 이승에서 착하게 살았으나 다른 조상들이 지은 죄의 피해자들로 구성된 원한을 가진 억울한 영들의 존재이다. 이러한 억울한 영들은 인간사 생로병사 거의 모든 과정에서 관여하고 방해하고, 기회를 보아서 자신들이 당한 한과 억울함을 같은 방식으로 되갚음 하기 위해서, 항상 조상들과 대립하고 싸우면서 죽는 순간까지 괴롭히다가 그 자손이 죽어야만 영계로 떠날 수 있게 되어 있다.

이와 같은 억울한 영들의 인간계에 대한 작용의 중요성에 대해서는, 연구팀이 앞에서 비교분석의 대상으로 정한 8개의 인용자료 중에서 수련단체인 진인애를 제외하고는 영혼변환의 과학에 대한 논문(A.S.Raleigh)과, 나는 영계를 보고 왔다(스웨덴 보그), 티벳死者의書(파드마삼바바),

신과 나눈 이야기(닐도날드월쉬), 우리는 신이다(페텔 에르베), 기적수업 안내서(존 먼디), 바가바드 기따(석지현 역) 등 어느 곳에서도 언급조차 없는 내용이어서 구별되는 특징이 있다.

태양계와 자연계 인간계와 영혼세계까지 이 우주는 우연과 무작위가 아니라 물리법칙인 관성의 법칙과 에너지 보존의 법칙이 적용되는 것처럼, 정해진 속성과 원리에 의해서 발생과 작용, 반작용의 결과가 나타나게 되어 있다. 양자물리학의 시작인 하이젠베르크의 불확정성의 원리와 혼돈의 결과까지도 카오스 이론으로 추정이 가능한 것이다.

따라서 오늘날 지구별에서 발생하고 있는 모든 과도기적 사회문제의 근본적인 원인으로 파악되고 있는 현대인의 주된 가치관인 이기주의와 물질주의 안에서 윤회와 인과응보에 대한 믿음이 없고, 그저 현실세계에서 동물적 본능에 따라 재화를 끌어 모으면서 보다 편안과 안전을 추구하면서 즐겁게 살다 죽으면 그만이라는 잘못 형성된 가치관의 전환을 목적으로 하여, 비가시 4차원 세계의 존재와 인간계에 대한 작용을 규명하고 학문적 기반을 구축하는 객관화 연구의 필요성이 있다.

이러한 비교고찰의 결과는 영혼과 영혼세계가 뉴톤의 제3운동법칙의 작용과 반작용의 실체로서 그 구성과 운영체계를 가진 존재로 실재하고 있으며, 이상에서 살펴 본 바와 같이 정확한 원리와 법칙에 따라 영계가 운영되고 있고, 인간계에 작용과 영향력을 행사하고 있다는 실체가 확인되고 있다. 조상과 억울한 영의 상관관계와 영계의 대표조상에 의해서 전생과 환생, 윤회의 실체가 규명되고 있는 것이다. 나아가 왜 자손인 내가 조상의 죄를 대신 갚아야 하는가에 대한 해답이 도출되고 있다.

또한 왜 3차원에서의 이 세상만사가 개인의 정직한 노력과 의지와 무관하게 이루어지며, 왜 상생의 가치관을 가진 착한 사람은 못살고, 이기적이고 악한 사람이 잘 사는지에 대한 사회적 현실문제도 3차원 물질계에 대한 4차원의 작용을 포함하여 확장된 차원 해석에서는 그 해답의 추출이 논리적으로도 현실적으로도 가능하였다.

영적정화 방법의 하나로서 별도의 수련법에서 서술 예정인 영계해방의 참회기도에 의해서 억울한 영이 용서하면 왜 건강과 나와 내 가족의 문제가 해결되는지에 대한 원인과 그 과정도 자연스럽게 추론이 가능해진다. 더구나 가난한 사람의 가정에 사고가 더 많고, 잘 사는 사람들은 오히려 별다른 사고도 없이 편안한 삶을 사는 원인이 모두 조상의 카르마에 의한 영계의 작용이라는 메커니즘의 구조적 해석이 가능하였다.

이와 같이 우리의 삶과 인생은 자신의 의지와 노력에 의해서 결정되는 것 같지만, 그 노력과 환경 조성까지를 조상과 억울한 영의 개입에 의해서 결정되고 있어서, 이 문제를 해결하지 않고서는 자신의 삶도, 자기실현도 성공과 실패, 생로병사 일체가 이미 조상의 죄와 억울한 영의 되갚음의 작용에 의해서 결정되어 끌려가고 있다는 것을 인정할 수밖에 없다. 이는 우리 삶의 방식에 대한 심각한 패러다임의 변화와 학제 간 공동연구에 의한 추가 연구가 절실한 부분이다. 결국 우리 인류의 삶이란 우주의 속성과 그 무상의 원리와 자연의 법칙 안에서 끊임없이 변화해 가고 있는 것이며, 이 무상은 허무로 끝나는 것이 아니라 우주의 속성인 창조와 조화, 무상의 과정 안에서 진화해 가는 존재임에 틀림이 없다.

4. 인과응보 가설인가? 뉴톤의 법칙인가?

Part3 Well Dying과 영적 정화

21세기 들어서 지구촌에서 급증하고 있는 천재지변과 백신이 없는 전염병, 국가 간 인종 간의 갈등과 대형사고, 테러와 분노조절장애로 인한 범죄는 오늘날 물질만능의 가치관과 사회적 스트레스 증가 등 다양한 원인들이 내재되어 있다. 여기에는 기득권과 가진 자들의 권력과 부정부패를 보면서, 탈종교시대의 특징으로서 더불어 사는 상생에 대한 자기실현의 가치기준이 없고, 그저 물질의 풍요와 자기만족의 이기적인 삶을 살다 가면 그만이라는 사회적 풍조가 팽배되어 있기 때문이다.

이러한 과도기적 상황에 대한 해결책이 없는 것은 선천·상극시대의 특징이기도 하지만, 카르마와 인과응보라는 개념은 그저 권선징악의 상징적 의미일 뿐이고, 사후에 우리가 가야할 실재하는 세계라는 논리적 타당성이나 관련 연구가 부진하여 객관적인 근거가 부족한 것도 원인 중에 하나로 인정된다. 물질과 시간, 공간의 제한을 받고 사는 3차원 세계의 이러한 과도기적 사회문제와 가치관들은 모든 학문과 과학기술이 가시적 물질세계를 기반으로 하는 실용학문 중심으로 발전되면서, 비가시 세계와 전생에 지은 업이라는 카르마의 실재나 지은대로 받는다는 인과응보의 실재와 같은 연구를 학계가 회피한 결과이기도 하다.

물론 이러한 비가시 세계의 연구는 계측과 실험이 쉽지가 않아서 객관적인 증거와 실증적인 연구자료 확보가 어렵다는 특성이 있지만, 보이지 않는 소립자 세계를 다루고 양자물리학과 불확정성, 우연을 다루는 카오스 이론도 학문으로서 연구되고 있으며, 아직도 그 작용 메커니즘이 규명되지 않은 침 치료도 FDA에서 정식 치료법으로 인정되고 있는 시대에, 인과응보를 연구영역에서 배제하고 있는 상황에 대하여 다시 숙고해야 할 필요성이 있는 것이다.

오늘날 IT와 산업의 핵심인 전기도 전자의 이동현상이라는 원리가 밝혀지기 전까지는 위험하고 이상한 기의 일종이었으며, 진공관 라디오 시절에 부도체인 실리콘과 게르마늄의 작은 광석 조각으로 진공관을 대신할 수 있다는 것이 불가능한 일이었다는 점을 인정해야만 하는 것이다. 이러한 자연법칙과 진화원리를 전제로 하여, 그동안 주류를 이루었던 임사체험과 채널링이 개인적 경험이며, 사례마다 일관성이 부족하고 소수의 영능력자에 국한되어 있어서, 객관성이 부족하다는 단점을 개선하기 위하여 공개 채널링(channeling) 방식으로 이루어진 사례를 발굴하여 비교하는 연구를 진행하였다.

이러한 채널링은 "깨달음 연구학회"의 저명한 애드가 케이시(Edgar Cayce)와 같이 트랜스 된 상태에서 아카식 레코드를 읽지만, 깨어난 후에 본인은 기억하지 못하여 제3자가 질문하고 답을 받아 적거나, 세스(Seth)와 같이 인격치환 형식으로 혼자서 말 하지만 자신은 기억 못하는 3자 받아쓰기 방식의 1:1 형식이나 무의식 상태와는 다른 형식이다. 그 대상이 거의 제한이 없는 1대 수백의 다수이면서, 채널러가 자신의 의식을 가지고 있고, 기억도 하는 전혀 다른 방식이 국내에서 개발되어 있어서 이 방식을 비교 분석하였다.

오늘날 학계와 종교계, 일반사회에서 인정되고 있는 카르마(karma)의 정의는 우리 말 업(業)이며, 한 개체가 몸과 입과 뜻으로 짓는 선악의 소행이거나 전생의 죄로 말미암아 현세에서 받는 응보를 의미한다. 산스크리트 Karman의 의역으로, 음역하여 갈마(羯磨)라고도 한다. 그러나 우리가 평생 업고 가야하는 이 업이라는 카르마가 현생에 나타나기 위해서는, 그러한 에너지나 그 요인이 어떤 매체에 저장되어 있다가, 현생의 개체에 선악의 업보가 상보적으로 되갚음이라는 작용을 한다는 구조적 실체와 작용 메커니즘이 성립되어야만 한다. 또한 이와 같은 논리적 합리성과 구조적 실체로서 영혼과 영혼세계가 정의되어야 하고, 존재 여부에 대하여 논란이 되고 있는 전생과 환생, 윤회의 실제에 대한 객관적 근거와 정의가 전제되어야 한다.

인과응보라는 개념은 아직 인과론이 아니고 인과설이다. 아직도 가설 단계에 있는 것이다. 그러나 다른 참고문헌에서는 모두 실존하는 존재와 형식이며 시공간으로 서술하고 있으나, 일부 국내 수련단체에서는 전생과 환생, 윤회는 없으며, 단지 영계의 구성과 그 요소, 영계의 작용 원리로 볼 수 있는 영계의 법도가 있어서 엄격하게 적용되고 있다는 자료가 있다.

영계의 계층구조의 특성에 따라 각기 그 역할과 작용이 정해져 있지만, 인간계에 가장 큰 영향력을 행사하고 있는 존재는 조상령과 조상의 죄로 인한 피해자인 억울한 영과 신계이다. 영계법도의 가장 핵심인 대표조상 제도에 의해서 자손의 배후에 100여명의 조상이 줄을 서고, 그 옆에 억울한 영 50여명이 서게 된다. 영계의 법도는 한번 줄을 서면 조상과 억울한 영은 그 자손이 생을 마치고 영계로 오기 전에는 절대로 그 줄을 옮길 수가 없지만, 자신의 자손 줄에 가지 않는 막강한 힘을 가진 신계는 자신의 한과 의도에 의해서 인연 있는 다른 자손의 배후에 임의대로 설 수 있고 이동도 가능하다.

이러한 조상의 배후에는 사후 약 200~250년을 기다려서 맨 앞줄에 서 있는 세분의 조상인 대표조상과 억울한 영들의 존재와 작용이 가장 큰 연구대상이다. 이 대표조상 세분의 성별과 성격, 생전의 삶에 대한 기억과 경험이 자손의 탄생과 운명에 절대적인 영향을 미치고 있으며, 이를 우리 민간에서는 자손을 주시는 세분의 할머니의 의미인 삼시랑 할머니라고 일컬어지고 있다. 특히 억울한 영의 존재는 인간사 생로병사 거의 모든 인생사에 개입하고 결정하고 관여하며, 방해하고 기회를 보아서 자신들이 당한 한과 억울함을 같은 방식으로 되갚음 하기 위해서 항상 조상들과 대립하고 싸우면서 죽는 순간까지 괴롭힌다. 마지막에는 그 자손이 죽어야만 떠날 수 있는 억울한 영들의 인간계에 대한 작용의 구조적이고 물리적인 카르마와 인과응보의 작용 메커니즘의 핵심 역할을 하고 있는 것이다.

이러한 작용기전은 연구결과 우리 인간계에게 가장 큰 영향력을 미치고 있으며, 인간의 개인적 노력과 의지와 무관하게 일어나고 있는 갖가지 사건과 사고, 테러와 대규모 전염병, 일본의 후쿠시마 원전사고와 북한과 같은 국가적 정치 상황까지를 주관하고 이용하는 존재로서, 이 억울한 영의 존재와 작용에 대하여 주목하여 연구해야 할 필요성이 있다.

따라서 카르마와 인과응보는 전생이나 환생으로 이루어지는 구조가 아니며, 대표조상 세분의 성별과 성격, 신체적 특성, 자신이 살았던 경험과 기억에 의해서 자손의 성별과 운명의 대부분이 결정된다. 이 과정에서 조상들은 억울한 영들이 자손을 통하여 자신들의 죄를 되갚음 받는 고통과 시련, 장애나 질병, 가난과 사고사, 부부 간 가족 간 불화 등으로 받는 고통이 최소한이 되도록 나름대로 자손을 보호하기 위하여 여러 가지 대응을 하지만, 그 우선권은 힘과 한의 차이에 있어서 억울한 영과 신계를 넘어서거나 이길 수는 없는 것이 또한 영계의 작용 원리이다.

이러한 영혼세계의 작용과 반작용에 의해서 정확하게 계획된 대로 유전자에 저장되고, 시간 축 상에서 자신의 회개나 반성, 심신작용에 따라서 가감되어 나타나는 것이, 우리 인간사 생로병사의 거의 대부분을 차지하고 있는 것으로 밝혀지고 있다. 이와 같은 연구결과는 실로 대단한 발견이어서 추가 연구로 검증되고 작용과 반작용의 메커니즘이 학문적으로 규명된다면, 그 영향력은 마치 16세기 르네상스와 18세기 산업혁명에 버금가는 변화를 초래할 수 있을 것이다. 이 때가 되어서야 인류는 오늘날의 문명과 당면한 모든 지구문제와 사회문제, 인류문제를 해결하고 한 단계 진화하는 기회를 맞을 수 있는 도화선이 될 것으로 기대하고 있다.

결국 카르마와 인과응보는 내 전생의 죄가 아니고 조상의 죄이지만, 결과는 내가 갚을 수밖에 없어서, 벗어날 수 없는 굴레 같은 가난이나 선천성 장애, 암과 뇌졸중 등의 난치성 질환과 성공과 실패, 심지어 내 의지와 노력으로 선택하고 결정하여 추진하는 일까지도 그 배후에는 조상이 지은 업과 억울한 영의 원한이 작용하고 있는 것이다. 이 과정에서 내가 왜 조상의 죄를 갚아야 하고 당해야 하는가에 대한 설명이 필요해 진다. 조상은 영체밖에 없어서 억울한 영이 빼앗아 갈 것이 아무 것도 없다는 사실 외에도, 다음과 같은 세포생물학적 혈통과 유전학적 측면에서 전생과 환생, 영생, 부활에 대한 패러다임을 전환해야 할 필요가 있다.

인간의 체세포는 염색체가 46개이고 23쌍의 상동 염색체인 DNA로 구성되어 있다. 이 체세포가 수정하기 위해서는 부모세포가 각기 감수분열 하여 23개 염색체를 가진 생식세포인 정자와 난자로 변화하고, 수정과정을 거쳐서 다시 염색체를 본래의 46개로 회복하여 성장을 위한 분열과 증식과정이 우리가 탄생이라고 부르는 실체인 것이다.

그러나 정자와 난자는 그대로 세포수준에서 완전한 생명체이어서, 출산은 새로운 생명의 탄생이 아니고, 부모세포가 서로의 반쪽을 버리고 배우자의 유전적 정보를 받아서 결합하고 증식한 결과인 것이어서 새로 태어나는 생명체는 없는 것이다. 결국 자식은 부모세포의 정보결합과 증식으로 겉모양만 자식의 형태로 달리한 부모세포일 뿐이며, 생명의 새로운 탄생이 아니라, 식물의 씨를 뿌려서 새로 성장하는 것과 같이 정확하게는 부모세포의 부활인 것이다. 조부모와 그 조부모를 계속 거슬러 올라가면, 인류는 최초의 세포를 가진 생명체가 오늘날까지 사망이 없이 자손을 통하여 영속되고 있는 것이기 때문에, 모두가 형제이고 세포수준에서 영생의 존재인 것이다.

이렇게 보면 이제 내가 왜 조상의 죄를 대신 갚아야 하는가 하는 반문을 할 수가 없게 된다. 내 세포가 부모세포이고 조상의 세포가 바로 나 자신이기 때문이다. 종교적 개념의 영생과 부활은 죽어서 다른 차원에 가는 것이 아니라, 지금도 혈통을 통해서 계속되고 있는 것이다. 또한 우리의 신체를 이루고 있는 세포는 이상과 같은 카르마 정보뿐만 아니라 우주에 세포를 가진 최초의 생명체 탄생에서부터 오늘날까지 인류 진화의 모든 정보가 저장되어 있다는 사실을 발견할 수 있다.

이에 따라 학계에서는 이러한 인과응보의 메커니즘을 「카르마의 부메랑 현상」이라는 개념으로 정의하여 객관화 연구를 진행하고 있다. 또한 그 현상에 의해서 개체에 나타나는 부정적 현상 중에 가장 빈도가 높은 것은 난치성 질환, 극심한 가난과 시련, 억울한 고통과 사고 등이 있고, 기본적인 부메랑 효과의 원칙은 이에는 이, 눈에는 눈이라고 하는 원리가 적용되는 것으로 분석되고 있다.

또한 우리의 잘못된 습관과 단점이 악업의 원인이 될 수 있지만, 장점과 직업, 기업도 악업이 될 수 있다는 원리가 있다. 잘못과 죄가 업의 씨가 되지만 직업은 자신이 잘 할 수 있는 일이거나 일생에 가장 많이 외부와 타인에게 선악으로 작용할 수 있는 원인이 되기 때문이다. 따라서 직업도 업이 되며 기업은 그러한 큰 선업을 쌓을 수 있는 장으로서 기회이지만, 그런 힘을 이용하여 이기적인 부의 축적이나 타인에게 고통과 억울함을 주는 일이 발생하게 되면 아주 큰 악업의 원천이 되는 것이다. 그래서 카르마인 업(業)과 직업(職業), 기업(企業)에 같은 한자의 업을 사용하고 있는 것이다.

이와 같이 오늘날 지구촌에서 발생하고 있는 모든 과도기적 사회문제의 근본적인 원인으로 파악되고 있는 현대인의 주된 가치관인 이기주의와 물질주의 안에서 윤회와 인과응보에 대한 믿음이 없이, 그저 현실세계에서 동물적 본능에 따라 살다 죽으면 그만이라고 잘못 형성된 패러다임의 전환을 목적으로 하여, 카르마의 실재와 인간계에서 인과응보의 부메랑 현상이 나타나는 작용 메커니즘을 규명하여 학문적 기반을 구축하는 객관화 작업이 필요한 시점인 것이다.

이 과정에서 연구 결과와는 별도로 태양계와 자연계 인간계와 영혼세계까지, 이 우주에 우연과 무작위는 없으며 물리법칙인 관성의 법칙과 에너지 보존의 법칙이 어김없이 적용되는 것처럼, 정해진 속성과 원리에 의해서 발생과, 작용, 반작용의 결과가 나타나게 되어 있다. 따라서 인과응보의 법칙도 조상의 죄로 작용을 가하게 되면, 피해자인 억울한 영들은 그 반작용으로 세포수준에서 동일한 조상의 세포를 가진 자손에게 와서, 자신들이 받은 억울함을 같은 방식으로 자손에게 되갚음 하는 뉴톤의 제3 운동법칙인 작용과 반작용의 법칙이 정확하게 적용되는 자연법칙인 것이다.

따라서 이러한 연구결과는 임사체험이나 유체이탈, 사후세계의 체험을 넘어서는 커다란 파급효과가 예상되고 있어서, 자연과학과 의학, 신과학, 양자물리학, 정신과학, 신인류학, 생물학과, 식품영양학, 유전학, 임상병리학 등 거의 전 학문분야에 영향을 미칠 수 있는 가능성이 인정되고 있다. 따라서 체계적이고 학문적인 공동연구가 뒤따라서야 한다는 필요성이 대두되고 있다. 특히 대체의학과 보완의학, 통합의학, 심신의학, 정신신경면역학, 에너지의학 분야의 전문가들과 이 연구결과를 이용한 새로운 심신정화법과 자기계발, MBSR이나 각종 명상단체, 수련단체에 근원적 핵심요소를 제공할 수 있는 잠재력이 있다.

또한 그 작용 메커니즘이 완전하게 규명되지 않는 침술요법도 그 작용과 반작용의 결과가 일관성과 유의성이 인정되어서 현재 현대의학의 합법적인 진료수단으로 FDA와 현대의학에서 인정되고 있는 것처럼, 인과응보 법칙도 학술적인 실험과 검증, 새로운 K-medita 명상법과 한국식 심신수련법으로서 심신영 통합정화 프로그램을 개발하여, 그 효과가 전 세계에서 인정받을 수 있도록 하는 다양한 학제간 공동연구와 실용화를 위한 플랫폼 수준의 시스템과 모바일 프로그램 개발의 필요성이 절실하게 요구되고 있다.

우리의 삶은 편리와 즐거움이 전부가 아니다. 침구요법이 그 자세한 작용 메커니즘이 규명되어 있지 않지만, 자침의 효과라고 볼 수 있는 작용의 결과가 인정되어서 현대의학에서 정식 진료수단으로 사용되고 있고, 독일의 동종요법(homeopathy)이 국가의료보험 적용 대상으로 인정되고 있는 것처럼, 비가시 4차원 세계에 관한 연구영역에 있어서도, 영계의 구성과 작용, 조상령의 작용과 함께 새롭게 발견된 억울한 영들의 존재와 우리 삶에 미치는 작용방식이 규명된다면, 수많은 사고와 사건들, 대를 잇는 가난 등 인간사의 갈등을 예방하고, 현대의학에서 치료의 한계가 있는 난치성 질환에 대한 보완의학으로서 저비용 고효율의 진료수단으로 활용이 가능하여, 인류의 인간다운 삶의 질을 한 차원 상승시키는 4차 산업의 핵심이 되는 시대가 도래하고 있는 것이다.

5. 원죄와 가문의 죄업을 종결하는 시대

Part3 Well Dying과 영적 정화

지구는 이제 상극의 시대를 마감하고 상생의 시대로 접어들고 있다. 힘과 남성 중심의 뺏고 빼앗기고, 죽이고 속이고, 부정과 불신, 거짓과 갈등, 전쟁과 다툼의 모든 어두운 기운을 거두어 소멸시키는 작업이 이미 시작 된 것이다. 이에 따라 지구는 천재지변을 통해서 모든 환경오염과 내부의 긴장요소를 해소시키고 있고, 국가는 부정과 부패, 권력의 부조리를 청산해야 하며, 사회는 그동안 인간다운 삶을 구속해온 물질 제일주의와 자본주의, 공산주의와 사회주의, 가진 자와 못 가진 자의 양극화의 틀이 깨져야만 한다. 개인 또한 이기적인 자기의식과 카인의 후예로 이어진 원인자로서 죄와 한, 잘못된 습관과 카르마로 끌려온 모든 영혼적 요소를 단절하고, 진정으로 정화된 청정한 몸과 마음을 이루어서 죽어서 돌아가는 세계가 아니라, 살아서 이제 다시 시작하는 하나님의 창조목적에 합일하는 사람이 되어야만 하는 때가 된 것이다.

다행이 조상과 본인의 선업이 있어서 영적정화 수련법을 만나고 영적정화를 이루어서, 외부요인의 정화를 완성하였다고 하더라도, 내부요인에 남은 것이 있다. 바로 각자의 몸과 마음, 세포에 남아 있는 부정적 요소를 정화시켜서 신인합일(神人合一)과 시천주(侍天主)의 주체자가 되는 청정한 심신을 만드는 일이고, 내부의 가장 큰 부정적 요인은 세포의 DNA에 저장되어 있는 조상의 죄와 카르마로 인한 인과응보의 잔재이다.

지구별 인류사는 개인과 부족, 민족과 국가의 누적된 업으로 수직과 수평적 카르마가 연결되어 있지만, 수직적 혈통으로 이어지는 카르마의 중심에는 가문과 원죄가 있다. 부모에서 부모로 이어지는 생물학적 계통인 가문은, 세포 수준에서 보면 조상과 자손의 세포가 그 저장 정보의 크기만 다를 뿐 동일한 세포라는 사실을 알 수 있다. 이 과정은 생물학적으로 생명의 탄생이 아니고 이미 생명을 가진 생식세포가 완전한 생명체인 것이어서 결국 자식과 부모의 세포는 정보의 크기만 다를 뿐 동일한 세포의 증식 결과이고, 74조 세포집단을 구분하는 보호막인 피부와 외모가 유사한 같은 세포의 동일한 개체인 것이다. 그래서 자식이 있는 한 세포는 사망이 없고 영생하는 존재이며,

자식세포로 세대를 거쳐 부활하는 존재인 것이다.

문제는 세포만 같은 것이 아니라 선조의 삶에서 발생한 선업과 악업의 모든 정보가 세포의 DNA에 그대로 저장되어 있고, 부모세포 최초의 시작인 지구 생명체의 발생인 인류 최초의 원시세포에서 시작하여 지구와 지구생물계 인류 진화의 끝 단계인 현재까지의 모든 정보가 기록되어 있는 전지전능의 존재이기도 한 것이다. 또한 그러한 저장 정보에는 수많은 선조가 지은 선업과 악업, 죄와 악, 증오와 원한, 후회와 억울함, 못 다한 사랑까지의 수미산보다 크다는 엄청난 량의 카르마가 내재되어 있다는 사실이다. 따라서 통합적으로 다루는 자신의 카르마와 그 근원을 정화하여 나 자신과 국가의 업만이 아니라 가문의 업을 마지막으로 소멸하여 업이 없고 업이 생성되지 않는 새로운 세상으로 가기위한 준비까지를 포함해야 한다. 내가 자손의 마지막 대로서 가문의 업을 마지막으로 해원하고 끝내는 종결자가 되어야 하는 시대가 된 것이다.

가문의 시조를 거슬러 올라가면 결국 우리 모두는 카인의 후예라고 하는 원죄에까지 다다를 수 있고, 이 세상을 죄와 한, 억울함의 영혼세계로 만든 원인자로서 자손은 모두 죄 사함을 받아야 하는, 가문과 인류의 시대적 종결자가 되어야 하는 것이다. 이러한 세포수준의 각성과 참회, 진정한 반성과 용서, 해원의 정화작업이 이루어져야 격암과 해월유록의 예언서 내용과 같이, 진정한 몸과 마음이 모든 업습과 부정적인 요소를 이겨낸 투명한 양백(兩白)과 십승지(十勝止)[14]를 이루어서 그칠 수가 있게 되는 것이다.

---

14 양백(兩白)과 십승지(十勝止)

하락요람(河洛要覽)의정감록(正鑑錄)(작자미상, 조선시대)을 보면, 지상에 천사가 나타나서 남쪽으로 내려가는데, 동서양의 종교가 하나로 합치기 전에는 각자가 서로 피하면서 조소와 조롱을 한다고 하였다. 그러나 동서양의 종교가 하나로 합한 다음에는, 천하가 모두 한 형제라고 하였다. 이 동서양의 종교가 하나로 되는 것이 십자(十字) 즉 정도령의 운이라고 하였으며, 동서가 합운(合運) 될 때에 십승(十勝)인 정도령이 나온다고 하였다. 동서양 종교의 모든 경전이 바로 정도령에 대한 글이니, 서로 합하여 잘 보면, 그 안에 십승(十勝)인 정도령이 어떻게 나오는지를 알 수가 있다고 한 것이다. 이와 관련하여, 우리 한민족의 전래 민요인 도라지 타령을 선가(仙家)에 전해 내려오는 한자 가사는 (1절)에서

道下止 道下止, 白道下止 深深三遷에 白道下止 一二符理만 夫子道 大小九理 半心만 차노라.
(2절) 道下止 道下止, 白道下止 江原道 金剛山 白道下止 河圖洛書가 없어서 双岩理(兩白) 틈에 났느냐. (후렴) 枇慧勇 枇慧勇 枇慧勇 如如羅난다. 氣和慈慈좋다 汝家 內肝腸 스리살짝 다 녹인다. 이와 같이 도라지 타령을 보면, 도라지란 바로 도하지(道下止)를 말하는 것임을 알 수 있다. 심심삼천(深深三遷)은 도하지가 세 번 옮겨진 다음에는 도하지에서 도(道)를 이룬다는 의미이며, 一二符理 한두 부리 즉 일(一)은 하늘(天), 이(二)는 땅(地), 즉 천지음양인 궁을(弓乙)의 이치를 정확하게 안다면, 이며 大小九理 半心만 찬다는 말은 대소백(大小白) 즉 하도낙서(河圖洛書)의 팔괘 구궁(九宮) 속에 은거하고 계신 십승인(十勝人)이 미륵(彌勒) 정도령임을 알터인데. 如如羅난다 氣和慈慈좋다 라는 말은 천지의 기(氣)가 화(化)하게 하는 분이 누구인지, 바로 미륵 정도령을 지칭하는 것이다. 汝家 內肝腸 스리 살짝 다 녹인다는 뜻은 천지의 기(氣)가 화(化) 해지는 이때에 우리의 오장육부(五臟六腑)가 바뀌어 진다는 의미이다. 흔히들 하는 말로 환장(換腸) 한다는 말이거나, 그 보다는 한골탈태(換骨奪胎)가 된다고 하는데, 이는 우리 몸이 신선(神仙)과 선녀(仙女)의 모습으로 바뀌어서 영원히 살 수 있는 영생의 몸으로 바뀐다는 것이어서, 몸과 마음을 깨끗하고 맑은 양백(兩白)으로 만드는 나없음의 시련을 이기고 승리로 완성하여 끝을 낸 지(止) 즉 십승지(十勝止)와도 연관된 의미로 해석된다.

예부터 전해오는 말로, 격암유록을 보았으면 마상록(馬上錄)과 홍세록(紅細錄)을 보라는 말이 전해 온 이유에 대하여 명산선생은, 그것은 하나님의 입장에서 격암유록에 밝힌 내용 보다 더 깊은 내용을 담고 있으니 보라는 것이다. 즉 격암유록의 내용을 제대로 알아야만 마상록의 의미를 알

또한 더 중요한 한 가지는 이렇게 완전한 해원과 정화를 이룬 개체만이 정화된 지구에서 재세이화 홍익인간 된 상생의 세상에서 삶을 영위할 수 있는 자격이 주어져서, 기구 가이아의 최후의 진화대상에 선택될 수 있을 뿐만 아니라, 그 조상까지도 함께 영원한 삶을 사는 특권이 주어진다는 사실을 많은 예언서에서 백조일손(百祖一孫)이라는 용어로 가르침을 주고 있다.

이 분야의 많은 전문가들은 이를 나름대로 해석하여 100명의 조상

수가 있다는 것이다. 그런데 마상록을 보면, 또한 대문장가인 해월 선생의 시와 해월유록을 보아야 정확하게 그 때(時)를 알 수가 있다고 되어 있다.

격암유록 양백론(兩白論) 92쪽을 보면, 「朝鮮民族患難時에 天佑神助 白衣人을 河洛天地 六一水로 兩白聖人 出世하여 十勝大船 지어놓고 苦海衆生拯濟로세. 先天河圖右太白과 後天洛書左小白數左右山圖弓弓之間 白十勝이 隱潛하니 山弓田弓田弓山弓 兩白之間十勝일세. 河圖洛書理氣靈山 世上四覽 몰랐으니 本文之中七十二圖 仔細窮究하여 보소. 先後天之 兩白理를 易理出聖 靈王으로 兩白十勝 傳했으니 人種求於 兩白일세」

또한 양백(兩白)이 양궁(兩弓)이고 양산(兩山)이라고 하였다. 즉 백(白)자나 궁(弓)자나 산(山)자나 전(田)자가 모두 같은 의미라는 것이다. 또한 사람의 종자(種子)는 양백에서 구한다고 하였는데, 이 양백성인(兩白聖人)이 바로 영왕(靈王) 이라고 한 것이다. 라고 해월유록에서 명산선생이 설명하고 있다.

오히려 예언의 핵심은 양백(兩白)과 십승지(十勝地)에 있어서, 옷을 희게 하고 마음을 희게 하고 하느님의 마음으로 변화시킴도 역시 양백의 이치로 해석하고 있으나, 이 양백이란 옷이나 몸만을 의미하는 것은 아니며, 영혼세계에 물든 몸과 마음을 맑고 깨끗하게 닦거나, 자기를 완전하게 버린 사람과 신이 하나 된 상태를 의미하는 것이어서, 그런 신명(神明)이 되는 수련을 산도 아니고, 들도 아니고, 물도 아닌 도시에서 하는 곳이 도하지(都下止)라고 한 것임을 알 수 있다. 결국 도시의 작은 집 소사(小舍)에서 원죄와 습관, 사기로 물든 몸과 마음을 두 가지를 완전하게 닦아서 개체의식을 버리는 나없음의 마지막 10단계 수련과 실천의 고난에서 승리한 십승(十勝)자가 양백이 되어서, 완전수인 10이며 영(0) 혹은 하느님이 되는 자리를 도하지 (都下止)라 하고, 도야지(돼지)로 불렸던 것으로 해석된다.

이 선업이 있어야 1명의 자손을 살릴 수 있다는 의미로 많은 서적에 적고 있으나, 사실 조상은 스스로의 힘으로 자신과 자손을 구원할 수 있는 에너지가 없다. 그래서 양백으로 정화를 완성한 자손 한 사람의 공덕으로 오히려 그 자손의 실체를 통해서 정확하게 100명이 아니라 100여명과 억울한 영혼 50여명까지 죄와 한, 카르마를 해원하고 차원을 달리하는 영원한 세계로 구원 받게 되는 원리인 것이다.

이런 기회는 아무에게나 주어지는 것이 아니라 조상과 자손의 합작으로 인연과 공덕이 쌓여야 가능한 것이다. 자손이 아무리 선업을 짓고 정화와 십승을 완성하는 수행을 한다고 해도 조상과 억울한 영이 방해하고 협조하지 않으면 인연을 만날 수가 없으며, 조상과 억울한 영이 아무리 구원을 받고자 하여도, 자손의 공덕이 업고 정화와 십승을 완성하는 수행을 하지 않으면 자신은 물론이고 가문의 업을 종결하고 새로운 상생의 세상에서 시조가 될 수도 없기 때문이다.

이 부분에 대하여 예언서에는 짧은 한 구절이 있다. '초입자는 힘들고, 중입자는 쉽게 이루지만 말입자는 애달프다 어이 하리, 이미 문이 닫히고 말았구나.' 라고 적고 있다. 또한 지구 어머니 가이아가 인정하는 진화대상의 대열에 서 있어야만 하고, 이 과정에서 홉킨스 의식 에너지 지수 300 이상을 유지하는 선택 받은 사람들로 세대를 거쳐서 준비된 인연만이 가능한 것이며. 전쟁이나 역사적인 국가의 반성과 용서되지 않은 카르마에 의한 영향력도 작용을 하게 된다.

이와 같이 나라는 존재는 후천시대로 가는 과도기에 부부의 완성과 함께 자손으로서 가문의 업을 종결 할 수 있는 때를 맞아서, 몸과 마음 그리고 영적인 정화를 완성하여 100여명의 조상과 50여명의 억울한 영들을 해원과 용서로 해방을 시키고, 다시 새로운 가문의 시조가 되어야 하는 의무가 있다. 이는 영적정화 수련만으로 가능한 것이 아니라, 본인 또한 실체로서 해방 되어야 하는 깨달음의 최종단계가 남아 있게 된다.

오늘날 지구의 기상이변과 국제사회의 갈등과 테러, 에너지와 전염병 문제, 이기적 경쟁과 물질문명과 정보사회의 위기상황에 대한 대안으로서 타락한 정신문명을 중흥하는데, 종교계와 영성계에서는 깨달음을 추구하고 있지만, 그 깨달음 자체가 정의되어 있지 않고, 그 곳에 도달하는 방법도 분명하지가 않은 것이 문제이다. 비유하자면 달에 가는 위성도 이제 겨우 유인위성과 우주 정거장을 발사하는 수준이며, 더구나 그 달이 어떤 크기이고 어떤 궤도를 도는지, 지구와의 거리나 달의 중력과 대기환경까지도 파악이 안 된 상태와 같다고 볼 수 있다. 수련의 방법론은 차치하고라도 깨달음 자체가 정의되어 있지 않고 주관적 관점이 있을 뿐이어서 객관성이 결여되어 있는 것이다.

이러한 깨달음의 주관적 특성을 객관화한 연구가 1980년대에 죤 화이트에 의해서 이루어 졌다. 그는 20세기에 가장 뛰어난 선각자인 리차드 버크와 올더스 헉슬리에서, 크리스나무르티, 고피 크리슈나, 다프리 종, 켄 웰버까지 15인의 저서와 강연, 면담을 통해서 깨달음의 실체와 방법론을 집대성하여 "깨달음이란 무엇인가(what is enlightenment)"를 집필하여 발표하였다. 선각자 15인의 전체 자료를 분석하여 깨달음이라는 공통분모를 추출하려고 시도한 것이다. 그러나 화이트도 결국 "깨달음이란 이것이다" 그리고 이렇게 이런 방법으로 깨달음이 이루어진다는 결론이 없다. 다만 화이트도 인간 정신이 궁극적으로 도달해야 하는 경지와 깨달음을 다음과 같이 요약하고 있다.

우주가 끊임없이 진화하고 있는 것을 인정한다면 우리 인간은 개체적 존재에서 완전한 존재로 가는 과정이며, 깨달음이란 있음과 완전으로 가는 과정 사이의 완벽한 균형에 도달하는 것이다. 따라서 모든 이원성과 상대성의 통합과 모든 대립의 조화로운 혼합이며 끝없는 다양성의 귀일이다. 이와 같은 의식은 현실세계에서 삼라만상이 하나로 통일된 삶이나 전체의식과의 합일, 에고인 개체의식의 초월로 나타나서 해방과 자유의 상태가 되는 특성이 있다. 그렇지만 이와 같은 자각은 달을 가리키는 손가락과 진리의 정의나 깨달음의 설명에 불과하며 두뇌로 인식되어 지는 지식이 아니고, 자신이 직접 달에 가고 진리가 되는 심신의 변화를 이루기 어려워서 또 하나의 달을 가리키는 손가락이고 관념일 수밖에 없다.

그러나 화이트의 연구에서 그의 업적으로 인정하고 싶은 한 가지

가 있다. 깨달음의 객관화를 시도하였다는 사실과 함께 깨달음 자체
는 아니지만, 15인의 자료 분석에서 한 가지 공통분모를 발견한 것이
다. 그것은 통일된 삶의 예비단계로서 자기의 완전한 포기 내지 자기
무화(自己無化)가 필요하고, "이것이야말로 왜 창조된 모든 것이 무
화될 때까지 그 어떠한 영혼도 편히 쉴 수 없는가?"하는 명제에 답변
이라고 율리아나((Julian)가 역설하고 있는 것도 같은 맥락으로 볼
수 있다. 통일된 삶이란 우주의 순리에 의해서 실체의 완전의식인 절
대의식에 도달하여 합일된 인간의 영혼이 존재의 순환을 완성하고,
자신이 창조된 실존의 근원으로 되돌아가는 근원회귀의 완성인 것이
다. 따라서 물방울이 개체의 틀을 가지고는 자신의 근원이 바다라는
본성을 알 수 없어서 바다로 돌아 갈 수 없는 것과 같이, 우리가 자
기라는 개체의식을 버리지 않고서는 절대의식과 합일 될 수 없는 원
리인 것이다.

죤 화이트가 깨달음의 전제조건으로서 나없음(자기무화 selfnaug-
hting)이라는 공통분모를 도출하였지만, 한편으로는 이 나없음이란
어떤 것인가 하는 또 다른 객관성 있는 정의와 개념정리가 필요해진
다. 오늘날의 인류는 전체의식으로 통일된 삶을 영위하지 못하고 두
뇌에 의한 개체의식 중심으로 살아간다. 한 가정과 가정이 모여서 국
가를 이루는 것과 같이, 우리 신체도 세포라는 분리된 개체가 상호 유
기적으로 결합하여 한 개체를 형성하고 있다.

세포는 외부 환경에 대하여 각자 자신이 속한 장기 안에서의 역할과 완벽한 항상성을 유지할 수 있는 독립된 체계와 의식을 가진 존재이며, 두뇌인 뇌세포는 세포의 집합체인 개체를 유지하기 위하여 감각기관을 통해서 인식된 외부 상황에 대처하고 판단하는 역할을 해야 한다. 따라서 뇌세포는 외부 환경에 대하여 감각기관에 의지하여 항상 유리한 상황을 유지해야 하는 생리적인 반응에 따라 최선의 결정을 하며, 이 판단 기준은 학습과 교육을 포함한 과거의 경험을 기반으로 결정하게 된다.

이 경험은 감정과 결합된 기억과 동질성이며 의식과 무의식을 포함하여 우리가 생각과 마음이라고 부르는 개념이 바로 이 기억과 경험을 바탕으로 외부로부터의 유무형의 자극에 따른 반작용의 결과인 것이다. 따라서 마음의 실체는 과거이면서 현재를 지배하게 되고, 항상 동일한 판단기준과 가치관에 의해서 일관성을 나타낼 때 우리는 그것을 습관이나 학습이라고 부르며, 현재의 습관은 과거로부터 기인된 것이기 때문에 이를 업(karma)이라고 부른다.

또한 현재가 변하지 않는 한 미래 역시 현재의 연속선상에 있을 것이기 때문에, 우리는 지금 여기서 바로 변하지 않으면 미래도 지금처럼 길들여진 상식과 자신의 틀에 갇혀서 구속된 삶을 사는 상황이 계속되어서 달라질 수 없다는 논리적 결론을 내릴 수 있다. 그러므로 깨달음의 과정이며 전제조건인 이 '나없음'의 과정을 보다 상세하게 분석해 볼 필요가 있다. 인간은 자기 과거의 집합인 경험과 기억, 습관의 틀로 감싸여 있다. 그래서 깨달음이란 이러한 인간적 틀을 깨고 벗어나서 본성에 다다른 것을 의미하는 것인지도 모른다. 또한 이는 "인간은 좋고 나쁜 습관을 완전하게 이해하기 전에는 어느 누구도 자유로워질 수 없다"고 지적한 인도의 선각자 크리슈나무르티(krishnamurti)의 지적과도 일치하고 있다.

따라서 나없음은 우리가 자기라고 믿고 있는 교육을 포함한 인간적 경험과 습관, 에고와 자기의식으로 이루어진 신념과 동일시, 아집과 집착으로부터 벗어난 자유로운 경지라는 것을 알 수 있으며, 이 단계를 거치지 않고서는 깨달음으로 갈 수 없기 때문에 화이트는 깨달음의 전제조건으로 정의한 것이다. 이는 깨달음을 얻기 위해서는 깨달음을 버렸을 때 오는 것이라는 선각자의 가르침과도 일맥상통하는 개념이다.

우리의 현재의식과 무의식은 세포와 유전자에 기록된 업과 습이 부모 이전부터 누적된 과거의 기억과 경험의 집합체이다. 사실 생명과 육체는 한 부모로부터 탄생한 것이 아니다. 우주 발생 이후 인간의 탄생은 단 한 번뿐이었다. 우리가 알고 있는 탄생은 생리적으로 세포의 재결합과 증식의 과정을 거쳐 자식이라는 피부로 재구성한 부모 세포의 집합일 뿐인 것이다. 이러한 유구한 시간적 과정을 거치면서 인류는 최초의 생명 탄생 이후 현재까지 우주의 모든 정보를 간직하고 있는 엄청난 전지전능의 존재라는 사실을 망각하고 인간적 자아를 형성하며 살아온 것이다. 따라서 이 자기의식에서 벗어나야만 인간 본래의 신성과 본성으로 돌아갈 수 있는 것이어서 '나없음'에 대한 필연성이 대두되고 있는 것이다.

이러한 세포와 인간 탄생의 실체는 오늘날 인류가 인간중심의 자기의식이 지배적인 특성을 가질 수밖에 없는 현상을 인정할 수 있게 된다. 자기무화는 인간적 삶에서 형성된 이기적 자아를 초월한 상태이고 초자아로서, 나를 형성하는 모든 신념(관점, 관념, 개념. 의식, 분별, 판단) 자아의식으로부터 벗어난 상태이다. 몸이 있으나 몸의 한계에 구속되지 않는 상태이고, 홍익이념이 발현되는 상태임을 알 수 있다. 그렇다면 이제 우리는 이 자기무화를 어떻게 실현할 것인가 하는 방법론에 초점이 맞춰져야 하고, 이러한 전제가 타당하고 진리라고 본다면, 현실 속에서 이러한 수련법이 전승 계승되거나 실제로 이루어지고 있어야만 한다.

그러나 둘러보면 현대사회에서 많은 명상과 수련법이 시행되고 있지만 '나없음'과 '자기무화'를 추구하는 수련법은 분명하지 않고, 일반적인 심신의 건강을 추구하는 명상이나 통찰, 자기완성 혹은 도통을 추구하면서도 구체적으로 '나없음'의 자기무화를 달성하는 수련법에 대해서는 '이것이다'라고 할 수 있는 방법이 보이지 않는다, 화이트의 깨달음의 전제조건인 나없음을 누락시킨 채, 개체의식을 그대로 가지고 참나와 본성을 찾고, 깨달음을 추구하고 있는 것이다.

그렇다면 현재 지구상에 존재하는 주된 수련법들에서 자기무화를 수련과정에 포함시키고 있거나, 아니면 단지 자기무화라는 용어를 사용하지 않을 뿐 내용면에서는 실재로 나없음의 수행이 행해지고 있는지를 분석해 볼 필요가 있다. 자기무화가 깨달음의 전제조건이라는 것이 타당하다면, 수천 년을 이어온 전통과 수련문화의 기반이 자기무화가 핵심으로 구성되어 있고 수련법으로서 그 맥이 전승 계승되었을 것이며, 선각자들은 모두 이 단계를 거쳐서 깨달음을 이루었을 것이기 때문이다.

그러나 많은 수련법이 대부분 인간적 자기중심에서 각성이나 도통, 깨달음을 추구하고 있음을 쉽게 알 수 있다. 자신의 몸과 신념, 아상, 자기라는 에고를 깨어서 도달하려 하지 않고, 오물로 가득 찬 쓰레기통처럼 몸과 마음이 오염된 자기를 그대로 간직한 채, 남과 다른 한 가지를 더 얻기 위한 욕심의 연장선에서, 끝이 보이지 않는 도(道)라는 길을 찾거나 스승과 신통을 찾아 헤매고, 정적인 명상과 수련으로 많은 시간과 노력을 소모하고 있음을 알 수 있다. 이는 훌륭한 사상과 전통이 서구문명에 지배되어 단절되거나 왜곡된 것은 아닌지, 붓다와 예수, 환인과 환웅, 단군 등의 가르침에 온전히 도달하기 어렵도록 경전의 전달과 해석에 인간의 이기심이 작용하여 본래의 뜻이 왜곡이나 변형된 것은 아닌지 하는 의구심이 일어난다.인간의 손이 닿지 않은 채 200여 년 전 동굴 속에서 발견된 점토판의 해독으로 알려진 수메르 문명을 예로 보면, 성경도 위정자들에 의해서 수많은 변형과 왜곡으로 점철되었음을 짐작할 수 있는 것과 같이, 당시 성인들과 선각자들의 메시지에 대한 핵심과 정수가 온전하게 전승되지 못한 것이 주된 원인으로 보인다. 결국 그 오랜 세월이 지난 오늘날까지 그리 많은 선각자가 나타나지 않은 결과도 여기에서 그 이유를 찾을 수 있을 것으로 본다. 따라서 다시 생각해 보면 자기무화는 깨달음의 전제조건이 아니고, 이미 깨달음 자체이며 그 결과이기 때문에 이러한 현상이 발생하는 것인지도 모른다.

방대한 붓다의 가르침도 그 핵심은 인과와 자비로 함축할 수 있으며, 수행의 기준으로는 크게 제악막작 중선봉행 자정기의 시제불교(諸惡莫作 衆善奉行 自淨基意 是諸佛教)의 4행으로 칠불통게(七佛通偈)[15]에 나오는 법구경으로 요약할 수 있다. 모든 악을 짓지 말고, 무릇 선을 받들어 행하며, 스스로 마음을 깨끗이 하면, 이 모두 부처님의 가르침인 것이다. 따라서 지어진 업습을 버려서 정화시키는 수

---

15 칠불통게(七佛通偈)

불교는 부처님의 가르침이다. 그래서 과거 일곱부처님(비바시불,시기불,비사부불,구루손불,구나함모니불,가섭불 그리고 석가모니까지)의 공통적인 가르침이 칠불통게(七佛通偈)이다.

제악막작(諸惡莫作 : 모든 나쁜 일 하지 말고

중선봉행(衆善奉行 : 여러 가지 착한 일을 받들어 행하라.

자정기의(自淨其意 : 자기의 마음을 맑히는 것.

시제불교(是諸佛敎 : 이것이 모든 부처님의 가르침이다.

이제는 불자가 되었으니 모든 악이라는 것과 인연을 끊으라는 것이며. 불자는 선을 절대적으로 붙잡고 살아라는 것이고, 마지막으로 자기 마음을 한 없이 깨끗이 하라는 것이다.

행과 함께 먼저 짓지 않도록 탐진치(貪瞋癡)를 여의고 계정혜(戒定
慧)[16]를 지키며 정진하면 마음이 정화되어 해탈이 된다고 가르치고
있는 것이다. 다행이 말씀으로 가르침에 그치지 않고 보다 구체적
인 수행법을 제시한 것이 사띠(알아차림)명상과 위빠사나(毘婆舍那
Vipassana) 명상으로 통찰과 사념처(四念處)[17]를 닦는 마음챙김 명

---

16 계정혜(戒定慧)

　　붓다는 불교의 궁극적 목적인 열반에 이르기 위한 길을 여덟 가지 바른길(八正道)로서 제시하고
　　있다. 그 팔정도를 요소별로 다시 분류해 보면 계율과 선정 그리고 지혜(戒·定·慧)의 세 가지를
　　총칭해서 삼학(三學)이라고도 한다. 계는 몸과 입과 뜻으로 범하게 되는 악업을 방지하고 올바르
　　게 살아가는 것이며, 정은 산란한 마음을 한 경계에 머물게 하여 안정하도록 하는 것이며, 혜는
　　진리를 깨닫는 지혜이니, 이 셋은 서로 도와 열반을 얻는다.

17 사념처(四念處)

　　불교에서 깨달음을 얻고 지혜를 얻기 위한 37조도품(三十七助道品) 가운데 첫번째 수행 방법이
　　다. 사념주(四念住)·사의지(四意止)·사념(四念)이라고도 하며, 자신의 몸[身]과 감각[覺]과 마음
　　[心]과 법(法)에서 일어나는 여러 가지 변화를 관찰함으로써 제행무상(諸行無常)·제법무아(諸法
　　無我)·일체개고(一切皆苦)의 세 가지 진리를 깨닫고자 하는 것이다. 여기에는 신념처(身念處)·
　　수념처(受念處)·심념처(心念處)·법념처(法念處)의 네 가지 방법이 있다.
　　신념처는 자신의 몸과 관련된 현상, 즉 호흡·동작 등을 관찰하여 몸의 세계에서 일어나는 탐욕과
　　혐오를 극복하는 수행이다. 정신을 집중하여 몸 안팎의 움직임을 관찰함으로써 육신은 죽어서
　　썩을 부정(不淨)한 것임을 깨닫는 것이다.
　　수념처는 느낌의 세계에 대한 탐욕과 혐오를 극복하는 수행법이다. 감각의 실체를 있는 그대로
　　깨달아 음행·자녀·재물 등의 즐겁다고 느껴지는 것들이 실은 즐거움이 아니라 고통[苦]이라는
　　사실을 깨닫는 것이다.
　　심념처란 마음의 세계에 대한 탐욕과 혐오를 극복하는 수행법이다. 마음은 늘 대상에 따라 변화
　　하고 생멸하는 무상한 것이다. 따라서 마음에 욕심이 있다면 욕심이 있는 참뜻을 알고, 욕심이 없
　　다면 욕심이 없는 참뜻을 알아 모든 마음의 참뜻을 깨닫는 것을 말한다.
　　법념처란 정신적 대상에 대한 탐욕과 혐오를 극복하는 수행법이다. 앞의 세 가지 외에는 자아라

상법이 있다.

이 명상법의 궁극적 목표는 마음을 정화하는 청정도(淸淨道Visud-
dhimagga)[18]에 있어서, 나없음으로 가는 지름길이 된다. 오염된 몸

고 할 실체가 없고, 자아가 없으므로 소유도 없다는 진리를 파악하는 것이다. 그리하여 눈을 통하
여 생기는 번뇌의 생멸에 대하여 깨닫는 것을 말한다.

사념처는 본질적으로 추구하는 것이 같기 때문에 수행자의 특성에 따라 적합한 방법을 선택하여
어느 하나만이라도 성취하면 곧 해탈하여 궁극적으로 아라한과를 얻거나 아뇩다라삼먁삼보리를
이룬다고 한다. 경전에서는 '중생을 깨끗하게 하여 괴로움을 없애고, 나쁜 법을 없애고, 바른 법
의 이익을 얻게 하니, 그것이 곧 사념처'라 하였다. 석가모니가 개발한 비파사나 수행법의 한 부
류로서, 주로 남방불교 승려들이 사용하고 있다.

18 청정도(淸淨道Visuddhi-magga)

　　이 논서(論書)는 부처님 입적 후 973년에 스리랑카의 수도 아누루다 근처에 있는 마하위하라 정
사에서 붇다고사 마하테라(Buddhaghosa mah thera)에 의해서 저술되었다. 저술의 이름 청
정도(淸淨道)는 열반에 이르는 길이란 뜻으로, 곧 청정이 열반을 뜻하는 말이다. 팔리어로 써진
이 논은 남방불교의 소의경전인 니까야에 설해진 경전의 중요한 말씀을 해석하여 정리해 놓은
것이다. 일종의 수행지침서라 할 수 있는 책으로 불교의 목적인 열반을 얻는 방법을 제시해 놓
은 것이 주 내용이다.

　　근본불교의 수행법은 무엇보다 괴로움을 소멸하는 방법을 다각적으로 논구하고 있는 것이 특징
이다. 대승경전에 보편화 되어 있는 중생을 향하는 대외적인 문제나 사회적 활동을 권장하는 모
습들은 거의 나타나지 않는다. 오직 번뇌를 없애는 법을 닦아 익히는 것이 급선무의 일이다. 이러
한 근본불교의 수행방법을 체계적으로 정리해 놓은 이 논은 모두 23장으로 되어 있는데 각 장이
계·정·혜 삼학을 차례로 설해 나간다.

　　1장과 2장은 계학(戒學)를 설하는 대목으로 금계(禁戒)를 엄격히 지키라고 강조한다. 특히 살(
殺), 도(盜), 음(淫), 망(妄)의 사바라이(四婆羅夷)를 경계할 것을 강조한다. 3장부터 13장까지
는 정학(定學)을 설한다. 계가 성취되면 선정이 같이 이루어지는 이치를 밝힌다. 14장부터 23
장까지는 혜학(慧學)을 설한다. 이렇게 삼학을 차례로 말하여 삼학이 성취되면 바로 열반에 이
르게 된다고 하였다.

　　불교 수행의 근본이 삼학에 있다는 것은 가장 일반적인 이야기이다. 삼학이 없는 불교는 있을 수
없다. 그러나 이 삼학을 실천하는 구체성은 불교를 대소승으로 구분하던지 부파나 종파로 구분할
때 차이가 있다. 〈청정도론〉에서 강조하는 청정이 열반을 가리키는 것이긴 하지만, 수행과정에

과 마음으로는 더러운 그릇에 음식을 담는 것과 같아서 수행이 어려울 뿐만 아니라 참자아를 보고 알아차리는 견성(見性)이나 돈오(頓悟)는 물론이고, 무수한 세월과 고행을 거친다 해도 결국은 무지와 아집, 집착을 깨어서 본성을 알고 신성과의 합일을 완성하기란 어려운 일이기 때문이다. 이러한 마음챙김 명상법을 1979년 메사추세츠 대학병원의 존 카밧-진 박사가 용어를 현대화하여 마음챙김 기반의 스트레스 감소 프로그램(MBSR:Mindfulness Based Stress Reduction program)으로 현대화하여 오늘날 세계적으로 사용되고 있다. 이는 사띠(알아차림)를 핵심으로 항상 깨어있음을 추구하는 명상법이지만, 영문명과 같이 주로 의료원에서 환자들의 스트레스 감소와 정신건강을 위한 심신의학적 프로그램으로 도입되었으나, 근래에는 세계적인 명상법으로 자리 잡고 있다.

그러나 인간의 자기중심적 에고는 그 것을 알아차림으로서 더 이상 진행되지 않는 지(止)는 가능하나, 껍질인 틀을 깨고 무의식 영역

있어서의 청정을 삼학과 연계하여 7가지로 설명하고 있다. 첫째 계의 청정을 말하고 둘째 마음의 청정을 말한다. 이는 곧 계와 정의 청정이다. 셋째는 견해의 청정, 넷째는 의심이 없는 청정, 다섯째는 도에 대한 지견의 청정, 여섯째는 도 닦음에 대한 청정 그리고 일곱째는 확고히 완성된 지견의 청정이다. 이는 혜의 청정으로 여기서는 지견의 청정을 강조했다. 이것은 우리나라에서 예불시에 행하는 오분향(五分香)의 의례에 나오는 말과 비슷하다. 계향, 정향, 혜향, 해탈향, 해탈지견향의 오향이 계·정·혜 삼학에 대한 청정을 오분법신으로 나타내고 다시 이를 향(香)으로 말하는데, 이도 대승의 법신청정을 말하는 것이다.
이 청정도는 과거 우리나라에서는 별로 알려지지 않아 잘 보지 않았던 논서였다. 그러나 근래에 와서 남방불교에 대한 관심이 많아지면서 10여 년 전에 소개 되고 우리말 〈청정도론〉으로 번역되어 있다.

까지 확장하여 소멸시키는 완전한 정화와 청정이 나타나는 멸(滅)의 경지까지는 많은 시간과 노력이 소요되고 있다. 이는 산불 뒤에 남은 잔불처럼 시간이 경과한 후에 다시 발화하는 상태를 분석해 보면 알 수 있다. 의식정화의 핵심을 바람에 흔들리는 나뭇잎으로 비유하면, 흔들림과 걸림이 있을 때마다 알아차려서 깨어있음을 항상 유지하는 것이지만, 바람과 흔들리는 가지를 인식하고, 나아가 그 결과를 있게 한 원인으로서 줄기를 따라 들어가 뿌리를 파악해야 하고, 종국에는 그 뿌리마저 캐내어 소멸시키는 작업을 수행함으로서 그 끝에 다다를 수 수 있기 때문이다.

이와 같은 의식정화의 특성에 대하여 먼저 정화수련과 자기무화를 체험한 수행자의 조언이 도움이 될 수 있다. 자신의 긍정적인 면과 부정적인 면을 함께 드러내 보일 때 우리는 망가지는 것이 아니라 온전해진다. 자기 그늘을 불편해하지 않고 태연히 끌어안을 때 우리는 정화의 길에 들어선 것이기 때문이다. 살면서 겪는 어떤 일이 우리를 불행하게 만들 경우 그것이 카르마의 부메랑 작용이며, 과거의 내 세포와 현생의 우리 자신이 만든 작품임을 우리는 인정해야만 한다. 이를 알지 못하고 인정하지 않음으로 해서 사람들은 스스로 희생자가 되어 증오와 원망 속에 갇히게 되는 것이다.

따라서 이러한 정화과정이 모든 육체적이고 정신적인 자연치유와 심신수련의 선행조건으로서의 의미와 가치를 가지게 된다. 결국 정화수련은 그 자체가 목적이 아니고 나없음을 이루고 깨달음으로 가기 위한 전제조건이고 과정이며 깨달음 또한 궁극적인 목표가 아니라 인간이라는 옷을 벗어버리고 믿음이 아니라 이성과 자연법칙을 기반으로, 우리의 본성인 신성을 회복하여 그 신성이 이 지상에서 몸을 가지고 지혜와 사랑으로 발현되는 것임을 안다면 깨달음도 그 과정일 수 있다. 따라서 물리법칙이 존재하는 이 우주 안에서 에너지는 작용의 근원이며 작용 없는 결과는 존재할 수 없다. 우주의 창조와 조화, 무상과 진화의 법칙이 작용하는 공간에서 일체는 원인과 결과라는 앎과 지혜가 없는 믿음은 맹신일 수 있으며, 인과를 알아서 깨달아 참자아를 찾은 사람에게 지혜와 사랑의 발현이 없다면 이는 자기만족이거나 혼자만의 착각일 수 있다.

나없음과 신인합일의 관계는 '우리는 에고에서 출발하여 부처로 가는 것이 아니고 부처로 출발하여 에고로 가고 있다'고 주장한 어느 선각자의 말처럼 우리 자신이 그 우주의식의 발현이며, 고치를 깨고 나온 애벌레가 나비로 탈바꿈을 하는 것처럼, 이미 우리 안에 존재하지만 발현되지 않고 있는 신성을 찾아서 신성과의 진정한 합일을 이루어야 한다. 이것이 우리가 이 세상에 온 이유이며 목적이어서, 바다에서 분리된 물방울이 분리된 개체의식으로 존재할 때 우리는 막힘과 부딪침, 고통과 질병을 만나게 된다는 우주 진화의 법칙과 실체에 대한 자각이 필요한 것이다.

이러한 진리를 자연계를 통하여 우리에게 보여주고 있는 것이 곤충과 동물의 탈바꿈이지만, 이는 세대를 거쳐서 발생하는 진화과정이 아니고 한 세대인 당대에 모든 과정이 이루어지기 때문에, 저자는 단순한 종의 성장이나 번식을 위한 진화과정으로 보지 않고 보다 면밀하게 살펴 볼 필요가 있다고 생각한다. 생물학자들은 이들의 탈바꿈 과정을 연구 하면 할수록 경이로움을 느낀다고 한다. 탈바꿈과 돌연변이는 그 메커니즘이 다르지만, 핵실험을 너무 자주한 비키니섬에 가면 물고기가 바닷물에 나와 나무 위에서 살고 있는 현상이 발견되고 있는 것과 같이 모두가 세포의 창조성의 일면일 뿐이다.

나비의 예를 살펴보면, 암컷이 낳은 나비 유충이 알에서 부화되면 애벌레가 되어 풀잎을 약 2주 정도 먹고 단백질이 축적되면 몸이 커지게 된다. 이때 애벌레는 먹기를 끝내고 단단한 고치를 만들어서 외부와 완전하게 분리 된 고립상태를 유지한다. 중요한 것은 이 때 고치 안의 애벌레와 번데기는 완전히 녹아서 농도가 짙은 단백질 액체가 되는 현상이다. 이는 기면서 먹어야 했던 애벌레와 번데기의 형태가 없어져 버린 것이고, 이 액체 상태의 단백질에 유전자인 DNA가 있어서, 이를 정보로 하여 3차원의 시공으로 하늘을 나는 비행체인 나비의 구조가 만들어 지는 것이다. 유전자는 각각 2억6천 만 개의 염기(genome)서열로 보존되었다가, 군용 장갑차인 탱크가 10일 만에 전투기로 만들어지는 것과 같은 엄청난 기적이 일어나는 것이다. 이러한 현상은 다른 동물에서는 찾을 수 없는 변화이기 때문에 일부 생물학자들은 곤충의 탈바꿈을 진화가 아니라고 하면서 제2의 빅뱅이나 새로운 창조과정에 비유하고 있다.

이와 같은 탈바꿈을 깨달음의 전제조건으로서 자기무화 단계에서 언급하는 것은 자기무화가 환골탈태(換骨奪胎)라는 사자성어의 의미에 해당하는 것이 아니라는 생각이기 때문이다. 이 말은 단순하게 사람이 예전과 다른 사람으로 많이 변했다는 의미로 쓰이고 있으나, 저자의 경험을 기반으로 추론해 보면, "나없음"의 진정한 의미가 마음과 의식상태가 많이 변했다는 수준이 아닌 것이다. 깨달음을 이룬 사람은 개체의식을 완전하게 버리고 양백이 되어서 절대의식과 합일 된 사람일뿐만 아니라, 이미 몸을 구성하고 있는 세포가 상극시대에 이루어진 일체의 부정적 정보를 다 소멸시키고, 상생시대의 에너지에 맞도록 세포의 DNA가 재구성되어서 다른 차원으로 탈바꿈한 상태로 변화되어야 가능한 경지로 보기 때문이다.

실제로 힘으로 이루어지는 상극시대에는 자연과 인간, 인간과 인간이 구별되고 계층구조를 이루고 있어서, 보이지 않는 하류층과 중산층 상류층으로 나누어져 왔다. 이를 옷으로 비유하여 벗으면 인간은 평등하다고 일반적으로 말해지고 있으나, 옷을 벗은 대중 목욕탕 안에서도 남녀노소가 구별된다. 그러나 우리 의식이 세포수준까지 가면 남녀노소가 구별되지 않아서, 나는 남자니까 여자라서, 젊으니까 늙어서, 부자라고 가난하다고, 권력자나 노동자나, 배우거나 못 배우거나, 잘 났거나 못 났거나, 장애가 있거나 없거나, 전과자이거나 선을 지었거나, 직업이 있거나 없거나, 오욕칠정의 수많은 감정까지도 아무런 구별이 되지 않고 절대평등의 세상이 되는 것이다.

이와 같이 깨달음과 자기무화는 우주의 순리에 의해서 실체의 완전의식인 절대의식에 도달하여 신인합일 된 존재를 완성하고, 자신이 창조된 실존의 근원으로 되돌아가는 근원회귀이며, 이러한 경지가 세포수준의 통일된 순수의식에서 가능하다는 것을 알 수 있다.

결국 깨달음이란 우리가 변화하고 달라져서 다른 경지로 천이 해 가는 것이지만, 그 원인과 방법은 외부에 있는 것이 아니라, 고치 속의 번데기처럼 이미 우리 안에 나비로서 존재하고 있는 창조적 신성과 우리가 실존하는 진리라는 실체를 발견해 가는 작업으로 볼 수 있다. 따라서 "자기초월과 근원회귀"의 과정을 통해서만이 자기를 실현하고 통일된 삶을 이룰 수 있다고 수많은 선각자들이 역설하고 있는 것이다. 이 신성한 절대의식과의 합일이 바로 통일된 삶이며, 보다 커다란 의지의 방향으로 자기를 내 던지는 "자기무화야 말로 통일된 삶의 성취에 절대적인 조건이다"라고 통일된 삶을 이룬 15인 중의 한사람인 에블린 언더힐(Evelyn underhil) 여사가 강조하고 있는 것이다.

「IT 기기란」

멀리 있는 사람을 가깝게 하고
가까운 사람들을 더 멀게 하는 것
귀를 막고 주위를 볼 수 없게 하여
정작 소중한 것들을 잃게 하는 것.

조금 천천히 해도 되는 일을
아주 빠르게 하게 하고
남은 시간에 더 많은 일을 하게 해서
생각 할 틈도 없이
더 바쁘게 살게 하는 것.

가슴 없이 머리만 키우는
기형아를 양산 하는
기술제국주의의
전쟁무기 중 하나.

6. Well Dying과 끌려가지 않는 죽음

심신과 영적정화를 완성하고 부부 하나 되어 신성과의 합일을 이룬 사람은 이제 몸을 가지고 자기초월과 근원회귀 된 차원에서 살게 된다. 자유로운 존재가 되고 질병이나 사고, 인간관계 등 일체의 갈등과 방해가 없어서 자신의 의지와 노력에 따라서 뿌린 대로 거두는 순리의 삶을 살아갈 수가 있게 된다. 수많은 은혜와 감사의 일들이 일상에서 일어나게 되지만, 이를 자연치유와 전일의학에서 목표로 추구하고 있는 4가지 지향점인 4 well에 대비하어 살펴 볼 수 있다.

4 well은 잘 태어나고(well born) 잘 살고(well being) 잘 늙고 (well aging) 잘 죽는(well dying) 것을 지향한다. 그러나 심신영정화(MBSP) 프로그램에서는 4 well이 이루어지기 위해서는 건강이 전

제되어야 하고, 사형집행일이 정해지지 않는 사형수처럼 어느 날 갑자기 사고와 고통 속에서 어두운 세계로 끌려가지 않도록 사후세계가 보장되어야 한다. 따라서 영적정화 프로그램 과정을 모두 이수하고 카르마 소멸과 나없음을 완성하고 실천하는 사람에게 나타나는 보상이며, 은혜인 축복과 같은 현상이 일어나게 된다. 항상 긍정적으로 기쁘게 감사하며 겸손하게 생활하며 인류를 위한 홍익인간의 삶을 살게 된다. 이러한 5가지 은혜와 축복의 구체적인 내용은 다음 장에서 상세하게 다루고 있어서, 여기서는 Well Dying과 관련된 임종의 축복에 한해서 살펴보고자 한다.

임종의 축복이란 현제까지 인류가 개발한 어떤 기술로도 불가능한 영역에 속하는 개념이다. 우리말에 돌아가신다는 말은 진화하지 못하고 다시 제자리로 돌아 가버리는 삶을 일컫는 말이다. 이런 삶을 살다가 가는 사람은 마지막 생의 마무리에서도 카르마의 집행자인 억울한 영들이 끝까지 자신들의 한을 풀기 위해서 때리고 발로 차고, 목을 조이기는 현상이 나타난다. 더구나 마지막 순간에는 임종 당사자에게 그 존재들이 눈에 보이기 때문에 더욱 고통으로 시달리다가 생을 마감하게 되는 것이 일반적인 상황으로 밝혀지고 있다.

그러나 카르마 정화를 본인이 아니고 자녀들이 대신해도 가시는 분은 정말 편안한 임종을 맞게 되는 것이 많은 사례에서 확인되고 있다. 고통이나 통증도 없이 주위를 완전하게 정리하고 잠들듯이 가신다. 염이나 입관에서도 시신이 굳지 않아서 정말 잠자는 것처럼 그렇게 편안하고 아름다운 최후를 자손들에 보여주고 가는 축복인 것이다. 이때 임종의 의식상태가 중요한 것은 영계에 가서 지속적으로 유지되는 심신의 상태는 임종 당시의 의식과 신체상태가 기준이 되기 때문에, 5차원의 기세계에 인도되어서 당사자의 위치와 역할과 임무에 지대한 영향을 미친다는 사실이며, 이는 티벳 死者의 書에서도 가장 강조되고 있는 내용이다.

이러한 임종이 가능한 것은 영적정화가 안된 임종은 억울한 영들이 마지막까지 원한을 갚은 상황에서 많은 고통을 당하면서, 경험이 없는 불안한 세계로 가는 두려움 등이 겹쳐져서 나타나는 현상으로 밝혀지고 있다. 그러나 영적정화를 마친 사람에게 가장 큰 축복은, 사후에 4차원의 영혼의 세계에 끌려가지 않고, 5차원의 기세계로 인도하는 형제가 방문해서, 기세계로 이주하는 일자와 본인의 희망사항을 상담하여 결정하기 때문에 본인이 원하지 않는 상태에서 강제로 끌려가는 일을 절대로 없다.

그래서 영적정화로 억울한 영들이 관여하지 않고 고통을 주는 요인들이 없기 때문에, 본인이 미련 없이 주위를 정리할 수 있는 충분한 시간과 협조가 기세계의 도움으로 이루어지며, 일생을 살면서 가장 행복했던 상황과 기억을 가지고 자신의 의지에 따라서 기세계 형제들의 도움으로 안내를 받으면서, 차원을 이동하게 되는 것이다. 이렇게 영적정화 된 영혼에 대한 5차원 기세계의 원리에 의해서 그렇게 편안한 모습으로 웃으며 잠자듯이 주위를 편안하게 하면서 갈 수 있는 특권을 누리게 되는 것이다.

카르마는 잘못 된 습관과 인체 항상성 유지 시스템의 생명유지를 위한 본능적 작용기전의 결과이기도 하지만, 한 개인의 장점과 직업과도 연결되어 있어서 평생의 직업이 바로 업이 된다. 한 국가의 경쟁력은 젊은이들의 꿈과 부부의 사랑, 가족의 화목에서 시작된다. 따라서 이 세상을 사는 우리는 사회생활 안에서 생활이 영위되고, 직업으로 생활의 유지와 봉사를 해야 한다. 여기에 현대인은 경제적 도구로써 이를 가능하게 하는 방편으로서 취업에 의미를 두며 기업의 필요성이 대두 된다. 이와 같은 직업과 기업은 그 규모와 성격이 다르지만, 직업의 업과 기업의 업(業)이 카르마인 업과 같다. 그 발음과 의미가 같다는 사실 또한 우리 선조들의 후손을 위한 가르침의 배려인 것이다.

말을 잘 하거나 글을 잘 쓰거나, 손재주가 좋고, 머리가 좋아서 일을 잘 처리하는 사람처럼 한 개인의 장점과 직업은 자신이 가장 잘 할수 있는 일이며, 사회에 봉사하여 생계를 유지하는 방편이 될 수 있다. 따라서 이 직업과 관련하여 개성이 발달되고 상생의식이 발현되면 선업이 쌓이겠으나, 이기심과 개체의식이 발현되는 습관을 가지면 악업으로 업이 만들어진다. 결국은 내 세포의 전생인 오래된 선조의 직업에 의해서 현재의 업이 생성되는 것이고, 지금의 장점과 직업에 의해서 다음 후손의 생에 업으로 작용하게 되어서 직업이 업의 원인이 되는 가능성이 커지는 것이다.

그러나 국회 청문회를 지켜보면 많은 정치가와 지도층, 사법부, 행정부 관료와 기업인들의 리스트를 보면 그 권력과 재능, 재력으로 선업보다는 악업을 쌓는 이들이 더 많은 작금의 시대적 상황이 변화와 개혁의 필요성이 있어 보인다. 그러나 또한 부정부패만 해도 삼국시대와 이조시대에도 못 가진자들은 '이 놈의 세상'을 한탄 했는데, 사회구조만 달라졌을 뿐 지금도 같은 상황이라는 것을 발견할 수가 있어서, 그 근원과 해결책은 다른 곳에서 찾아야 된다는 생각을 하고 있다.

이에 따라 매슬로우의 인간욕구 5단계 설을 전제로 직업이란 무엇인지를 정의해 보면 사전적 해석과는 다소 다른 결론에 이른다. 직업은 1단계 생리적 욕구와 2단계 안전의 욕구 3단계 소속의 욕구를 동시에 만족시킬 수 있는 필요충분조건이 되기 때문에, 4단계 존중의 욕구까지는 몰라도 직업이 있으면 가정생활을 유지하고 사회생활을 하는데 기본요건을 갖춘 것으로 볼 수 있다.

그래서 젊은이들은 사회인으로서 가장 기본적인 요건으로서 특히 남성들은 취업이 절대적인 성취의 대상이 되고 있다. 물론 취업만이 3단계를 만족시키는 유일한 수단은 아니지만, 직업을 가져야 한다는 말로 표현을 바꾸게 되면 실로 수많은 삶의 다양성이 논의 될 수 있을 것이다. 그러나 여기서 다루고자 하는 것은 돈벌이나 호구지책의 수단으로써 직업의 의미를 다루려는 것이 아니라, 5단계 자기실현의 욕구까지 만족시킬 수 있는 방법론으로써 직업에 대한 의미를 재해석하거나 재발견을 시도하고자 하는 것이다. 취업과 직업 그리고 기업과 카르마인 업의 상관성 분석과 함께 직업과 기업 경영에 관한 패러다임의 전환이 필요한 시대적 상황이 된 것이다.

업에는 악업만 있는 것이 아니고 선업도 있다. 직업을 돈벌이나 호구지책으로만 생각한다면 그것은 선업도 악업도 아니고 불행한 삶이라는 생각이 든다. 그러나 직업을 통해서 타인에 대한 봉사를 실천하는 기회로 삼는다면 이는 직업을 통해서 선업을 쌓는 것이다. 봉사는 직업 외에 금전이나 노력 봉사를 통해서만 하는 것으로 오해하고 있으나, 직업에 충실하고 제대로 하는 것이 최대의 봉사인 것이다. 세상에 모든 직업인이 공무원과 상인 제조업과 서비스업, 농업, 정치, 사법, 행정부가 교육자가, 세상의 모든 사람이 자신의 직업에 충실하고, 제대로 정직하고 실력으로 봉사하면서 선업을 쌓는 세상. 이런 세상에 어떤 다툼과 문제가 있겠는가?

그러나 직업인은 열심히 일하고 봉사할 수 있는 장으로서 기업이 있어야 한다. 그래서 많은 사람에 일자리와 직업 활동 할 수 있는 직장을 만들어야 하는 것이다. 이것이 회사이고 기업인 것이다. 그래서 기업경영은 수익이 우선일지라도 직원이 직업을 통해서 선업을 쌓을 수 있게 도움을 주는 경영철학을 가져야 한다. 그것이 기업의 사회적 역할이고 기업인이 일거리를 만들면 기업 활동을 위해서 일자리가 저절로 만들어 진다. 이 과정에서 큰 악업을 소멸시키거나 큰 선업을 쌓아가야 하고 그것이 기업경영의 본질이고, 기업인과 기업, 고객이 모두 상생할 수 있는 장을 만들어 가는 것이 상생의 원리인 것이다.

그러나 작금의 고용정책은 일거리를 만드는 기간산업에 대한 투자 없이 일자리만 만들려고 하니, 있는 자리를 나누어야 하는 결과로 비정규직이란 기형아가 탄생되고, 한시적으로 직업이 아니라 세금으로 일자리를 만드는 지속가능하지 못한 갈등 속에 해결이 어려운 사회 문제가 되어 가고 있는 것이다. 특히 21세기는 고령화 사회가 된다. 그러나 인생에 정년이란 없다. 사람은 움직이지 못할 때까지 활동을 해야 한다. 그러기 위해서는 배고픈 사람에게 물고기를 주는 것보다, 그물을 만들고 사용법을 가르쳐 주어서 스스로 물고기를 잡을 수 있게 해야 하는 것처럼, 고령화 사회의 복지정책은 연금을 주는 것만이 최선의 해결책이 될 수 없다.

여러 사람이 모여서 재미있게 일하고 열심히 일한 보수를 받아서 주위사람과 소통하면서 즐겁게 함께 사는 것이 해답이기 때문이다. 그래야 국가의료보험 예산절약에도 도움이 되고, 질병 없이 건강하게 장수하는 행복한 노인이 되며, 소비자로서 국가경제에도 도움이 될 것이다. 움직이고 일하고 사회에 참여하지 않고 받는 연금은 늙고 병든 가축을 우리에 가두고 사료를 주어 죽을 때까지 연명하게 하는 것이나 다름이 없다.

부양능력이 있는 청년과 자식은 적고, 일 할 수 있으나 일자리는 없는 시대가 되고 있어서 이제 사고를 진환해야 한다. 빠르고 능률이 높은 경쟁력 있는 일자리만이 기업과 국가를 살리는 것은 아니다. 느리고 효율이 낮지만 경험과 지혜로 할 수 있는 일거리가 얼마든지 있다. 우리 모두가 함께 살고 서로를 살리는 상생의 기업과 상생의 정책이 실현되는 국가를 만들어야 한다. 그런 날이 언제쯤일까? 상생의 경험과 상생철학을 가진 이들이 상생의 정치를 하는 그 때가 곧 올 것이다. 밤이 깊어가고 있으니 곧 차가운 새벽과 정적이 지나고 나면 동이 터 올 것이니까.

이와 같은 업의 실체에는 개인과 가문의 업만이 있는 것이 아니라, 국가와 민족의 업도 있다, 한국과 일본이 그렇고 중국과 일본, 중국과 한국, 독일과 이스라엘, 미국과 토착 인디언, 영국과 많은 식민지 국가들이 그렇다. 이러한 규모가 크고 기간이 큰 업들은 6.25 사변과 같이 개인들의 업에도 커다란 영향을 미치게 된다. 그래서 개인의 업도 있지만, 개인이 국가의 업과 관련한 역할을 해야 하는 경우도 있다. 이러한 예가 2016. 3. 11의 대통령 탄핵사건으로, 본인의 의지와는 무관하게 상호관계가 이어져서 힘과 권력의 악업으로 이어진 상극의 에너지를 정화시키고, 새로운 상생의 시대로 전환하기 위한 홍역처럼 겪어야 할 어쩔 수 없는 카르마가 소멸되고 정화되는 과정인 것이다.

양극화 된 사회에서 특수 계층과 가진 자들이 기득권을 지키기 위해서 체제를 조작하는 것은 엄청난 죄이고, 많은 억울함과 한을 남기게 된다. 이 부정적 에너지는 개인과 국가의 카르마인 업이 되어서, 결국은 카르마의 부메랑으로 다시 돌아오는 자연의 법칙인 인과응보의 법칙임을 앞에서 살펴보았다. 보이지 않는다고 해서 모르고 없어지는 것은 없다. 뉴톤의 제3운동법칙으로서 작용과 반작용의 법칙이 있고, 열역학 제1법칙은 에너지 보존의 법칙으로서 저장된 긍정적이고 부정적인 에너지는 정확하게 짧은 시간차를 두거나, 세대를 거치는 시간차를 두고 반드시 반작용으로 되돌아온다. 그저 안 보이니 모르고 저지르거나 당하고 있을 뿐이다.

7. Well Dying을 위한 영적정화 프로그램

    4 well의 마지막 구성 요소인 Well Dying의 단계에서 이의 전제조건을 충족시키기 위해서는 비록 영혼세계와 카르마의 실재, 인과응보로서 부메랑 현상이 객관화 되어 논리적이고 과학적으로 규명되었다고 하더라도, 우리 인간이 그 카르마인 업을 평생 업고 가야 한다면 연구의 결론에서 문제를 해결하지 못하는 현실성이 없는 이론에 그칠 수밖에 없다. 따라서 우리는 여기서 자손으로서의 업인 본인의 카르마를 그대로 상보적으로 되갚음을 당하거나, 받지 않고 소멸시킬 수 있는 방법론에 대하여 고찰해야만 한다. 따라서 카르마 소멸과 이와 유사한 영적문제 해결방법에 대하여 자료를 수집하여 분석하고 정화와 수행법으로서 고찰하였다.

영적장애인 카르마를 자손이 받지 않고 소멸시킬 수 있는 방법에 대해서는 종교적인 업장소멸과 카르마 소멸, 퇴마의식이 전래되어 지금도 시행되고 있다. 또한 차별되는 방법으로는 근래 한국에서 발생한 수련단체인 진인애에서 개발되어 24년째 영계해방과 실체해방으로 시행되고 있으며, 전인창조과학회에서는 심신영 통합정화 연수 프로그램으로 실시되고 있는 영적 정화법을 기존의 방법과 대비하여 그 수행법의 형식과 내용 그리고 결과에 대하여 비교 고찰하였다.

영적정화가 이루어지기 위해서는 다음과 같은 요소들이 전제조건으로 충족되어야 하기 때문에 객관성을 유지하기 위한 방법으로 정의하여 고찰하였다. 1) 영적정화의 대상과 범위가 일반영인지, 조상령인지 아니면 그 이상인지 여부와 2) 그 정화의 대상인 영혼이 인간과 분리되어 어디로 가는지, 인도하는 공간과 차원이 있는지 여부 3) 영적정화의 대상에 인간계의 본인이 포함되는지 여부 4) 정화 방법에서 정화 시행자의 힘이나 신계의 힘을 사용하는지 여부 5) 소멸되는 영적요소들이 구체적으로 어떤 존재이며 6) 정화작업이 일어나는 공간이 실제로 어느 차원인지 여부 7) 영적정화 후의 결과에 대한 구체적인 차이점과 효과는 무엇인지 등을 항목 요소로 하여 비교 고찰 하였다.

업과 업장은 그 근원과 업이 환경을 만나서 변화와 작용으로서 약간의 차이가 있지만, 업장소멸로 불리는 카르마 소멸은 태어나면서 정해지거나 자신의 의지와는 무관하게 정해지는 잠재적이고 부정적인 반작용의 에너지이다. 물론 선업도 있어서 카르마는 선업과 악업이 혼재하지만, 대부분 선업보다는 악업이 상대적으로 너무 커서 죄의 근원으로서 본인이 갚거나 당해야할 조상의 죄와 같은 성질과 크기의 죄업이다.

따라서 일반적으로 카르마 소멸은 자신이 그 원인과 내용을 정확하게 알고 그 상대에 대한 반성과 회개로 이루어지는 경우는 쉽지가 않아서, 대부분 타인과 제 3자에 의해서 이루어지는 경우가 일반적이다. 이때에도 제3자의 힘이란 결국 육체를 가진 사람의 힘이 아니라, 영계의 큰 힘 즉 대부분 3자와 연관된 신계의 작용에 의한 경우가 대부분이다. 결국 작용하는 신계의 힘이 어느 계층인가에 따라서 달라지기 때문에 일반적인 카르마 소멸에서 그 대상은 특별하게 지정되지 않은 조상령이거나 조상이 아닌 경우에는 원한을 가지고 있는 억울한 영이 되지만, 천도라는 이름으로 시행되는 영능력자들도 조상령 사이에 가려져 있는 억울한 영들을 분별하지 못하여, 대부분 핵심을 놓치고, 조상 천도만을 하기 때문에 결국은 영적정화도 되지 않아서 반복되는 일상적인 의식이 되고 만다.

그러나 이 억울한 영도 영능력자의 배후영이 신계급인 경우에는 영향을 미칠 수가 없고, 낮은 신계나 조상령의 경우에도 힘에 밀려서 잠시 억울한 영의 작용이 연기될 수는 있지만, 그 신계가 자리를 비우거나 떠나게 되면, 억울한 영들의 되갚음이 다시 일시에 집중되어서 감당이 안 되는 더욱 어려운 상황이 되어 질 수 있다. 이는 힘에 밀려서 작용을 못하는 경우에도 억울한 영이나 조상령들이 자손인 본인이 죽기 전에는 떠날 수가 없기 때문이며, 영계의 계층이나 차원을 달리하는 것이 아니기 때문에 다시 돌아올 수밖에 없어서 근본적인 카르마 소멸은 이루어 질 수 없다는 것을 알 수 있다.

따라서 카르마 소멸은 그 정화와 소멸의 대상이 분명하게 정의되지 않고 있으며, 카르마의 원천은 물론 본인의 내면에 잠재되어 있는 업의 요소나 운명적인 요소도 변화나 소멸이 불가능하여, 3차원의 사람이 잠시 달래기나 4차원 신계의 힘을 빌어서 일시적으로 밀어내는 형식으로는 카르마의 근원적 요소의 감소나 소멸, 정화작업은 불가능 한 개념이고 일시적인 방편이라는 것을 알 수가 있다.

일반적인 개념인 카르마 소멸에 반하여 국내 수련단체인 진인애에서 이루어지고 있는 영계해방으로 불리는 영적인 정화 방법은 다음과 같은 내용과 형식에서 천도나 카르마 소멸과 구별되고 차별화 되는 특성이 있다. 1) 영적정화의 대상과 범위가 보통 7~9대의 조상으로 이루어진 100여명의 조상령과 그 조상들이 지은 죄의 피해자인 억울한 영 50여명을 신계의 힘으로 밀어내기식의 분리나 소멸 형식이 아니라, 정성과 진정으로 하는 회개와 용서, 해원 기도를 중심 에너지로 하여, 차원이 이동되는 근원적 작용이 일어난다. 또한 자손인 본인을 위해서가 아니라 조상의 죄로 한을 갖게 된, 억울한 영을 대상으로, 자신이 대신 죄를 인정하고 진정으로 회개하고 용서를 비는 기도를 하나님께 21일간 하게 되면, 정성 기도의 정도에 따라서 하나님께서 억울한 영들이 스스로 용서하고 한을 풀고 기세계로 떠나가도록 하는 원리로 이루어지고 있다.

2) 조상과 억울한 영들이 용서하고 떠나는 경우에도 이 분들이 가서 상주할 수 있는 다른 차원의 공간이 준비되어 있어야만 논리적으로 가능한 방법론이 된다. 이렇게 해서 1994.7.1부터 자기의식을 가진 4차원의 영계 수준에서 자기를 버리고 전체의식으로 진화한 5차원의 존재들만이 갈 수 있는 5차원의 기의 세계가 형성된 것이 공개 채널링에서 확인되고 있다.

이 세계는 나라는 생각과 욕심, 죄와 한, 거짓이 없는 이상 세계이며, 기쁨으로 충만 된 영원한 빛의 세계인 것이다. 이곳에 세계의 성인급과 자기 죄를 인정하고 참회와 중심인물로서 13단계의 교육을 마친 기의 형제들이 인류 후천시대 상생의 세상을 대비하여 여러 가지 영계와 인간계의 정화를 위한 일들을 준비하고 있는 것이 채널링을 통해서 확인되고 있다.

그러나 앞장에서 언급한 내용으로 한번 자손의 배경에 선 100여명의 조상령과 억울한 영 50여명은 그 자손이 죽기 전에는 자손의 배경을 떠날 수가 없게 되어 있는 것이 현재 영계의 법도로 엄격하게 적용되고 있다. 따라서, 살아 있는 자손의 배경을 떠날 수가 없는 것이어서 다시 논리적인 모순이 발생하게 된다. 그러나 이 단계에서 진인애에서는 창조주이신 본연의 하나님의 권능과 영계해방에서의 역할을 설명하지 않고는 설명이 불가능 한 특별한 일이 일어나고 있다. 이는 인류역사 이레 초유의 일이며 종교적으로나 어느 영성서적 또는 어느 전문가로부터 한 번도 언급된 바가 없었던 사건이며 불가사의한 일이 일어나고 있다.

앞에서 자손인 본인이 조상의 죄를 대신해서 억울한 영에게 참회하고 절실한 반성과 용서를 구하면, 억울한 영들이 용서하고 자신들의 한도 풀어서 해원을 한다고 하였다. 마찬가지로 창조주인 하나님은 이때 억울한 영과 죄의 원인자인 조상령의 죄와 한의 죄사함을 허락하며, 아울러 자손인 본인의 원죄의 결과이며 카르마의 원천인 본인의 영혼도 소멸시켜서 죄사함을 하게 된다. 그러나 영혼이 떠나거나 없어진다는 것은 실제로 실체인 사람이 죽는 상황이기 때문에, 이 때 억울한 영과 조상령은 자손으로부터 해방되어 기세계로 떠날 수 있게 되는 것이다. 그러나 여기에도 한 가지 문제가 다시 남게 된다.

영혼이 소멸된 사람은 실제로 사망한 상태이기 때문에 그 순간 본인은 죽게 되는 것이다. 그래서 하나님은 여기에 영계해방 된 사람도 5차원의 기세계에 갈 수 있도록 생기 수준의 영혼을 소멸시키고 그 자리에 바로 하나님의 살아 있는 영체를 개성화한 생령으로 대체하는 특권을 받게 된다. 결국 영계해방이란 4차원의 조상령과 억울한 영 그리고 3차원의 몸을 가진 실체가 5차원의 기세계에 갈 수 있는 특권을 받아서 모두가 해방되는 엄청난 몇 가지 사건이 동시에 일어나고 있는 것이다.

따라서 진인애에서 이루어지고 있는 영계해방은 카르마 소멸과는 비교할 수 없는 차원이 다른 3계가 모두 죄를 사하고 해방되어서 자유가 되는 엄청난 의미의 그야말로 새로 태어나는 진정한 해방과 부활이 되는 일이어서, 영혼이 없고 생령을 가진 존재로서 그 때부터 오히려 영계의 부정적 작용으로부터 보호를 받는 특권이 있게 된다. 따라서 자신이 원하지 않는 한 죽지도 않지만 영계해방을 부정하여 사고를 당하는 경우에라도 그 사람은 영혼이 없어서 영계에 가지 않고, 생령이 존재하는 5차원의 기세계로 바로 가게 된다. 그 곳에서 자신을 버리지 못한 사람은 다시 자신의 죄를 인정하고 형제로서 중심인물과 같은 수준이 되는 13단계의 교육을 받는 특혜가 주어지게 된다.

이상에서 고찰해 본바와 같이 카르마 소멸과 영계해방은 그 형식과 원리, 내용면에서 비교가 될 수 없는 수준의 차이점이 있어서, 3차원의 물질계와 비가시 영혼의 세계인 4차원 그리고 빛의 세계인 5차원의 기의 세계까지 차원이 다른 수준이다. 이제 세상은 2012년부터 마야 달력이 끝나는 선천시대를 마무리하고 2015년을 정점으로 이미 후천시대의 새로운 세상이 2016년부터 열리고 있다. 이에 따른 지구 가이아의 정화작업도 더욱 가속화 되어 가고 있으며, 사람들의 몸과 마음 상태도 정상에서 벗어나 과도기를 나타내고 있는 여러 징후들이 발생하고 있다.

아직도 세상은 선천시대의 특성인 힘과 물질, 남성 중심으로 가고 있지만 그러나 21세기 후반의 후천·상생시대는 여성의 시대이다. 여성시대이지만 여성상위 시대가 아니고 사랑과 포용 그리고 어머니의 지혜시대가 열리는 것이다. 그 과도기에 인구는 많이 감소될 것이고 가을 추수기의 특성을 나타낼 것으로 예측되고 있다. 지구별에도 과도현상이 나타나서 지진과 화산폭발, 가뭄과 홍수 등의 천재지변과 기상이변, 백신이 없는 인수공통 전염병과 식량대란이 예고되고 있고, 방사능과 환경오염, 산업화로 인한 미세먼지, 테러와 전쟁, 국가 간의 이기적 갈등은 이를 심화시키고 있는 중이다.

이제 우리의 몸과 의식, 삶의 패러다임도 전환되어야만 한다. 힘과 물질, 경제적 수익과 풍요, 자신과 가족의 행복이 중심이 아니라 인류의 행복이어야 하며, 이는 오늘날 인류가 이루어 놓은 기술과 정신문명으로는 불가능해 보인다. 따라서 이제 보이지 않는 영혼의 세계와 그 작용에 대한 실증적이고 학술적인 연구 개발이 오늘날의 첨단기술과 우주개발, 인공지능, 자율주행 자동차 개발보다 우선되어서, 더 절실한 인류문제를 해결하고 미래세계를 열어갈 실질적인 새로운 미래과학 영역이 태동되는 그 시점에 와 있는 것이다.

Part4
Well Born의 조건과
심신영 정화

1. 자연과 인간의 총체적 오염시대

Part4 Well Born의 조건과 심신영 정화

  오늘날 도시생활 하는 현대인은 대부분 생수를 사서 먹거나 정수기에서 여과한 물과 수돗물을 마신다. 그러나 1980년대 들면서 수도관 사업이 완성되기 전까지만 해도 먹는 물은 우물에서 길어다 먹었다. 도시에서는 물 한 동이에 10원해서 그 물을 저녁 때마다 이고 지고 집으로 가져가서 밥하고 빨래하고 목욕은 대중탕에서 한다고 해도, 간단한 세면과 설거지 등 모든 씻기에 사용하던 시절이 있었다. 우물은 나중에 마중물을 넣어야 하는 수동식 지하수 펌프로 변해 가고, 차츰 자동펌프로 대치되면서 도시에서는 수압이 낮아서 산동네 에는 수돗물이 제대로 안 나오는 시절이 있었다. 그 시절에 앞으로 물을 사먹게 되는 시대가 된다는 말이 나오면 사람들은 대부분 그런 세상에서 어떻게 사느냐고 말도 안 된다는 반응을 보이곤 했던 기억이 난다. 그런데 40년이 지난 지금 그 말도 안 되는 세상에서 우리는 살고 있다.

벌써 공기까지 사 먹는 나라보다는 다행이지만 우물물을 먹지 못하게 된 것은 무분별한 지하수 개발과 세제공해가 주범인 생활하수, 공장폐수, 축산폐수, 쓰레기 매립 등 수 많은 환경오염 물질이 침출수와 빗물로 지하수원이 오염되었기 때문이며, 빗물은 이제 산성비와 미세먼지 등의 오염물질이 되어서, 봄비를 맞으며 걷던 낭만과 우수는 이제 19세기 아버지와 어머니 시대의 추억 속에나 있는 환경이 되었기 때문이다.

대기오염도 공기청정기가 일반화 된지 오래 되었고, 미세먼지 말고도 중금속과 유해물질 농도가 증가되면서 방한용이 아닌 마스크 착용이 일반화 되어 가고 있는 추세이다. 정책적으로 규제하고 관리하고 있는 대상이지만 대기오염의 주범은 오염물질을 폐수와 굴뚝으로 배출하고 있는 공장과 대규모 산업 시설물이며 자동차 배기가스의 영향이 가장 크다. 경유와 휘발유가 연소 시에 발생하는 가스는 무색, 무취, 무미의 맹독성가스로 호흡기에 악영향을 끼치며, 흡입 시 적혈구의 산소결합을 방해하여 공기 중에 1.28% 있는 곳에서 1~2분만 노출되어도 질식 사망할 수 있는 일산화탄소가 있다.

주로 디젤의 불완전 연소 시에 나타나는 탄화수소와 질소산화물, 이산화황, 미립자 등 암을 유발하거나 심장이나 호흡기 질환의 위험을 증가시킬 가능성이 큰 수십 종의 유해물질을 발생시키게 된다. 더욱이 우리는 차도와 인도가 인접해 있어서, 사람과 차가 같이 호흡을 하면서 그 많은 자동차 타이어의 마모의 분진과 배기가스를 직접 사람이 호흡하고 있는 상황이다. 특히 인도를 마음대로 종횡무진으로 달리고 있는 소형 오토바이는 휴대용 엔진 톱이나 분무기처럼 작은 부피와 무게로 동력이 필요한 동력기계에 사용하는 2사이클 엔진을 사용하고 있어서, 엔진오일을 교환하지 않고 연료에 섞어서 연소시키기 때문에 구조상 엔진오일까지 연소시켜서 더 많은 오염물질을 사람들 바로 옆에서 내뿜게 된다.

이와 같이 인파가 많은 도심의 인도와 바로 코앞에서 유해물질 덩이인 배기가스를 내뿜고 있는 문제가 있는데도 정부가 탈 것으로 허가하고 있어서 심각한 문제가 되고 있는 것이다. 정부와 정책이 과연 국민을 위한 것인지 사업주를 위한 것인지 이해가 안 되는 부분이다. 해외에서는 차량이 도심으로 진입하지 못하게 하고 전기 자동차를 적극 지원하고 있는데, 화학물질인 윤활유 타는 냄새가 역한 2사이클 오토바이가 인파 속을 종횡무진 하는 것은 대표적인 후진국형 환경오염 중에 하나이다.

이러한 모든 유해물질들이 폐수로 빗물로 지하수로 강물로 농업용수로 모두 독성이 있는 중금속이 되어서 토양을 오염시키고 농작물을 오염시키고 있다. 여기에 농작물에 과다 사용되는 살충제 생균제 잔류농약이 더해지고 오염된 농민의 마음과 유통 상인이 한 번 더 보기 좋고 신선해 보이도록 물리화학적 처리제를 사용한 후에야 우리 식탁에 올라오는 것이 우리 농산물이고, 여기에 다시 각종 식품첨가물과 방부제, 감미료,

인공색소, 인공 향 등을 합법적으로 또는 모르게 섞고 튀기고 맛있고 보기 좋게 모양을 만들어서 가공식품으로 대형마트에서 판매하고 있는 대부분의 식품인 것이다.

이러한 현실은 이미 알려져 있는 정보들이지만 아직도 정부가 관리하지도 않고 적극적으로 알리지도 않는 농식품에 질소비료와 질소질 퇴비에 관한 유해물질 정보가 있다. 이는 비료나 퇴비 자체가 유해물질이 아니기 때문에 농민이나 소비자 전문가까지도 위험성에 대하여 인지하지 못하고 있는 부분이다. 식물의 생장에는 질소성분이 필수적이어서 식물은 뿌리에서 암모늄염(NH_4-N)이나 질산염(NO_3-N)으로 질소를 흡수하여 식물세포의 원형질인 단백질을 형성하게 된다. 따라서 질소질 비료를 충분히 주면 식물이 잘 자라고 식물의 잎이 넓적하고 두툼하며 선명한 초록색으로 신선한 색깔을 띠게 된다.

그러나 퇴비의 질소성분을 포함하여 너무 많은 양의 질소질 비료를 투여하면 식물이 필요량보다 과하게 아질산염을 흡수하고 단백질로 합성하고 남은 성분은 그대로 식물 잎에 남아 있다가 이를 섭취하는 사람의 몸속에서, 아질산염(NO_2-)으로 환원되어 잔류하게 된다. 특히 육류와 이런 채소나 농작물을 함께 섭취하면 고기가 소화되는 과정에서 만들어진 아민(Amine)과 알킬아마이드가 반응하여 활성이 큰 발암물질인 니트로소아민(nitrosoamine)이 생성된다.

이 질산염은 빗물에 녹아 물과 함께 배출되어 농지 주변의 하천을 2차로 오염시키게 된다. 그러나 요즈음 FTA 대응 고소득 작물재배와 쌀값 안정을 위하여 정부가 지원하고 있는 비닐하우스를 이용한 밭작물의 경우에는 빗물로 질산염이 씻겨나가지 못하기 때문에 해마다 과도하게 투여되는 질소성분이 계속 축적되어 식물에 흡수되고, 식물이 쓰고 남은 질산염을 다량 함유하고 있는 농산물을 섭취하면 우리 몸속에서 아질산염으로 전환되어 헤모글로빈과 결합해서 메트헤모글로빈을 형성하게 된다. 이 물질은 혈액의 산소운반능력을 저하시키고 혈액의 적혈구 성분을 감소시켜서 청색증을 유발하거나, 발암물질인 니트로소아민을 만들게 된다. 식물에 있는 질소 함량의 농도는 500ppm이면 위험한 기준이 되는데 하우스 채소는 2,000~6,000ppm 이상이 되기 쉽고 작물에 따라서는 1만 ppm을 넘는 채소도 있는 것으로 조사되어서, 정부차원의 대책과 위험성을 알릴 필요가 있다.

또한 가공식품은 물론이고 가정과 식당의 조리과정에서 한국의 전통요리는 주로 삶거나 찌는 반면에, 근래 생활양식이 서구화 되어 가는 추세와 비만과의 상관성이 있는 것으로 연구결과가 발표 된 서양식 요리법은 아주 많은 문제를 내포하고 있다. 주로 불에 굽거나 기름에 튀기고 높은 온도에서 볶는 가공방식으로, 이 과정에서 식품에 가해지는 기본온도가 160℃ 이상이 되면서 생성되는 발암물질이 헤테로사이클릭 아민류(Heterocyclic Amines, HCAs)와 벤조피렌이다. 세계보건기구(WHO) 산하 국제암연구소(IARC)에 따르면, HCAs는 단백질이 풍부한 육류나 생선을 고온에서 조리할 때, 고기에 존재하는 아미노산과 크레아틴(creatine)이라는 물질과 반응하여 생성되는 것으로 알려져 있다. 160도 이하의 온도에서 조리할 때는 일반적으로 매우 적은 양의 HCAs가 생성되지만 조리온도를 200~250℃로 올릴 경우 3배나 많은 HCAs가 생성된다. 또한 불에 직접 닿도록 굽는 직화구이 방식은 불꽃온도가 1,200℃를 넘고 숯불의 경우 무려 3,000℃가 넘어서 고기를 태우는 경우가 많기 때문에 벤조피렌과 같은 발암물질이 다량 생성된다.

미국 뉴욕시 마운트 시나이 병원의 헬렌 블라사라(Vlassara) 박사는 국립과학원 회보에 발표한 연구보고서를 통해 '음식은 고온 방식보다 저온 방식으로 조리해야 건강에 좋다'고 밝혔다. 단백질, 지방, 당분은 상호작용에 의해 '포도당화 생성물질(AGE, Advanced Glycation End)'이라는 독성물질을 형성하며, 이 물질은 특히 음식을 고온에서 장시간 조리할 때 급속히 만들어진다는 것이다. 블라사라 박사는 '체내에 AGE가 축적되면 면역체계에 염증을 유발해 혈관에 손상을 일으킨다.'면서, 'AGE는 혈당이 높을 때 많이 생성되기 때문에 특히 당뇨병 환자들에게 위험하다'고 설명했다. 그는 또 '혈관 손상으로 인해 심장병 환자들에게도 큰 위협이 된다'면서, 'AGE 생성을 줄이려면 삶거나 찌는 것처럼 습도가 높은 상태에서 조리하는 것이 바람직하다'고 권고했다. 육류를 꼭 튀겨 먹고 싶을 때는 고기를 아주 얇게 썰어 소량의 기름에 잠깐 동안 튀겨야 한다고 덧붙였다.

이외에도 눈에 보이지도 않고 피할 수도 없는 방사능 오염이나 해양오염으로 인한 생선과 어패류의 오염, 항생제 사료를 먹여서 키운 양식어류 회와 조류 축산물들은 이제 어쩔 수 없는 상황에까지 와 있고, 우리가 일상 속에서 아무 생각 없이 사용하는 전자레인지나 핸드폰은 1초 동안에 물 분자나 우리 뇌세포를 1초 동안에 1억에서 5억 번을 흔들어서 그 마찰열로 수분이 있는 음식을 가열하고 뇌세포를 조금씩 죽게 하는 것으로 피해가 인정되어 미국 법원에서 배상판결이 난 공식적인 유해요소이지만, 아직도 우리는 사용하는 전파의 전계강도나 주파수에는 관심이 없고, 무엇이 함께 터지든 그저 잘 터지기만 하면 그만이다. 제조업체나 정부에서도 위험성에 대한 주의사항이나 알림도 없다.

그래서 그런지 최근 미국 듀폰사가 인체에 미치는 위험성을 공개하지 않았다고 해서 문제가 되고 있는 화학물질 PFOA(perfluorooctanoic acid)의 혈중 잔류농도를 조사한 결과 한국인에게서 가장 많이 검출된 것으로 나타났다. 대구 가톨릭의대 양재호 교수는 최근 미국 뉴욕대와 공동으로 세계 9개국 12개 지역 주민의 혈중 PFOA 잔류 농도를 조사한 결과 대구 부근 시민에게서 PFOA가 가장 많이 검출됐다고 밝혔다. PFOA는 최근 미국 등에서 환경오염 물질로 새롭게 주목받는 물질로 동물실험에서 새끼 쥐의 기형을 유발하며, 간 독성이 있는 것으로 밝혀졌지만 오염 경로나 인체 유해성 여부는 확실하지 않다. 학자들은 인체에 다량 축적되면 간암과 태아 기형을 일으킬 가능성이 있는 것으로 추정하고 있다.

PFOA는 음식이 눌어붙지 않는다는 테플론 프라이팬이나 종이컵 등 1회용 음식 용기의 코팅 재료로 많이 쓰이며, 반도체 세척작업에도 사용된다. 양 교수에 따르면 지난해 7월 대구 부근에 거주하는 남녀 25명씩을 대상으로 혈청을 분석한 결과 PFOA의 잔류농도가 여성은 평균 88.1ppb(ppb는 1천분의 1ppm)로 외국의 3 ~ 30배에 이르렀고, 남성도 평균 35.5ppb로 미국 켄터키주에 이어 두 번째로 높았다.

우리 부모들 또한 사랑하는 자녀들의 간식으로 아이들이 원한다면서, 좁은 공간에서 스트레스로 견디다 못해 옆 닭장의 닭 눈을 쪼는 것을 방지하기 위해서 부리를 펜치로 잘라내야 하는 정신이상 상태의 닭에, 5백(白)의 금지식품이며 중독과 비만 소화 장해를 일으키는 셀리악병을 일으키는 글루텐까지 들어 있는 흰 밀가루 반죽을 입혀서 요리한다. 다시 온갖 맛을 내는 첨가물로 장식을 한 다음, 5적 식품 중에 하나인 200℃ 이상의 정제유에 튀겨서 식품 아닌 식품이 된다. 이에 더하여 유럽에서는 학교 안에서 판매 금지된 탄산음료와 합법적인 마약인 카페인 음료인 에너지 음료나 커피와 함께 먹게 하는 생각 없는 일부 학부모들이 있다.

그런 부모들은 본인도 모르고 있으니, 아이들이 전자파가 세는지도 모르는 전자레인지에 코를 대고 쳐다 보면, 계란반숙 같은 백내장이 올 수 있다는 걱정도 없고, 문이 열린 채 사용하는 작은 전자레인지인 핸드폰을 목걸이처럼 걸고 다니거나, 심장이 있는 가슴에 안고 잠을 자도 아무 생각이 없는 것이다. 경쟁하는 사교육에 아이들을 혹사시키면서도 진정으로 건강한 심신을 유지시켜서 스스로 자신의 문제를 자신이 결정하고 건강과 몸과 건강한 정신을 확보하게 하는 것에는 관심이 없는 것이다. 그러니 자신의 건강도 그저 운에 맡기고 암보험과 예금통장의 잔고가 최선의 대비이고 대책일 수밖에 없는 삶을 살고 있는 것이다.

이상과 같이 우리는 병원성 세균과 바이러스까지 앞이 안 보이는 안개 속에 갇힌 것처럼 전체가 총체적으로 오염된 생태계 안에서 우리는 살고 있다. 백신이 없는 전염병이 예고되고 있는 상황에서는 국가나 의료기술, 희귀한 약초나 건강식품, 몸에 좋다는 식품이나 약품, 전문가의 주장이나 의료기술이 나와 내 가족의 건강을 보장해 줄 수 없는 시대적 상황 속에 살고 있는 것이다. 생명을 유지하고 건강한 삶이 보장되기 위해서는 이제 우리가 믿을 수 있는 것은 부모로부터 타고난 원시면역과 자신이 만든 획득면역 밖에 없는 것이다.

그나마 출산 때 어머니의 산도를 타고 나오면서 면역물질로 샤워를 하는 과정에서 피부에 유익한 균이 평생 점령하게 하고, 초유를 먹여서 원시면역을 확보하지 못하게 하는 제왕절개나 출생 후 목욕을 시켜서 면역물질을 세척해 버리거나, 초유를 뺏기고 소젖을 먹은 아이들은 평생 아토피나 피부병에 시달리고 감기 백신이나 간염 백신을 맞아야만 한다. 이것이 학교 폭력과 우울증 작은 스트레스에도 견디지 못하고 자살하는 현상의 숨은 원인인지도 모른다. 통계와 추적 조사를 해보야야 할 과제로서 연구의 필요성이 있다.

  그렇다면 이제 남은 것은 어떻게 면역력을 키우고 유지시킬 것인가? 그리고 심신의 면역력을 증강시키기 위해서는, 그 전제조건으로 먼저 수많은 위해요소와 오염물질을 정화시켜서 타고난 원시면역과 획득면역 시스템이 정상적으로 작동할 수 있는 환경조건을 만들어 가는 것이 문제 해결의 핵심이 될 수 있다. 그러나 이 또한 단순한 공식과 같은 것이 아니다. 사람은 이성을 가진 동물로서 타고난 신체와 유전인자, 기억과 경험을 바탕으로 하는 마음과 잠재의식으로 작용하는 정신과 육체의 유기적 복합체이다. 조상으로부터 물려받은 카르마와 카인의 후예로서 집단무의식까지 복합적인 시스템으로서, 요람에서 무덤까지 가는데 작용하고 영향을 주는 변수가 너무나 많다.

  이와 같이 우리 인류의 과거와 현재, 미래, 그리고 물질계와 비물질계, 불가시 세계까지 통합된 존재의 영적정화 작업이란 단순하지 않은 복합적인 대상이기 때문에, 이 부분을 연구하고 체계화하기 위한 시도가 본 저서를 집필하게 된 동기이며 배경이고 30여년의 연구결과이기도 하다.

「나비와 애벌레」

기던 애벌레
번데기 되어
몸 마음 업습
버리고
자기마저
버리고 나니
나비되어
창공을 나네.

뱀은
허물을 벗어도
또 뱀이라
기는 그 업습
버리지 못해서라..

2. 컴퓨터와 우리 몸의 운영체계

Part4 Well Born의 조건과 심신영 정화

하나의 국가가 존재하기 위해서는 몇 가지 성립조건이 있다. 국토와 국민이 있어야 하고, 국민의 안녕과 질서, 생활보장과 인간다운 삶을 영위할 수 있도록 하는 정부와 사회, 경제체계, 국방체계 등이 필수조건이고, 교통과 통신, 생산과 분배체계 등이 구비되어야 한다. 마찬가지로 세포가 하나의 도시나 국민 한 사람이라면 74조 인구의 행복한 삶이 보장될 수 있는 관리·통치체계가 있어야 한다. 모든 상황에 대한 정보의 입수와 사고, 판단, 결정, 행동과 대처를 위해서는 오감의 감각기관과 두뇌, 골격과 근육계, 순환계, 내분기계, 면역계, 5장6부와 피부 등으로 구성된 독립적인 인체 유지체계가 완벽하게 구축되어야 한다.

이러한 생명유지시스템을 생체가 아닌 유사장치와 비유하면, 오늘날 인류가 사용하고 있는 컴퓨터 시스템과 유사한 점이 많다. 인간은 소우주이고 절대의식이나 창조주의 분신으로서 신성의 존재이기 때문에, 인간도 창조주의 능력을 보유한 존재이고 창조주가 창조한 창조물에 의해서 다시 창조된 것도 결국 창조주나 조물주의 창작품이라는 논리가 타당성이 있는 비유이기도 하다.

먼저 컴퓨터가 1과 0의 2진 논리를 사용하는 것은 신뢰성의 문제이다. 전원 5V를 사용하면서 1~5까지의 5진수를 사용한다면 그 만큼 처리속도가 빨라지고, 한 자리 수로 다섯 가지의 수를 표시할 수 있기 때문에 한 자리 숫자로 많은 데이터를 표시할 수 있어서, 같은 저장 공간에 더 많은 데이터를 저장할 수 있게 된다. 문제는 전자회로가 H/W적으로 1은 1V, 2는 2V 식으로 표시한다면, 1.1~1.9가 입력되면 1이나 2로 결정할 수가 없게 된다. 만일 1.5를 경계로 1과 2를 구분한다면 1.45~1.54의 입력 값이 정의될 수가 없게 되기 때문에 에러가 발생하게 된다. 백만 번에 1회, 천만, 1억 번에 한 번쯤 에러가 발생한다 해도 우리는 그 명령이나 데이터를 믿을 수가 없게 되어서 사용할 수 없게 된다.

3진수나 10진수도 마찬가지이다. 이러한 신뢰성의 문제를 해결하기 위한 방법이 1 아니면 0, 전압이 5V이면 1, 0이면 0V로 결정하고, 그 경계선을 2.5v로 하면 0과 1의 간격이 커져서, 데이터양은 많아지지만 신뢰성이 거의 100%에 도달하게 된다. 0V를 출력했는데 2.5V 이상 상승하기 어렵고 5V를 출력했는데 2.5V 이하의 에러가 발생해서 0V로 인식

될 확률은 거의 없기 때문이다. 돌아보면 인간관계와 세상사도 이 신뢰성이 모든 문제의 핵심이 된다.

그런데 아날로그 시스템으로 알고 있는 우리 몸과 신경세포도 2진 시스템으로 동작한다. 전기 생리학에서 All or Nothing (1 or 0) 현상으로 신경세포는 한 세포에서 이웃한 세포로 신호가 전달될 때 Na+과 K-이 세포막을 사이에 두고 자극에 의해서 분극 됨으로써 신호가 전달되며 시냅스(synapse)라고 하는 수상돌기가 정해놓은 임계자극 범위를 넘으면 1로 출력하고 이하이면 무시하고 다음 세포로 자극신호를 전달하지 않는 동작 구조를 가지고 있다.

더구나 신호의 전달과 무시를 결정하는 임계치를 컴퓨터와 같이 고정시키지 않고 임의대로 변경함으로써 정해진 입력에 대하여 다양한 출력을 낼 수 있도록 학습이 가능한 기억구조를 가진 진화된 학습이 가능한 시스템인 것이다. 이런 생체시스템을 모방한 구조가 학습이 가능한 인공지능인 것이다. 더구나 데이터의 표시는 기본적으로 주역의 8괘와 같은 8bit를 사용하고, 이것을 겹쳐서 16bit나 32bit, 64bit로 확장하여 사용한다. 주역의 8괘로 표현 가능한 가지 수도 64효가 되고 있어서 상관성이 있어 보인다. 또한 컴퓨터의 기본 구조는 중앙처리장치(CPU)와 프로그램 메모리(ROM),데이터메모리(RAM),임시 저장장치인 소형메모리(register), 입출력장치(port)를 기본으로 하고, 외부에 주변장치인 모니터와 키보드, 외부저장장치(하드디스크, CD, USB, 외장 메모리) 등으로 구성되어 있다.

이를 인체와 대비시키면 CPU가 두뇌이고, 카메라와 키보드 마이크 등이 5감에 해당하게 된다. 그런데 한의학과 동양의학에서 인체를 5장6부로 정의하여 간, 심, 비, 폐, 신, 위장, 소장, 대장, 삼초로 구분하면서 현대의학에서 가장 중요하게 생각하는 두뇌와 머리를 포함시키지 않았다는 점이다.

왜 그랬을까. 우리 몸을 소우주로 표현한 동양의학이 컴퓨터의 CPU와 같은 중요 장기를 제외시켰다는 점에 타당성을 전제로 고찰해보면 재미있는 결론에 도달하게 된다. 중앙처리장치는 실제로 연산이나 명령의 해독을 위한 작은 메모리인 레지스터만을 CPU 안에 두고, 대용량 메모리인 하드디스크나 CD, USB 등은 CPU 외부에 위치하는 것처럼, 인체도 두뇌는 감각을 받아들여서 비교, 판단만을 하고, 실제 기억소자는 외부에 둔다고 가정하면 타당성이 있어 보인다.

그렇다면 동양의학의 입장에서 대용량 메모리는 어디인가? 바로 5장6부이다. 그래도 한 가지 남는 문제는 저장을 위해서는 어드레스와 파일명이 있어야 저장도 하고 다시 불러올 수가 있게 된다. 이에 대비되는 것이 동양의학의 감정-장기 배속이론이며, 간은 화, 심장은 기쁨, 비장은 사랑과 사유, 폐는 슬픔과 억울함, 신장은 두려움 등으로 배속하고 있다.

이 이론을 근거로 하여 저장 주소는 각 장기에 감정으로 분류·배정하고 각 감정의 내용을 파일명으로 하여 5장 6부에 어드레스로 지정하여 기억하고 있다는 가설을 구축하고 객관화하는 연구를 진행한 적이 있다. 아직 가설이 학설로 정립되지 않은 것으로는 대장 조혈작용과 흉선의 체외 다른 세포와의 정보통신에 관한 이론 등이 있다.

아무튼 서양의학이 주류인 생리학에서 기억은 두뇌에 저장되고, 주로 대뇌에서 분석과 판단, 인식처리를 하고 소뇌에서 우리 몸의 동작과 행동을 제어하는 것으로 주된 학설이 정립되어 있어서 교과서에도 그렇게 당연하게 기술되어 있다. 그러나 컴퓨터 시스템과 우리 몸의 구성 및 운영체계가 동일하다는 전제 하에서 보면 우리 기억은 대뇌에 있지 않다. 컴퓨터 핵심 소자인 CPU는 글자 그대로 연산장치 즉 프로그램 명령과 기억인 데이터를 외부에 있는 기억소자나 장치에서 불러와서 연산과 논리적 처리를 하는 소자이지 기억소자를 포함하고 있지 않다는 점이다. 물론 불러 온 명령이나 데이터 처리를 위한 작은 임시 메모리인 레지스터와 RAM은 CPU가 가지고 있지만, 소용량이고 일시적인 저장 공간이지 외부 메모리인 HDD, CD, Flesh Memory 등의 대용량 저장장치는 CPU 외부에 두는 것처럼, 우리 대뇌도 주된 기억은 대뇌에 두지 않고, 외부인 각 장기에 기억을 저장하고 있다는 이론이 있다.

이는 심장이식 환자가 수술 후에 이상한 기억에 시달리는 공통적인 현상을 규명하기 위하여 국제적으로 구성된 연구진의 조사연구의 결론에서 입증된 결과이다. 대부분의 심장 이식환자를 괴롭히는 기억은 심장 제공자의 것이었다는 사실이 연구팀의 학설을 뒷받침하고 있다. 현대 의공학과 생체공학 전문가들은 두뇌의 형태가 아닌 기능을 볼 수 있는 FMRA를 개발하여, 특별한 감각이나 마음, 감정의 자극에 의해서 대뇌의 공간좌표 중에 어느 부분이 활성화되는지, 특정 경험이나 경락자극 전 후에 특정부위의 활성화 정도와 상관성 규명을 하고 있다. 하지만 그 활성화 부위가 CPU의 연산처리 작용과 같은 메커니즘의 작용 결과인지, 기억 즉 데이터를 포함하는 구조인지에 대해서는 전혀 고려하지 않고, 불문율처럼 두뇌는 기억저장장치를 포함하고 있다는 선입관을 당연시하고 있는 것이다.

또한 우리 인체는 다양한 외부환경의 자극과 심리적 상태에 따라서 최적의 대응을 하도록 구성되어 있지만, 평상시 대응모드와 과도한 스트레스와 같이 생명유지에 위험을 감지한 경우에는 비상모드가 가동되어 대응 하도록 프로그램 되어 있음이 연구결과 밝혀져 있다. 결국 우리 몸은 스트레스에 대한 면역력이 부족하여 견디기 어려운 정도가 되면, 이것을 생명유지가 어렵다고 판단하는 비상상황으로 판단하여, 본능적으로 생명유지 모드로 변경하여 대응하게 된다는 작용원리가 있다. 문제는 우리 몸의 자율신경계는 일상적 스트레스가 어느 수준 이상인 상태와 정말로 바이러스의 침입이나 외상으로 생명유지가 위태로운 상태를 구분하지 못하고 동일하게 반응한다는 것이다.

이것이 스트레스가 만병의 근원이라는 경고의 근거가 되고 있으며, 일상생활에서 볼 수 있는 예로써는, 어떤 분이 장사를 하면서 재산축적 목표를 정해놓고, 잠을 줄이는 노력 속에 과도한 절약, 휴식이 없는 노동 등의 정신무장과 몸의 긴장을 유지하고 고생을 하다가 목표를 달성하고 나서, "이만하면 나도 이제는 조금 편하게 살아야겠다."고 마음을 바꿔먹고 나서, 얼마 있지 않아서 갑자기 병으로 사망하는 경우가 있다.

이는 긴장과 스트레스 수준이 임계치를 넘어서면, 우리 몸은 국가가 전쟁 상황으로 계엄령이 선포된 것과 같이, 특별한 상황이 되면 국가와 국민의 안전 이외에는 모두 무시되는 것처럼, 관리하지 못한 신체에 발생한 많은 문제들이 계엄 해제 이후에 한꺼번에 나타나서 수습할 수 없는 상태가 된 원인으로 나타난 결과인 것이다.

이러한 가설을 뒷받침 하는 연구 결과가 미 메릴랜드대학 의과대학 임상학 교수 파멜라 피크 박사에 의해서 발표 되었다. 스트레스가 정신적 건강에 나쁘지만 살을 찌게 함으로써 육체적인 건강도 해친다는 새로운 사실이 밝혀졌다고 미국의 CNN 방송에서 보도했다. 피크 박사는 '40대 이후 지방과의 싸움'이라는 저서에서 이 같은 사실을 밝혔다고 이 방송은 전했다. 피크 박사는 스트레스 상황이 발생하면 뇌는 스트레스 호르몬인 코티졸(cortisol)을 내보내고, 이 호르몬은 다시 세포로 하여금 더 많은 지방을 저장하도록 연쇄반응을 일으킨다고 밝혔다. 복부 깊숙한 곳에 위치하고 있는 지방세포에는 스트레스 호르몬과만 결합하는 특수 수용체가 있으며 스트레스 호르몬은 이 수용체에 달라붙으면서 지방을 받아들이도록 세포를 자극한다는 것이다.

피크 박사는 인체는 비상시 방위 메커니즘을 작동시켜야 할 때를 대비해 지방을 비축해 두게 되어있다고 밝히고, 그러나 뇌는 생존을 위한 스트레스와 만성적-일상적 스트레스를 구분하지 못하기 때문에 스트레스를 많이 받는 사람이 편안한 마음가짐을 갖는 사람에 비해 지방을 더 많이 저장하게 된다고 말했다. 피크 박사는 이를 막으려면 마음을 이완시키는 방법만으로는 충분치 않으며 운동할 때 분비되는 베타 엔도르핀으로 스트레스 호르몬을 차단하는 것이 최선의 방법이라고 말했다. 피크 박사는 이를 위해 일주일에 두 번씩   30~40분 동안 역기를 드는 운동을 규칙적으로 할 것을 권했다. 저녁 5시 이후 단백질과 탄수화물 섭취를 제한하는 것도 도움이 된다고 피크 박사는 덧붙였다.

피크 박사는 이러한 세포의 동작모드 전환 작용을 막기 위해서는 명상을 통한 마음의 이완과 운동으로 스트레스 호르몬을 차단하는 것이 최선의 방법이라고 말하고 있지만, 이 또한 현실적으로 세포 스트레스를 해소하여 비만뿐만 아니라 질병으로부터 벗어나 건강을 유지하는 수단으로서 한계가 있는 방법이다. 따라서 연구팀은 백신 중심의 생리적 면역뿐만이 아니라 심신통합면역학을 제안하여 근원적 문제해결을 시도하고 있으며 3장 Well Aging과 마음 정화에서 다루고 있다.

우리 인체와 생명의 최소단위는 세포(cell)이다. 동물세포 뿐만 아니라 식물세포와 미생물, 바이러스, 곤충, 심지어 금속조직까지도 결정립으로 불리는 명칭만 다를 뿐 세포 형태를 가지고 있다. 세포의 내부 구성을 구조적으로 보면 행정기관과 발전소, 통신설비, 생산설비와 상하수도 등 하나의 거대한 도시 형태의 시스템을 갖추고 있다. 더구나 유전자와 DNA, RNA 염색체 등의 분자구조에서 보면 엄청난 메모리 구조를 가진 고성능 컴퓨터 시스템 수준을 갖추고 있다. 우리 몸은 대략 74조 개의 세포로 구성되어 있고, 원시세포가 각기 골세포와 체세포, 뇌세포, 장기세포, 생식세포, 신경세포 등으로 분화하여 우리 몸의 항상성을 유지하고 있는 것이다.

이러한 엄청난 시스템이 세포막으로 둘러싸인 최초의 세포형태의 생명체는 창조인가? 자연발생과 진화의 결과인지는 차치하고, 그 단일 세포가 분화하고 증식하여 오늘날의 인간과 생태계를 형성하고 있는 것은 틀림없다. 인간과 동식물의 탄생은 종자나 생식세포로부터 생식과 무성생식을 통해서 이루어진다. 그러나 이는 보이는 외형인 사람의 형태를 기준으로 하는 개념이어서 세포를 기준으로 한다면, 지구 탄생 이후 최초의 인간이나 동식물이 발생과 태어난 이후, 세포의 탄생은 단 한 번뿐이었다. 따라서 부모세포의 증식에 의한 부활이어서, 최초의 생명체 탄생 이 후 자식과 자식세포로 이어지고 새로운 정보를 누적 시키면서 사망한 적이 없는 영생의 존재인 것이며. 이것이 종교와는 다른 생리학적 영생과 부활의 실체인 것이다. 그래서 전체 세포의 수와 결합형태만 다를 뿐 모든 세포의 기원은 같다.

특히 인간은 세포들의 집합을 다른 집합과 구분하는 피부로 감싸고 분리함으로써 다른 개체와 분리하는 개체의식이 발생하게 되었다. 사회생활을 하게 되면서 전체의식에서 분리된 개체의식은 이기심으로 발달하게 됨으로써, 이 세상사 경쟁과 갈등 싸움이 시작되는 원인이 되고 있는 것이다.

실로 이 세상은 나와 남이 구분되고 분리된 개체의식에 의해서 모든 인간사 문제와 인간 중심의 생태계 파괴의 주범이 되고 있다. 우리들 모두는 창조주의 자식으로서 형제임에도 불구하고 나와 남, 사람과 동물, 자연계라는 분리된 개체의식을 가지고 살아서는 하나님 나라에 거듭나고 부처가 되는 해탈과 깨달음에 도달할 수도 없다. 궁극적으로는 창조주 하나님의 분신인 신성을 지닌 인간이 영적인 정화를 이루고 하나님과 하나 되는 진화와 근원으로 돌아가는 원시회귀를 완성할 수 없기 때문이다.

나라는 개체의식에서 전체의식으로 거듭나기 위해서는 심신을 정화하고 개체의식을 버려야만 가능하지만, 물질로 이루러진 동물수준의 몸을 가지고 물리법칙이 엄격하게 적용되는 이 지구의 현상계에서 사는 인간으로서는 쉽지 않은 일이다. 하지만 몸을 버리지 않고도 개체의식에서 전체의식으로 해탈이 가능한 방법이 있다. 피부로 둘러싸인 내 겉모습을 버리고 세포수준으로 의식을 전이시키면 된다. 세포수준에서는 모두가 하나이고, 남녀노소, 빈부귀천과 지위고하의 신분도, 가진 자도 못가진 자도, 강자도 약자도 없고, 사랑과 평화만 있다.

한꺼번에 세포수준으로 의식의 전이는 쉽지 않고, 우선 이 세상에서 가장 가깝고도 먼 거리인 머리에서 가슴으로 가는 여행의 길을 떠나는 시작이 있어야 하고, 피부 밖에서 피부 안으로, 장기에서 조직으로, 조직에서 세포로 의식이 한없이 작아져서 분자와 원자, 원자핵의 소립자 세계는 무한이 되고 우주가 되어서 유무의 존재와 물질과 의식의 경계선이 사라지는 무한중첩이 있을 뿐이다.

그 세포의식 수준의 세계에서 나는 없고 너와 내가 하나이며 생태계 모두가 하나가 된다. 그 속에서 우리는 모두 형제가 되며, 하나님의 자식이 되어서 형제애와 인류애, 자비와 사랑만 존재하게 된다. 이와 같이 세포는 모든 생명체의 최소단위로써 지구탄생과 최초의 생명체 발생에서 현재까지 모든 지구의 역사와 인류의 정보를 보유하고 있는 불가사의 한 존재이다. 따라서 자동차의 제어장치인 ECU에 소켓을 꽂아서 현재의 차량상태를 파악하는 것처럼 누구나 자신의 세포에 접속하여 정보를 교환할 수 있는 방법이 있다면 우리는 당면한·모든 지구와 인류문제를 해결하고 새로운 문명과 의식의 진화를 이룰 수 있는 길이 열리고 있는 것이다.

3. 유전법칙과 진화론의 실체

Part4 Well Born의 조건과 심신영 정화

지구 생태계 안에서 최초의 생명체는 세포 형태로 시작되었음이 분명하다. 인체의 세포와 동물세포가 동일하고, 식물과 동물의 세포가 거의 유사하며, 성장과 번식하는 모는 미생물과 생명체의 구성단위가 모두 세포막과 미토콘드리아를 가진 세포형태로 구성되어 있기 때문이다. 생명의 기원 시점에서 한 번 탄생한 세포 수준에서 보면 종을 이루고 있는 생명체는 오늘날까지 사망이 없는 영생의 삶을 살고 있으며 앞으로도 죽음이 없는 부활과 진화를 계속해 가고 있는 것이다.

세포는 최초의 탄생 이후 현재까지 거듭남과 탈바꿈을 계속하면서 완전체로 가는 진화를 계속 하고 있는 생명체이며 진화하는 전지전능의 생명체인 것이다. 이 생명체는 유기물로 구성된 물질과 세포형태로 되어 있어서 진화하기 위해서는 먼저 멘델의 유전법칙인 우성의 법칙을 따른다. 만약 열성이 진화대열에 끼어든다면 이 생태계와 생명체인 지구도 종말이 있고, 멸망과 파괴, 소멸로 이어져서 물질은 다른 생명체의 구성물질로 해체되는 수렴작용이 일어날 것이다.

세포의 집합인 생명체와 인체는 생명탄생 이후 현재까지 우주 진화의 모든 정보를 저장하고 있기 때문에 진화를 위한 거의 완전한 정보시스템을 갖추고 있다. 따라서 생명체 진화의 첨단에 있는 인간은 거의 전지전능으로 볼 수 있는 신성의 존재인 것이다. 그러나 이런 인류가 현재 보여주고 있는 양상은 어딘가 문제가 있는 것이 분명하다. 이러한 원인의 해석과 현재의 문제들을 해결하고 미래를 대비하기 위한 분석이 필요해 보인다.

21세기 생명과학에 가장 큰 영향을 끼친 19세기 과학자들 가운데 두 사람을 꼽는다면 단연 찰스 다윈(Charles Robert Darwin)과 멘델(Gregor Johan Mendel)일 것이다. 진화론을 체계화한 다윈의 공로와 유전 법칙을 밝힌 것은 멘델의 업적이다. 멘델의 유전법칙은 크게 3개로 구성된다. 제1법칙이 우성의 법칙이며, 제2법칙이 분리의 법칙, 제3법칙이 독립의 법칙이다.

그러나 1859년에 〈종의 기원〉이란 저술을 세상에 내놓은 찰스 로버트 다윈은 멘델의 진화법칙의 결론이 약육강식에 의한 생존의 법칙이 아니라 상생이라는 우성의 법칙에 있다고 주장하는 의미의 '자연선택 학설'을 남기고 있다. 그는 '언제든지 서로 돕고 공공의 이익을 위해 자신을 희생할 준비가 되어있는 개체가 많은 종이 거의 모든 종을 누르고 승리를 차지할 것이다. 그것이 자연선택이다.' 라는 상생의 진화론을 역설한 것이다

'우성이 열성을 구축 한다' 이것이 진화의 법칙이다. 우성이란 강한 것이고 싸워서 이기는 힘과 지혜이고, 살아남는 것이다. 그래서 약육강식이라는 현실적인 용어도 생겨났다. 그러나 이러한 오해는 장님이 코끼리의 코나 뒷다리만 만진 것과 같다. 약한 개체는 그 번식력이 너무 강해서 천적이 없으면 자연의 다양성과 균형에 문제가 발생되기 때문이다. 그것이 자연의 순리이고 진리이며, 진화법칙인 것이다. 그러나 이와 다른 논리와 오해의 근거는 무엇인가? 이는 엄청나고 새로운 학설도 아니고, 막대한 연구비와 장비, 인력을 투자한 연구 결과도 아니며 논문도 아니다. 그렇다고 어렵고 현실감 없는 철학적 사유의 결과도 아니지만 이것은 진리이다.

우주와 만물의 존재 속성인 창조와 조화, 무상과 진화의 법칙에 위배되기 때문이고 멘델의 유전법칙에도 위배되기 때문이다. 그래서 '강한 자만이 살아남는다.' '약육강식'은 경쟁사회에서 잘못된 가치기준이고 이기적 진화법칙에 대한 오해일 뿐이다. 그런 진화법칙이라면 제일 먼저 우주의 속성이며 진화법칙인 조화의 조건에 위배되기 때문이다.

우주의 속성은 위의 4가지 요소가 독립적으로 적용되는 OR의 논리가

아니라 모두 만족시켜야 하는 AND의 논리법칙이 적용되는 것이 또한 진리인 것이다. 조화는 생명체간 상생을 포함하고 있어서 이 요건의 충족 없이 정말 강한 것만이 살아남는 다고 한다면, 이 지구와 우주의 최후는 가장 강한 개체 하나만 남고 모두 죽어서, 종국에는 그 개체마저도 혼자서는 살 수 없어서 우주는 멸망으로 끝날 것이기 때문이다.

이 또한 실험이나 현상계에서 확인되지 않는 이론적 정당화 논리 조작이라고 한다면 이런 실례를 들 수 있다. 지금은 개선되고 있고 불교문화와 같이 모두가 그런 것은 아니지만 우리 조상들은 장묘문화가 일반적이었다. 이는 우리만이 아니고 대부분의 인류문화에서 매장이 주류를 이루고 있는 것이다. 제사만은 한 민족의 고유한 효 문화의 계승이라고 볼 수 있어서, 부모와 고조, 증조부모까지 제사를 집안에서 장손이 모시고, 그 다음부터는 시제라고 해서 제사 날을 기준으로 하지 않고 같은 혈통의 선조를 모신 자손들이 일 년에 한번 정해진 날에 모여서 합동제사를 지내는 시제라는 풍속이 전해 내려오고 있다.

그래서 시제를 받는 조상의 묘는 보통 그 가문의 공동묘지인 선산으로 묘소를 이장하는 경우가 많다. 이때 직계자손이 모시던 묘소를 개장하게 되는데 극히 드문 일이지만 관의 흔적은 있는데 시체가 없는 경우가 있다. 도굴이나 시신을 관에 넣지 않고 매장한 것도 아닌데 분명 시체가 없다. 더러는 수맥이나 지각의 이동으로 위치가 변동되는 경우도 있지만, 이 경우에 원인은 벌레에 있다.

옛날에 농약이나 살충제, 방부제 등을 많이 사용하지 않은 나무에 구멍을 뚫는 벌레처럼 시체를 먹는 벌레가 어쩌다가 나무관이나 옷, 흙에 묻어서 시체와 함께 매장되면, 그 벌레가 번식을 하고 먹이로써 시체를 먹는다. 먹이가 떨어지면 이제는 그 벌레들끼리 강한 것이 약한 것을 서로 잡아먹어서 결국에는 몸집만 커진 큰 벌레 한 마리만 덩그러니 남아 있게 된다. 그들은 먹이가 바닥난 후에 개미처럼 협력하여 굴을 뚫어 탈출한 궁리를 하지 못하고, 먼저 자기만 살려는 이기적인 곤충 본능만이 작용한 것이다.

그들에게 협력과 상생의 지혜는 발현 될 수가 없는 것이다. 마치 강자와 약자, 가진 자와 못가진자, 기득권과 비기득권, 지배계급과 피지배계급이, 양극화되어 싸우고 죽이고 뺏어서 살아남아야 한다고 서로 싸우는 이 산업주의와 자본주의 물질만능주의 세상의 현실과 너무 닮아 있는 것이다.

1809년 태어난 찰스 다윈의 이와 같은 자연에 대한 통찰과 사상을 집필한 저서와 관련해서 재미있는 사실이 발견되고 있는데, 다윈 자신은 생애에 25권의 책을 남겼고, 전 세계 도서를 정리한 WorldCat에는 다윈에 관한 책이 7,500권에 달하며 점점 더 빠르게 늘어나고 있다는 사실에 있다. 1860년 다윈이 "종의 기원"을 발표한 이래 약 100년 동안 매년 다윈에 관한 책은 평균적으로 30여권이 발표되었다. 2차대전 이후, 이 숫자는 50으로 뛰었고 1980년대 들어 다시 100으로 뛰었다. 오늘날 다윈에 관한 책은 연간 160권이 출간되어서, 2.3일에 한 권의 책이 나온다는 의미이기 때문이다.

지난 2017년에는 리차드 프럼(Richard Prum)의 "The Evolution of Beauty(아름다움의 진화)"가 뉴욕 타임스 올해의 책 10권에 뽑힐 정도인 것이다. 이와 같은 특별한 현상에 대하여, 데이빗 도스(David Dobbs)는 2017. 9. 18일자 "The New York Times Curation(뉴욕 타임스 큐레이션[19])"에서 다음과 같은 특별한 기사를 썼다.

---

19 큐레이션(Curation)

큐레이션은 '불필요한 것들을 과감히 덜어내는' 힘이자, '선별과 배치를 통해 시장이 원하는 것만 가려내는' 기술이다. 큐레이션은 이제 미술관이나 박물관에서 사용되는 의미를 넘어서서, 패션과 인터넷을 비롯해 금융·유통·여행·음악 등 모든 분야에 영향을 미치는 새로운 트렌드다.

이미 수많은 정보·콘텐츠·상품이 쏟아지는 상황에서, 어느 것 하나 주목할 수 없는 사람들에게 그들의 선택을 대신할 수 있는 큐레이션(Curation)의 개념을 살펴보고 이를 적용할 수 있는 방법과 분야를 구체적인 사례와 함께 제시하는 저서가 출판되어 있다.

오늘날 우리는 너무 많은 '선택'에 지쳐 있다. 이른바 '과잉 사회'에 진입한 지금, '더 많게'를 외쳤던 기존의 성공 전략은 무용지물이 됐다. 이 책의 저자이자 옥스퍼드대학교 브룩스 국제센터 연구원인 마이클 바스카는 큐레이션을 통해 "덜어냄으로써 '더 적게' 하고도 '더 좋게' 만들어야 한다"고 말한다.

제4차 산업혁명까지 앞두고 있는 상황에서 시장의 포화 상태는 더욱 심화되고 있다. 모든 것이 차고 넘치는 현대 사회에서 "양질의 콘텐츠만을 선별·조합해 특별한 의미를 부여하고 가치를 재창출하는 큐레이션이 미래를 준비하는 최선의 전략"이라고 강조한다. 그리고 과잉 사회에서도 계속 성장할 수 있는 전략을 제시하면서 개인에게도 적용할 수 있는 방법을 모색한다. 또한 페이스북, 구글, 애플, 아마존, 넷플릭스 등 글로벌 비즈니스를 주도하는 기업들의 전략적 큐레이션 활용 사례를 구체적으로 설명하면서 빠르게 변화하는 경제 환경에 적응할 수 있는 해법을 제시하고 있다.

"다윈에 관한 이렇게 많은 책이 있음에도 불구하고, 여전히 새로운 주장이 등장합니다. 2017년 역시 예외는 아닙니다. 생물학자 J. 스콧 터너는 "의도와 욕망(Purpose and desire)"에서 모든 개체는 욕망을 가지고 있고, 따라서 이 욕망이 진화에 영향을 주기 때문에 오늘날 신 다윈주의는 이를 진화론에 포함시켜야 한다고 주장합니다. 나는 그렇게 생각하지 않지만, 어쨌든 그의 주장은 그럴듯하고 책도 설득력이 있습니다.

다윈의 작업을 더 자세히 들여다 본 책들도 있습니다. 예를 들어 제임스 코스타의 "다윈의 뒷마당(Darwin's Backyard)"은 다윈이 다운하우스에서 벌, 따개비, 감자, 비둘기 등에 행했던 다소 체계적이지 않은 실험들에 주목해 그가 어떻게 자연선택 이론을 만들었는지를 알려주며, 독자들 역시 집에서 이런 실험을 할 수 있다고 말해줍니다. 지질학자 매튜 J. 제임스의 "진화를 수집하다(Collecting Evolution)"는 1905-6년 전설적인 생태학자 롤로 벡이 샷건과 배낭, 카메라를 들고 갈라파고스를 방문해 다윈의 진화론을 결정적으로 뒷받침한 증거를 수집한 사건을 이야기해 줍니다.

롭 웨슨의 "다윈 최초의 이론(Darwin's First Theory)"은 놀랍게도 아직 충분히 다루어지지 않은 다윈의 이론에 관한 책입니다. 이 책은 1831년에서 36년 사이 젊은 다윈의 비글호 항해를 추적하며 다윈이 처음으로 제시했지만 사람들에게는 간과된, 산호초의 기원에 관한 이론을 다루고 있습니다. 환경의 변화에 따라 형태를 바꾸어 가는 산호초를 관찰한 방법론적 면에서나 시각적인 면에서, 이 조숙하고 심지어 대담한 아이디어는 20년 뒤 다윈이 발표하게 될 진화론에 큰 영향을 미쳤을 것입니다.

하지만 또 다른 다윈의 이론이 있습니다. 그의 이론 중 가장 덜 인정받았고, 가장 논쟁적이었던 한 이론이 마침내 올해 출간된 한 책에 의해 정당한 변호를 받게 되었습니다. 다윈은 "적자생존"에 의한 자연선택을 주장한 "종의 기원"을 펴낸 후 약 10년이 지난 뒤, "인간의 유래와 성 선택(The Descent of Man, and Selection in Relationship to Sex)"이라는 또 다른 문제작을 내놓았습니다. 이 책에서 그는 "종의 기원"에서 짧게 언급했던 생각을 더 확장시켰습니다. 그는 때로 성을 통해 번식하는 유기체에서는 다른 종류의 선택이 일어날 수 있다고 말했습니다. 동물은 때로 자신의 짝으로 가장 적합한(fittest) 상대를 찾는 것이 아니라 가장 매력적인 상대를 찾는다는 것입니다. 이는, 미학이 진화의 방향을 결정한다는 뜻입니다.

한편, 1900년대 중반, 다윈의 진화론과 멘델의 유전학을 결합시킨 "현대진화이론"은 진화적 적합성을 특질에 관한 것이 아니라 그 특질을 만들어내는 개별 유전자에 속한 것으로 바꾸었습니다. 이제 특질이 아니라 유전자가 자연선택의 기준이 되었습니다. 그러한 흐름이 지금도 계속되고 있습니다. 하지만 다윈이 자신의 성 선택 이론을 발표한 지 150년이 지난 올해, 예일 출신의 겸손한 조류학자이며 박물관 관장인 리차드 프럼은 다윈의 성선택 이론에 극적인 승리를 안겨주려는 책을 내놓았습니다. "아름다움의 진화(The Evolution of Beauty)"에서 프럼은 세련되면서도 장난기 넘치는 글 솜씨를 가지고 수십 년의 연구와 수백 편의 논문을 바탕으로 다윈의 성선택 이론을 정교하게 다듬으면서 또한 "적응론자들의 구태적인 자연선택에 대한 절대적 의존"으로부터 진화생물학을 구원하려 합니다. 그는 자연선택에 대한 절대적 의존은 인류의 정신을 빈곤하게 만들뿐 아니라 진화에 대한 그릇된 관점을, 특히 진화가 성과 인류의 문화에 끼친 영향을 잘못 이해하게 만들 것이라 생각합니다."

이와 같은 이론과 연구의 결과가 오늘날 여성들의 화장품 산업과 섹스산업의 원인과 연관이 있는 것인지도 모른다. 그러나 이러한 다윈의 통찰과 연구결과를 발표한 저서의 핵심은 종의 진화이며, 이 진화는 우주의 조화와 다양성, 상생의 진리와 연결되어 있다. 따라서 21세기 지구 인류가 어느 국가 어느 인종, 어느 민족, 어느 종교, 어떤 사람만이 살아남는 것이 아니고 함께 더불어 살고 서로를 살리는 상생의 가치관과 실천만이 이 지구의 모든 생명이 함께 살아남아 번영할 수 있는 유일한 길인 것이다. 뺏는 세상에서 나누고 주는 세상으로! 싸우는 세상에서 타협과 협력의 세상으로! 승자와 패자의 세상에서 서로 즐기는 세상으로! 서로 죽이는 세상에서 서로 살리는 세상으로! 멸망으로 가는 길을 희망의 길로 가는 세상으로 바꾸어야 한다. 싸우고 이겨서 모두 죽고 나와 내 가족 내 나라만 살아남는 세상은 행복과 변영의 세상이 아니다.

너는 죽고 나만 사는 세상이 아니라 함께 사는 세상으로 깨어있는 자들이 바꾸고 개혁해 가야한다. 더 늦기 전에 그러나 지금의 상황으로는 인간 스스로 상생의 마음들로 변화될 가능성이 적어 보인다. 그렇다면 우리는 지금 공멸의 길로 가고 있는 것인가? 그러나 우주의 속성은 창조, 조화, 무상, 진화이다. 진화의 길로 간다. 지구인이 스스로 못하면 지구의 어머니 가이아가 나서게 된다. 지금의 과도기에는 천제지변과 백신이 없는 전염병, 국력을 우선으로 하는 갈등과 전쟁, 테러와 같은 불특정 다수를 향한 살생과 파괴가 성행할 것이다. 그러나 그 시련을 견디면서 그동안의 잘못을 반성하고 자성의 길을 가는 민족은 살아남아서 새로운 상생의 세상을 만들어 갈 것이다. 그것이 모든 난해한 예언서의 결론이고. 한민족은 천손민족으로서 하나님의 뜻이기 때문이다.

이 과도기에는 지구적 재난과 인간성이 상실 된 사건 사고가 극에 달하고 나면, 이제 사람들 마음에서 상생이 아닌 모든 숨겨진 악과 죄, 이기적이고 물질만능의 욕심과 부정부패, 권모술수, 약육강식의 형태들이 드러나서 억울함이 없고 강자와 약자, 가진 자와 못 가진 자가 불만이 없는 깨끗하고 정의가 실현되는 때가 다가오고 있다.

국가적으로는 미국과 중국, 러시아, EU 중심의 패권주의가 모두 깨지고 종말을 고하게 된다. 그 시작은 북한이 붕괴되어 남한과 통일이 되면서 한반도는 세계의 중심이 될 것이다. 그러나 북한이 깨지기 전에 남한이 먼저 깨져서 모든 사회악과 부정부패가 일소되는 정화작업이 선행된

뒤가 아니면, 통일이 된다고 해도 북한 주민들은 다시 가진 자와 못 가진 자의 보이지 않는 양극화로 인해서, 이조시대 양반과 상민이 재현되는 모순된 사회가 되고, 한민족이 하나 되어 질 수가 없기 때문에 제일 먼저 한국사회가 유례없는 정화의 과도기를 맞게 될 것이며, 후천 상생시대의 원년인 2016년에 이미 그 작업은 시작되어 진행 중에 있다.

2017년에 대통령이 탄핵되고 정경유착과 특수기관의 부정부패가 드러나고 처벌되는 1차 정화작업이 마무리 단계에 있지만, 2018년 이 후에는 1차 정화작업을 모면한 대상에 대한 2차 정화작업이 드러날 것이며, 다시 3차 작업이 예정되어 있다. 세계적으로는 한국에 이어서 시리아와 중동 국가들, 미국과 중국, 러시아, 일본, 유럽의 패권주의와 종교 간 민족 간 지역 간의 모든 갈등과 다툼이 일어나서, 폭풍 뒤에 바다가 정화되고 홍수와 가뭄으로 모든 강이 정화되는 것처럼, 지구와 인류가 정화되는 재난과 시련기를 거치게 된다.

그 다음에야 우리 인류는 인간적인 한계를 벗어나 진정한 사람으로서, 자연과 조화된 삶, 받거나 뺏어서 내가 좋은 세상이 아니라, 주어서 기쁘고 함께 해서 행복한 그런 세상이 도래하게 된다. 그래서 북한의 자체적인 붕괴와 한반도의 통일은 남한의 정화작업이 끝나는 대로 의외로 빠르게 이루어질 것이다. 타고르의 동방의 등불이 켜질 날이 그리 멀지 않은 것이다.

4. Well Born과 인간의 조건

일반적으로 우리가 잘 산다는 개념은 주관적 요소가 다분히 있지만 이 분야를 연구한 많은 사람들이 동의하는 몇 가지로 요약해 볼 수 있다. 한 개인의 삶을 결정 짓는 인간의 조건에는 유전요소와 환경요소 그리고 교육을 포함하는 경험요소의 3대 요소로 결정된다는 이론이 있다. 그러나 경험이란 맹모삼천지교와 같이 환경적 요인에 의해서 경험의 양과 질도 좌우된다.

어떤 환경의 어떤 부모 형제를 만났느냐에 따라서 좋은 유전자를 가지고 태어나서 장애나 질병이 없이 건강 할 수 있고, 성장 환경과 경험이 달라지고 어떤 교육을 어디까지 받느냐에 따라서 만나는 친구의 규모와 인간관계가 달라지고, 지식과 가치기준, 생각이 다르고, 만나는 배우자가 달라지고, 자녀와 가족이 달라지고, 직업이 달라질 수 있기 때문이다.

그래서 한 사람의 삶에 가장 큰 영향력을 미칠 수 있는 이 경험 요소와 환경 요소도 결국은 어떤 부모 밑에서 어떤 유전요소를 가지고 태어나는가 하는 Well Born의 조건에 의해서 대부분의 3대 구성요소가 결정된다고 볼 수 있다. 물론 같은 부모로부터 태어난 일란성 쌍둥이의 경우에도 사회생활을 시작하고 배우자를 만나 가정을 갖게 되면서 환경과 교육, 경험요소가 달라져서 전혀 다른 삶을 살게 되는 경우도 있다. 이런 경우에도 쌍둥이의 유전적 요소가 다른 원인에 대하여 뒤에서 서술하기로 하겠지만, 유전적 요소가 우리 삶의 질과 방향성을 결정 짓는 중요한 요소인 것만은 분명한 것 같다.

그렇다면 우리는 이 Well Born과 유전적 요소를 어떻게 다루어야 하는가? 그러나 안타깝게도 우리는 태어나면서 자의에 의해서 선택하거나 어떻게 할 수 있는 방법이 없다. 유일한 한 가지 방법이 있다면 부모가 태어나는 자식을 위하여, 좋은 태교를 하거나 근래에는 출생일을 인위적으로 조절하는 출산기술에 비용을 지불하는 수준이어서, 대부분의 부모들은 그냥 임신되어서 낳은 것이고, 자식인 우리들은 그저 태어나게 된 것뿐이다.

따라서 최소한 우리의 의사와는 무관하게 태어났거나 타의에 의해서 한번 태어난 난 우리는 자의에 의해서 이 세상을 살아가야 하지만, 이 또한 앞 장에서 살펴 본 바와 같이, 영적정화 과정 없이는 조상의 죄와 억울한 영들의 작용과 반작용의 뉴톤 제 3법칙과 인과응보의 자연법칙에 따라서 끌려가는 주관과 방해, 위해의 영향력 속에서 살다가 가는 되풀이를 계속하고 있는 것이다.

따라서 이러한 상황에서 벗어나는 유일한 방법은 영적정화를 보다 적극적으로 고찰해 볼 필요가 있다. 그러나 이와 같이 우리 인류의 삶에 지대한 영향력을 미치고 있는 절대적인 대상이며 현실임에도 불구하고, 학계나 정부, 국제사회의 지성들과 최고의 영성가들 조차도 관심은 있으나 이것이다. 라는 분명한 대안이 없는 것 또한 현실이다. 물론 종교적인 믿음이나 깨달음과 같은 대안들은 있다. 그러나 21세기 탈종교시대에 우리는 이제 믿음이 아니라 이해와 논리적 바탕 위에서 현실적인 방법으로서 지혜가 필요한 때이다.

이러한 현실 속에서 작금의 가치기준과 사회현상을 살펴보면, 우리는 12년 이상의 일반교육과 대학을 졸업하고서도 다시 취업준비를 위해서 사설학원의 좌석이 부족하다 못에 영어학원과 영어연수를 위한 시간과 재정 투자를 하는 상황이며, 인성교육에 평생교육까지 그 많은 교육과정이 있다는 것을 생각해 보면, 20년이 넘는 교육기간이 과연 인간다운 삶을 위한 지식과 인성을 가르치고 배우고 있는가? 아니면 경쟁하는 기술과 이기적 가치기준만을 가르친 결과는 아닌지 의구심이 든다.

이왕 거론된 그 많은 교육과 관련하여 초등학교와 유치원은 제외하고서 10년 이상 영어공부를 하면서 대학을 졸업하고 나서 취업하려고 하는 모든 취업 준비생에게 다시 영어자격 시험과 영어연수를 강요하고 있는 지금의 사회적 상황이 과연 올바른 지성과 학자와 국가 정책이 있는 나라에서 당연시 되는 정책이고 현실인지 의문이 간다. 왜 우리가 영어에 그렇게 목매달아야 하는가? 라고 저자는 묻고 싶다. 2009년 한해 영어학원에서 벌어들인 전체이익은 약 7조 6천7백억 원이며, 이는 같은 해 삼성전자의 영업이익보다 큰 액수로, 그중 절반이 영어학원에서 나왔다. 더구나 방문 과외선생들의 수입, 교재비 시험응시료, 영어전자사전, 해외 영어연수 프로그램에 지출한 비용은 포함되지도 않은 금액인 것이다.

필요하다면 영어를 수단으로 하는 무역이나 외교, 전문직, 그런 업무부서에서는 외국어 고등학교에서부터 정통으로 외국어를 공부한 출신들을 채용하면 되는 것이지, 대한민국 전체 학생들이 그렇게 영어공부를 준비하는 것은 정말로 개인의 시간과 재정 낭비, 자존감의 상실과 함께 엄청난 국력의 소모라는 생각이 든다. 그로 인한 비용보다도 더 큰 문제는 그런 시간과 재정 투자로 인하여, 다른 국민총생산에 기여하지 못하는 손실비용이 더 크다는 생각이 들어서, 그런 과정을 겪으면서 지나온 한 세대로서 일거리는 만들지 않고 부족한 일자리만 만들려고 하는 발상이, 근본적인 문제해결 없이 출산장려 예산으로 매년 10조 이상을 투자해도 저출산 문제가 해결되지 않는 것과 같은 원인적 문제라는 생각이 든다.

이러한 개인의 인생관과 국가관의 왜곡된 가치기준, 초점을 잘못 맞춘 국가정책, 무한경쟁과 양극화 현상으로 파생되어, 이제는 점점 더 잘못

되어 가고 있어서 정말 염려되고 있는 사회적이고 국가적인 병폐는 곳곳에 있다. 그 중에 하나가 2017년도 지방공무원 7급 공개경쟁 신규임용 시험이다. 지난해 9월 23일, 서울을 제외한 16개 시·도 62개 시험장에서 실시되었다. 이 시험에 총 222명 선발에 28,779명이 지원해 평균 129.6대 1의 높은 경쟁률을 기록해서, 지난해 275명 선발에 33,548명이 지원해 경쟁률이 122대 1이었던 것과 비교해서 새 정부 들어서도 더욱 증가하고 있는 현상이다.

지방직 9급 공무원을 선발하는 공채 시험의 경우에도, 서울을 제외한 전국 16개 시도에서 10,315명을 선발하는 시험에 220,501명이 지원하여, 평균 경쟁률 21.4대 1을 기록해서 지난해 18.8대 1에 비해 역시 상승하고 있는 추세이다. 이러한 결과는 일시적인 사회현상이 아니라, 그야말로 대한민국의 미래가 걸린 심각한 국가적 문제의 시작점에서 나타나는 부작용 현상인 것이다. OECD 회원국 35개국 중 우리나라가 1위를 차지하고 있는 부문들이 적지 않다. 잘 알려져 있다시피 자살률, 산재 사망률, 성인/청소년 흡연율, 어린이/보행자 교통사고 사망률, 이혼 증가율, 낙태율, 저출산율, 15세 이상 술 소비량, 대장암 사망률 등에서부터 1인당 화장품 지출액, 가족 생계비 중 통신비가 차지하는 비중, 1인당 연간 평균 독서량의 역 순위, 1인당 사교육비 지출액, GDP 대비 가계부채 비율, 소득 대비 가구당 가계부채 비율, 스마트폰 갱신 주기의 역 순위 등이지만, 이 보다도 저자가 주목하고 싶은 것은 한국 68%, 미국 46%,

일본 37%, 독일 28%, OECD 평균 41%인 대학 진학률이다. 어떤 이는 이 수치를 자랑으로 생각하는 분들도 있지만, 안으로 들어가 보면 안과 밖이 전혀 다른 사회적 병폐라는 것을 인식하는데 그리 어렵지 않다.

대학 교육시스템과 내용에서부터 졸업생들 수준, 사회 기여도는 그만두고라도, 실업계 고교까지 모두 원서만 내면 대학에 가고, 대부분 졸업해서 다시 대학원의 전문교육도 아닌 노량진 학원에 다시 몇 년씩 등록금과 생활비를 지불하고 나서, 젊음을 걸고 보는 시험이 공무원 7~9급 시험이라는 이 사실을 어떻게 이해해야 될지 모르겠다. 더구나 정부에서는 일시적인 취업률을 높이기 위하여 공공분야 중심의 일자리를 증가시키는 정책을 추진하고 있으니, 문제는 더욱 심각해지고 있는 것이다.

대학졸업은 사회진출에 기본 스펙이라는 오래된 고정관념 때문에 정상적인 공교육이 사라진지 오래 되었다. 학교가 진학을 위한 성적 제조 공장으로 전락하다보니, 정작 발굴해야할 적성과 창의성은 사라지고, 대학진학을 위한 줄 세우기 교육체계는 아이들을 수포자(수학 포기자)와 '학포자(학습 포기자)'로 양산하고 있는 중이다. 여기에 지불능력이 있고 가치관이 빗나간 학부모들은 초등학교 시절부터 이른바 '선수(先修)학습'이라는 이름으로 몇 학년 위 과정으로 내몰려서 인성교육이나 장래 직업을 위한 기반교육이 아니라, 수능시험을 위한 기계를 만들고, 진학하고 나면 필요도 없는 일들을 모든 학생들에게 강요하고 있는 것이다.

어느 교육 관련 국가기관에 근무하는 사람이 학위 취득용 분석 자료로 활용하기 위해, 유명 학원의 강사들을 상대로 수능시험을 실시한 적이 있다고 한다. 지난해의 시험 문제를 그대로 이용한 그 결과는 10분위 성적에서 평균 4~5점대였다. 수능 등급에서 최하위에 속하는 이 성적표는 모두 SKY대 출신들의 유명강사들 이었다고 하니, 성적 제조창을 거쳐서 수능시험에서 고점수를 받고 유명 대학을 졸업한 이들의 학력수준이 입증된 현주소인 것이다.

이와 같이 우수한 두뇌들이 자기계발과 창의성을 계발하여 자기실현과 국가 성장 동력을 이끌어가지 못하고, 자신의 의식주 문제와 안정에 급급하고 있다면, 대한민국의 미래는 어찌되겠는가? 더구나 다가오는 고령화시대에 부양 받아야할 인구는 증가하고 있는데, 부양해야할 핵심 인재들은 공무원이나 하겠다고 매달리고 있으니, 통일은 어느 세대가 시킬 것이며, 타골이 예언한 동방의 등불은 언제 켤 수 있을 것인지.. 한강의 기적은 이제 지나간 과거의 추억일 뿐이어서, 남북통일 없이는 한반도에 미래도 없고, 계속해서 미중 러일에 끌려 다녀야 한다. 전 국민의 의식혁명과 합의된 개혁의 필요성이 여기에 있는 것이다.

이와 같은 암담한 현실에 대해서 대한민국 국민의 입장인 저자의 견해가 아닌 외국인의 객관적인 평가가 이미 나와져 있다. 지난 해 2017년 8월 18일에 방영된 KBS1 명견만리에 출연한 워런 버핏, 소로스와 함께 세계 3대 투자가로 꼽히는 '짐 로저스' 회장은 한국청년들 대부분이 공무원을 꿈꾸는데, 이런 경우는 세계 어디에도 없는 기현상이라면서, 앞으로 한국의 인구도 줄고, 빚은 점점 늘어나는데 모두가 공무원이 되고 자하니 안타깝다고 하면서 그는 '모든 사람이 공무원이 되려고만 한다면 한국의 그 어마어마한 빚은 도대체 누가 갚을 것이며, 중국이나 베트남, 미얀마 등 아시아 국가와 어떻게 경쟁할 수 있을까?'라고 우려 하면서, 투자가로서 한국은 전혀 매력이 없다. 이런 현실은 슬픈 일이라고까지 표현하고 있다.

국가의 기간산업 투자는 배고픈 사람들에게 물고기와 식량을 나누어주는 것이 아니라, 고기를 잡는 그물과 배를 지원하고 땅과 농기구를 주어서 일거리와 지속 가능한 문제의 해법이 되도록 해야 한다. 영국의 '대처' 수상은 자고나면 파업을 하는 영국병을 고치고 영국을 새롭게 탄생시켰다. 이것은 문제의 핵심을 파악하고서 해결책을 놓고 국민과의 소통이 원활했기 때문이다. 그래서 우리도 국민적 대타협의 기회와 지혜가 필요한 시점인 것이다.

'기적을 이룬 나라, 기쁨이 없는 나라' 이는 2010년부터 이코노미스 한국 특파원으로 근무했던 다니엘 튜더가 한국 사회와 경제의 새로운 면모를 다룬 저서의 제목이다. 세계가 인정하는 경제성장을 이룬 나라, 그런데 그 풍요를 즐기지 못하고, 왜 기쁘게 살지 못하는가? 바쁘기 때문이고 양극화 현상으로 부의 분배가 제대로 이루어지지 않고 있고, 부정과 부패, 무한경쟁과 이로 인한 개인적 사회적 스트레스 증가가 그 근본 원인으로 작용하고 있기 때문이다.

이는 단지 한국만이 해당되는 현상이 아니라 2011년 빈부격차 심화와 금융기관의 부도덕성에 반발하면서 미국 월가에서 일어난 시위도 결국 같은 원인과 결과인 것이다. 이 시위는 미국 전역으로 확산되었으나 뚜렷한 시위목표를 제시하지 못한 한계를 남기며 73일 만에 막을 내리게 되었다. 하지만 빈부격차가 심화되고 있는 신자본주의의 문제점과 금융기관들의 부도덕성에 대해서 경고를 했다는 점에서 그 의미를 가진다고 볼 수 있다.

결국 이러한 모든 지구적 상황들이 과연 우리 인류가 가고 있는 삶의 방향과 형식이 이대로가 맞는 것인가에 대해서 관심을 가지고 연구하고 공부하려는 사람들은 많지 않다는 점이 또한 오늘날의 인류 지성의 모순된 현실이다. 이 모든 문제들의 원인은 살펴보면 모두 Well Born에 귀결되는 상관성이 있다. 현재 인류의 지성으로는 다른 방법으로 지구문제를 해결 할 수 없어서, 이 Well Born으로 문제를 해결하지 않고서는 한국은 물론 세계의 미래는 어두움의 연속선이 될 수밖에 없다는 결론에 귀결되고 있는 것이다.

이러한 주장의 근거는 그동안 20년 넘게 영적정화를 시행해온 결과, 젊은 부모가 자녀 출산 전에 영적정화 과정을 거쳐서 업이 소멸된 청정한 몸과 마음으로 자녀를 잉태하여 출산하게 되면, 그 때 태어나는 아이는 그 동안 모든 사람들이 태어나면서 운명으로 가지고 나오는 카르마와 업습에 해당하는 부정적 요소는 물론이고, 역사적 원죄의 결과인 영혼도 없이 순수한 생령으로 태어나게 되기 때문이다. 특히 이러한 결과는 영적정화 전에 출생한 자녀와 정화 후에 태어난 자녀를 함께 키우고 있는 많은 부모를 20년 이상 장기 추적조사 한 연구결과에서 얻어진 결론이다. 이미 그 자녀들이 성장하여 대학을 졸업하고 사회생활을 하기 시작하면서 그 결과로서 제시할 수 있는 많은 의료자료와 증거자료가 준비되어 있어서, 이를 수용할 수 있는 사회적 패러다임이 형성되는 시기에 이미 학회에서 발표되고 게재된 논문과 함께 공개할 계획이다.

대부분의 산모들은 아이를 잉태하여 4~5주를 넘어서면 80% 이상이 입덧을 하게 된다. 입덧에 관한 의학적 설명은 많이 있지만, 저자가 의공학자와 자연의학자의 입장에서 보는 입덧은 면역반응이다. 우리 면역체계는 자신의 체내에 침입한 세균성 침입자나 이물질을 방어하는 작용을 한다. 그래서 모태의 자궁에 착상한 아이도 혈관과 영양이 공급되는 자식임에도 불구하고 면역체계는 침입자로 판단하는 것이다. 그 이유는 태아도 모태의 일부가 아니라 전혀 다른 개체로서의 생명체이기 때문이다. 특히 부모와의 관계에서 부정적 카르마가 커서 죄가 많은 조상령과 한이 큰 억울한 영들이 내재되는 경우에는 태중에서부터 위해 작용을 하기 시작하기 때문에, 더 큰 고통을 당하게 되어 있어서, 이를 견디지 못하고 유산되는 사례도 있는 것이다.

그러나 카르마가 없는 태아는 이러한 부정적 작용을 하는 존재와 그런 에너지가 없거나, 부모와 선업의 관계가 있어서 받으려고 오는 자식이 아니고, 갚으려고 오는 자식인 경우에는 그런 요소가 없다. 따라서 산모의 면역체계가 이물질로 인식하지 않기 때문에 입덧도 없고, 출산의 통증도 없이 자연분만으로 순산하게 되는 것이 많은 사례에서 확인되고 있다. 출산 후 성장하는 과정에서도 카르마가 있는 아이와 없이 태어난 아이는 그 차이를 분명하게 보여주고 있다. 악업으로 받으려고 온 자식은 낮에는 잘 놀다가 밤에 부모가 잠들려고 하면 울어대기 시작하고, 갑자기 열이 나거나 아파서 밤중에 구급차를 불러서 응급실로 가는 경우가 허다해서, 하루 이틀도 아닌 밤마다 잠을 못자는 부모는 신경쇠약과 우울증에 걸릴 정도가 된다.

하지만 카르마가 없는 자식이나 선업으로 갚으려고 온 자식들은 낮이고 밤이고 기저귀 갈아주고 젖만 잘 주어서 배가 고프지 않으면 우는 일이 없어서, 옆집에서도 아이가 있다는 것을 모를 정도라고 많은 어머니들이 증언하고 있는 사실이다. 성장과정에서도 하나님의 창조성이 저절로 발현되어서 학교생활이나 대인관계가 원만하고 친구들 사이에 생각이 항상 정당하기 때문에, 공부는 물론 대부분 또래의 중심 리더이며, 지도자로서 위상을 지키고 있다는 사실이 심신영통합 정화과정 이수 전후에 태어난 형제를 함께 키우고 있는 젊은 부부들이 직접 전인창조과학회 국제학술대회에서 실명으로 논문발표를 함으로서 밝혀지고 있다.

특히 많은 부모들이 모두 인정하는 사실 중에 하나가, 몸과 마음, 영적으로 정화를 완성하고 태어난 아이들에게, 어떤 문제가 발생한 상황에서 부모의 간섭 없이 그 문제를 해결해 가는 지혜를 지켜보면, 모든 면에서 속임수나 잔머리 술수가 없고 정도(正道)를 지키며 항상 정당하고 정직하며, 자기보다는 상대를 배려하는 판단과 결정과정을 보면서, 오히려 부모들이 배우게 되는 경우가 많다는 사실이다. 그야말로 신인류가 태어나서 사회의 중추적 역할을 하는 환경이 조성되고 있는 것이다.

그래서 우리가 갖게 되는 벅찬 희망이 하나 있다. 시간이 더 흘러서 그 정화된 2세들이 성장하여 결혼하고 3세가 다시 태어나게 되면, 상극세상을 살아 온 우리의 세포와는 전혀 다른 신인류가 태어날 것으로 기대되는 것이다. 그들이 성장하여 세상의 중심 역할을 하는 시대를 상상해 보면, 생각만 해도 가슴이 뛰는 저절로 상생의 생활이 되는 세상일 것이다. 지구 가이아가 지난 상극 세상의 잔재를 허물고 수렴시켜서 지구 인구는 1/10이나 1/100로 줄고 에너지와 식량은 남아돌아서 경쟁과 다툼이 없고, 싸워서 이겨야 되는 세상이 아니라 만나면 반갑고, 받는 것이 아니라 주어서 즐겁고, 사랑과 평화가 저절로 이루어지는 세상, 이상 세계인 유토피아와 지상낙원이 그려지는 것이다. 길어야 40~50년 그리 멀지 않아서 우리 세대들도 그 세상의 시작을 보고 갈 수 있을지도 모른다는 기대감에 설레고 있다.

이와 같이 이제 우리는 인류의 근원적 문제를 해결 할 수 있는 해결책을 찾은 것이다. 아직 일반화 되어 있지 않지만, 그동안 힘으로 물리적으로 싸워서 뺏는 남성적인 선천의 상극시대에는 불가능하였지만, 이제 사랑과 지혜로 서로 돕고 사는 어머니와 여성적인 후천 상생시대는 이미 시작되었으며, 모든 부정적인 것들을 드러내어 정화시키는 지금의 과도기적 시련기가 지나가게 되면 이미 정화되어 태어난 2세와 3세들이 이 세상을 상생의 세상으로 경영해 나갈 것이다.

이러한 준비가 진정한 미래의 4차 산업이며, 고령화 사회의 노인문제와 의료보험 재정적자를 해결하고, 요양원 없어도 세대가 함께 잘 사는 세상, 출산장려 정책과 홍보가 없어도 저 출산이 없는 보건복지 정책, 고용불안과 실업이 없는 세상, 자기실현의 꿈도 없이 그저 매슬로우의 인간 욕구 3단계 이하의 의식주 문제를 해결하기 위하여 몇 백대 일의 시험을 준비하고 통과해야 하는 세상이 아닌 자기실현이 가능한 고용노동 정책 그리고 경쟁과 시험을 위한 지식을 가르치는 교육이 아니라 진정으로 사람답게 사는데 필요한 지혜를 전수하는 교육정책 등에 모두 적용이 가능한 실질적이고 현실적인 문제해결의 대안이 출생의 비밀인 Well Born과 심신영 통합정화의 방법 안에 있는 것이다.

5. 깨달음은 이상인가? 현실인가?

Part4 Well Born의 조건과 심신영 정화

　　오늘날 물질만능과 기술제국주의 그리고 자본주의의 종말이 예측되고 있는 작금의 지구와 인류가 불확실과 혼돈에서 벗어나 희망이 있는 미래를 준비해야 하는 상황이지만, 현재의 첨단과학과 국가예산, 유엔의 이념, 인류의 의식과 지성으로는 불가능하다는 상황이 우리를 무기력하게 한다. 여기에 영성계에서 대두되는 개념이 바로 인류의 마음이며 그 마음을 변화시키기 위해서는 깨달음만이 해결책으로 보고 있다.

　　그러나 붓다의 깨달음 이후 2,500년이 더 지났고, 불경과 팔만대장경이 있으며, 인도의 하타요가와 라자요가, 세계의 전통 수련법들이 오늘날 현대사회에서도 수련되고 있다. 한민족의 선사들, 사명과 원효대사, 법정과 성철 스님, 불가의 수많은 스승들이 깨달음을 수행하고 전하였으며, 수많은 명상센터와 명상법들이 수련되고 그 많은 명상과 깨달음에 관한 책들이 발간되었지만, 아직도 '이것이 깨달음이다'라고 정의되지 못하고 있으며, 그 깨달음을 위한 실천 방법론 또한 소수의 주관적 전유물 일뿐 일반화 되지 못하고 있다.

오늘날 인류가 깨달음을 추구하고 있지만, 그 깨달음 자체가 정의되어 있지 않고, 그 곳에 도달하는 방법도 분명하지가 않다. 수련의 방법론은 그 다음이고 깨달음 자체가 정의되어 있지 않고 주관적 관점이 있을 뿐이어서 객관성이 결여되어 있는 것이다. 이러한 깨달음의 주관적 특성을 객관화한 연구가 1980년대에 저술가인 쫀 화이트에 의해서 이루어졌다. 그는 20세기에 가장 뛰어난 선각자 15인의 전체 자료를 분석하여 깨달음이라는 공통분모를 추출하려고 시도한 것이다. 그러나 화이트의 저서에서도 결국 "깨달음이란 이것이다" 그리고 이렇게 이런 방법으로 깨달음이 이루어진다는 결론이 없다. 또한 선정된 15인 중에는, '탄트라 비전과 탄트라, 더없는 깨달음'의 저자이며 당대 최고의 선각자인 오쇼 라즈니쉬가 왜 누락되었는지, 오쇼가 거절했는지에 대한 의문이 여전히 남아 있지만, 그래도 화이트는 인간 정신이 궁극적으로 도달해야 하는 경지와 깨달음을 정의하고 있다.

그렇지만 이와 같은 정의도 그 도구와 방편으로서 방법론이 제시되지 않는다면, 달을 가리키는 손가락처럼 진리의 정의나 깨달음의 설명에 불과하기 때문에, 또 하나의 달을 가리키는 손가락이이거나 관념일 수 있다. 그러나 화이트의 조사연구에서 깨달음과 통일된 삶의 예비단계로서 자기의 완전한 포기 내지 자기무화(自己無化)가 필요하다고 역설하고 있다.

죤 화이트가 이와 같이 깨달음의 전제조건으로서 제시한 나없음이라는 경지가 어떤 것인가 하는 또 다른 정의와 개념정리가 필요하지만, 이를 짐작할 수 있는 일화로 대신해 보면, 탄트라 비전에서 임제(臨濟) 선사가 깨달음을 이루고 나서, 그의 첫 번째 행동은 자신의 몸이 어디 있는지 찾는 것이었다. '내 몸이 도대체 어디로 갔는가? 그는 제자를 불러서 이렇게 말했다. "가서 내 몸이 어디 있는지 좀 찾아오너라. 나는 내 몸을 잃어 버렸다." 그는 형상 없음 속으로 들어간 것이고, 우리 또한 하나의 형상 없는 존재임을 깨달아야 한다.

또한 여기서 전인창조과학회가 개최한 국제학술대회와 2016~17년에 전인창조과학회지에 게재된 사례연구 논문에 언급된 수련단체인 '진인애'에서 시행되고 있는 '영계해방과 실체해방'이라는 수련법을 주의 깊게 고찰해 볼 필요성이 있다. 영계해방이라는 용어의 의미는 카르마 소멸을 포함하고 있지만, 지금까지 밝혀진 바 없는 억울한 영과 자손이 직접 참회와 용서의 정성 기도로서 이루어지기 때문에, 조상령이 대신 억울한 영들에게 음식을 대접하고 달래서 잠시 되갚음의 부정적 작업을 멈추게 하는 전통적인 천도와는 원리와 차원이 전혀 다르고, 그 분들이 갈 곳도 없어서 다시 올 수밖에 없는 원리와 더 큰 의미를 가지고 있다.

이러한 영계의 구성과 작용을 모르고 하는 깨달음의 전제조건으로서 나없음의 수행과 명상은 무의미한 작업이며, 이루어질 수도 없다는 원리가 밝혀진 것이다. 유구한 역사 속에서 드러난 소수의 선각자들의 수가 이를 증명하고 있으며, 천손민족으로서 한민족의 특별한 선인의 한 사람인 강증산 선생은 이를 예견하고 앞서서 해원 상생의 길을 열어 놓았지만, 정작 이루어지는 영계해방과 실체해방의 방법까지는 하늘의 때가 되지 못하여 다음 세대로 미루어 놓은 것이다.

그러나 영계해방을 했다고 해서 깨달음이 저절로 이루어지는 것은 아니며, 진인애에서는 다음 단계 수련을 '실체해방'이라고 부른다. 여기서 실체란 영계의 영체와 대비되는 의미로서 육체를 가진 사람으로서 실체의 해방에 해당되기 때문이다. 이는 탈바꿈의 비유에서와 같이 영계해방으로 고치의 탈을 벗어났지만, 고치를 깨고 나온 나비의 원시세포가 마지막 탈바꿈을 완성하기 위하여, 기턴 업습을 완전하게 버리고, 날개를 펴서 하늘을 날 수 있다는 의식의 도약이 있어야만, 실제로 창공을 나는 3차원의 존재로 차원상승과 원시회귀가 일어날 수 있기 때문이다.

이 수련은 스스로의 집중과 수련으로 각자 개인이 카인의 후예로서 혈통적으로 세포와 DNA에 누적되어 수 만년을 이어온 업습을 버려야 하는 지난한 작업이기 때문에, 개인이 실체해방에 임하는 마음가짐의 정도와 이번 생에 이루고야 말겠다는 절실한 노력에 따라 많은 시간적 차이와 질병회복, 의식의 도약이 나타나는 특성이 있다. 그러나 또 한편 깨달음의 전제조건인 나없음의 수련이 핵심이기 때문에 결국은 실체해방을 이루거나 깨달음을 얻겠다는 마음마저 버리고, 자기무화가 이루어져서, 전체의식과 하나 되는 신일합일이 되어야만 한다. 그는 이제 3차원에서 몸을 가진 실체이지만, 우리말에 살아간다, 살아서 가야한다는 깨달음의 존재로서 자연계와 4차원의 영계를 넘어서는 5차원 세계에서 전체의식인 하나님의 심정으로 산다. 사랑과 기쁨, 평화가 상존하는 후천·상생시대의 세상을 만들어 가는 주역이 되는 것이다.

결국 그동안 우리가 수천 년을 추구해 오면서 우리 삶의 가장 숭고한 자기실현의 목적지로 삼아왔던 깨달음은, 깨어서 벗어나야 하는 자기초월과 심신영의 통합적 정화과정을 거쳐서 우리생명이 출발한 근원으로서 전체의식으로 되돌아가기 위한 실체해방이 그 목적에서 동일한 개념이라는 사실이 확인되고 있다. 그러나 여기서 다음과 같은 중요한 요소 몇 가지가 도출 된다. 깨달음과 실체해방이 다른 점은 그 전제조건으로서 깨달음은 자기무화라는 방법을 제시하고 있고, 실체해방은 영계해방을 전제조건으로 하고 있다는 점이다. 수행 방법론에서도 깨달음은 주로 이완과 집중, 화두와 가르침을 중심으로 하는 머리로 하는 참선과 정적인 명상이 주된 수행 방법으로 사용된다.

반면에 실체해방은 초보자의 정적인 명상은 금기로 하고 있으며, 능동적인 유도명상을 일부 사용하기는 하지만 주로 가르침과 수행방법을 일상생활에서 실천함으로서, 가슴으로 증득하는 실천적 방법이 더 큰 비중을 차지한다. 또한 실체해방의 수련 중에는 남녀노소의 구별 없이 형제라고 부르는 동료들과의 토론과정에서 자신의 수련에 대한 점검을 받는 것과는 별도로, 5차원에 먼저 간 기세계 형제들이 다른 영적 에너지로부터 보호하며, 환경을 조성하고 건강과 의식성장에 도움을 준다는 점도 다른 수행법과 구별되는 큰 차이점으로 볼 수 있다.

따라서 영성 수련계에서는 깨달음의 전제조건으로서 심신의 정화와 함께 영적배경의 정화가 선행되지 않고서는 나없음과 깨달음 자체가 극히 어렵고 거의 불가능하다고 볼 수 있어서, 영계해방에 대한 필요성이 필수적으로 요구되고 있다. 또한 이와 같은 깨달음의 전제조건과 함께 영계해방과 실체해방을 완성한 실체 기형제는 깨달음에 대해서 이렇게 말하고 있다. 〈깨달음이란! 깨달음을 얻어서, 차원이 높은 다른 곳이나, 남보다 높은 곳에 가는 것이 아니라, 나를 버리고, 깨달음마저 버려서, 하나님의 심정과 섭리를 체득하는 것이고, 그 다음에는 가장 낮은 곳에서 부부가 하나 되어 실체를 가진 하나님으로 섭리를 실천하는 일이다〉 이와 같이 실체해방에서는 자기무화를 이루고 나서 하나님 심정으로 하나님의 섭리를 자신의 가정과 직업 생활 속에서 실천하는 것으로 깨달음을 정의하고 있다.

6. 상생이 생활이 되는 세상이 오고 있다

Part4 Well Born의 조건과 심신영 정화

상생이 이 대립과 다툼의 세상, 싸우고 뺏고 죽이고, 이기고 지는 이 세상을 서로 돕고 서로를 살리는 세상으로 변화시킬 수 있는 유일한 해결책이라면, 이 상생의 가치관을 실천되고 전파되어야만 한다. 그러나 우리들은 상생을 양보와 희생의 의미로 받아들이는 오해를 하고 있어서, 현실적으로 손해를 본다고 생각하는 고정관념을 가지고 있는 것 같다.

상생을 위해서는 Take and Give가 아니고 Take를 전제조건으로 하지 않는 Give이지만, 먼저 주고 베풀어야 하니, 그런 오해를 할 수도 있다. 그러나 양보나 희생으로 끝나는 것이 아니라 주고받는 것이고, 인과응보의 법칙으로 반드시 돌아오는 것이며, 더 크게 돌아오는 것이어서, 장사로 보더라도 상생은 수지가 맞는 장사임에 틀림없다. 그저 양보하고 주기만하고 봉사만 하는 것이 아니라 먼저 양보하고 먼저 주게 되면, 반드시 큰 이문이 붙어서 돌아오게 되어 있다면, 한번 해볼 만한 장사이고 투자인 것이다. 장사도 이익을 남기기 위해서는 재화와 시간을 투자해야 하는 것이다.

그러나 투자는 이익보다는 잘못되는 실패가 없어야 한다. 따라서 먼저 주고 양보하는 행위가 실패 없는 투자가 되기 위해서는, 지구의 중력이나 관성의 법칙과 같이 검증된 법칙이 적용되어야 한다. 이에 해당되는 법칙이 뉴턴의 운동법칙 중 제3법칙인 작용과 반작용의 법칙이다. 한 개체에 다른 개체가 힘이나 어떤 에너지를 작용시키면 반드시 상대에 가한 에너지만큼의 반작용으로 돌아오는 자연법칙이다.

예를 들어 자동차가 앞으로 가는 것은 단순하게 바퀴가 굴러서 가는 것이 아니다. 바퀴가 구르면서 지면을 뒤로 미는 작용을 하면 땅이 반작용으로 바퀴를 밀어서 자동차가 앞으로 가는 원리인 것이다. 빙판길에서 자동차가 앞으로 가지 못하는 것은, 노면에 얼음이 도로와 바퀴의 마찰력을 갖지 못하게 하여, 바퀴가 지면을 미는 작용을 할 수가 없고, 지면 또한 작용을 받은 에너지가 없어서 반작용을 하지 못하는 뉴턴 제3의 운동법칙의 작용과 반작용이 적용되기 때문이다.

사람이 길을 걷는 것도 같은 원리여서 지면이 사람의 발을 밀어주는 반작용이 없다면 우리는 걸어 다닐 수 없게 된다. 힘과 에너지뿐만 아니라 사람의 감정과 의식, 행위는 모두 에너지이기 때문에 친절과 감사, 봉사, 배려의 작용 혹은 이기적 경쟁과 악한 감정은 반드시 그 반작용으로 돌아오게 되어 있다. 단지 유형의 물리계가 아니라 무형의 에너지는 시간차를 두고 더 증폭되어 더 크게 돌아오게 되어 있는 점이 차이점이다.

　에너지에는 보이는 에너지와 안 보이는 에너지가 있고, 방향성이 없는 스칼라 에너지와 일정한 방향성이 있는 벡터 에너지가 있다. 또한 비가시 에너지에는 감사의 인사나 조건 없는 배려나 양보, 나눔과 봉사, 사랑과 희생 등을 포함하여 상대의 신체나 마음에 작용하는 모든 감정과 생각들이 받은 것에 대한 보상을 떠나, 그와 같은 작용이 동기가 되어 부메랑처럼 돌아오게 되어 있다. 그것이 불교의 연기설이며 인과응보인 것이어서 반드시 악업과 선업은 반작용이 있는 벡터에너지로 되돌아오게 되어 있는 것이 누구나 예외 없이 적용되는 물리법칙이며 이 지구와 우주의 진리이고 법칙인 것이다.

　우리 삶은 사람 살림이고 상생이 목적이다. 일이 우선이 아니고 사람이 먼저다. 상대를 살리면 그가 일을 하고 나를 살린다. 많이 가진 자가 부자가 아니고, 많이 주는 자가 부자인 것이다. 돈과 재화는 물과 같아서, 식물과 동물, 사람이 먹어서 생명을 살린다. 그래서 물은 흘러야 되고, 주어야 한다. 흐르지 않는 물은 썩어서 생명을 살리지 못한다. 상대가 원하는 것을 주면 언젠가는 그가 나를 살린다.

　이 현상계에서는 작용과 원인이 없는 결과는 없다. 따라서 작은 감사 인사 한 마디, 가벼운 봉사, 작은 도움, 양보와 배려, 칭찬, 솔직한 인정,

정직함, 따뜻한 위로 한 마디, 져주고 도와주는 상생의 행위는 그저 주는 것으로 끝나지 않는다. 선업으로 보이지 않는 공간에 사람들의 마음에 투사되고 시간에 따라 증폭되어서, 더 큰 에너지로 자신에게 반드시 돌아오는 자연법칙이다. 아낌없이 주자. 그것이 모이면 이제 사랑과 성공과 행복으로 돌아와 상생의 아름다운 꽃과 열매를 맺는다. 상생은 아름다운 세상이게 하는 힘이요, 에너지요, 동기인 것이다.

친구들과 직장생활에서도 평소에 잘난 채하고 이기적인 언행과 처세를 한 사람에게 어려움이 생기면 속으로 잘 되었다고 고소해 하면서, 도움의 손길을 먼저 내밀지 않는다. 그런 이기심에 마음을 다친 사람이 있으면 오히려 반대로 갚아줄 기회로 삼는다. 그래서 그런 사람은 평생 실수하지 않고, 어려움 없이 살아야 한다. 한 번이라도 그런 상황이 오면 그는 혼자서 빠진 늪에서 죽어야 하기 때문이다.

그러나 항상 궂은 일에 먼저 나서고, 친절하며 겸손하고 상생으로 인간관계를 유지하면서 사는 사람은 설사 실수나 어려움이 닥친다 해도, 주위에서 먼저 손을 내밀고 위로하며 도움을 준다. 그래서 상생과 선업, 악업의 에너지는 보이지 않는 세계의 적금 통장에 이자와 함께 쌓이는 것과 같아서, 필요할 때 큰 이자와 함께 찾아서 사용할 수가 있는 투자인 것이다.

단지 한 가지 주의할 일은 상생의 행위가 정치가들이 고아원에 위문품을 전달하고 크게 사진을 찍어서 홍보용으로 자신을 내세우기 위한 기부나 봉사를 하는 것처럼, 주고 베푼 것을 기억하고 있다가 받으려고 하는 마음의 예금은 하늘의 적금통장에 예금을 바로 인출한 것과 같아서 이자도 없고 나중에 찾을 원금도 없다는 사실이다. 그래서 옛 어른들은 오른손이 한 착한 일을 왼손이 모르게 하라고 한 것이다.

오늘날 지구와 인류가 짐으로 지고 있는 모든 문제, 지금과 같은 긴장과 혼돈, 갈등과 다툼으로 고통 받으면서 죽어가고 있는 생태계와 지구인들이 멸망하지 않고 개인과 가족, 집단과 국가, 종교와 인종 간의 모든 갈등과 싸움을 종식하고, 당면한 지구문제를 해결하여 푸른 별 지구를 지키고 생태계를 함께 살리면서 모두가 행복한 삶을 구가할 수 있는 열쇠가 있을까?

그리고 그 해법을 차원 높은 우주인이나 신들이 주는 것이 아니고, 혹시 우리가 그리 힘들지 않게 실천할 수 있으면서, 이미 가지고 있는 것이라면, 그리고 그것이 보이는 물질이나 기술이 아니고, '보이지 않는 마음과 정신, 실천 가능한 사상과 철학이라면 어떤 내용일까?' 하는 가능성과 해답을 찾아가는 여정이 바로 이 책의 저술 목적의 하나이기도 하다.

막연한 이론이나 희망사항이 아니고, 과학적 근거와 분석적 문제해결을 위한 행동과 실행이 가능한 것이며, 지금부터 개발하지 않아도, 이미 우리가 가지고 있지만 잊고 있어서 꺼내어 닦기만 하면 바로 사용할 수 있는 것을 탐구하고자 하였다. 과연 그런 것이 있을까, 있기나 한 것일까? '이 책을 다 읽고 나서 괜히 시간만 허비했다고 실망하지 않을까'

를 염려하면서, 내면에 에너지로만 있던 50년이 넘는 잠 못 이루는 그 많은 사유와 체험, 삶의 질곡에서 직접 체험한 기억들과 원리들을 꺼내어 문장으로 전환하는 작업은 또 힘든 여정이었지만 그 또한 예정된 길이었다.

어떻게 하면 이 혼돈과 불확실성의 세상, 물질과 이기로 양분된 인류의 갈등을 해소시키고 살 맛 나는 세상, 모두가 안심하고, 사랑하고 존중받고 의식주 걱정 없이 자신의 본분과 사명을 다하면서 강자와 약자가 웃으며 서로 손을 잡는 그런 세상을 어떻게 만들 수 있을까? 진정한 사랑은 소설 속에서나 있는 허구를 주장하는 것처럼 상생의 사회는 혼돈의 이 세상에서 가능하기나 한 것일까?

우리 인류의 의식이 이기적 개체의식 수준에서는, 자신과 가족의 사랑, 자신의 신앙과 종교, 나아가 나라 사랑의 애국심까지도 경제와 사회적 범죄의 원인이 될 수 있고 테러와 전쟁의 실질적인 동기가 된다. 이제 우리 인류가 갈 길은 개인의 에고와 이기를 버리고 모두가 전체의식으로 거듭나야만 막다른 골목으로 치닫고 있는 인류의 당면 문제를 해결하고, 예측되는 대 수렴작용인 백신이 없는 인간과 가축의 인수공통 전염병, 기상재해와 식량파동, 전쟁과 같은 재앙을 막을 수 있게 된다.

인간 본성을 회복하여 적당히 선하고 적당히 악한 인간적 삶에서, 절대 진실과 직업을 근원으로 하는 절대 봉사, 일상 속에서 정직과 상생의 절대 실천으로 의식수준이 높아지고 심신에너지가 증가되어야만, 진정으로 인간다운 삶의 질을 회복하고, 모든 질병과 부정적인 것으로부터 해방되어 자유로운 삶을 영위할 수 있게 될 것이다.

개인과 집단, 국가와 세계가 테러와 전쟁이 없는 평화 속에 공존하기 위해서는 인류의 의식이 높아지고 삶의 의미와 존재에 대한 패러다임이 전환되지 않고서는 불가능하다. 이에 대한 가장 현실적인 대안이 깨달음이며, 이제 여기서 깨달음이 선택된 소수의 특별한 사람들만의 주관적 사유의 전유물이 아닌, 깨달음이 과학화되고 대중화, 일반화하기 위한 방법을 찾아야 했다. 과학이란 객관화된 이론체계에 의해서 정해진 방법으로 공식처럼 적용 하면 누구나 어디서든 동일한 결과가 산출되어야 한다. 자연치유와 심신수련도 명상과 깨달음으로 체계화된 방법에 의해서 수행하면 누구나 같은 수준에 도달할 수 있어야 한다.

또한 어떤 단체나 조직과 관계없이 남녀노소, 학력과 신분, 사상과 종교, 인종과 언어, 이념과 국가의 차별 없이 어디에도 속하지 않고, 일반 건강법이나 운동법과 같이 단지 하나의 방법으로서 수용하고 수련이 가능해야 한다고 생각한다. 따라서 심신의 정화와 영적 정화 방법을 연구하고, 탐구하여 일반 과학과 의학에서 인정하는 객관화된 방법으로서 일상에서 보편적인 자기완성과 진화의 목적을 달성 할 수 있도록 일반화되어야 한다.

아울러 심신의 정화와 영적 정화단계에서는 자신의 건강회복만을 목적으로 하거나 수련의 단계에서 원하는 능력을 얻어서 혼자서 잘 살기 위한 목적으로 수련과 능력을 추구한다면 이루기도 어렵지만, 또 잠시 능력이 발생하는 경우에도 그 정도나 유지기간에서 한계를 나타내게 된다. 분명한 것은 대중의 생활 속에서 이루어져야 하며, 궁극적인 목적은 자신과 주위 인연의 영적 진화와 상생을 위해 실천하는 삶이 중심이 되어야 한다. 진정한 깨달음은 자기를 버리고 피안을 건너야 하지만, 그 중심은 항상 우리가 사는 이 세상의 삶 속에 있어야 하기 때문이다.

오늘날과 같은 물질과 이기로 가득 찬 세상에서 나와 내 가족, 내 회사, 내 조직, 내 국가만이 우선인 서로의 갈등과 다툼만이 팽배된 이 세상, 지구의 대 재난을 앞두고 있는 이 지구의 생태계가 종말을 맞지 않고, 더불어서 함께 살 수 있는 대안으로서 상생의 가치관을 실천하는 것만이 유일한 대안일 수밖에 없다. 그러나 또 한편 현대사회의 현실 안에서 그 많은 경계와 사건, 감정과 이해관계, 인터넷과 멀티미디어들의 수많은 자극들과 경쟁사회의 현실은 우리를 다시 인간적이게 만든다. 그러나 인간적인 생활의 영위는 우리에게서 영적 진화와 자유로부터 영원히 멀어지게 한다. 인간적이라는 개념은 사회라는 상식의 틀 안에서 적당히 선하고, 적당히 악하고, 적당히 감정적이며, 적당히 이기적이고 타협적인 절대성이 없는 개념이기 때문이다.

이러한 삶은 인류의 도덕과 윤리규범 안에서 이상적인 생활의 지표가 될 수도 있다. 그러나 분석해 보면 이러한 상생이 없는 이기적이고 인간적인 삶의 결과가 오늘날 지구상의 모든 개인과 집단, 국가 간의 분쟁과 갈등, 질병과 식량문제, 에너지와 경제문제, 종교와 환경문제, 온갖 범죄와 다툼을 야기 시키는 근원을 제공해 온 주범임을 알 수 있다.

이러한 현대사회의 패러다임과 가치관이 다가올 미래사회의 종말이 어떤 모습일까를 추적 조사하는 다큐멘터리가 2012년 국내 한 방송사가 창사특집으로 4부작을 제작 방송한 바 있다. 세계 최대의 경제대국 미국 자본주의 사회의 종말의 증후들과 그 해법으로서 이기적 생활로 멸망의 마지막 단계에서 찾아낸 남태평양 아누타섬의 아로파(aropa) 이야기가 핵심을 이루고 있다.

1부에서는 미국이라는 세계 최대 경제대국이 빈곤률 4위라는 자본주의의 현실. "돈이 없으면 인생도 없는" 나라, 미국 애라배마주 버밍햄의 지자체 파산으로 백만원이 넘는 전기요금 폭탄으로 파산하고 있는 주민들의 비극적인 삶과, 홈리스 센터에 넘쳐나는 빈민층의 눈물겨운 일상. 그리고 지상 최대의 낙원이라는 라스베가스 지하 배수구에서 살고 있는 300여명의 사람들, 금융위기와 함께 집을 잃고 차에서 생활해야 하는 가장의 처참한 생활고와 절망, 높은 청년 실업률에 빈 건물을 불법 점유하며 살아가고 있는 스페인 마드리드의 모습들, 그리고 대비되는 볼로냐의 협동조합의 공존과 신뢰, 공동체 사회에 대한 희망을 보여 주었다.

아로파라 불리는 사랑, 연민, 나눔, 희생, 협동으로 해석되는 상생의 구조와 실천의 가치는 다큐의 극적인 요소를 더하며, 자본주의 돈의 가치에 매달려 살아가는 지금 우리의 현실과 사회문제를 돌아보게 만든다. 1

부 최후의 경고에서는 버밍햄과 마드리드의 모습은 온전히 정부의 실책과 잘못의 결과일까? 그나마 가장 공정한 선거를 치른다고 여겨지는 미국의 한 지역에서 선거에 의해 당선된 인물의 부정부패로 지자체가 파산되면서, 전기 수도요금이 1가정에 한화 1~2백만원으로 가정 파산 상황이 오고, 5명 중 1명의 아이가 굶고 있어서 학교에 출석하면 돈을 주는 미국의 빈곤층과 억만장자의 생활상을 대비시킨다.

2부 슬픈 제국의 추장에서는 아누타섬의 아로파 정신은 문명화 되지 않은 고유의 문화 코드를 가지고 살아가는 모습에서 공생의 가치를 다시 생각하게 하는 희망의 열쇠를 보여준다. 아로파는 전통적인 가치가 아닌 남태평양 아누타 섬 안에서의 부족과 전쟁으로 멸망의 기로에 선 사람들이 마지막 선택으로 스스로 찾아 낸 공생의 실천 철학인 사랑과 연민, 나눔과 희생, 협동의 아로파 체계가 바로 상생의 실천철학인 것이다. 아로파는 사랑, 연민, 나눔, 희생, 협동의 가치보다는 경쟁과 부와 명예, 개인의 성공 등의 가치를 우선시하며 교육 받아 왔던 현대인이 선택해야할 마지막 생존의 가치로 제시되고 있다. 3부 돈과 꽃, 4부. 공존. 생존을 위한 선택으로 최후의 제국을 구성하고 있다.

이제는 문제의 분석이 아니라 새로운 미래를 향하여 변화의 강줄기가 이미 흐르고 있다. 이러한 아로파 공동체 사상을 한마디로 줄이면 상생의 실천철학이며, 적당이가 아니라 상생의 세상을 실현하는 절대적인 실천인 것이다. 상생은 먼저 주어서 손해가 아니고, 은행의 저축과 같아서 반드시 은혜라는 이자를 가지고 되돌아오는 투자이고 남는 장사임에 틀림이 없다. 덤으로 심신의 건강까지를 가져다주어서, 영혼의 진화를 완성하고 인간의 옷을 갈아입을 때, 유일하게 남아서 가지고 갈 수 있는 선업의 에너지이며 덕의 실체인 것이다.

이와 같은 개념은 근거 없이 말하는 저자 개인의 희망사항일 수도 있다. 그러나 단순한 이론과 논리가 아니라 저자에게 아무런 생각 없는 명상 속에서 찾아오는 예감이 수년 수십 년 후에 현실로 나타나는 많은 사건들을 겪으면서 이제는 거의 확신을 가지게 된 자신감도 작용하고 있는지 모른다. 또한 이러한 사건들이 우주과학자나 지구물리학자들이 끊임없는 관측과 연구분석 결과를 근거로 제시하는 지구 극지방의 해빙과 해수위 상승, 지구 온난화와 기상이변, 백신이 없는 인수공동 전염병과 같은 과학적인 예측결과와 일치하기 때문에 갖는 확신의 정도가 더 크다고 볼 수 있다.

이러한 예 중에서 생체공학자의 한 사람으로서 관심을 가지는 정보 중에 지구 생명의 맥박으로 알려져 있는 7.83Hz의 슈만 공진(Schumann Resonance) 주파수가 있다. 이는 독일의 과학자 슈만(W.O. Schumann)에 의해서 1951년에 발견되었으나 수학적 계산이 아니고 실제로 정확한 측정이 이루어진 1962년에 논문으로 게재된 후에 많은 확인과 응용 연구가 이루어지고 있다.

관련연구로는 이 보다 30년 전에 독일의 다른 과학자 한스 베르거 (Hans Berger)가 발견한 뇌파(뇌전도, EEG:Electro Encephalogram) 가 있고, 이완과 명상, 각성과 기도 중에 나타나는 8~13Hz의 알파파 (α-wave)가 있으며, 후에 이 알파파는 정확하게 지구 공진 주파수인 7.83Hz 슈만 공진 주파수와 일치 한다는 사실이 밝혀졌다. 이 연구결과 가 갖는 의미는 실로 대단한 것으로, 인류의 창의력과 각성, 전체의식과 의 합일, 상생과 조화의 의식상태, 면역체계를 관장하는 뇌의 주파수가 지구의 공진 주파수에 동기 되어 있다는 사실에 있다.

이를 확장하면, 지구의 맥박이 푸른 별, 이 지구에 거주하는 생명체의 맥박과 동기 되어 있다는 추론을 할 수 있으며, 지명도가 높은 과학자들 까지 가세한 추가 연구에서는 이러한 추론이 모두 사실로 밝혀지는 결 론을 얻게 된다. 슈만 주파수가 차단된 지하 벙커에서 거주 실험을 자원 한 학생들은 신체적 정신적 건강이 심하게 악화 되었으며, 이 곳에 슈만 주파수 발생기를 가동하자 모두 정상으로 회복된 연구결과가 막스 프랑 크 연구소의 뤼트거 워버 교수에 의해서 30년간의 실험에서 그 효과가 검증된 바 있다.

지난 2011년에는 이보다 더 극적인 연구결과가 발표되었다. 세계 최 초로 HIV 바이러스를 발견한 노벨상 수상자 뤽 몽타니에 박사에 의해 서 "모든 생명은 생명으로부터 비롯된다."는 불문율이 깨지게 된 것이다. 몽타니에 교수의 실험에서는 세포의 근원인 DNA가 완전히 재거된 물에 슈먼 주파수를 조사하는 환경에서는 새로운 DNA가 생성되었기 때문이다. 살아 있는 생명체와 슈만 전자기파 간에 상호 의존적인 유대관계가 유지되고 있다는 사실이다. 지금은 유인 우주선에 이 7.83Hz 슈만 주파수를 인위적으로 발생시키고 있다.

여기까지는 관련 전문가들에게는 거의 알려진 정보이다. 그러나 근래 이 슈만 주파수가 13Hz를 넘고 있고, 2018.11.20.자 http://www.disclosurenews.ir.en/schumann-resonance-today-update에 게시된 주파수 파형을 보면 간헐적으로 26~40Hz까지 피크 주파수를 보여주고 있어서, 멀지 않는 장래에 슈만 주파수의 상승을 예측할 수가 있다.

우리가 명상이나 기도를 할 때 나타나는 알파 웨이브와 같은 슈만 주파수의 상승이 의미하는 내용은 매우 희망적이고 긍정적이다. 왜냐하면 지구 공명 주파수가 상승하게 되면, 굳이 인류가 명상이나 기도를 하지 않아도 의식수준이 저절로 상승하는 것으로 알려져 있기 때문이다. 영성계 일각에서는 이러한 슈만 공명주파수의 상승이 인간들의 물질계가 기존의 3차원 세계에서 그 이상의 차원으로 변화를 예고하는 것으로 알려져 있다. 도인들이나 선각자, 깨달은 사람들이 많이 나타나게 되면 100마리 원숭이 효과에 의해서, 집단 무의식이 상승하다가 그 임계치를 넘게 되면, 세상은 생각보다 갑자기 보다 긍정적인 변화와 함께 상생의 세상으로 전환될 것이기 때문이다. 지금도 진행형인 미투 운동도 이러한 긍정 에너지의 상승과 연결되어 있는 현상인 것이다.

따라서 이제 우리는 앞장서서 변화의 실체를 파악하고 신념을 가지고 실천하는 수용과 용기만이 자신과 가족, 이 사회를 살리고 모든 어둠과 부정을 물리치고 살맛나는 세상을 만들 수 있는 유일한 길인 것이다. 그래서 심신영 통합정화 수련으로 나를 먼저 정화시켜서 4 well의 조건을 충족시키고, 진화의 길에 합류하여 실천하는 상생의 삶이 지구와 인류의 모든 문제를 해결하는 열쇠가 되고, 고통과 다툼 없이 기쁘고 아름다운 삶이 되는 세상을 기원해 본다.

7. Well Born과 심신영 통합정화 프로그램

Part4 Well Born의 조건과 심신영 정화

　앞서 Well Born과 인간의 조건에서 고찰한 잘 태어나는 것은 자기의 의사에 의해서 선택되고 결정되는 대상이 아니다. 따라서 우리가 행동으로 옮길 수 있는 유일한 방법은 부모로서 부부가 영적정화를 완성하여 카르마가 없는 청정한 2세와 3세를 출산하는 일이 최선의 대책이며 의무라는 사실을 살펴보았다. 그러나 한편으로 이미 자녀들이 장성한 지금 기성세대인 우리가 할 수 있는 사명은 아직 결혼지 않은 자녀가 있다면, 적극적으로 그 자녀가 결혼 전에 영적정화 수련에 참여하게 해야 하는 것이고, 이미 결혼을 하였다면 그 손자 손녀가 정화된 아이들을 출산할 수 있는 환경을 조성하는 것이 최선의 대책일 수밖에 없다.

　이를 위해서는 신세대들에게 직접 영적정화 수련을 요청하거나 강요하는 것은 오히려 더 멀어지는 결과를 가져올 염려가 있기 때문에, 본인과 부부가 진정으로 화합으로 하나 된 모습을 보여줌으로서, 자연스런 존경심과 함께 스스로 관심과 인정을 받도록 하는 것이 신중하게 고려해야 할 현실적인 문제해결의 방법이다. 3대의 가족이 모두 화목 하는 만사형통의 세대를 이룰 수가 있는 것이다, 그러나 문제는 영적정화 수련만으로 이러한 모든 삶의 문제가 해결되는 것은 아니다. 일단 카르마를 가지고 태어난 우리들은 아무리 영적정화 수련을 완성하였다고 해도 남게 되는 문제 하나가 있다.

영적정화 수련과정을 통해서 100여명의 조상령과 50여명의 억울한 영이 기세계로 가면서 용서와 해원이 이루어지면, 더 이상 작용할 인과응보의 에너지가 소멸되었지만, 우리는 이미 몸을 가지고 태어나면서 그런 부정적 에너지를 세포의 DNA에 가지고 태어나 있다. 그런 에너지에는 혈통으로 이어진 수없는 역사적 죄업과 근원적으로 카인의 후예로서의 원죄까지도 내재되어 있다는 사실이 우리에게 분발해야 하는 이유를 제공하게 된다. 이를 진인애에서는 실체해방 수련이라고 부르며, 전인창조과학회 연수 프로그램에서는 심신영통합정화(BMSIP)프로그램으로 부른다.

이를 다시 수련계에서 사용하는 용어를 사용하면 깨달음이나 자기초월 그리고 자기완성을 이룬 다음에 인류와 세상에 공헌하는 자기실현의 길을 가야하는 것이다. 우리민족의 시조이신 환웅 천제께서 신시를 여실 때의 개국이념이며, 천부경의 수련법 해설서인 3·1신고의 수련 강령인 일신강충,성통광명,재세이화, 홍익인간으로 전수된 내용을 실천하기 위한 전제조건으로 구성한 것이다. 이는 단계적인 수련 과정인 일신강충과 성통광명 그리고 수련의 완성 이후 행동강령인 재세이화와 홍익인간으로 구성되어 있으며, 핵심은 전제조건으로서 일신강충과 성통광명에 있지만 다시 일신강충이 가능한 실체의 몸으로서 속마음에 하나님을 모실 수 있는 시천주(侍天主)의 청정한 성전(聖殿)이 될 수 있도록 정화시키는 부단한 작업에 있다.

몸을 통해 본성을 찾아가는 수련은 반드시 몸과 마음을 함께 닦는 성명쌍수(性命雙修)라야 한 바퀴를 돌아도 나선처럼 앞으로 나아갈 수가 있는 것이어서, 잘못하면 아무리 돌아도 제자리로 돌아오는 우를 범할 수가 있다. 우리 인간은 물리적 실체인 몸과 몸을 움직이는 두뇌의 작용 원인으로서 감각과 감정, 기억과 경험을 기반으로 이루어진 마음이 있으며, 이 마음의 근원적 요소로서 영적요소가 있고, 영적요소에는 카르마에 해당되는 무의식과 잠재의식으로 구성되고 있는 것이다.

자신의 세포기억에 저장되어 있는 부정적 요소를 버리고 소멸시키기 위한 방법으로서 명상법에는 참선과 MBSR, 요가명상 등 많은 명상법이 있지만 정화(catharsis, purify)를 위한 명상은 부정적이거나 나쁜 감정을 버리고 소멸 시키는 작업을 하기 때문에, 이완 이후에 찾아오는 잡념과 졸음과 싸우는 형식의 정적명상과는 구별되는 동적명상(dynamic meditation)으로 시작된다. 따라서 잡념과 졸음 없이 바로 머리에서 가슴으로, 가슴에서 단전으로 가는 삼매가 이루어지는 특성을 가지고 있고, 단계적으로 자신의 명상과 의식수준이 달라진 것을 본인이 확인할 수 있는 특성을 가지고 있다.

실질적으로는 기억을 버리는 과정에서 감정이 떨어져 나가고, 사건의 내용만 남게 되는 기억구조의 동작원리로 체계화 되어 있으며, 기억을 버리는 작업의 중요한 보이지 않는 내용은 실제로 선조로부터 물려받고 세포와 DNA에 잠재되어 있는 업습과 죄와 한(恨)을 밖으로 끄집어내어서 참회하고 용서하여 심신영을 통합정화 시키는 수련이 핵심이다. 참회와 용서는 컴퓨터 파일 지우기와 같은 원리로 기억 자료의 파일명이며 어드레스인 감정요소를 분리 삭제하게 됨으로서, 해당 기억이 다시 작용과 발현되지 않게 하는 체계적이고 과학적인 메커니즘으로 구성되어 있다.

이는 기존의 많은 명상법이 흙탕물을 흔들지 않고 오랜 세월 동안 정체시켜서 맑은 윗물을 얻었으나, 산사를 나와 시장거리에 서면 흔들려서 다시 흙탕물이 되는 것처럼, 일생이 걸리는 기존의 정적 명상법과는 다른 심신영정화 명상법만의 차별화된 프로그램이다. 해원와 상생의 시대가 도래 한 것이고, 그 도구로서 달을 가리키는 손가락이 아니라 달에 직접 갈 수 있는 우주선이 준비된 것이어서 이제 누구나 타고 효율적으로 단시간에 가는 탈 것일 뿐이다.

몸의 정화와 마음의 정화 단계에서는 아직 영적 정화단계가 남아 있어서 완전한 자유와 해방이 되지 못하는 한계가 있지만, 참회와 용서가 주는 보상은 이제 내 마음 나도 모르게 일어나는 스트레스와 함께 화와 감정에 끌려가는 삶에서 이성과 의지가 앞장서는 바름과 가벼움, 수용과 배려, 운전하는 차의 평균속도가 낮아지고, 신호를 지키며 앞차의 갑작스런 끼어들기에도 바쁜 사정이 있는 모양이라고 넘어가는 여유를 즐기는 자신을 발견하게 되며, 건강과 인간관계의 개선은 실천과 노력하는 이들이 덤으로 받는 선물이 된다.

이 프로그램을 이수한 수련자들은 이제 모두 심정의 형제가 되고 있으며, 이 형제들에게는 다음과 같이 실제로 생활 중에서 이루어지는 5대 축복이 나타나게 된다. 첫째는 출생의 축복이다. 카르마가 소멸되고 나 없음을 완성한 부부로부터 태어나는 아이는 조상으로부터 죄와 한인 카르마를 물려받지 않기 때문에, 태중에서부터 부정적인 영적 에너지의 방해가 없다. 따라서 인류학적 견지에서 새로운 신인류가 태어나는 과정과 결과에 대하여 선행된 Well Born과 인간의 조건에서 상세하게 기술하였기 때문에 여기서는 줄이기로 한다.

둘째는 가정과 부부화목의 축복이다. 카르마 소멸 전에 젊은 남녀의 만남은 대부분 부정적 카르마의 부메랑 작용으로 서로 원수관계가 만날 수 있도록 눈을 가려서 한눈에 반하는 상황을 만들어 결혼을 하게 된다. 그러나 결혼을 하는 그날부터 이제는 본격적으로 부메랑 작용이 시작되는 것이다. 대부분 원한 관계의 카르마로서 세포에 내재된 무의식이 작용하게 되어서 죽지 못해서 사는 원수가 되는 경우가 많게 된다. 그것이 오늘날 이혼율 50%라는 결손가정의 상황이 되고, 자살률과 이혼율 세계 1위라는 한국의 실상이며 원인인 것이다. 상생의 시대를 준비하기 위한 지구와 인류의 정화작업의 발현으로 파악되고 있으며 결혼과 출산율이 낮아지는 이유 중에 하나가 되기도 한다.

그러나 정화와 카르마 소멸, 나없음을 완성하고 나면 부정적인 에너지와 그 작용이 없으며, 모든 문제를 상대와 외부에서 찾지 않고 자신과 자신의 내면에서 찾게 됨으로서, 서로를 존중하고 인정하는 화목한 부부와 부모자녀, 조부모가 함께하는 축복의 가정이 된다. 이러한 축복은 현대 고령사회의 근본적 문제에 대한 해결책이 될 수 있으며, 고려시대 부모를 토굴에 버려서 죽게 했던 현대판 고려장인 요양원과 요양병원, 요양시설이 없어도, 병원 응급실에서 임종하는 현대사회의 비인간적인 행태가 개선될 것으로 보인다.

더구나 신성과 합일되는 완성은 부모로서 카르마가 없는 자식의 생산으로 끝나는 것이 아니라, 다시 그 자식이 일체의 카르마가 없고 태어나기 전에 이미 정화된 손자 손녀를 낳아서 조부모가 되었을 때, 그러한 부모와 조부모의 하나님 심정이 된 다음에서야 비로소 사람 된 사명을 다하고 성령으로서 5차원의 기세계에 날 수 있는 것이다.

셋째는 임종의 축복이다. 우리말에 돌아가신다는 말은 진화하지 못하고 다시 제자리로 돌아 가버린 것을 일컫는 말이다. 이런 삶을 살다가 가는 사람은 마지막 생의 마무리에서도 억울한 영들이 끝까지 자신들의 한을 풀기 위해서 때리고 발로차고, 목조이기 때문에 고통으로 시달리다가 생을 마감하게 된다.

그러나 영계해방을 본인이 아니고 자녀들이 부모를 대신하더라도 가시는 분은 정말 편안한 임종을 맡게 되는 것이 많은 체험담과 추적조사에서 확인되고 있다. 고통이나 시달림도 없이 주위를 완전하게 정리하고 잠들듯이 가신다. 염이나 입관에서도 시신이 굳지 않아서 정말 잠자는 것처럼 그렇게 아름다운 최후를 자손들에 보여주고 가게 되는 축복인 것이다. 특히 임종의 의식상태가 중요한 것은 영계에 가서 지속적으로 유지되는 심신의 상태는 임종 당시의 의식과 신체상태가 기준이 되기 때문에 영계에서의 소속 계층과 차원 결정에 지대한 영향을 미친다는 사실이며, 이는 티벳 死者의 書에서도 가장 강조되고 있는 내용이다.

넷째는 무병장수의 축복이다. 선천적 장애이거나 수술로 신체 일부가 손상된 경우가 아니라면, 전염병이나 암, 고혈압, 당뇨, 뇌졸중, 치매 등의 난치성 질환도 5차원의 높은 의식(氣) 에너지를 가진 기형제 간의 수련과 본인의 의식 수준에 따라 몸을 보호하고 기 에너지로 치료하고, 수술하고, 세포재생까지 하기 때문에 질병으로부터 완전하게 해방되는 삶을 살 수가 있게 된다.

물론 본인의 수행과 실천공부를 게을리 하는 경우는 예외이기 때문에, 모두가 동일하지는 않지만 질병의 예방은 물론이고 카르마 소멸과 정화

되기 전에 발생한 난치성 질환도 대부분 치유되는 것이 많은 체험담에서 입증되고 있다. 세포도 정화되어 회복과 재생이 되기 때문에 자연히 젊어지고 수명도 연장되는 것이 많은 회원들의 24년전 과거와 현재의 모습에서, 체험담에서 확인되고 있는 결과인 것이다.

다섯째는 영계해방으로 영적정화 없이 죽음을 맞는 영혼은, 4차원의 영혼세계에 끌려간다. 그러나 이생에서 정화를 마친 사람은 이번 생을 마치고 가는 곳과 사후세계 보장의 축복이 있다. 이 축복도 정화되어 카르마 소멸이 된 사람은 이 후 자신의 DNA에 남아 있는 영혼적 요소의 제거와 버리기 수련의 정도와 무관하게 사후에 4차원의 영계에 가지 않고, 5차원의 기세계에 바로 가는 특권이 있다. 그러나 건강과 질병, 이미 예정된 운명에 대해서는 자신의 수행과 이미 세포에 잠재되어 있는 부정적 에너지의 청소와 버리기에 대한 개인의 노력에 따라 기세계에서 예비단계와 교육단계를 거쳐야 하는 등 많은 차이가 있는 것으로 밝혀지고 있다. 이상이 나없음에 대한 수련의 핵심이 되고 영적정화 과정 후에 수행해야 하는 핵심 수련으로 다루어지고 있으며, 주로 자신의 마음속에서 원인과 죄를 찾아서 버리고 참회하는 수련과 실천방법으로 구성되어 있다

인간은 우주의식 즉 전체의식이 발현된 개체이어서 자기라는 개체의식이 있고, 이것을 원인으로 자신이 온 곳, 본래 하나인 우주의 근원에서 시작되어 모두가 하나라는 전체의식을 잊고서, 개체의식을 가짐으로써

참 지혜를 발현시키지 못하고 있는 것이 문제의 핵심이다. 분리된 자기 의식에 갇혀서 스스로 전체의식이 존재하는 에덴동산으로 돌아가지 못하고 있는 것과 같다. 이와 같이 인간 스스로 만든 업과 습에 묶여 있는 인류에게 인간의 원죄 이전 즉 개체의식을 갖기 이전으로 회귀시킬 수 있는 방법은 있는 것인가? 모두가 출가하여 구도의 고행을 하지 않고도, 오랜 기도와 참회, 고해와 염불, 요가나 좌선보다 더 빠르고 더 확실하게 거듭남으로 가는 방법에 대하여 깊이 있는 공동연구의 필요성이 절실하게 요구되고 있다.

이와 같은 절대적인 필요와 절실한 염원으로 시작되어 25년 이상의 탐구와 실험, 검증을 통하여 개발된 수련법이 심신영통합정화 프로그램이다. 개체의 몸과 마음을 정화시켜서 버리고 소멸시킨 후에, 자기무화로 가는 방법이 체계적이고 과학적인 원리에 의해서 수행될 수 있도록 시스템화 되어 있으며, 수행의 효과도 마음과 몸 모두에서 가시적인 효과로 나타나게 되어서, 심신일여를 깨닫고 개체의식에서 전체의식으로 전환되었음을 자신이 직접 확인할 수 있도록 구성되어 있다.

예비단계를 포함하여 이와 같은 프로그램으로 구성된 신심영 통합정화 수련프로그램은 개인적 수련과 단체수련에 따라 좌선과 같은 정적명상과 동적명상인 유도명상 그리고 초심자를 위한 내호흡 기반의 스트레스 감소명상으로 그 자리에서 바로 잡념을 버리고 머리에서 가슴으로 갈 수 있는 집중 명상법을 포함하고 있다. 이 방법은 수년간에 걸친 비교 확인 실험결과, 가장 단시일에 마음의 실체를 알아서 나와 본성을 찾고 진정한 마음의 평화와 지혜를 얻을 수 있는 방법일 뿐만 아니라, 확실하게 업과 습을 소멸시키고 실제로 자기무화에 이르게 하여, 죽어서 가는 믿음의 차원이 아니라 살아서 열반과 부활을 이루고 신성과 합일하게 하는 과학적인 체계임이 확인되고 있다.

물론 산을 오르는 방법은 개인마다 차이가 있을 수 있다. 그러나 먼저 오른 사람들의 발자국이 있고, 안내자가 있을 때 우리는 보다 쉽게 정상에 다다를 수 있는 것이다. 해탈과 열반, 부활과 영생도 이 생을 마치고 죽어서 이루는 것이라면 우리가 이 세상에 온 의미가 무엇인가? 모든 것은 살아서 이루어야 하는 것이다. 이것이 우리가 이 세상에 온 이유이며 기회인 것이다. 그래서 우리 선조들은 삶을 살아간다고 했으며, 우리 의식이 완전으로 돌아가지 못하고 개체의식을 가진 채 몸을 버리게 되면 돌아가시는 것이요. 인과의 법칙에 따라 스스로가 굴레를 벗어나지 못하고 왔다가 돌아가는 것이라고 설파한 것이다. 문제는 살아서 어떻게 자기를 버려서 자기무화의 경지에 갈 수 있는가에 있다.

몸의 버림은 곧 사망이요 죽음을 말함인데, 살아서 어떻게 죽는다는 것이고 논리적으로 모순인 이 수련법이 어떻게 이루어질 수 있는가 하는 것이다. 그러나 문제를 확실하게 파악하면 이미 답은 있는 것이다. 핵심은 실제로 몸을 버리는 것이 아니라, 에고와 이기심, 동일시와 나라는 자기중심의 개체의식을 버리는 것이다. 개체세포의 기억체계 안에 저장되어 있는 막대한 우주의 탄생과 생명의 진화정보에 있고, 개체의식에 의한 이 기억정보의 제한된 발현의 회복에 핵심이 있다.

따라서 개체의식을 제거하고 전체의식과 우주의식으로 발현되게 하는 원리로 구성되어 있다. 몸 정화(BP)와 마음정화(MP), 영적정화(SP), 잠재의식(CPE) 정화와 심신영통합정화(BMSIP)를 포함한 전체 정화 프로그램[20]은 새로운 과학 명상법으로 검증되고 있으며, PC 버전 K-Medita로 플랫품과 모바일 앱으로 제작 중에 있어서, 한류문화를 지원하는 누구나 시작하면 이루어지는 새로운 심신영통합정화 수련법과 명상법으로 세계화를 준비하고 있다.

---

20 심신영통합정화(BMSIP Body Mind Sprit Integrated Purify) 프로그램
심신통합면역 증강법(MBIIE)과 심신통합 스트레스 감소법(MBISR), 심신영정화(MBSP) 기법을 통합시킨 수련 프로그램으로서 그 구성과 체계는 다음과 같다.

1) 몸 정화 프로그램(BP)
· 몸 정화를 위한 해독요법(DTBP)
   Detoxification Therapy for Body Purify
· 결핍과 축적이 없는 미네랄 조화요법(MHDA)
   Mineral Harmony without Deficiency & Accumulation
· 체온, 식이요법. 습관 바꾸기 수련법(TFHT)
   Temp. Food Habit Transpersonal Program
· 6장 6부 장기 감정정화 명상(OMPM)
   12 Organ Memory Purify Meditation
·12 장기 세포회복 명상(OCRM)
   12 Organ Cell Recovery Meditation

2) 마음정화 프로그램(MP)

· 심신통합면역증강 수련법(MBIIE)

　Mind Body Integrated Immune Enhancement

· 마음정화 거울요법 실천 수련법(MPMR)

　Mind Purify byMirror Reaction Practice

· 심신통합 스트레스 감소 프로그램(MBISR)

　Mind Body Integrated Stress Reduction Program

· 집중으로 바로 가는 내호흡 명상법(GSCB)

　Going Straight to Concentration by Intrabreath　Meditation

· 내호흡 기반의 기억정화 명상(IBMP)

　Intrabreath Based Memory Purify Meditation

3. 영성정화 프로그램(SP)

· 원인자로서 참회와 해원 수련법(PRFC)

　Prayer for Repentance and Forgiveness as a Cause

· 원인자로서 반작용의 거울요법 수련(MRTC)

　Mirror Reaction Therapy as a Cause

· 인간적 업습 완전하게 버리기 수련법(HCDP)

　Human-habits Completely Destroy Practice

· 부부, 가족, 사람살림 실천 수련법(CFLP)

　Couple, Family, Peple 4 well Life Practice

4. 잠재의식 정화 계발 프로그램(CPE)

· 내호흡 기반 잠재의식 정화 명상(IBSP)

　Intrabreath Based Subconscious Purify Meditation

· 내호흡 기반 자기무화 명상(IBSN)

　Intrabreath Based SelfNaughting Meditation

· 중뇌 활성화 기반 6감 계발 명상(MA6SE)

　Midbrain Activation based 6 Senses Enlightenment Meditation

· 내호흡기반 의식확장 명상(IBCE)

　Intrabreath Based Conscious Expansion Meditation

· 내호흡기반 신인합일 명상(IBGU)

　Intrabreath Based God-human Unified Meditation

잘 태어나고, 잘살고, 잘늙고, 잘죽는 4 well 만들기 비법

4 well의 조건

초판인쇄	2018년 12월 31일
초판발행	2019년 01월 10일

지은이	정동명
발행인	조현수
펴낸곳	도서출판 더로드
마케팅	최관호 최문섭
IT 팀장	신성웅
편집	TYPIWORKS
디자인	TYPIWORKS
표지제목	여태명

주소	경기도 고양시 일산동구 백석2동 1301-2
	넥스빌오피스텔 704호
전화	031-925-5366~7
팩스	031-925-5368
이메일	provence70@naver.com
등록번호	제2016-000126호
등록	2016년 06월 23일
ISBN	979-11-6338-015-3 (03330)

정가 28,000원
파본은 구입처나 본사에서 교환해드립니다.